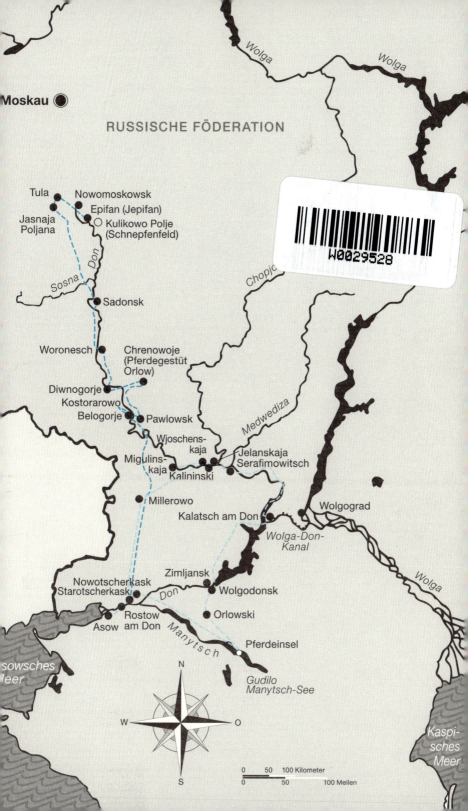

FRITZ PLEITGEN

Väterchen Don

FRITZ PLEITGEN

Väterchen Don

Der Fluss der Kosaken

Idee und Mitarbeit: Christiane Bauermeister
Fotos und Recherche: Stefan Tolz

Kiepenheuer & Witsch

FSC
Mix
Produktgruppe aus vorbildlich
bewirtschafteten Wäldern und
anderen kontrollierten Herkünften

Zert.-Nr. SGS-COC-1940
www.fsc.org
© 1996 Forest Stewardship Council

Verlag Kiepenheuer & Witsch, FSC-DEU-0096

1. Auflage 2008

© 2008 by Verlag Kiepenheuer & Witsch, Köln
Alle Rechte vorbehalten. Kein Teil des Werkes darf in irgendeiner Form (durch Fotografie, Mikrofilm oder ein anderes Verfahren) ohne schriftliche Genehmigung des Verlages reproduziert oder unter Verwendung elektronischer Systeme verarbeitet, vervielfältigt oder verbreitet werden.
Umschlaggestaltung: Rudolf Linn, Köln
Umschlagmotiv: © Stefan Tolz
Senderlogos: © Das Erste/WDR, Köln, 2008
Agentur: WDR mediagroup licensing GmbH
Gesetzt aus der Stempel Garamond
Satz: Fotosatz Reinhard Amann, Aichstetten
Druck und Bindung: GGP Media GmbH, Pößneck
ISBN 978-3-462-04046-3

INHALT

Winter

Der Don: Fluss und Mythos 9
Auf dem Schnepfenfeld – die Wiege des
    russischen Reiches 17
Der Weise von Jasnaja Poljana 33
Sadonsk – die neue russische Frömmigkeit 77
Tauwetter in Woronesch 98
Auf dem Land 114
Die Pferdefabrik – zu Gast bei Orlow 129
Peter der Große und seine Nachfahren 142
Wer sind die Kosaken? 160

Sommer

Auf den Spuren von Michail Scholochow 169
»Russenland, Russenland!« 208
Auf dem Don gestrandet 216
Stalins Triumph 241
Feiner Fisch und Puschkins Wein 261
Auf der Pferdeinsel 288
Zurück zu den Kosaken 298
Rostow – das Tor zum Kaukasus 328
Krebse und Öltanker – an der Mündung des Don 345

Epilog 355
Dank und Ausblick 359
Zeittafel 360
Begleitende Literatur 366

Winter

Der Don: Fluss und Mythos

»Es ist ein Fluss ohne Eile – nachdenklich, beschaulich und mächtig. Seine Wasser vermischen sich mit dem Blut, das an seinen Ufern vergossen wurde. Der Don ist das ewige Russland.«

Viktor Jerofejew, 2008

Wir wandern über das Landgut von Lew Tolstoi. Gegenüber liegt das Dorf Jasnaja Poljana. Die Luft ist frostig. Die kräftige Wintersonne lässt den Schnee auf den Dächern glitzern. Wir plaudern über Russland und die Welt. Mein Gesprächspartner hält mit seinen Ansichten nicht hinter dem Berg. Es ist der Schriftsteller Viktor Jerofejew, der sich in Russland einer Bekanntheit erfreut wie Film- oder Fußballstars in anderen Ländern. Er kennt sich nicht nur in der Geschichte und Gegenwart seines Landes aus, er weiß auch trefflich zu formulieren; gerne mit ein bisschen Spott und, wenn ihm danach ist, auch mit beißendem Sarkasmus.

Als ich ihm von meiner Absicht erzähle, mit einem Fernsehteam den Don von der Quelle bis zur Mündung zu bereisen, schlägt er plötzlich andere Töne an. Mit einem Pathos, das ich bei dem scharfzüngigen Wortkünstler gar nicht vermutet hatte, spricht er vom Strom des Lebens und der Leidenschaft. Der Don fliehe den Norden, die Kälte, den Schnee, er ströme in den warmen Süden, zu den Kosaken, in die Freiheit.

»Ist der Don ein typisch russischer Fluss?«, setze ich nach, die Antwort schon ahnend. »Ja, er ist ein typisch russischer Fluss«, kommt postwendend die Bestätigung. »Warum?« »In ihm spiegelt sich die russische Seele, der russische Nationalcharakter wider. Der Don ist der Strom einer großen historischen Tragödie und ein Strom, über den ein sehr guter Roman geschrieben wurde. Dass nicht genau bekannt ist, wer tatsächlich der Autor des berühmten ›Stillen Don‹ ist, spielt dabei keine Rolle.«

Sosehr mich Viktor Jerofejew mit seiner Schwärmerei überrascht, so beruhigend finde ich, was er über den »Stillen Don«
sagt. Ein sehr guter Roman! Ich hatte das auch lange geglaubt,
war aber unsicher geworden, nachdem Zweifel an der Autorenschaft aufgekommen waren. Michail Scholochow hatte nicht
zuletzt für sein Kosaken-Epos 1965 den Nobelpreis erhalten.
Sofort wurde das Komitee, das diese Entscheidung gefällt hatte,
heftig kritisiert. Die Kritik ist seitdem nicht mehr verstummt.
Die Auszeichnung des Stalin ergebenen Schriftstellers sei ein
Kniefall vor der Sowjetführung, wurde moniert. Der Verdacht
lag nahe. Sieben Jahre vorher hatte der Kreml wütend protes-
tiert, als die höchste Auszeichnung für Literatur an Boris Pasternak wegen seines in der Sowjetunion verbotenen und in den
Westen geschmuggelten Romans »Doktor Schiwago« vergeben
wurde.

Damals schon hatte die sowjetische Lobby Michail Scholochow ins Spiel gebracht. Zunächst ohne Erfolg. Als dann Jean-
Paul Sartre in Anspielung auf Pasternak den Nobelpreis mit der
fragwürdigen Begründung ablehnte, er könne keine Auszeichnung annehmen, die vorzugsweise an sowjetische Dissidenten
vergeben würde, kam postwendend der linientreue Scholochow
zum Zuge. Das wirkte auf viele, nicht nur im Westen, wie Wiedergutmachung. Zu beweisen war es nicht. Dafür wurde Scholochow umso entschlossener als Autor infrage gestellt.

Scholochow, so die Kritik, sei gar nicht in der Lage gewesen,
in seinen jungen Jahren eine so gigantische Stoffsammlung zu
betreiben, wie das der 1 600-Seiten-Roman »Der Stille Don« erfordert habe. Insbesondere der in der Sowjetunion verfolgte
und verfemte Schriftsteller Alexander Solschenizyn ließ kein
gutes Haar an Scholochow. Auch andere schmähten ihn als mie-
sen Plagiator. Er habe, so der vernichtende Vorwurf, die vom
sowjetischen Geheimdienst konfiszierten Aufzeichnungen des
im Bürgerkrieg umgekommenen Weißgardisten Fjodor Krjukow
ausgebeutet. Scholochow brachte sich überdies selbst in übles
Zwielicht, als er für Schriftsteller seines Landes, die offene Kritik am Sowjetregime äußerten, harte Strafen forderte.

Der Streit verleidete mir den Roman über den »Stillen Don«.
Bei der ersten Lektüre hatte mich die Kosakentragödie doch

noch überaus gefesselt. Sie war mir wie das proletarische Gegenstück zu Tolstois »Krieg und Frieden« erschienen. Als kraftvoll, wenn auch zuweilen ungehobelt, hatte ich die Sprache empfunden, als passend für die Beschreibung des unabänderlichen Verlaufs des Schicksals, das die Kosaken während des Bürgerkrieges zwischen den Roten und den Weißen hin- und herwarf, ehe sie von einem unerbittlichen Strudel verschluckt wurden. In der Tragödie bewahrheitete sich nach meinem Empfinden die Ahnung eines alten Kosakenliedes:

»Nicht mit Pflügen ist das gute Mütterchen Erde gepflügt,
gepflügt ist Mütterchen Erde mit Pferdehufen,
gesät ist Mütterchen Erde mit Kosakenköpfen,
geschmückt ist unser stiller Don mit jungen Witwen,
geblümt ist unser Väterchen Don mit Waisenkindern,
gefüllt sind die Wellen des stillen Don mit Tränen
von Müttern und Vätern.«

Die traurige Geschichte des Kosaken Grigorij Melechow und seiner feurigen Geliebten Axinja wurde ein Welterfolg. Sie erschien 1929 zuerst in der Sowjetunion und nahezu gleichzeitig in Deutschland. Das Interesse am kommunistischen Russland war in jenen Jahren im Westen groß. Das kam dem »Stillen Don« zugute. Der Roman wurde sehr schnell auch in Spanien, Frankreich, Tschechien, Schweden, England und Amerika herausgebracht. Während das Buch in Russland weiter zum Schulprogramm gehört, wird es im Westen heute kaum noch gelesen. Das fordert Viktor Jerofejew zu der Frage heraus, warum ich einen Film ausgerechnet über einen Fluss machen wolle, der in meinem Land offensichtlich keinen Menschen mehr interessiere. »Das ist eine lange Geschichte«, versuche ich ihn abzuwimmeln. Er will sie dennoch wissen. Deshalb sei sie hier wiederholt.

Im Sommer 1977 erfuhr mein Leben eine Wende, die mir zunächst überhaupt nicht behagte. Ich wurde als Korrespondent von Moskau nach Ostberlin versetzt, nachdem dort mein Kollege Lothar Löwe von der DDR-Führung ausgewiesen worden war. An seiner Stelle sollte ich für die ARD die Berichterstattung über den anderen deutschen Staat fortsetzen. Meine Vorgesetzten bemühten sich, mir die neue Aufgabe schmackhaft zu machen. Ostberlin sei einer der wichtigsten Korrespondentenplätze, erklärten sie mir. Ihre Versicherung war mir ein schwacher Trost.

In Moskau hatte ich über die Sowjetunion zu berichten, damals die Weltmacht Nummer zwei nach den USA. Die DDR war hingegen weltpolitisch nur ein Satellit, völlig abhängig von der Gnade des Kremls. Kein Gefälle gab es indes, was die Arbeitsbedingungen anging. In der Sowjetunion wie in der DDR waren uns Korrespondenten die Geheimdienste überall und rund um die Uhr auf den Fersen. Überdies waren unsere Bewegungsräume durch Verbote drastisch eingeschränkt; allerdings mit gegenläufigen Entwicklungen. Während sich in der Sowjetunion die Verhältnisse für Westjournalisten leicht verbesserten, wurde es für unsereins in der DDR immer schlechter.

In jenen Jahren war mit einer baldigen Wiedervereinigung Deutschlands und Europas nicht zu rechnen. Quer durch unseren Kontinent verlief ein menschenfeindlicher Eiserner Vorhang, hinter dem auf beiden Seiten waffenstarrende Militärblöcke standen. Um zu wissen, wie es grundsätzlich um Deutschland und Europa stand, brauchte ich nur einen Blick aus dem Fenster zu werfen. Ich hatte mit meiner Familie den zweifelhaften Vorzug, direkt an der Mauer in Ostberlin zu wohnen. Das tägliche Erleben der deutschen Teilung bereitete mir alles andere als Vergnügen. Andererseits wurde ich das Gefühl nicht los, dass ich in Russland eine Reihe schöner Vorhaben unerledigt zurückgelassen hatte. So weit meine Seelenlage damals.

Nun muss ich zugeben, dass Westmenschen, die längere Zeit in Moskau gelebt haben, eine ebenso mysteriöse wie mystische Affinität zu Russland entwickeln; ganz gleich ob sie aus Deutschland, Frankreich, England oder Amerika stammen. Mit dem Verstand ist das kaum zu erklären. Deshalb will ich es erst gar nicht versuchen, sondern mich der Tatsache erfreuen, dass ich mit meinen Gefühlen für das große Land im Osten nicht allein stehe, weder heute noch damals.

So kam es für mich nicht überraschend, dass ich sehr bald nach meiner Ankunft in Berlin einen Menschen traf, der sich in ähnlicher Weise wie ich Russland verbunden fühlte. Tina Bauermeister, eine Slawistin, arbeitete für die Berliner Festspiele, was sie heute immer noch tut. Als wir uns bei einer Kulturveranstaltung in Westberlin über den Weg liefen, stellten wir schnell fest, dass wir in Moskau viele gemeinsame Bekannte und Freunde hatten. Diese Entdeckung führte zu Folgebegegnungen, die kühne Überlegungen hervorbrachten, aus denen samt und sonders nichts wurde.

Nur eine Idee hielt sich über all die Jahre. Wir wollten gemeinsam einen Film über den russischen Fluss Don drehen und dazu ein Buch schreiben. Warum ausgerechnet der Don? Die Erklärung ist einfach. Zur Zeit unserer Berliner Begegnungen war erneut die Diskussion darüber ausgebrochen, ob Michail Scholochow tatsächlich der Autor des »Stillen Don« war oder nicht. Auch wir hatten unsere Zweifel. Scholochow war im Laufe seines langen Schriftstellerlebens nie wieder mit einem Werk, das auch nur annähernd die Qualität des Kosaken-Epos erreichte, in Erscheinung getreten. Doch darum ging es uns nicht mehr. Wir wollten dem deutschen Publikum den Don als den Inbegriff für die Geschichte und das Wesen Russlands darstellen und dafür den Fluss von der Quelle – 150 km südlich von Moskau – bis zur Mündung ins Asowsche Meer bereisen. Große Schriftsteller sollten uns über die fast 2 000 Kilometer begleiten. Lew Tolstoi bezogen wir in unser Projekt mit ein, da seine Heimat Jasnaja Poljana für russische Entfernungsmaßstäbe nicht weit vom Quellgebiet des Don liegt.

Auch Ossip Mandelstam, der unter Stalin bittere Jahre der Verbannung in Woronesch am Don verbringen musste, gehörte zu unserer ersten Wahl. An Michail Scholochow, so umstritten er auch war, konnten und mochten wir nicht vorbeigehen. In seinem Heimatort Wjoschenskaja wollten wir herausfinden, wer Scholochow tatsächlich war. Mit Anton Tschechow hatten wir für den Auslauf des Don auf einen weiteren ganz Großen der russischen Literatur gesetzt. Diesen Heroen wollten wir zeitgenössische Schriftsteller mit ihren gegenwärtigen Betrachtungen über Russland und den Don zur Seite stellen.

Für unser Vorhaben fanden wir allenthalben viel Sympathie. Unglücklicherweise bereitete die Verwirklichung einige Schwierigkeiten. Eine davon war mein unstetes Korrespondentenleben. Ich wurde in die USA versetzt. Als ich zurückkehrte, hatte ich zunächst mit der Berichterstattung über das Aufbegehren im Ostblock, über den Fall der Mauer, die deutsche Einheit und den Zusammenbruch des Sowjetimperiums vollauf zu tun. Danach fand ich als Rundfunkmanager erst recht keine Zeit für unser schönes Projekt. Aber in Vergessenheit geriet es nie.

Immer wenn wir zusammenkamen, schworen wir einander, eines Tages unseren inzwischen in die Jahre gekommenen Traum zu verwirklichen. Tina Bauermeister war dann auch gleich zur Stelle, als ich meinen Abschied als Rundfunkintendant nahm. Wir begaben uns stante pede an die konkrete Planung. Zu unserer Freude fanden wir mit unserem Vorhaben beim Westdeutschen Rundfunk durch Auslandschefin Tina Hassel und Heribert Blondiau engagierte Unterstützung.

So haben wir gut dreißig Jahre nach der Geburt unserer Idee als späte Eltern gemeinsam den Don aufgesucht; erst im Winter, dann im Sommer. Unsere Reisen verliefen noch ergiebiger und angenehmer, als wir uns das vorgestellt hatten. Warmherzigen und kenntnisreichen Menschen sind wir begegnet, bewegende Gespräche haben wir geführt, das alte wie das neue Russland haben wir erlebt und dabei immer wieder den Don als roten Faden unserer Geschichte genutzt.

Überschattet wurde unsere Reise von den Streitereien zwischen Georgien und Russland, die mehr und mehr an Schärfe zunahmen. Aber an einen Krieg mochte man nicht glauben. »Wir waren vor Kurzem noch ein Staat, wir werden doch jetzt nicht aufeinander schießen«, beruhigte man mich, wenn ich mich besorgt über die unverhohlen feindseligen Erklärungen der politischen Führungen auf beiden Seiten äußerte. Aber es wurde auch klar, dass die Menschen am Don die Schuld an der Zuspitzung der Krise ausschließlich beim georgischen Präsidenten suchten. »Er spielt die amerikanische Karte gegen uns aus.« Wir gewöhnten uns an die scharfe Rhetorik auf höchster Ebene. Zum Schluss nahmen wir sie gar nicht mehr wahr. Den Menschen in Südrussland schien es genauso zu gehen. Krieg mit Georgien war kein Thema für sie. Wir konnten uns ganz auf die Dreharbeiten konzentrieren.

In Russland lässt sich gut filmen, wenn die Vorbereitung stimmt. Dafür hat unser Regisseur Stefan Tolz gesorgt. Er ist selbst ein erfolgreicher Filmemacher, spricht Russisch und kennt sich im Land aus. Wir sind aufeinander eingespielt. Bei meinen früheren Reisereportagen über den Kaukasus und die Rocky Mountains hat er gekonnt Regie geführt. Als Ausländer haben wir auf unserer Tour am Don entlang keine Behinderungen erfahren. Kein Vergleich zur Sowjetzeit! In westlichen Ländern treffen wir es nicht besser an. Fast überall erlebten wir Entgegenkommen und großes Interesse an unserem Film. Aus Deutschland zu kommen erwies sich in der gegenwärtigen Stimmungslage nicht als Nachteil, obwohl der Krieg und die Verheerungen durch die Wehrmacht nicht vergessen sind.

Wenn etwas nicht klappte, was bei Dreharbeiten leicht passieren kann, hatte Stefan Tolz immer eine Alternative parat. So gab es keinen Leerlauf. Im Gegenteil, im Buch wird nachzulesen sein, was Kameramann Hermann Schulz, Assistent Norman Meyer und Toningenieur Michael zu leisten hatten. Zwölf Stunden dauerte ein Drehtag immer. Auf Fahrten konnten es auch schnell mal 18 Stunden werden. Es ging dabei über Stock und Stein, manchmal wurde es sogar noch beschwerlicher. »Väterchen Don« hat uns an Strapazen nichts geschenkt.

Auf eine Bewandtnis möchte ich noch aufmerksam machen. In Russland werden die Menschen mit dem Vor- und Vatersnamen angesprochen. Das hat natürlich seine geschichtlichen Ursachen. In früheren Jahrhunderten gab es keine Familiennamen, selbst bei den Fürsten nicht. Ihnen war es lange Zeit genug, wenn sie ehrende Beinamen erhielten, wie Wladimir der Große oder Jaroslaw der Weise oder Oleg der Prophetische. Ansonsten wurde zur Unterscheidung der Vatersname angehängt. Hieß der Sohn Boris und der Vater Michail, dann hieß der Junge Boris Michajlowitsch. Hatte Vater Michail eine Tochter namens Sofja, so ging sie als Sofja Michajlowna durchs Leben. Im 15./16. Jahrhundert begannen die Adeligen, sich Familiennamen zuzulegen. Die betuchten Kaufleute zogen im 18. Jahrhundert nach. Das gemeine Volk folgte erst in der zweiten Hälfte des 20. Jahrhunderts, nachdem 1861 die Leibeigenschaft aufgehoben worden war. Die Sitte ist aber geblieben, die Menschen, wenn es offiziell wird, mit ihrem Vor- und Vatersnamen anzureden. Aus diesem Grund taucht, wenn ich es ermitteln konnte, in diesem Buch neben Vor- und Familienname sehr häufig auch der Vatersname auf, zum Beispiel Lew Nikolajewitsch Tolstoi.

Tina Bauermeister und ich haben uns die Arbeit geschwisterlich geteilt. Sie hat zusammen mit Stefan Tolz die Vorarbeit geleistet und fleißig recherchiert, ich hatte das Ganze in Film und Buch zusammenzufassen.

Fritz Pleitgen, im Herbst 2008

Auf dem Schnepfenfeld – die Wiege des russischen Reiches

In der Nacht ist scharfer Wind aufgekommen. Eisig springt er uns an, als wir am frühen Morgen in das Kulikowo Polje aufbrechen. Auf der Fahrt fliegt uns in dünnen Flocken Schnee entgegen. Hin und wieder schimmert die Sonne fahl durch den lichten Schneeschleier. Das Quecksilber ist seit gestern Abend auf minus zwanzig Grad gefallen. Im Laufe des Tages klettert es mühsam auf minus fünfzehn Grad hoch. Nach unserem Gefühl – dafür sorgt der beißende Wind – ist es doppelt so kalt.

Wir halten in Jepifan an. Eine strahlend weiße Kirche mit blauen Kuppeln und leuchtenden goldenen Kreuzen hat unsere Aufmerksamkeit auf sich gezogen. Herausfordernd steht sie wie ein Vorposten auf einem Hügel vor der Stadt. Wir klettern hinauf. Vom Kirchenvorplatz geht der Blick weit ins Land. Am Horizont verschmelzen Himmel und Erde zu einem grauen Band. In früheren Jahrhunderten begann an dieser Stelle das »dikoje polje«, das wilde Niemandsland.

»Für uns Russen ist das heilige Erde. Hier hat Dmitrij Donskoj 1380 die mongolisch-tatarischen Heere geschlagen«, sagt Wladimir Petrowitsch Grizenko, der neben mir steht. Mit Nachdruck fügt er hinzu: »Das Kulikowo Polje ist die Wiege des russischen Reiches, denn auf diesem Schlachtfeld haben die russischen Fürsten zum ersten Mal gemeinsam gegen einen gefährlichen äußeren Feind gekämpft und gesiegt.«

Wladimir Grizenko muss es wissen. Er ist als Museumsdirektor für alles zuständig, was mit der Schlacht auf dem Kulikowo Polje zu tun hat. Mit seinem Geschichtsverständnis steht er nicht allein. Der Sieg über die Goldene Horde gilt seit Langem als die Geburtsstunde des russischen Reiches. Alexander Herzen, der russische Schriftsteller und Publizist, hat es Mitte des 19. Jahrhunderts auf die Formel gebracht: »Um zu einem Fürstentum zu werden, brauchte Russland die Waräger. Um sich zu einem Staat zusammenzuschließen, brauchte es [als Gefahr von außen] die Tataren.« Wie in Russland bis heute üblich setzte

Herzen die Tataren mit der Goldenen Horde gleich, weil sie mit den Mongolen gemeinsame Sache machten, als diese im 13. Jahrhundert und danach weite Teile Russlands unterwarfen.

Der Museumsdirektor macht mich auf zwei Siedlungen aufmerksam, die sich in Baumgruppen verstecken: »Stanizy, Kosakendörfer. Sie heißen Altebuga und Koslowo.« – »Warum haben sich ausgerechnet hier die Kosaken niedergelassen?«, will ich wissen. »Großfürst Iwan Mstislawskij hat sie im 16. Jahrhundert angeworben. Als kühne Reiter und furchtlose Krieger sollten sie die Grenze, die hier verlief, gegen die Tataren und andere feindselige Stämme schützen.« – »Und wie haben sie ihre Aufgabe erfüllt?« – »Hervorragend! Zu kämpfen, das war den Kosaken in die Wiege gelegt. Wer ihnen in feindlicher Absicht in die Quere kam, wurde verjagt oder getötet. Je mehr sich Russland ausdehnte, desto weiter drangen sie den Don entlang nach Süden vor. Hier, wo wir stehen, beginnt die Geschichte der Don-Kosaken.«

Nach so viel Kriegsgeschichte im rauen Wind steht uns der Sinn nach Wärme und Friedfertigkeit. Wir finden beides in der Kirche hinter uns. Sie heißt Uspenskij Chram, zu Deutsch Mariä-Himmelfahrt-Kirche. Wie tausende andere Kirchen in Russland ist auch dieses Gotteshaus nach dem Zusammenbruch der Sowjetunion zu neuem Leben erwacht, wie wir von Grizenko erfahren.

Der bärtige, hünenhafte Mann wirkt mehr wie ein sibirischer Bärenjäger als ein Museumsdirektor. Die Kirche sei im 17. Jahrhundert erbaut worden, erzählt er. Die Kommunisten hätten den heiligen Ort als Lager missbraucht. Nach dem Ende der kommunistischen Ära habe es noch einige Jahre gedauert, bis in der Kirche wieder Gottesdienste stattfinden konnten.

Der Innenraum der Uspenskij-Kirche ist offensichtlich erst kürzlich renoviert worden. Intensiver Farbgeruch schlägt uns entgegen. Die Ikonen sind neuesten Datums. Frisch lackiert fehlt ihnen mit der Patina auch die Spiritualität der alten Kultbilder. Der Hingabe der Gemeinde tut dies keinen Abbruch. Etwa fünfzig Menschen haben sich zum Gottesdienst versammelt. Ein junger Priester liest die Messe. Als wir eintreten, wird gerade beim Allerhöchsten ein gutes Wort für all diejenigen eingelegt, die ein liederliches Leben führen und davon mit Hilfe von oben abgebracht werden sollten. Wir finden das sehr fürsorglich.

Insbesondere Trinker erfahren engagierte Fürbitte. »Gospodi pomiluj«, rufen die Betenden wieder und wieder. »Herr, erbarme Dich.« Dass sich die Gemeinde für die dem Wodka und ähnlichen Stoffen verfallenen Sünder ins Zeug legt, ist vonnöten, denn der Alkoholismus ist hierzulande völlig außer Kontrolle geraten. »Das Trinken ist Russlands Freude«, stellte Fürst Igor schon vor tausend Jahren fest. Die neue Zeit hat die zerstörerische Gewohnheit ganz und gar nicht stoppen können. Da nun auch andere Narkotika konsumiert werden, hat sich die Gefahr für die Gesundheit noch vergrößert. Die durchschnittliche Lebenserwartung der Männer ist inzwischen auf 59 Jahre abgesunken. Die epidemische Trunksucht führt nicht nur massenhaft zu persönlichen Tragödien, sondern bedroht – da die Bevölkerungszahl rasch zurückgeht – die wirtschaftliche und soziale Entwicklung Russlands.

Angesichts dieser Entwicklung ist dem Staat jede Unterstützung recht, auch die des Himmels. So gerne wir dem Gottesdienst weiter gefolgt wären, wir müssen uns auf den Weg zum Schlachtfeld auf dem Kulikowo Polje begeben. Seinen Namen verdankt der historische Ort einem kleinen Vogel, der Schnepfe. Das weite Feld hier ist ihr bevorzugter Nistplatz. Kulik heißt sie im Russischen. Kulikowo Polje ist demnach das Schnepfenfeld und als solches in die deutschen Geschichtsbücher eingegangen.

Wir kommen gut voran. Der Verkehr verliert sich in der Weite, die Überholmanöver werden nicht mehr zu russischem Roulette, und die Straße befindet sich in einem akzeptablen Zustand. Hier sind sie also der Goldenen Horde entgegenmarschiert, die Truppen des Großfürsten Dmitrij Iwanowitsch von Moskau, der nach der erfolgreichen Schlacht den ehrenden Beinamen »Donskoj« erhalten sollte. Bei Jepifan hatte er seine Kämpfer aufgestellt. Ein mühseliger Marsch muss es gewesen sein. 25 Kilometer waren zurückzulegen. Wege gab es nicht, und die Ausrüstung wog schwer.

Die Angst marschierte mit, denn die Goldene Horde hatte sich bis dahin als schier unbesiegbar und überaus brutal erwiesen. Die russischen Fürsten zahlten den Feinden lieber Tribut, als sich mit ihnen anzulegen. Nicht selten machten sie sogar gemeinsame Sache mit den Tataren, um russische Rivalen auszuschalten. In dieser Hinsicht brachte es in der ersten Hälfte des 14. Jahrhunderts Fürst Iwan Kalita von Moskau zu besonderer Meisterschaft. Er betätigte sich nicht nur als Steuereintreiber der Goldenen Horde im damaligen Russland, sondern überfiel auch noch zusammen mit einem Tatarenheer das benachbarte Fürstentum Twer.

Die Politik des Verrats an den eigenen Landsleuten machte Moskau gegenüber seinen innerrussischen Konkurrenten stark, aber zugleich wuchs auch die Angst, den Tataren ausgeliefert zu sein. Der unbehagliche Zustand, in dem Land und Leute lebten, wurde in der »Klage über den Untergang des russischen Landes« beschrieben:

»O du licht leuchtendes
mit Schmuck reich gesegnetes
russisches Land!
Zierden ohne Zahl machen dich zum Wunder,
zum Wunder machen dich deine vielen Seen.
Zum Wunder machen dich Flüsse und Quellen,
    die als heilig gelten,
große Städte, wunderbare Dörfer,
Kirchenbauten und Klosterweinberge,
an allem bist du reich, o russisches Land,
du Heimat für den wahren christlichen Glauben.
Aber in diesen Tagen trifft Unheil alle Christen
von Jaroslaw dem Großen an bis zu Wladimir.«

Das Unheil drohte vom Tataren-Khan Mamaj. Von seinem Sitz in Saraj an der Wolga aus versetzte er mit seinen Horden die russischen Fürstentümer ständig in Angst und Schrecken. Doch allmählich baute sich Widerstand auf. In der Zeit nach Iwan Kalita begann sich Moskau gegen die Beutezüge der Tataren zu wehren. Großfürst Dmitrij ließ die Stadt befestigen. Wenn sich Tataren blicken ließen, wurden sie bekämpft. Die Feindseligkeiten eskalierten. Beide Seiten suchten die entscheidende Auseinandersetzung.

In der sich zuspitzenden Krise gelang es Dmitrij, die benachbarten russischen Großfürsten zu einer Allianz zusammenzubringen. Auf der anderen Seite verbündete sich der Tataren-Khan mit dem litauischen Großfürsten Jagiello. Zwei mächtige Heere bildeten sich. Bei der heutigen Siedlung Monastyrschtschino am Don sollte es am 8. September 1380 zur Schlacht kommen.

Wladimir Grizenko braust mit seinem Wagen vor uns her, als gelte es, die Tataren rechtzeitig abzufangen. Von Weitem erblicken wir eine Senke, es ist das Flussbett des Don. Für uns ist das die erste Begegnung mit dem Anlass unserer Reise! Wir halten an, um uns »Väterchen Don«, wie ihn die Kosaken zärtlich nannten, näher zu betrachten. Als »Batjuschka Don« verehren ihn die Menschen, die an seinen Ufern leben, auch heute noch; am liebsten beim Genuss eines Wodkas gleichen Namens. Der Himmel ist grau, die Sicht gut. Vor uns liegt eine verschneite Flusslandschaft wie eine Schwarz-Weiß-Grafik. Den Don säumen dunkle Baumreihen aus Birken, Pappeln und Weiden. Das Bild kommt mir vertraut vor. So hatte Michail Scholochow die Landschaft in seinem Roman beschrieben.

Je länger wir die Szene anschauen, desto mehr wird uns klar, das Titelbild unseres Films vor Augen zu haben. Der Fluss ist fast vollständig zugefroren. Nur an der Brücke, auf der wir stehen, hält sich ein offenes Delta. Ich schaue in die Strömung. Ganz so still wirkt der Don hier nicht. Als wollten sie so schnell wie möglich in wärmere Gefilde gelangen, eilen die Wasser Richtung Süden. So mag ihn der Dichter Ossip Mandelstam, der in der Stalinzeit an den Don verbannt worden war, vor Augen gehabt haben, als er den Fluss in seinen Versen beschrieb:

> »Der Don ist wie ein Halbblutpferd,
> er silbert fein, nicht unbeschwert,
> schöpft Eimer Wasser in die Kehle,
> verliert sich weit wie meine Seele.«

Es ist elf Uhr. Von Weitem hören wir Glockengeläut. »Das Zeichen für den Beginn der Schlacht gegen die Tataren!«, erklärt uns Wladimir Grizenko. Wir folgen dem Klang und entdecken nach kurzer Zeit beim Dorf Monastyrschtschino eine rote Kirche mit einem kräftigen Glockenturm. Ein bisschen unterhalb davon arbeitet sich der Don unbeirrt durch Eis und Schnee. Zwei Pferdeschlitten stehen an der Kirche bereit. Bei dem tiefen Schnee können wir das Schnepfenfeld nur auf Kufen erkunden. Wladimir Grizenko fährt mit, um uns an Ort und Stelle zu erklären, was sich damals abgespielt hat.

Während wir uns auf die Schlittenfahrt vorbereiten, schippen zwei Frauen den Weg zu ihrer Kate frei. Bereitwillig lassen sie sich von uns filmen, wobei die Ältere der beiden die Gelegenheit wahrnimmt, ein wenig mit einem der Kutscher zu schäkern: »Komm zu mir, du wirst es gut bei mir haben!« Lachend lehnt der Kutscher das Angebot ab. »Du bist mir zu wild. Mir fehlt die Kraft für eine Frau wie dich.« Die redselige Babuschka lacht geschmeichelt.

Bei uns sind die Rollen ungleich verteilt. Als Autor darf ich es mir auf dem Schlitten bequem machen, das Kamerateam muss hingegen immer wieder von seinem Gefährt absteigen und durch den tiefen Schnee stapfen, um die bestmöglichen Positionen für die Aufnahmen von unserer Schlachtfeldtour zu finden. So schleppen uns die dampfenden Rösser – mal im Trab, mal im mühsamen Schritt – bis an die Stelle, von der aus wir einen Blick auf das Schlachtfeld werfen können.

»Die Stelle vor uns nennen wir Krasnyj Cholm, den roten Hügel. Hier hatte Khan Mamaj seine Heerscharen aufgestellt, insgesamt 40000 Krieger. Das russische Heer war 30000 Mann stark. Für damalige Verhältnisse waren das riesengroße Armeen, die sich auf engstem Raum gegenüberstanden«, erklärt uns Wladimir Grizenko. »Die Russen hatten nachts den Don überquert, konnten aber nicht gleich mit dem Angriff beginnen, weil dichter Nebel über dem Schnepfenfeld lag. Deshalb begann die Schlacht erst am späten Vormittag des 8. September 1380.«

Großfürst Dmitrij hatte den Kampfeswillen der vereinigten Russen mit deftigen Worten angeheizt. »Mamaj, der unreine Rohfresser«, soll er gesagt haben, »will unser Blut vergießen, unser Land verheeren und die heiligen Kirchen Gottes zerstören.« Als Viper aus der Wüste bezeichnete der russische Feldherr den Tataren-Khan und flehte Gott an: »Übergib uns nicht diesen Rohfressern, zeige den Ruhm Deiner Gottheit, verwandle unsere Trauer in Freude und erbarme Dich unser!«

Eine Schlacht entbrannte, wie sie nur einmal in fünfhundert Jahren stattfindet, hielt der Schriftsteller Alexander Solschenizyn in einer Erzählung fest, nachdem er den Ort des grausamen Geschehens inspiziert hatte. Es sei keine Schlacht zwischen Fürstentümern oder Staaten gewesen, sondern eine Schlacht zwischen Kontinenten. Doch es ging nicht nur um die Macht zwischen weltlichen Führern aus Europa und Asien, sondern es ging auch um Religion, um Christentum gegen Islam. So ließ denn Großfürst Dmitrij seine Truppen segnen, bevor er sie gegen die muslimischen Tataren führte. Ob die Fürsprache der Kirche beim Christengott den Ausschlag für den Sieg der Russen gab, sei dahingestellt, zumal auch die muslimischen Tataren ihren Allerhöchsten im Himmel um Hilfe gebeten hatten. Sicher ist hingegen, dass der Moskauer Feldherr die bessere Strategie hatte.

Während die Tataren in massiver Formation zu Fuß und zu Pferde angriffen, traten ihnen die Russen in drei hintereinandergestaffelten Reihen entgegen. Sie kämpften verzweifelt, wurden aber mehr und mehr zurückgeworfen. Als das feindliche Heer zum entscheidenden Stoß ansetzte, fielen russische Reiterscharen, die Großfürst Dmitrij in einem Wäldchen versteckt hatte, den Tataren in den Rücken. Schlagartig wendete sich das Blatt. Die Russen gewannen die Oberhand und schlugen ihre Feinde vernichtend in die Flucht.

Die Wende war so plötzlich eingetreten, dass die mit Khan Mamaj verbündeten Litauer gar nicht in das Geschehen eingreifen konnten. Entweder hatten sie sich verspätet oder rechtzeitig die Lust an dem entsetzlichen Schlachten verloren. Die Geschichtsschreibung bleibt da unklar. Der große Sieg forderte einen hohen Preis. Viele Tausend Russen und Mongolen verloren ihr Leben. Die Leichen stapelten sich, wie in den Chroniken zu lesen ist. »Wie aus einer Regenwolke wurde das Blut beider vergossen, der Christen und Tataren«, heißt es in den Berichten jener Zeit. Zehntausend Tote hatten allein die Russen zu beklagen.

An der Stelle, wo sich das Tatarenheer formiert hatte, steht nun eine schlanke, aber imposante Siegessäule auf dem »roten

Hügel«. Der Architekt und Bildhauer Alexander Brjullow hat sie 1850 geschaffen. Wie eine Nadel sticht sie dreißig Meter hoch in den Himmel. Auf der Spitze spießt ein orthodoxes Kreuz als Symbol der Überlegenheit des Christentums über den Islam einen muslimischen Halbmond auf. Eine Pappelallee führt zu einer Kirche, die in der Weite der Landschaft einen verlorenen Eindruck macht. Dem Heiligen Sergej Radoneschskij ist sie gewidmet. Er soll die russischen Truppen vor dem Kampf gesegnet haben. Der Nachwelt wird so vor Augen gehalten, dass die orthodoxe Kirche in den entscheidenden Momenten der russischen Geschichte immer dabei war, so auch bei der Schlacht gegen die Tataren auf dem Kulikowo Polje.

Das Gotteshaus wurde 1918 fertig, gerade noch rechtzeitig, denn nach der Machtübernahme durch die Kommunisten hatte die russisch-orthodoxe Kirche bald verspielt. Auch die Radoneschskij-Kirche bekam die neue Zeit böse zu spüren. Sie wurde nicht nur geschlossen, sondern auch noch pietätlos ausgeplündert. In ihrer Not nahmen die Menschen mit, was sie zu Hause gebrauchen konnten. Die Fußböden wurden herausgerissen, Kacheln von den Wänden gelöst, die Metallbedeckungen von den Zwiebeltürmen abgenommen. Auch vor den Ikonen wurde nicht haltgemacht. Sie wurden profan als Abdichtungen genutzt. Besser erging es hingegen Architekt Alexej Schtschussew, der die Kirche am »roten Hügel« erbaut hatte. Er erwies sich auch anderer Taten fähig. So schuf er später nicht nur den Kasaner Bahnhof in Moskau, sondern auch das Lenin-Mausoleum.

»Wie lange hat die Schlacht gedauert?«, frage ich Wladimir Grizenko.

»Die Kämpfe im Mittelalter waren stets relativ schnell vorbei. In ihren schweren Rüstungen konnten die Krieger nicht länger als drei oder vier Stunden kämpfen. So war es auch hier. Nach drei Stunden war die Schlacht beendet.« Lange brauchten die russischen Sieger, um ihre Toten beizusetzen. Die Überlebenden machten reiche Beute. Sie nahmen mit, was die davongejagten Tataren zurückgelassen hatten – Waffen, Wagen, Pferde, Ochsen und auch Kamele. Nachhaltiger war aber der politische Gewinn. »Als Krieger aus Rostow, Susdal und Wladimir waren sie in den Kampf gegen die Ta-

taren gezogen, nach dem Sieg kehrten sie als Russen heim«,
so Wladimir Grizenko.

Über ein Jahrhundert waren sie von der Goldenen Horde ty-
rannisiert worden. Nun hatten sie den übermächtigen Feind
zum ersten Mal besiegt. Das musste ein Epos auslösen. Sofonij
aus Rjasan schrieb es bereits im 15. Jahrhundert. Er nannte es
»Sadonschtschina«, was so viel wie »Die Ereignisse hinter dem
Don« bedeutet. In rhythmischer Prosa beschreibt Sofonij das
dramatische Geschehen auf dem Kulikowo Polje. In dichte-
rischer Freiheit achtet er nicht penibel auf historische Genauigkeit, ihm geht es vor allem darum, an die Einigkeit und an das
Nationalgefühl der Russen zu appellieren, wie sie am 8. September 1380 vom Großfürsten Dmitrij Iwanowitsch und seinem
Bruder, dem Fürsten Wladimir Andrejewitsch, bewiesen wurden:

> »Diese beiden gürteten mit Ungestüm ihren Geist,
> schärften mit Mannesmut ihr Herz
> und waren erfüllt von der Begierde zu kämpfen.
> Und sie sammelten verwegene Heerscharen
> im russischen Land
> und erinnerten sich ihres Ahns, des Fürsten
> Wladimir von Kiew.
>
> Schon knarren Nomadenkarren
> zwischen Dnjepr und Don,
> die Östlichen rücken vor auf russisches Land.
> Gekommen sind graue Wölfe
> von der Donmündung her, von der Mündung des Dnjepr.
> Heulend stehen sie am Ufer des Flusses Mjetscha,
> bereit, einzufallen in russisches Land.
> Aber das waren nicht graue Wölfe,
> da tummelten sich ungetaufte Tataren,
> mit Krieg alles russische Land zu überziehen.
>
> Der Großfürst setzte den Fuß in den goldenen Bügel,
> und sein Schwert nahm er in die rechte Hand.
> Im Osten aufgehend weist ihm die Sonne
> strahlend die Bahn.

Schon sind Falken und Geier gekommen,
Habichte von Bjelosersk, sie flogen über den Don
und stießen auf zahllose Züge von Gänsen und Schwänen.
Es sind Russensöhne, die gegen starke tatarische Rotten angehn.
Mit stählernen Lanzen durchstießen sie tatarische Panzer,
gehärtete Schwerter brachten östliche Helme zum Klirren
auf dem Felde von Kulikowo
beim Fluss Neprjadwa.

Schwarz ist die Erde unter Rosshufen,
besät ist das Feld mit Tatarengebein,
begossen mit Blut.

Aufeinander stießen gewaltige Heere,
niederstampfend Hügel und Wiesen,
trüb wurden Flüsse und Seen.
Der Diw schrie über das russische Land
und befahl allen Landen zu hören,
und der Ruhm hallte wider bis zum Eisernen Tor,
bis nach Rom und Kaffa, bis an das Meer,
nach Tyrnowo und von da nach Konstantinopel.
Das große Russland hat den Mamaj
besiegt auf dem Feld von Kulikowo.«

Wir kehren zur roten Kirche zurück, um auf dem Glockenturm das 14-Uhr-Geläut aufzunehmen, das täglich das Ende
der Schlacht verkündet. Eine geschickte Marketingmaßnahme!
Sie wurde 2006 eingeführt, um Touristen für das historische
Schlachtfeld zu interessieren. Swetlana Fokina und Irina La-
mowskaja stehen bereit. Gekonnt bringen sie die zwölf Glocken zum Klingen. »Nein, leicht ist das Läuten nicht«, sagt
Swetlana Fokina. Danach sieht es auch nicht aus. Die Glöck-
nerinnen müssen ein Fußpedal bedienen und gleichzeitig ein
Gewirr von Strippen ziehen. Die größte Glocke wiegt zwei
Tonnen. Die kleinen sorgen für die oberen Töne, die anderen
werden fein abgestimmt für den Gesamtklang eingesetzt.

Um ihr Handwerk zu erlernen, sind die beiden Frauen für
neun Monate auf die Glockenschule nach Jaroslawl geschickt
worden. Vor unserer Kamera legen sie ein besonders virtuoses

Potpourri hin. Ihre Kunst lockt immer mehr Besucher zum entlegenen Schnepfenfeld. Museumsdirektor Grizenko fühlt sich bestätigt. »Die vielen Tausend Menschen, die zu uns auf das Kulikowo Polje kommen, sind ein Beweis für das wachsende Interesse an dieser Schlacht und an der Geschichte unseres Landes. Zum Jahrestag schauen sich bis zu hunderttausend Besucher auf dem historischen Schlachtfeld um.«

Es wird Zeit, sich noch einmal um den Helden des Kulikowo Polje zu kümmern. Vor der Kirche haben sie ihm 1980, also 600 Jahre nach der Schlacht, ein Denkmal errichtet. Nicht wie ein Triumphator steht Dmitrij Donskoj da, sondern in eleganter Demut. So schaut er über das Land, das Schwert in den Händen. Auch nach seinem epochalen Sieg hatte er es weiter führen müssen, denn die Tataren kamen zurück; brandschatzend, mordend und plündernd. Auch Moskau musste dran glauben. Der aus Holz gebaute Kreml wurde eingeäschert. Viele Menschen verloren ihr Leben. 24 000 Leichen sollen in den Straßen Moskaus gelegen haben. Angeblich bezahlte der Großfürst die Beerdigung seiner abgeschlachteten Bürgerinnen und Bürger aus der eigenen Tasche.

Dmitrij Donskoj ließ sich nicht von den Tataren niederringen. Der Kreml wurde wiedererrichtet, diesmal aus Stein. Um die Überlegenheit des Christentums über den Islam zu demonstrieren, ließ er in Serie ebenso mächtige wie prächtige Klöster bauen, die heute noch Moskaus Zierde sind. Mit der Einverleibung benachbarter Fürstentümer wurde intensiv die »Sammlung der russischen Erde« betrieben. Unter Iwan III., der sich »der Große« nennen ließ, war das russische Reich unter Moskauer Führung ein Jahrhundert später so stark geworden, dass die Tataren auf einen weiteren Waffengang verzichteten, zumal sie mit den Litauern als Verbündeten nicht mehr rechnen konnten.

Ohne den Sieg auf dem Kulikowo Polje wäre der Aufstieg Russlands zu einer Großmacht in Osteuropa nicht möglich gewesen, gibt sich Wladimir Grizenko überzeugt. Er führt mich in das Museum, das neben der Kirche steht, um mir die Rüstungen und Waffen der Russen und Tataren zu erläutern. »Hier sehen Sie es! Die Rüstungen und die Schwerter sind sehr schwer, länger als drei Stunden konnte die Schlacht nicht dauern. Dann hätte selbst der stärkste Kämpfer den Arm nicht mehr heben können«, meint der Museumsdirektor. Grizenkos Vermarktungsstrategie ist klar. Das Kulikowo Polje soll als entscheidender Meilenstein in der Geschichte Russlands herausgestellt werden; in einer Reihe mit der Schlacht 1812 in Borodino gegen die Truppen Napoleons und der Panzerschlacht von Kursk 1943 gegen die deutsche Wehrmacht.

Der Zweite Weltkrieg erreichte auch das Kulikowo Polje. Neben dem Dmitrij-Donskoj-Denkmal erinnern stilisierte Panzersperren daran, dass hier heftige Kämpfe getobt haben. Im November/Dezember 1941 waren deutsche Einheiten unter der Führung von Panzergeneral Guderian von Süden her Richtung Moskau vorgestoßen. »Lassen Sie sich von meinen Mitarbeitern in Jepifan erklären, was in dieser Gegend passiert ist«, wehrt Grizenko ab, als ich dazu mehr wissen will.

Es beginnt inzwischen zu dunkeln. Der Wind frischt wieder auf. Uns ist nach Geborgenheit und einer kleinen Stärkung zumute. Wladimir Petrowitsch empfiehlt uns, sein Museum in Jepifan aufzusuchen. Dort würden wir bei Tee und Gebäck alles über die Geschichte der Region erfahren. Wir nehmen die Einladung gerne an, denn Jepifan liegt auf dem Wege zu unserer nächsten Station, Jasnaja Poljana.

Natalja Viktorowna lächelt selten. Gleichwohl empfinden wir ihre Ernsthaftigkeit als warmherzig. Bevor sie uns durch das kleine Museum von Jepifan führt, lädt sie uns zu einer russischen Vesper mit Tschaj, Bulotschki und Warenje ein, zu Deutsch Tee, Brötchen und Marmelade. Der Aufenthalt verspricht gemütlich zu werden, zumal im Hintergrund auch schon der Wodka »Koltschuga«, zu Deutsch »Kettenhemd«, bereitsteht. Doch vorher werden wir über die Stadtgeschichte informiert.

Das Städtchen Jepifan war lange Zeit ein blühender Handelsplatz. Wie es zu seinem Namen gekommen ist, scheint mir ein wenig im Dunkeln zu liegen. Möglicherweise sind meine russischen Sprachkenntnisse der Erklärung von Natalja Viktorowna nicht gewachsen. Nach ihren Worten soll es im 15. Jahrhundert am nicht weit entfernten Rjasaner Hof einen Mundschenk namens Jepifan Dawydowitsch gegeben haben, der es durch Klugheit und vor allem Verhandlungsgeschick zu Reichtum brachte. Risikobereitschaft muss jener Jepifan obendrein besessen haben, denn er erwarb vom zuständigen Rjasaner Fürsten ein beträchtliches Stück Land an der Grenze zum »wilden Feld«, wo sich in jener Zeit immer noch auf Beute ausgehende Tataren herumtrieben. So viel zur Gründungsgeschichte, angesichts der Quellenlage mit Vorbehalt wiedergegeben!

Festeren Boden betreten wir in der zweiten Hälfte des 16. Jahrhunderts, denn 1571 wird die Festung Jepifan erstmals schriftlich erwähnt, und zwar im Grundbuch des Fürsten Iwan Fjodorowitsch Mstislawskij, eines Zeitgenossen des Zaren Iwan des Schrecklichen. Wie wir uns erinnern, war es Fürst Iwan Mstislawskij, der bei Jepifan die ersten »freien Krieger«, die Kosaken, als lebenden Schutzwall gegen die Tataren ansiedelte.

Jepifan entwickelte sich prächtig. Eine glänzende Zukunft schien sich unter Peter dem Großen anzubahnen. Der Zar wählte die Siedlung am jungen Don als Zentrale für ein gigantisches Bauprogramm aus, mit dem er die wichtigsten Wasserwege Russlands vernetzen wollte. Es ist viel Erde bewegt worden, aber wenig dabei herumgekommen. Jepifan überwand den Rückschlag dank seiner strategisch günstigen Verkehrslage. Deswegen ließen sich hier vornehmlich Kaufleute nieder. Mit ihnen zog der Wohlstand ein. Als es 1778 auch noch die Stadtrechte von Katharina der Großen gab, galt Jepifan als renommierte Adresse. Die Einwohnerzahl stieg auf 7000. Der Niedergang begann mit der Oktoberrevolution 1917 und der Machtübernahme durch die Bolschewiki. Die Kaufleute wurden von nun an als Volksfeinde behandelt, was viele mit ihrem Leben bezahlten. Auch sonst wirkte sich das kommunistische Regime für das Handelsstädtchen abträglich aus. Aber es sollte noch schlimmer kommen.

Im frühen Winter 1941 eroberten deutsche Truppen Jepifan. Sie hielten sich hier nur drei Wochen auf, dann wurden sie durch den Gegenangriff der Roten Armee zurückgeworfen. Beim Abzug wurden die Steinhäuser und ein großer Teil der Holzhäuser dem Erdboden gleichgemacht. Bei den Nürnberger Prozessen wurde Jepifan als ein übles Beispiel für die Zerstörungswut der deutschen Wehrmacht ausdrücklich genannt.

Von diesem Schicksal hat sich die Stadt nicht erholt. Heute zählt sie nur 2 300 Einwohner. In der Sowjetzeit hatte wenigstens noch die alte Wodkafabrik, die sich wuchtig über den Don erhebt, Jepifan zu einem nationalen Begriff für Trinkfreuden gemacht. Auch das ist vorbei. Das Werk ist zwar noch in Betrieb, stellt nun aber namenlosen Sprit für pharmazeutische Zwecke her. Es würde allerdings den Gewohnheiten des Landes widersprechen, wenn nicht das eine oder andere Literchen für den eigenen Konsum abgezweigt würde. Andeutungen hier am Tisch lassen das jedenfalls vermuten.

Uns wird kein anonymer Stoff vorgesetzt, sondern der Markenwodka »Kettenhemd«, womit den Siegern der Schlacht auf dem Schnepfenfeld Reverenz erwiesen wird. Sergej Wassiljewitsch, der Leiter des Museums, bittet in seinem Toast, auf das Gelingen unseres Films das Glas bis zur Neige zu leeren. Halbherziges Trinken würde den Erfolg gefährden. Wir kommen der Aufforderung gerne und entschlossen nach. Auch bei den anschließenden Trinksprüchen geben wir uns keine Blöße. Es geht jedes Mal um viel. Wir trinken auf den Don, die Frauen, den Frieden, das Klima, den Segen der Literatur und – darauf legt Sergej Wassiljewitsch besonderen Wert – auf Deutschland. Immer ex! Nachdem wir die Erzählungen über die Schreckenstaten der Wehrmacht gehört haben, berührt uns die Zuneigung, die hier am Tisch wieder und wieder gegenüber Deutschland zum Ausdruck gebracht wird.

Das fürchterliche Kriegsgeschehen, das auch Jepifan heimgesucht hatte, verflüchtigt sich hier am Tisch wie ein Albtraum am Morgen. Im Gespräch setzen sich die guten Seiten und Zeiten durch, die es im Verhältnis zwischen den Deutschen und Russen über die Jahrhunderte gegeben hat – im Handel, in der Wissenschaft, in der Literatur, in der Musik und in der Philosophie. Die vorteilhafte Rolle der deutschen Einwanderer wird herausgestellt. Als Bauern, Handwerker, Verwaltungsbeamte und Militärs hätten sie viel für Russland geleistet. »Unsere Völker passen gut zueinander«, meint Sergej Wassiljewitsch.

Weniger gnädig fällt sein Urteil über die Amerikaner aus. Sie seien zu selbstgefällig. Wie die Herren der Welt führten sie sich auf. »Russland wollen sie kleinhalten, sie mischen sich im Kaukasus und in der Ukraine ein. Das sollten wir mal an ihren Grenzen machen«, redet sich Sergej Wassiljewitsch in Zorn. Dass die Amerikaner im Zweiten Weltkrieg gemeinsam mit der Roten Armee gegen Hitlerdeutschland gekämpft haben, wiegt gegenwärtig nicht viel. Im Gegenteil, wir werden vor den Amerikanern gewarnt. Wir sollten uns nicht in Abenteuer hineinziehen lassen. »Wie konnte Deutschland nur Krieg führen gegen Serbien?«, fragt unser sonst so freundlicher Gastgeber vorwurfsvoll.

Natalja Viktorowna hat inzwischen bunte Lappen auf dem Tisch ausgebreitet. Sie zeigt uns, wie früher Puppen gebastelt wurden. Die Menschen seien überwiegend arm gewesen. Weil ihnen das Geld für Spielzeug gefehlt habe, hätten sie Lumpen zerrissen und ohne Schere, Nadel und Faden kleine bunte Figuren geschaffen. »Sie sind Glücksbringer«, sagt Natalja Viktorowna. »Wenn sie zur Tür schauen, kommen nur gute Nachrichten ins Haus.« Stefan Tolz, unser Regisseur, schafft es, ein hübsches Püppchen in die Welt zu setzen. Mir fehlt die Fingerfertigkeit dafür.

Die erste Flasche »Kettenhemd« hat längst ausgedient. Sofort wird sie beiseitegeräumt. »Eine leere Flasche Wodka auf dem Tisch bringt Unglück«, erfahren wir eine weitere russische Lebensweisheit. Toast um Toast wird ausgebracht. Beim Leeren der Gläser halten wir gut mit, aber beim Ausbringen der Trinksprüche sind wir der Meisterschaft unserer Gastgeber auch nicht annähernd gewachsen.

Eingelegte Gurken werden gereicht; sie stärken unsere Standfestigkeit, wird uns gesagt. Auf alle Fälle schmecken sie zum scharfen Wasser köstlich. Auch diese Entdeckung ist uns einen Trinkspruch wert, worauf im Gegenzug das Rezept preisgegeben wird. Knoblauch, Dill, Meerrettich, Schwarze Johannisbeeren, Estragon, Eichen- und Kirschblätter spielen dabei eine wichtige Rolle. Sie verschaffen den in heißem Salzwasser eingelegten Gurken eine unwiderstehliche Würze, wozu selbstredend auch ein kräftiger Schuss Wodka beiträgt. Ein großes Glas der selbst gemachten Delikatesse, die seit Urzeiten zum Standardprogramm russischer Ernährung gehört, wird uns mit auf den Weg gegeben. Zum Abschied beschwört Sergej Wassiljewitsch ein

31

weiteres Mal die deutsch-russische Freundschaft. »Kommen Sie bald wieder! Sie sind uns jederzeit willkommen.«

Es ist klirrend klar, als wir vor die Tür treten. Der Schnee reflektiert das Mondlicht. Wir schauen auf die Stadt. Lenin steht wie ein Torwart, der das Geschehen weit in der anderen Hälfte verfolgt, am Eingang des Parks. Bleich sieht er aus. Seine Idee hat weitgehend ausgespielt. Mehr Hoffnung auf die Zukunft kann sich die Kirche gegenüber machen. An ihr klettert ein Gerüst hoch. Mitten im Ort gelegen, soll die Backstein-Kathedrale, die den Namen von Johannes dem Täufer trägt, bald in frischem Glanz erstrahlen. Der Abend hat eben erst begonnen, aber es ist kaum noch Leben in den Straßen. Jepifan wirkt verlassen, als wir davonfahren. Das stille Städtchen hat unsere Hochachtung gewonnen. Schlimmes hat es durch die Deutschen erlitten. Trotzdem sind uns Großherzigkeit und Gastfreundschaft entgegengebracht worden.

Der Weise von Jasnaja Poljana

Die drei Frauen haben Zeit. Der Winter hat sie sitzengelassen. Nicht zu ihrem Verdruss! Sie haben die Wege vom Schnee frei zu halten. Heute gibt es nichts zu räumen, es hat über Nacht nicht geschneit. Nun haben sie sich am Eingang zum Landgut von Lew Tolstoi auf einer Bank niedergelassen. Die Kälte kann ihnen nichts anhaben. In Wattejacken eingepackt, die Schaufeln zum sofortigen Einsatz griffbereit, kommentieren sie den Besucherstrom, der an ihnen vorbeizieht. »Ja, heute werden wieder viele Besucher nach Jasnaja Poljana kommen«, klären sie uns auf. »Es ist Sonnabend, da können wir mit einigen Hochzeitspaaren rechnen.«

Vom Parkplatz schallt Musik herüber. In bester Stimmung ist eine Hochzeitsgesellschaft eingetroffen. Das junge Paar steigt unter dem Beifall seiner Begleitung auf einen Pferdeschlitten um. Die Braut sei ein bisschen mager, findet das Schneeräumkommando. Es kennt den Ablauf der Schlittentour. »Sie fahren jetzt zum Grab von Lew Nikolajewitsch Tolstoi. Unterwegs halten sie an und umkreisen den Baum der Liebenden drei Mal. Es war Tolstois Lieblingsbaum.«

»Was soll der Baum dem Paar bringen?«

»Eine glückliche Ehe!«

»Und, funktioniert es?«

»Leider viel zu wenig, aber das liegt nicht an Lew Nikolajewitsch. Die Moral ist nicht mehr wie zu seinen Zeiten.«

»Aber Tolstois Ehe war auch nicht frei von Spannungen«, wage ich einzuwerfen, was kollektive Empörung hervorruft.

»Wie können Sie nur so reden? Lew Nikolajewitsch war seiner Frau treu bis zum Tod. 13 Kinder hat ihm Sofja Andrejewna geschenkt. Leider sind sechs früh gestorben. Die Eltern haben diese Schicksalsschläge gemeinsam ertragen«, werde ich zurechtgewiesen. »Und in welcher Ehe gibt es keine Spannungen?« Die drei von der Bank scheinen gut im Stoff zu sein. Sie sind inzwischen aufgestanden und stützen sich auf ihre Schaufeln wie Ritter vor der Schlacht auf ihre Schwerter. Ihre Mienen ermutigen nicht zu weiteren kritischen Anmerkungen. Gemeinsam schauen wir dem Brautpaar hinterher. Im Pferdeschlitten zieht es die Birkenallee hinauf und entschwindet unseren Blicken.

Wir bleiben zurück und warten auf den Schriftsteller Viktor Jerofejew. Er kommt aus Moskau. Bis Jasnaja Poljana sind es 180 Kilometer, direkt nach Süden. »Normalerweise eine Sache von gut zwei Stunden, aber es geht nur mühselig voran«, lässt er uns über Mobiltelefon wissen. Er hat unser Mitgefühl. Wir haben eigene Erfahrungen gemacht. Wer in Russland mit dem Auto unterwegs ist, muss Zeit und gute Nerven mitbringen. Die Landstraßen sind dem rasch zunehmenden Verkehr immer weniger gewachsen.

Wolkenschleier ziehen auf. Das Sonnenlicht wird matter und matter. Die vorher prickelnde Kälte verliert ihren Charme. Wir ziehen uns in das kleine Restaurant zurück, das vor dem Eingang zum Landgut liegt. Es ist eine Holzhütte, eine Isba, die den Namen »Proschpekt« trägt und von außen Gemütlichkeit verspricht, die innen auch gehalten wird. Während wir mit heißem Tee versorgt werden, kommen wir mit der Kellnerin ins Plaudern. Hier wird nach den Rezepten der Ehefrau von Lew Tolstoi gekocht, erfahren wir. 162 verschiedene Speisen habe Sofja Andrejewna zusammen mit ihrem Bruder Stepan entwickelt. Schwere Kaliber sind darunter, wie Pas-cha, eine Art Quarkpyramide, deren Rezept dem interessierten Besucher bereitwillig in den Block diktiert wird.

Wer seinen Gästen zu Ostern eine russische Delikatesse vorsetzen will, dem seien hier die Ingredienzien verraten. Sieben Pfund Quark, durch ein Sieb passiert, acht Eier, ein halbes Pfund Butter, ein Liter süße Sahne. Die gehaltvolle Mixtur ist vorsichtig zu einer dicken Creme zu erhitzen und mit je einem Pfund Zucker und Rosinen anzureichen, ehe sie zum Erkalten in einen speziellen Topf gegossen wird, der der Kalorienbombe à la Sofja Andrejewna seine charakteristische Pyramidenform gibt.

Jörg Rathmann hat sich zu uns gesellt. Der Slawist aus Bernburg in Sachsen-Anhalt arbeitet seit vier Jahren in Jasnaja Poljana. Sein Spezialgebiet ist Regionalentwicklung. Wie es in den russischen Regionen aussieht, hat er im Dienst der deutschen Wirtschaft erfahren. Dabei lief er Wladimir Iljitsch Tolstoi über den Weg. Der Kreml hatte den gelernten Journalisten als Direktor des Staatlichen Museums und Landguts seines Ururgroßvaters eingesetzt.

Beide fanden schnell heraus, dass sie gemeinsame Vorstellungen besitzen.

»Welche zum Beispiel?«

»Das kulturelle Erbe von Lew Tolstoi zum Vorteil der ganzen Region zu nutzen!«

»Wie soll das geschehen?«

»Durch Kulturtourismus und Kulturwirtschaft!« Jörg Rathmann genießt unser Interesse. Russlands Wirtschaft werde zwar von Energie und Rohstoffen dominiert, aber die Idee der »creative industries« sei inzwischen auch hier angekommen. Kultur werde wie im übrigen Europa zunehmend als Standortfaktor erkannt, zum Vorteil von Image, Identität und Wirtschaft.

Als Berater des Direktors wirkt Jörg Rathmann an einem Projekt der Europäischen Union mit, die Erfahrungen von Shakespeares Stratford-on-Avon und Goethes Weimar für Tolstois Jasnaja Poljana zu nutzen.

»Und was kommt bei den Untersuchungen heraus?«

»Die Verhältnisse sind nicht zu vergleichen, aber Jasnaja Poljana kann eine Menge lernen. Stratford-on-Avon ist eine Kreisstadt mit 24 000 Einwohnern. In Weimar leben 65 000 Menschen. Das Dorf Jasnaja Poljana zählt hingegen nur 2 000 Seelen. Noch krasser ist der Unterschied bei den Besuchern. Stratford kennt Kulturtourismus seit dreihundert Jahren. Auch wenn die Zahlen etwas nachlassen, kommen jährlich immer noch fünf Millionen Menschen aus aller Welt in die Shakespeare-Stadt und ihre Umgebung. Weimar bringt es auf drei Millionen Touristen. Dagegen wirken die 130 000 Gäste von Jasnaja Poljana äußerst bescheiden.«

»Sind die Zahlen nicht entmutigend?«

»Keineswegs!«, widerspricht Jörg Rathmann. Für ein kleines, nicht eigenständiges Dorf wie Jasnaja Poljana sei der Besucherandrang beachtlich, zumal von Jahr zu Jahr mehr Menschen kämen. Das Museum sei gut geführt und habe viel zu bieten. Während in Stratford kaum ein Original von William Shakespeare zu finden sei, stammten in Jasnaja Poljana 30 000 Gegenstände von Lew Tolstoi oder hätten direkt mit ihm zu tun. »Jasnaja Poljana soll ein internationales Kultur- und Bildungszentrum werden, mit Kongressen, Seminaren, Schulen. Wladimir Iljitsch wird Ihnen das näher erklären, wenn Sie ihn gleich treffen.«

Aber vorher haben wir das Vergnügen mit Viktor Jerofejew. Begleitet von seiner Frau und einem Freund aus Deutschland ist er inzwischen eingetroffen. Sofort schafft er Publikum. Er genießt seine Bekanntheit mit freundlicher Routine. Ein Schriftsteller gilt immer noch etwas in Russland, stelle ich fest. Jerofejew hat seine Popularität nicht nur durch seine Romane und Erzählungen, sondern auch als Gastgeber einer wöchentlichen Sendung im staatlichen Fernsehen erworben, in der unter dem Titel »Apokryph« über Kultur, aber auch über sonstiges Geschehen in Russland und in der Welt diskutiert wird. Es geht dabei lebhaft und nicht selten kontrovers zu. Auch die politische Führung wird von Seitenhieben nicht verschont, in kultivierter Form. Eine Programmabsetzung muss er deshalb nicht fürchten. Viktor Jerofejews Meinung ist gefragt, auch im Ausland. In der amerikanischen Zeitschrift »New Yorker« erscheinen seine Artikel wie in der »Frankfurter Allgemeinen Zeitung«.

Auf Viktor Jerofejew war ich das erste Mal vor dreißig Jahren aufmerksam geworden. Damals gab er zusammen mit einem Schriftstellerkollegen in Moskau unter dem Namen »Metropol« einen Sammelband mit Texten von zwanzig Autoren heraus. Die Aktion erregte ziemliche Aufmerksamkeit, insbesondere bei Regimegegnern und der internationalen Presse, denn die Geschichten, in denen auch Gewalt und Sexualität eine Rolle spielen, waren nicht durch die Zensur gegangen. Damals, am Ende der Breschnew-Ära, in einer Zeit geistiger Stagnation und politischer Repression, war das ein unerhörter Vorgang. Jerofejew flog nicht nur aus dem Gorki-Literaturinstitut, sondern – konsequent, wie die Sowjetfunktionäre waren – auch aus dem Schriftstellerverband.

Die Karriere des Vaters, der Stalin als Französischdolmetscher gedient hatte und später Sowjetbotschafter in Wien und Paris war, erfuhr ebenfalls eine jähe Wende. Statt zum Stellvertreter des Außenministers aufzusteigen, wurde er in Hinterstuben zu niedrigen Tätigkeiten verbannt, wozu die Auswertung von Artikeln der Parteizeitung »Prawda« gehörte. Obwohl er dazu von oben aufgefordert wurde, drängte der Vater seinen Sohn nicht, sich von der Metropol-Missetat zu distanzieren. Dafür setzte ihm Viktor Jerofejew in seinem autobiografischen Roman »Der gute Stalin« ein ehrenvolles Denkmal.

Nachdem der Bann gegen ihn unter Michail Gorbatschow aufgehoben worden war, erregte Viktor Jerofejew erneut Aufsehen, diesmal mit seinem Roman »Die Moskauer Schönheit«. Dafür schlüpfte er als Erzähler in die Rolle einer Frau. Seine Romanheldin namens Irina schläft sich bar jeden Skrupels durch die Betten, um nach oben zu kommen. Ihre größte Eroberung hat es zwar als Funktionär weit gebracht, ist aber den Anforderungen des Liebeslebens nicht gewachsen. Er stirbt in ihren Armen. Irina steigt entschlossen um. Sie reinigt sich durch Taufe und sieht sich nun berufen, ihr Land zu erlösen. In Irina spiegeln sich Lebenseinstellungen, die nach der Sowjetzeit weithin ausbrachen: moralfrei, voller Lebensgier, rücksichtslos gewinnsüchtig oder sektenhaft religiös. In jedem Fall ohne Toleranz.

Zur Bestform läuft Viktor Jerofejew in seinen Erzählungen auf. »Leben mit einem Idioten« ist ein Beispiel dafür. Es ist eine Geschichte von radikaler Zerstörungskraft. Später entstand daraus eine Oper, zu der Alfred Schnittke die Musik schrieb. Mit Wonne nimmt sich Jerofejew der Verhältnisse seiner Zeit an oder eröffnet mit Witz gruselige Ausblicke in die Zukunft. Obwohl wir uns zum ersten Mal begegnen, kommen wir unverkrampft miteinander ins Gespräch. Da er sich im Fernsehgeschäft auskennt, versteht er, worauf es uns bei den Filmaufnahmen ankommt. Das Kamerateam geht vorweg, wir wandern plaudernd hinterher. Unser Thema ist kein geringes, es geht um Russland und den Westen.

»Müssen wir Russland fürchten, oder sollen wir Russland vertrauen?«

»Beides! Fürchten und vertrauen!«

»Wie ist das zu verstehen?«

»In vielerlei Hinsicht gibt es zwischen Russland und dem Westen keine Unterschiede, wir haben oft gleiche Wertvorstellungen. Dies gilt für die Kultur. Dies gilt für die Jugend, die bei uns gleiche Interessen hat wie die jungen Menschen im Westen. Dies gilt auch für das Privatleben, das in Russland ganz und gar westlich geworden ist. Hier gibt es keinen Grund zur Sorge. Anders ist das bei den nationalen Interessen. Hier ist gegenüber Russland Vorsicht angebracht, denn unsere nationalen Interessen nehmen langsam einen imperialen und nationalistischen Charakter an. Das bedeutet noch nicht, dass Russland dem Westen als Feind entgegentritt, aber es pflegt mehr und mehr eine antiwestliche Rhetorik.«

»Was ist der Grund dafür?«

»Der Bevölkerung soll deutlich gemacht werden, dass Russland das einzig wahre Land auf der Welt ist – mit einer Ideologie, die dem russischen Nationalcharakter und auch der russischen Seele entspricht. Dies ist noch Rhetorik. Aber der Westen sollte aufpassen, dass aus der Rhetorik keine Taten werden, die gegen Europa und den Westen insgesamt gerichtet sind.«

»Viele im Wesen bezweifeln, dass Russland berechenbar ist. Ist dieser Verdacht gerechtfertigt?«

»Wissen Sie, die Sowjetunion war berechenbar. Wir wussten, dass sie den Prager Frühling niederwalzen würde. Wir wussten, dass sie bis zum letzten Mann Krieg in Afghanistan führen würde. Ihre Handlungen waren berechenbar, aber schlecht. Dass Russland jetzt weniger berechenbar ist, kann Vorteile haben. Manchmal unternimmt es etwas, wovon die Welt profitiert. Aber die Nichtberechenbarkeit kann auch gefährliche Seiten haben, wenn Russland als nationalistisches Imperium auftritt, mit gelegentlicher Aggressivität.«

Hinter uns rollen in dicken Wellen Besuchergruppen die Birkenallee zu Tolstois Wohnhaus hoch. Sie überholen uns, als wir eine Szene wiederholen. Sofort ist Jerofejew von Frauen reiferen Alters umringt, die ihm Autogramme abverlangen. Wir wollen sie nicht enttäuschen und machen deshalb eine kleine Pause, um danach gleich wieder den Gesprächsfaden aufzunehmen.

»Hat sich Russland in den letzten zwanzig Jahren verändert?«

»Es ist ein völlig anderes Land geworden, es ist der Sowjetunion überhaupt nicht mehr ähnlich. Was die Wertvorstellungen angeht, so hat sich insbesondere Moskau, also das Herz des

Landes, völlig verändert. Es ist eine an New York erinnernde Megapolis und, wie mir scheint, eine der interessantesten Städte der Welt geworden. In der russischen Provinz, in den Kleinstädten, verlaufen die Prozesse nicht so schnell, aber sie schreiten voran. Ich bin optimistisch. Russland braucht diese Veränderungen.«

»Die alte Gogol-Frage: Wohin treibt Russland?«

»Das ist nicht eindeutig zu beantworten. Russland ist wie ein Gespann mit zwei Pferden. Das eine Pferd, das staatliche, zieht in eine schlechte, in die nationalistische Richtung. Das andere zieht in die Richtung eines normalen Privatlebens. Und diese Richtung geht nach Westen.«

»Was denken die Russen über Russland?«

»Die Russen sind ein unbegreifliches Volk. Sie selber wissen kaum zu sagen, was sie über Russland denken. Allmählich begreifen sie, dass die Jahre der Verzweiflung und der Depression vorbei sind. Die Menschen gewinnen Selbstvertrauen, sie beginnen zu arbeiten. Wenn wir mal das politische Leben beiseitelassen und nur das Privatleben betrachten, dann können die Russen aus meiner Sicht zum ersten Mal wirklich optimistisch in die Zukunft schauen.«

»Gab es in der Geschichte Russlands ähnliche Situationen?«

»Es gab sie, zwei Mal! Zum ersten Mal war das in den sechziger Jahren des 19. Jahrhunderts der Fall, als Zar Alexander II. die Bauern von der Leibeigenschaft befreite. Das war eine Zeit der Hoffnung. Beim zweiten Mal war es die Proklamation der Verfassung am Anfang des 20. Jahrhunderts, die Hoffnungen weckte. Hoffnung kam auch auf, als wir Anfang der neunziger Jahre zusammen mit Jelzin Russland zu einem freien Land gemacht haben. Heute kann man nicht behaupten, Russland sei ein absolut freies Land. Aber die Chance der persönlichen Freiheit, sein Leben so zu gestalten, wie man möchte, ist noch erhalten. Schauen Sie mich an! Vor Ihnen steht ein freier Mensch.«

Wir verlassen die Birkenallee und wenden uns den Stallungen zu, vor denen sich die Besucher drängen. Sie beobachten, wie die Pferde versorgt werden. Der große Schlitten wartet auf das nächste Hochzeitspaar. Kinder drehen ein paar Runden auf dickfelligen Ponys. Wir bekommen mit, wie der Fremdenführer hinter uns seiner Gruppe erklärt, dass das Tolstoi-Landgut stattliche 412 Hektar groß sei. Dazu gehören, wie hinzugefügt wird, neben dem Wohnhaus und dem Gästeflügel eine Reihe von Wirtschaftseinrichtungen, Parkanlagen, Obstgärten und Forsten. Der Weg macht eine leichte Rechtsbiegung nach oben und gibt den Blick auf Jasnaja Poljana frei, das auf dem gegenüberliegenden Hügel liegt. Aus der Entfernung sieht es aus wie ein russisches Dorf aus dem Bilderbuch. Wir warten ein wenig, bis die Besuchergruppe außer Hörweite ist, und setzen unser Gespräch fort.

»Was treibt Russland an?«

»Meines Erachtens wird Russlands Politik von dem Wunsch angetrieben, wieder anerkannte Großmacht zu sein. Der Motor für die Menschen ist der Wunsch, nicht mehr arm zu sein, sondern ordentlich und in Würde zu leben.«

»Welche Rolle spielt Europa für Russland?«

»Eine doppelte! Einerseits wirkt Europa auf Russland wie ein Magnet, was den Lebensstil angeht. Andererseits glauben die Russen schon seit Langem, dass es Europa an geistigem Leben mangele. Deshalb wollen sie ihr eigenes geistiges Leben führen. Dafür sollte man Verständnis haben. In der Tat ist das geistige und kulturelle Leben in Russland sehr intensiv. Wenn die Russen in dieser Hinsicht zuweilen Europa kritisieren, dann ist diese Kritik nicht immer unbegründet.«

»Und wie ist das Verhältnis zu Amerika?«

»Amerika hört auf, ein nachahmenswertes Modell zu sein, wie das noch zur Sowjetzeit der Fall war. Jetzt nähern wir uns im Lifestyle immer mehr Europa an. Autos, Möbel, Schuhe, Kleidung, Design, Esskultur und guter Wein, all das kommt aus Europa. Aus Amerika kommen nur Jeans und Hollywood-Filme.«

»Welchen Werten bleibt Russland treu?«

»In erster Linie bleibt Russland seinen kulturellen Werten treu. Nach wie vor sind Schriftsteller bei uns populär. Gewiss, es gab mal eine schlechte Zeit für die Literatur. Das war in den neunziger Jahren. Damals hörten die Russen auf zu lesen. Ihre eigenen Erfahrungen waren ihnen offensichtlich wichtiger als die Deutungen der Schriftsteller. Doch heute kehren die Russen zur Literatur zurück. Es wird wieder viel gelesen. Die Buchläden sind voll mit Büchern. Ich kann mich nicht erinnern, dass in Russland je so viele Bücher zu bekommen waren wie heute. Man entdeckt die Literatur langsam wieder, aber nicht so sehr die Lyrik, sondern Prosa aller Art, Belletristik wie Sachbücher.«

»Und was unterscheidet die Russen sonst noch von den Westeuropäern?«

»Die Russen geben ihre Angewohnheit nicht auf, nach dem Sinn des Lebens zu suchen. Dies ist das Hauptthema in unserem Land, immer und auf allen Ebenen. Ob Bauer oder Präsident, sie suchen ständig nach dem Sinn des Lebens.«

»Wir sind hier auf dem Landgut von Lew Tolstoi. Wie tief ist er noch im Bewusstsein der Russen verwurzelt?«

»Sehr tief! Tolstoi ist bis heute lebendig geblieben. Er ist ein Symbol, ein Genie, das in russischer Sprache die russische Welt beschrieben hat. Wenn wir irgendetwas Gutes haben, dann ist es unsere Sprache. Es ist eine große, mächtige, metaphernreiche Sprache. Tolstoi nutzte sie meisterhaft und schuf so das Bild Russlands. Russland im Krieg, Russland im Frieden, russische Menschen privat, das Land, die Natur, die Kultur. Hier in Jasnaja Poljana wurde jenes Bild der russischen Welt geschaffen, das nicht nur die Russen, sondern auch die Menschen im Ausland von Russland haben. Die Vorstellungen über Russland sind mit Tolstoi auf das Engste verbunden.«

»Wie würde Tolstoi Russland und die Welt von heute beschreiben?«

»Ich denke, er würde sich schwertun. Er lebte mit der Hoffnung eines Humanisten seiner Zeit. Tolstoi glaubte, dass ein gutes und glückliches Miteinander der Menschen letztendlich und irgendwie doch zu erreichen ist. Aber viele seiner Vorstellungen sind im 20. Jahrhundert zerstört worden. Die gegenwärtigen Verhältnisse hätten ihn vermutlich in tiefen Pessimismus gestürzt, er hätte darauf kaum Antworten gefunden. Die Herangehensweise von Joyce und Kafka ist besser geeignet, die Welt von heute zu beschreiben, als die Mittel von Lew Tolstoi.«

Seit gut einer Stunde bewegen wir uns über das weite Gutsgelände. Viktor Jerofejew muss sich dringend aufwärmen. Er ist viel zu leicht bekleidet. Ohne Kopfbedeckung und in Straßenschuhen ist er nicht hinreichend gegen die beißende Kälte und den auffrischenden Wind geschützt. Auf dem Weg zum Restaurant erzähle ich ihm von unserem Ausflug auf das Kulikowo Polje. »Die Schlacht von Dmitrij Donskoj gegen die Tataren ist ein riesengroßer nationaler Mythos«, bestätigt Jerofejew. Dabei seien die Fronten damals gar nicht so ganz klar gewesen. Auf tatarischer Seite hätten einige slawische Trupps gekämpft, im Heer des Großfürsten Dmitrij habe es hingegen auch Tataren gegeben. Aus heutiger Sicht sei das aber nicht wichtig. »Die Schlacht ist zum Sinnbild der Befreiung geworden. Sie ist ein lautes, ein wichtiges Symbol, das im Laufe der Geschichte Russlands immer wieder bemüht wurde, nicht zuletzt während des Krieges gegen das faschistische Deutschland.«

»Ist dieser Mythos immer noch lebendig?«

»Der Mythos wird schwächer. Wir wissen inzwischen, dass unsere Geschichtsdeutung nie die richtigen Antworten gab, weil sie immer politisch ausgebeutet wurde. Das Kulikowo Polje ist ein wichtiger Bestandteil der offiziösen Geschichte Russlands und meines Erachtens ein Kernelement der russisch-orthodoxen Idee. Die Menschen in unserem Land betrachten dagegen das Kulikowo Polje mit weit weniger Pathos. Trotzdem möchte jeder Russe das legendäre Schlachtfeld einmal in seinem Leben gesehen haben.«

Im Restaurant erreicht mich die Nachricht, dass Wladimir Tolstoi von einer Dienstreise zurückgekehrt und zu einem Gespräch bereit sei. Wir verabreden, mit ihm Aufnahmen am Grab von Lew Tolstoi zu machen. Nach 15 Minuten Fußmarsch sind wir auf einer abseitsgelegenen Lichtung angekommen. Freundlich empfängt uns der Ururenkel des großen Schriftstellers. Wie Jerofejew weiß er, was Fernsehaufnahmen erfordern. Geduldig geht er auf unsere Wünsche ein. Wir müssen ihm nicht viel erklären. Kamerateams sind ihm ein vertrauter Umgang, sie sind ständig zu Gast in Jasnaja Poljana.

»Warum hat Ihr Ururgroßvater an dieser Stelle seine letzte Ruhe gefunden?«

»Es war der persönliche Wunsch von Lew Nikolajewitsch. Dieser Ort erinnerte ihn an seine glückliche Kindheit, an die Spiele mit seinen Brüdern und seiner Schwester – und an den grünen Stab.«

»Den grünen Stab?«

»Sein älterer Bruder Nikolenka hatte ihm hier von einem grünen Zauberstab erzählt, auf dem ein Rezept eingeritzt sei, das alle Menschen glücklich machen könne. Wer diesen Zauberstab finde, könne alle Krankheiten, Ungerechtigkeiten und Kriege verschwinden lassen. Als Achtzigjähriger hat Lew Nikolajewitsch geschrieben, dass er sein ganzes Leben diesen Zauberstab gesucht habe. Vergebens! Aber der Sinn seines Lebens habe in dieser Suche bestanden. Seine ewige Ruhe wollte er an dem Ort finden, der ihn mit diesem Traum und mit seiner Familiengeschichte verband.«

»Der Platz ist abgelegen. Kommen trotzdem viele Menschen hierher?«

»Der Platz ist nicht nur abgelegen, hier gibt es keinen Hinweis, dass an dieser Stelle ein russischer Schriftsteller von Weltrang begraben ist. Kein Kreuz, keine Tafel, kein Grabstein, nur ein kleiner Hügel. Und doch wissen die Menschen, dass hier das Grab von Lew Tolstoi ist. 1910 ist er gestorben. Seitdem kommen sie hierher. Sie bringen, wie Sie sehen, Blumen mit, auch im Winter. Es ist ein ununterbrochener Strom. Sie alle wollen sich vor ihm verbeugen.«

Leichtes Schneetreiben setzt ein. Wir wandern zurück. Unterwegs erzählt Wladimir Tolstoi, dass Jasnaja Poljana während des Zweiten Weltkrieges von deutschen Truppen besetzt worden sei. Das war Ende 1941. In diesem Waldstück hätten sie ihre gefallenen Soldaten beigesetzt, nicht weit vom Grab Lew Tolstois. Die toten Deutschen seien direkt nach Wiedereinnahme durch die Rote Armee exhumiert und am Flüsschen Woronka bei Jasnaja Poljana erneut beerdigt worden. Im Jahr 2000 hätten sie ihre letzte Ruhe schließlich auf dem Soldatenfriedhof in Tula gefunden.

Für die Russen sei es 1941 sehr bitter gewesen, bemerkt Wladimir Tolstoi, einen so wertvollen Ort ihrer Kulturgeschichte dem Feind, der ihr Land überfallen hatte, zu überlassen. Wie damals die Stimmung war, ist bei Wassilij Grossman nachzulesen. Er war Kriegsberichterstatter und wurde von den Soldaten der Roten Armee verehrt wie kein anderer, wegen seines Muts, seines Mitgefühls und seiner Aufrichtigkeit. Diese Aufrichtigkeit wurde ihm nach dem Krieg zum Verhängnis. Sein Roman »Leben und Schicksal« wurde vom Geheimdienst konfisziert, weil der Kreml darin die sowjetische Kriegsführung verunglimpft sah. Das große Werk von Wassilij Grossman konnte erst Jahre nach dem Zusammenbruch der Sowjetunion vollständig veröffentlicht werden.

1941 erlebte er den chaotischen Rückzug der Roten Armee nach dem Überfall der Wehrmacht auf die Sowjetunion. Auf der Chaussee von Orjol nach Tula entdeckte er einen Wegweiser nach Jasnaja Poljana. Obwohl die deutschen Truppen ihnen auf den Fersen waren, überredete er seine mit ihm flüchtenden Kameraden, Lew Tolstoi die Reverenz zu erweisen.

Hier sein Bericht: »Jasnaja Poljana. Ich schlage vor, dort vorbeizufahren. Unsere ›Emka‹ verlässt die verstopfte Chaussee. Hinter dem vergehenden Gold des herbstlichen Parks und des Birkenwäldchens treten die grünen Dächer und weißen Mauern der Häuser hervor. Dann das Tor. Als Tschechow einst hierherkam, verließ ihn an diesem Tor bei dem Gedanken, er werde in wenigen Minuten vor Tolstoi stehen, der Mut. Er wandte sich um, ging zum Bahnhof und fuhr nach Moskau zurück. Der Weg zum Haus ist mit Mengen roter, orangefarbener, gelber und zitronengetönter Blätter bedeckt – wie schön. Je schöner der Anblick, desto trauriger wird einem ums Herz in dieser Zeit.

Im Haus herrscht die Hektik vor der Flucht. Überall Berge von Kisten und leere Wände. Schlagartig wird mir bewusst: Es ist wie in Tolstois Roman ›Krieg und Frieden‹. Ich bin in Lysyje-Gory, und da fährt der alte, kranke Fürst davon. Alles fließt ineinander, was vor hundert Jahren geschah und was jetzt vorgeht, was das Buch mit solcher Kraft und Wahrheit beschrieb, dass es nicht nur wie das Schicksal des alten Fürsten Bolkonskij erschien, sondern auch des alten Grafen Tolstoi. Das Buch ist zur höheren Realität des Krieges vor über hundert Jahren geworden, der einzigen, die bis in unsere Zeit überdauert hat, zur einzigen Wahrheit von Leiden, die wir vergangen glaubten und die jetzt auf uns zurückgefallen sind.

Sofja Andrejewna empfängt uns. Sie ist ruhig und bedrückt zugleich. Sie berichtet, der Sekretär des Gebietskomitees habe ihr Eisenbahnwaggons versprochen, um die Sachen abzutransportieren. Ob das jetzt, da die Deutschen schon so nahe sind und so rasch vorstoßen, wohl noch möglich ist? Wir sprechen über Moskau und gemeinsame Freunde, die nicht mehr unter uns weilen. Der Gedanke an ihr trauriges Schicksal lässt uns verstummen. Dann reden wir davon, wovon jetzt alle mit Schmerz, Befremden und Trauer reden – vom Rückzug. Tolstois Grab. Über ihm heulen Jagdflieger, dröhnen Detonationen. Dann wieder der stille, majestätische Herbst. Wie schwer ist das alles. Selten habe ich solchen Schmerz verspürt.«

Vermutlich hat Wladimir Tolstoi gelesen, was Wassilij Grossman geschrieben hat. Mir schildert er, dass die Deutschen im Oktober 1941 eingerückt seien. Anfangs hätten sie sich gesittet benommen. Ein Offizier habe darauf aufmerksam gemacht, dass hier »der große russische Schriftsteller Leo Tolstoi« gelebt habe. In seinem Haus solle nichts angerührt, nichts zerstört werden. Ein entsprechender Hinweis sei auch angebracht worden, wie später auf einem Foto entdeckt wurde. Vierzig Tage habe die deutsche Besatzung gedauert. Zum Schluss habe die Wehrmacht doch noch verbrannte Erde hinterlassen wollen. Im Wohnhaus von Lew Tolstoi sei Feuer gelegt worden. Da die deutschen Truppen fluchtartig das Landgut verließen, konnten die zurückgebliebenen Einwohner zusammen mit den Vorauskommandos der Roten Armee den Brand rechtzeitig löschen. Großer Schaden sei nicht entstanden. Das Archiv und die Ausstellungsgegenstände seien ohnehin rechtzeitig vor dem Einmarsch der Deutschen nach Tomsk in Sibirien evakuiert worden.

Als die Rote Armee die deutsche Wehrmacht zurückwarf, ließ es sich Wassilij Grossman nicht nehmen, das Landgut von Lew Tolstoi noch einmal zu besuchen. »Jasnaja Poljana. Neben Tolstoi liegen jetzt 83 Deutsche begraben. Man hat sie in den Kratern der Brandbomben verscharrt, die sie hier abgeworfen haben. Vor dem Haus eine einzige Blumenpracht – Hochsommer. Ein stilles, ungestörtes Idyll. Auch auf Tolstois Grab ein Blumenmeer. Bienen summen in den Blüten. Aber der große Obstgarten des Landguts ist dem Frost zum Opfer gefallen. Grau und tot wie Friedhofskreuze stehen die verdorrten Apfelbäume da.«

Wladimir Tolstoi weist mit der Hand nach rechts. Etwa hundert Meter unterhalb beginnt der Obstgarten. Jetzt im Winter tragen die Bäume kein Laub, aber sie sind durch Wickel gegen die Kälte geschützt und machen einen gesunden Eindruck.

»Und wie ist das Verhältnis zu den Deutschen heute?«, setze ich unser Gespräch fort.

»Wir haben beste Beziehungen. Was geschehen ist, sollte nicht vergessen werden. Wir sollten daraus lernen. Das Vergangene darf aber die Gegenwart und Zukunft nicht erdrücken. Jasnaja Poljana führt eine Reihe gemeinsamer Projekte mit Deutschland durch. Besonders wertvoll ist mir das Projekt mit Weimar, ›Tolstoi und Goethe‹. Dazu gesellt hat sich die englische Stadt Stratford-on-Avon mit Shakespeare. Es wäre schön, wenn sich auch noch Spanien mit seinem Cervantes-Museum anschlösse. Wir wollen die wirklich Großen der Weltliteratur zusammenbringen, sie können viel für unsere Zukunft tun.«

»Eine Art runder Tisch der Genies?«, wirft Viktor Jerofejew ein, der sich uns inzwischen angeschlossen hat.

»So könnte es aussehen«, meint Wladimir Tolstoi.

Wir stehen hinter dem Wohnhaus von Lew Tolstoi vor einem abgestorbenen Baum, der einmal mächtige Ausmaße gehabt haben muss. »Baum der Armen« habe er früher geheißen, erfahren wir. An einem Ast habe eine Glocke gehangen, deren Klang alle Hausbewohner zum Mittagessen oder zu anderen Mahlzeiten gerufen habe, erzählt Wladimir Tolstoi. »Die Glocke war auf dem ganzen Gelände zu hören. Das war auch nötig, denn einige arbeiteten weiter entfernt, am Fluss, im Wald oder am Teich.«

»Wie ist es zum Namen ›Baum der Armen‹ gekommen?«

»Unter diesem Baum stand eine Bank. Auf ihr warteten die Menschen, die aus dem ganzen Land gekommen waren, um Lew Tolstoi zu besuchen. Meist waren es Bittsteller, arme Leute, die von dem berühmten Schriftsteller Hilfe erwarteten. So kam es zu dem Namen ›Baum der Armen‹. Vor dreißig Jahren ist er abgestorben. Der Rest wird als Denkmal bewahrt. Auf alten Fotografien ist er noch in seiner Blüte zu sehen. Mit Lew Tolstoi davor!«

Das Stichwort Fotografie gibt Viktor Jerofejew die Gelegenheit, eine Beobachtung loszuwerden. Er habe sich soeben auf dem Rückweg vom Restaurant in Tolstois Wohnhaus alte Fotos von Lew Nikolajewitsch angesehen. Nun entdecke er, dass Wladimir Iljitsch unverkennbare Ähnlichkeit mit seinem Ururgroßvater habe. »Ähneln die anderen Nachfahren Lew Tolstoi ebenso?«, möchte er wissen.

»Der genetische Code ist offenbar sehr stark. Auch wenn viele Tolstois nicht wie Lew Nikolajewitsch aussehen, so sieht man ihnen trotzdem an, dass sie derselben Familie angehören. Wir treffen uns alle zwei Jahre in Jasnaja Poljana. Dann kommen die Nachfahren von Lew Tolstoi aus den USA, aus Kanada, aus Italien, aus Frankreich und der Schweiz. Dabei stelle ich fest, dass mein älterer Bruder den schwedischen Verwandten ähnelt, während ich bei mir Ähnlichkeiten mit unseren italienischen Verwandten erkenne.«

»Was sind denn die Gemeinsamkeiten?«

»Die tief sitzenden Augen, die Stirn und die Form der Hände. Das pflanzt sich offenbar von Generation zu Generation fort, obwohl viele längst nicht mehr Tolstoi heißen, sondern italienische oder schwedische Familiennamen tragen und kaum noch Russisch sprechen.«

Er fühle sich gegenwärtig wieder sehr stark von Tolstoi angezogen, bekennt Viktor Jerofejew. Es sei die Sprache, die ihn dazu bringe, die Werke noch einmal zu lesen, angefangen von »Der Tod des Iwan Iljitsch« bis hin zu »Krieg und Frieden«. Er sei im gesetzten Alter erneut süchtig nach Tolstoi geworden. Allerdings könne er sich die Frage nicht verkneifen, ob der große Schriftsteller ein normaler Mensch gewesen sei oder ein Verrückter.

Wladimir Iljitsch zeigt sich nicht schockiert. Natürlich sei Lew Tolstoi ein ungewöhnlicher, ja außergewöhnlicher Mensch gewesen, aber sein Charakter sei ihm auch nicht immer verständlich. »Einige Eigenschaften sind mir sehr nah. Dies gilt besonders, wenn er in seinen Tagebüchern und Briefen sein Herz öffnet, vor allem im Verhältnis zu seinen Nächsten, den Familienmitgliedern und Freunden. Andererseits kann ich einige seiner Handlungen überhaupt nicht nachvollziehen. Er besaß einen eigenartigen Humor, der mir immer fremd sein wird.« Dennoch bleibe Lew Tolstoi ein außergewöhnlicher Mensch von faszinierender Offenheit, Wahrhaftigkeit und Aufrichtigkeit, die ihn oft zur völligen Entblößung seiner Seele veranlasst habe. So in seinen Tagebüchern. Kaum einer sei zu derartigen Geständnissen im Gespräch mit Vertrauten fähig, geschweige denn dazu, sie zu Papier zu bringen.

Die Tagebücher! In ihnen hat Lew Tolstoi seine Gefühle und Beobachtungen festgehalten über sich selbst, über seine Frau, seine Kinder, seine nähere und weitere Umgebung. Für die Nachwelt, insbesondere die forschende, sind diese Dokumente eine reiche Fundgrube, denn Tolstoi war ein unglaublich fleißiger Schreiber. Zeitweise führte er drei Tagebücher parallel, für sich selbst, für seine Frau und für die Geschichte. Der Besucher kann nur staunend und ehrfürchtig zur Kenntnis nehmen, wenn er hier erfährt, was Lew Tolstoi geleistet hat. Er schrieb vier Romane, drei Theaterstücke und über vierzig Großerzählungen literarischer Weltklasse, alle intensiv recherchiert. Er verfasste wissenschaftliche Arbeiten und unendlich viele Briefe; er lernte Sprachen und führte ein großes Gut, auf dem er selbst harte Arbeit leistete, und er kümmerte sich mit großem zeitlichen Aufwand um die armen Bauern und andere Benachteiligte, insbesondere deren Kinder.

Ohne danach zu streben, erlangte Lew Tolstoi bereits zu seinen Lebzeiten eine enorme Bedeutung für das russische Volk, was den Zeitgenossen und Verleger Alexei Sergejewitsch Suworin zu der Feststellung veranlasste: »Es gibt zwei Zaren in Russland. Der eine in Petersburg kann mit Lew Tolstoi nichts anfangen. Der andere in Jasnaja Poljana könnte den Thron erschüttern.« Der Schriftsteller Alexander Block befürchtete gar, nach Tolstois Tod könne Russland auseinanderfallen.

Und heute? Die jungen Menschen lesen nur noch wenig von Tolstoi, stellt Jerofejew bedauernd fest. Aber im Ausland wächst wieder das Interesse an den Werken des Weisen von Jasnaja Poljana, wie sein Ururenkel glaubt. Er spricht sogar von einem Boom, den er auf seinen Reisen festgestellt habe. Es gebe neue Übersetzungen in nahezu allen führenden Sprachen, so in den USA, in England, in Deutschland, in Mexiko und demnächst auch in Brasilien und Portugal. Was das neue Interesse an Tolstoi ausgelöst habe, vermag er nicht zu erklären. Viktor Jerofejew glaubt es hingegen zu wissen. »Bei Tolstoi erholen sich die Menschen vom Modernismus. Seine Charaktere wirken glaubwürdig und authentisch. Mit ihnen können die Menschen etwas anfangen in dieser wirren Welt.«

Spricht's und entschwindet Richtung Moskau, begleitet von unseren aufrichtigen Wünschen, dass der Rückweg angenehmer verlaufe als die Fahrt hierher.

Matt wehrt sich Wladimir Tolstoi gegen unseren Wunsch, ihn mit den Pferden zu filmen. »Immer wieder das gleiche Motiv!«, wendet er ein. Aber in Deutschland sei er so noch nicht gezeigt worden, geben wir zu bedenken. Das Bild passe zum Landgut. Weitere Argumente brauchen wir nicht aufzubieten. Ein Pferd wird aus den Stallungen geholt und vor einen Schlitten gespannt. Tolstoi erkundigt sich während des Anschirrens bei den Pferdepflegern, ob das Heu noch reiche. »Nicht ganz!«, ist die Antwort. Man müsse noch Nachschub vom Kulikowo Polje holen. 90 Tonnen brauche man insgesamt. Von den eigenen Feldern seien nur 70 Tonnen eingefahren worden.

Sie sprechen von gleich zu gleich, der Direktor und die beiden Arbeiter. Das ist Tradition auf dem Landgut. Lew Tolstoi hat sie begründet. Die einfachen Menschen standen ihm am nächsten. Wie er fühlten sich seine Nachfahren für die Bewohner von Jasnaja Poljana verantwortlich. 1921 wurde das Anwesen zum Museum erklärt. Lew Tolstois Tochter Alexandra übernahm die Leitung. Während der schlimmen Jahre des Bürgerkrieges und der anschließenden Hungerjahre der jungen Sowjetunion gründete sie eine Schule und richtete ein Krankenhaus ein.

Der heutige Direktor trägt wie der Führer der bolschewistischen Revolution Lenin den Vor- und Vatersnamen Wladimir Iljitsch. Pikanterweise waren seine direkten Vorfahren entschiedene Gegner der Sowjetmacht. Sein Großvater Ilja Iljitsch und dessen Bruder Wladmir Iljitsch, die Enkel von Lew Tolstoi, kämpften aufseiten der Weißen gegen die Roten. Nach dem Sieg der Kommunisten emigrierten sie in die Nähe von Belgrad, wo sie mit ihren Familien ein entbehrungsreiches Leben fristeten. Nachdem die Rote Armee 1945 Jugoslawien erobert hatte, baten sie den sowjetischen Diktator Josef Stalin, wieder in der Heimat leben zu dürfen. Es war eine lebensgefährliche Entscheidung, denn Stalin pflegte mit vermeintlichen und tatsächlichen Gegnern kurzen Prozess zu machen. In diesem Fall ließ er eine für ihn ungewöhnliche Gnade walten. Die Tolstoi-Brüder durften mit ihren Familien zurückkehren.

Als Wladimir Tolstoi 1994 seine Tätigkeit als Direktor in Jasnaja Poljana aufnahm, fand er äußerst kritische Verhältnisse vor. Das Landgut seines Ururgroßvaters war von umweltfeindlichen Industriebetrieben umzingelt. Der Schadstoffauswurf des nahe gelegenen Chemiekombinats »Schtschjokino-Asot« überstieg die in Russland gültigen Grenzwerte um ein Mehrfaches. Die Parkanlagen drohten einzugehen. Zusätzlich verpestete der Verkehr auf den angrenzenden Landstraßen die Luft. Das Wasser war ebenfalls kontaminiert. Wladimir Tolstoi schlug Alarm. Er legte sich mit den Direktoren der Betriebe und den Verantwortlichen der politischen Verwaltung an. Wenn das Landgut mit dem Museum eine Zukunft als eine Attraktion für in- und ausländische Touristen haben sollte, dann dürfe es nicht inmitten einer vergifteten Natur liegen. Den Besuchern müsse sich ein Landschaftsbild bieten, das zu Lew Tolstoi passe.

Dem Alten wären die gegenwärtigen Umweltverhältnisse sicher ein Graus gewesen. Er hatte schon das Stahlwerk »Kossaja Gora« an der Straße Tula–Orjol als Ungeheuer bezeichnet, als es zu seiner Zeit den Betrieb aufnahm. Das Monster ist immer noch da und bläst weiter kräftig Schadstoffe in den Äther. Dank günstiger Winde geht der zweifelhafte Segen am Landgut weitgehend vorbei. Wer davon betroffen ist, trägt sein Schicksal mit Geduld, denn das Stahlwerk beschäftigt 3 500 Menschen. Von seiner Existenz leben noch viele andere. Dafür werden schlechte Luft und ein verschandeltes Landschaftsbild wie selbstverständlich hingenommen.

Für das Landgut wäre es am besten, wenn die Dreckschleudern in der unmittelbaren Umgebung dichtgemacht würden, doch dann wäre es mit der regionalen Entwicklung vorbei. Wladimir Tolstoi hat zwar viel in Gang gesetzt, Einrichtungen geschaffen und die Zahl der Mitarbeiter von knapp hundert auf über sechshundert erhöht, aber selbst blühender Kulturtourismus und starke Kulturwirtschaft könnten den massenhaften Wegfall von Industrie-Arbeitsplätzen bei Weitem nicht wettmachen. Deshalb half nur eins: Es musste eine Lösung im Konsens gefunden werden.

Die Direktoren von Chemiekombinat und Museum setzten sich mit der politischen Administration zusammen. Herausgekommen ist das Abkommen von Jasnaja Poljana, das inzwischen als Modell für ganz Russland gilt. Durch Modernisierung der Betriebe wird die Umweltbelastung gesenkt. Um Geld für die Investitionen zu beschaffen, betreibt das Tolstoi-Museum Lobbying bei der russischen Regierung und internationalen Organisationen. Der Status des Museums als staatliches Schutzobjekt hilft zudem, bei Einkauf, Transport und Verzollung neuer Anlagen Geld einzusparen. Die Modernisierung hat allerdings einen Haken: Sie setzt viele Arbeitskräfte frei. Um neue Jobs zu schaffen, sieht das viel gepriesene Abkommen von Jasnaja Poljana die Ansiedlung neuer Gewerbe vor. Konkrete Projekte sind in Planung. Theoretisch kann nichts mehr schiefgehen. In der Praxis ist der Frieden zwischen Industrie und Kultur aber noch brüchig und die Umweltbelastung trotz Reduzierung weiter hoch.

Ist der Durchbruch nun geschafft? »Posmotrim!«, sagt Wladimir Tolstoi. »Wir werden sehen.« Er hat die erbetene Runde im Pferdeschlitten absolviert. Nicht nur ihm, auch dem Pferd scheint es zu reichen. Bergab trabt es zielstrebig auf die Stallungen zu. Wir sind auch zufrieden. Die Bilder vermitteln den gewünschten Eindruck vom Landgut Lew Tolstois in der heutigen Zeit. Wir verabreden uns mit dem Direktor zum Abendessen in der Isba »Proschpekt«, die inzwischen zu unserem Stammlokal geworden ist. Wladimir Tolstoi geht, wie er sagt, auch gerne dorthin. Das Essen entspricht seinem Geschmack. Außerdem liegt es nicht weit von seinem Haus entfernt.

Wir finden einen Tisch in der Ecke am Fenster. Viel ist draußen nicht zu sehen. Ab und zu rollt ein Auto im leichten Schneefall vorbei. Wladimir Tolstoi empfiehlt zum Auftakt eine Soljanka, eine gute russische Suppe, dazu ein Stück kerniges Roggenbrot und einen schönen Wodka. »Sonst weiß die Suppe nicht, wer sie isst.« Schon sind wir um eine russische Lebensweisheit und um die Erkenntnis reicher, dass Wodka auch als Aperitif genießbar ist.

»An Kreativität lassen es die Russen nicht fehlen, um den Verzehr von Wodka zu begründen«, stelle ich voller Respekt fest.

»Es kommt auf das Maßhalten an«, meint Wladimir Tolstoi und spricht den heroischen Kampf seiner Landsleute gegen die Trinklust an, der seit Jahrhunderten geführt und bis heute grandios verloren wird.

»Was möchten Sie aus Jasnaja Poljana machen?«

»Jasnaja Poljana soll nicht nur Sitz eines reichhaltigen Tolstoi-Museums sein. Jasnaja Poljana muss auch der Ort sein, an dem Lew Tolstois Ideen – seine humanistischen, philosophischen und pädagogischen Vorstellungen – umgesetzt und weiterentwickelt werden. Aus Jasnaja Poljana soll ein höchst lebendiges geistiges Zentrum werden, zu dem viele Menschen kommen und viele Anregungen mit nach Hause nehmen.«

»Wie wollen Sie das erreichen?«

»Wir wollen Begegnungen, Diskussionen, Symposien und Seminare durchführen, national und international. Um dafür die Voraussetzungen zu schaffen, planen wir den Bau eines Kongresszentrums. Wir wollen Film-, Theater- und Musikfestivals veranstalten. Um die Gäste unterzubringen, werden wir Hotels bauen. Es gibt jede Menge Pläne.«

»Tolstoi konnte mit seinen Vorstellungen Menschen in seinen Bann schlagen. Gibt es Tolstoijaner?«

»Ja, die gibt es. Sie heißen Tolstowzy, sie gab es schon zu seinen Lebezeiten. Aber er wollte mit ihnen nichts zu tun haben. Er betrachtete sich nicht als Messias, als Heilslehrer. Er hatte nichts für Eiferertum übrig, vor allem wenn daraus Bewegungen zu werden drohen. Ich will auch nichts mit den Tolstowzy zu tun haben.«

Wladimir Tolstoi wird zu Hause erwartet. Nach guter russischer Sitte lässt er zum Abschied noch einmal Wodka kommen. »Na possoschok«, prostet er mir zu. Auch das ist altes Ritual. »Possoch« ist ein hoher Gehstab, mit dem sich früher Pilger auf die Reise begaben. Die kürzere Variante, der Krück- oder Spazierstock, heißt »possoschok«. Auf ihn wird getrunken, um einen guten Heimweg zu wünschen. Nach dem Wodkagenuss in landesüblicher Weise hat sich der Wunsch über die Jahrhunderte als angebracht erwiesen. Deshalb werden auch gerne mehrere Gläschen auf den Abschied geleert, auf dass ein kräftiger Spazierstock daraus werde.

Uns reicht ein kleiner Kurzer als »possoschok«. Wir haben es nicht weit. Gleich nebenan haben wir im Gästehaus des Gutes Unterkunft gefunden. Früher residierte in dem Areal die Gewerkschaft. Das Hauptgebäude sieht aus, als sei es von einer Bombe getroffen worden. Es handelt sich aber nur um einen technischen Knock-out. Sowjetische »Wertarbeit« am Bau hat das Haus zusammenkrachen lassen. Im Block nebenan brennt Licht. Wir schauen vorbei. Jörg Rathmann und sein Stratford-Weimar-Jasnaja-Poljana-Team sind noch fleißig bei der Arbeit. Ich komme mit Lena Aljochina ins Gespräch. Mitte zwanzig ist sie. Ihre Mutter hat sie Deutsch lernen lassen. Auf dem Fremdspracheninstitut konnte sie ihre Kenntnisse vervollkommnen. »Vervollkommnen« ist das richtige Wort. Lena Aljochina spricht wohlgeformte Sätze mit charmantem Akzent. Bis vor Kurzem hat sie Touristen durch Tolstois Wohnhaus geführt, mit Vorliebe aus Deutschland, um ihre Sprachkenntnisse ständig zu üben.

Gut Deutsch habe auch der Schriftsteller gesprochen, erinnert mich Lena. Exzellent habe er Französisch beherrscht, in jener Zeit die Sprache des Adels, was auch in seinen Werken deutlich würde. Insbesondere in »Krieg und Frieden« ließe Tolstoi die Konversation in den Salons in Französisch führen. Englisch sei ihm ebenfalls fließend über die Lippen gegangen. Weitere Sprachen habe er erlernt, um Bücher im Urtext lesen und daraus übersetzen zu können, zum Beispiel Griechisch. Sich international zu geben sei in den Salons damals üblich gewesen, zumal in den gebildeten Kreisen nicht wenige Ausländer verkehrten. So sei der Großvater seiner Frau Deutscher gewesen. Daher stamme auch der Familienname Bers.

»Wie hat Tolstoi Sofja Andrejewna kennengelernt?«

»Seine Eltern kannten die Großeltern seiner späteren Frau. Deren Vater Andrej war Arzt. Er hatte drei Töchter. Die älteste hieß Jelisaweta, die mittlere Sofja und die jüngste Tatjana. Alle waren sehr ansehnlich. Nachdem Tolstoi einige Male im Hause Bers zu Gast war, erklärte er: Wenn ich heirate, dann eine dieser drei jungen Frauen.«

»Warum hat er sich für Sofja entschieden?«

»Jelisaweta war ihm etwas zu ausgeglichen und pedantisch, Tatjana hingegen zu unruhig und verspielt, ein kleines Teufelchen. Als er später in ›Krieg und Frieden‹ Natascha Rostowa beschrieb, hatte Tolstoi Tatjana vor Augen.«

»Weswegen gab er Sofja den Vorzug?«

»Sofja war für ihn die goldene Mitte. Sie erschien ihm schön, warmherzig, intelligent, lebendig und zugleich beherrscht. Er schrieb ihr einen Heiratsantrag. Den Brief trug er bei sich, um ihn bei passender Gelegenheit abzugeben. Er wollte sich ja keinen Korb holen.«

»Wann kam der passende Moment?«

»An einem Abend im Haus Bers. Tatjana sang und wurde von Sofja auf dem Klavier begleitet. Tatjana sang so schön und gewagt wie nie zuvor. Als sie die höchsten Töne schaffte, sah Tolstoi dies als Zeichen an, nun auch alles zu wagen. Er gab Sofja den Brief mit dem Heiratsantrag.«

»Und was sagte sie?«

»›Rasumejetsa, da!‹ Selbstverständlich, ja! Ihm fiel daraufhin ein Stein vom Herzen. Er hatte gefürchtet, sie könne ihn für zu alt halten, denn er war bereits 34 und sie erst 18.«

»Wie ging es dann weiter?«

»Sofjas Eltern waren einverstanden. Tolstoi hat keine Zeit verloren. Bereits wenige Tage später fand die Hochzeit statt. Danach ging es in der Kutsche nach Jasnaja Poljana. Drei Tage dauerte die Fahrt. Die beiden waren sehr ineinander verliebt.«

»Hat das Verliebtsein lange gehalten?«

»Für beide war es eine große Umstellung. Er war lange Junggeselle gewesen, sie wurde plötzlich nicht nur Ehefrau, sondern auch Gutsherrin. Wie es weiterging, kann Ihnen am besten Irina Truchatschowa erzählen. Sie weiß von uns am meisten über Tolstoi.«

Meine russischen Sprachkenntnisse lassen mehr und mehr zu wünschen übrig. »Was heißt Sasseka?«, zerbreche ich mir über Nacht den Kopf. Beim Frühstück sitze ich mit unserem jungen Producer Alexander Romanenko zusammen. Er hat dafür zu sorgen, dass die Termine für unsere Dreharbeiten stimmen. Nun erklärt er mir, was es mit »Sasseka« auf sich hat. Nach seinen Worten handelt es sich um einen mit Spießen durchsetzten Verhau, den die Kosaken um ihre Siedlungen errichteten, um heranpreschende Tataren zu stoppen. Eine solche Siedlung muss sich an unserem nächsten Drehort befunden haben, der Bahnstation Koslowa Sasseka. Sie erlangte Berühmtheit, als am 22. November 1910 der Leichnam von Lew Tolstoi feierlich hierhin überführt wurde. Er hatte zehn Tage vorher bei Nacht und Nebel sein Gut in Jasnaja Poljana verlassen. Als ich mich nach den Hintergründen der Geheimaktion erkundige, offenbart sich ein Familienkrimi epischen Ausmaßes. Ganz aufgedeckt ist der Fall nicht. In den Memoiren der Söhne, Töchter, Ärzte und Freunde finden sich unterschiedliche Versionen. Deshalb seien hier nur die übereinstimmenden Darstellungen wiedergegeben.

In seinen letzten Jahren wurde es Lew Tolstoi immer mehr zuwider, das Leben eines wohlhabenden Menschen zu führen. »Ein Gefühl peinigt mich immer mehr: die Lüge des wahnwitzigen Luxus inmitten der unverschuldeten Armut und Not, die mich umgeben. Alles wird schlimmer und bedrückender. Kann es nicht vergessen, nicht übersehen«, hielt er im Tagebuch fest. Das peinigende Gefühl ließ in ihm den Entschluss reifen, sich frei von weltlichen Gütern um Menschen in Bedrängnis und Not zu kümmern. Seine Frau Sofja Andrejewna betrachtete den Missionsdrang ihres Mannes als einen Fimmel, dem sie sich keineswegs anzuschließen gedachte. Sie, die – wie man so sagt – mit beiden Beinen im Leben stand, hielt ihren Mann allmählich für unzurechnungsfähig. Je älter sie wurden, desto weniger vertrauten die Eheleute einander. So machte er sich davon, ohne seine Frau zu informieren, um einen Ort zu finden, wo er in Ruhe und näher zu Gott leben konnte.

Ganz allein reiste Lew Tolstoi nicht. Begleitet wurde er von seinem Arzt Dr. Duschan Makowizkij, einem Bulgaren. Die erste Nacht verbrachten sie im nahe gelegenen Männerkloster Optina Pustyn. Am nächsten Tag suchte er seine Schwester im Frauenkloster Schamardino auf, die dort als Nonne lebte. Danach sollte es mit dem Zug nach Nowotscherkassk im Süden Russlands weitergehen. Dazugestoßen war inzwischen auch Tochter Alexandra, die als Einzige der Familie in die Reisepläne eingeweiht worden war. Gekommen sind sie nur dreihundert Kilometer weit bis zum Eisenbahnknotenpunkt Astapowo. Der 82-jährige Tolstoi hatte sich auf den zugigen Stationen eine Erkältung zugezogen, die sich schnell zu einer Lungenentzündung auswuchs.

Der Stationsvorsteher stellte dem berühmten Schriftsteller ein Zimmer zur Verfügung. Ärzte eilten herbei. Die Familie wurde informiert. Sofja Andrejewna reiste mit den Söhnen an. Da es in Astapowo kein Hotel gab, mussten sie einen Eisenbahnwaggon als Unterkunft benutzen. Tolstois Gesundheitszustand verschlechterte sich rapide. Während er seine Söhne zu sich ließ, musste seine Frau warten. Sie durfte erst zu ihm, als er soeben gestorben war, wie sie in ihrem Tagebuch notierte und später der in Rom weilenden Tochter Tatjana schrieb. Da Lew Tolstoi längst Weltberühmtheit erlangt hatte, löste die Nachricht von seinem Tod weit über Russlands Grenzen hinaus tiefe Trauer aus.

Wir haben uns bei der Bahn angemeldet und werden wie Staatsgäste empfangen. Der Chef des Eisenbahnbezirks Tula, der Chef der Bahnstation Koslowa Sasseka, die Chefin des historischen Bahnhofs und die Chefin des Bahnhofmuseums stehen zur Begrüßung bereit. Alles akkurat, nahezu klinisch sauber. Der Parkplatz und die Bahnsteige sind gefegt, kein Schneekrümel ist geblieben. Das Bahnhofsgebäude wirkt wie frisch lackiert. Wir sind gekommen, um den Express aus Moskau zu filmen. Samstags und sonntags wird er eingesetzt, um die Touristen aus der Hauptstadt nach Jasnaja Poljana zu transportieren. Zehn Waggons mit 540 Sitzplätzen, wie wir erfahren. Wir sind gespannt.

Majestätisch rollt der Zug in die ehrwürdige Bahnstation. Erwartungsvoll schwenkt unser Kameramann die zehn Waggons ab. Es dauert ein wenig. Dann öffnet sich ganz vorne eine Tür, und eine einsame Passagierin klettert auf den Bahnsteig herunter. Uns dämmert, Koslowa Sasseka hat schon größere Tage erlebt. Um unsere Gastgeber nicht zu enttäuschen, machen wir ein paar Alibi-Aufnahmen, begleitet von der dunklen Ahnung, dass diese Bilder keinen Eingang in unseren Film finden werden. Trotzdem lohnt eine nähere Betrachtung des Bahnhofs.

Auf Drängen von Wladimir Tolstoi ist das Gebäude, wie wir ja erfahren haben, im alten Stil wiederhergestellt worden. An der Außenwand weist eine Tafel darauf hin, zu wessen Ehren die kostspielige Renovierung vorgenommen wurde. »Dem berühmten Schriftsteller Lew Nikolajewitsch Tolstoi von seinen dankbaren Nachfahren« steht da geschrieben. Innen sieht es so gepflegt aus, wie es der berühmte Schriftsteller vermutlich nie erlebt hat. Pflanzen sorgen für eine angenehme Atmosphäre. Acht fein lackierte Bänke bieten den wartenden Reisegästen Platz. Während unserer Anwesenheit wartet niemand. Zwei Kassen stehen zur Auswahl. Eine für den Vorortverkehr, die andere für weite Strecken. Auch hier gibt es kein Gedränge. Auf dem Aushang ist zu lesen, wer die Dienste der Rossijskaja Shelesnaja Doroga, der Russischen Eisenbahn, kostenlos in Anspruch nehmen darf. Helden der Sowjetunion halten sich nach wie vor auf Platz eins. Ihnen folgen die Teilnehmer des Großen Vaterländischen Krieges und Militärdienstleistende. Die Privilegien werden nur gegen Vorlage entsprechender Dokumente gestattet. Zugfahrten sind in Russland immer noch beliebt und auch preiswert. Die 15 Kilometer bis Tula kosten zehn Rubel (30 Cent) und die 150 Kilometer bis Orjol 190 Rubel (5,80 Euro).

Jekaterina Fjodorowa bittet in ihr Dienstzimmer. Passend zum Tolstoi-Ambiente wird Tee aus dem Samowar angeboten. Dazu gibt es Sladosti, süßes Gebäck, in reicher Auswahl. Uns zu Ehren ist der Tisch mit goldverziertem Geschirr gedeckt. Die Chefin des historischen Bahnhofgebäudes, adrett in dunkelblauer Uniform gekleidet, ist eine aufmerksame Gastgeberin mit einem gewinnenden Lächeln. Der Bahnhof habe drei große Ereignisse erlebt: die Ankunft des toten Lew Tolstoi 1910, den Besuch des französischen Staatspräsidenten Giscard d'Estaing 1974 und die Wiedereröffnung nach der Restaurierung an Tolstois Geburtstag am 9. September 2002.

Der Bahnhof sei 1868 gebaut worden, gut dreißig Jahre nach Einführung der Eisenbahn in Russland auf der Strecke Moskau–St. Petersburg. Lew Tolstoi sei häufig von hier abgefahren und hierher zurückgekehrt. Er ist auch hundert Jahre nach seinem Tod der Schutzpatron der Station Koslowa Sasseka. Ohne ihn würde es die aufwendig restaurierte Haltestelle kaum noch geben, denn das Passagieraufkommen hält sich sehr in Grenzen.

Zwanzig Reisende pro Tag sind es im Winter, hundert im Sommer. Sechs Züge werden im Nahverkehr eingesetzt, zwanzig weitere passieren Koslowa Sasseka ohne Halt auf ihren Wegen zu entfernten Zielen.

Es beginnt gemütlich zu werden. Wir plaudern über Tolstoi und erfahren, dass er die 180 Kilometer nach Moskau gelegentlich auch zu Fuß gelaufen sei. Wir hören, dass es mit Russland merklich bergauf geht, und dürfen zur Kenntnis nehmen, dass als Folge der positiven Entwicklung das Streckennetz der Russischen Eisenbahn weiter ausgebaut wird, was wiederum der Wirtschaft guttut. Die Wechselwirkung leuchtet uns ein.

Eine Flasche findet ihren Weg auf den Tisch. Kognak aus Dagestan, fünf Sterne. Ohne fünf Sterne scheint hier nichts zu laufen. Auch unsere Chefin trägt sie auf ihren Schultern. Beim Militär wäre ihre Position mit einem Hauptmann gleichzusetzen, wird uns gesagt. »Utrom wypjesch, djen swobodnyj«, murmelt jemand, als das erste Glas auf den Erfolg unserer Reise geleert wird. »Morgens saufen, Tag gelaufen«, könnte das Sprüchlein übersetzt werden. So schlimm wird es bei Frau Fjodorowa nicht kommen. Mein Glas solle ich auf den Tisch stellen, wenn mir eingeschenkt wird, werde ich ermahnt, sonst liefe mir die Frau davon. Erschrocken befolge ich den Rat, wobei ich mich besorgt frage, wie oft ich in der Vergangenheit meine Ehe unbedacht in Gefahr gebracht haben könnte.

Der Besuch des Museums nebenan wird uns nahegelegt. Wir kommen der Empfehlung gerne nach. Vor dem Eingang blickt uns eine Büste mit dem Kopf von Lew Tolstoi entgegen. Mächtig wie ein Wasserfall wirkt auf mich der Bart des Alten von Jasnaja Poljana. In den Innenräumen schaut uns Tolstoi von verschiedenen Fotos an. Allein, mit seiner Frau und einer seiner Töchter, auch mit seinem Schriftstellerkollegen Iwan Turgenjew. Die Zaren Nikolai I., Alexander II. und III. geben uns die Ehre. Viel lernen wir über das Reisen damals, über Gepäck, Kleidung, Proviant, Fläschchen und Gläschen, über Flaggen, Signallampen und Morseapparate. Legendäre Lokomotiven werden uns auf Fotos vorgestellt, zum Beispiel das Modell C-125-17, gebaut in Nischnij Nowgorod. Mit Tempo dreißig dampfte es durch Russlands Weiten.

Schließlich werde ich zu dem Telegramm geführt, in dem sechs Ärzte aus Astapowo bekunden: »Heute, um 6.05 Uhr morgens, ist Lew Nikolajewitsch Tolstoi sanft entschlafen.« Das war am 20. November 1910, nach dem damaligen russischen Kalender der 7. November. Zwei Tage später erreichte der Zug mit den sterblichen Überresten des großen Schriftstellers Koslowa Sasseka, erwartet von einer großen Menge tief trauernder Menschen, wie auf einem Foto im Museum zu sehen ist. Vier Söhne Tolstois trugen, so werde ich informiert, den offenen Sarg aus der Bahnstation hinaus. Der Trauerzug begab sich zu Fuß auf den fünf Kilometer langen Weg zum Gut, wo Lew Tolstoi an der Stelle im Wald begraben wurde, die er sich selbst als letzte Ruhestätte gewünscht hatte. Wir erinnern uns an die Geschichte, die uns sein Ururenkel Wladimir über den grünen Stab erzählte.

Wie denn das Verhältnis der Deutschen zu Lew Tolstoi sei, werde ich gefragt. Ich fühle mich ein wenig überfordert, darauf verbindlich zu antworten. »Voller Respekt, was meine Generation angeht!«, weiche ich aus. Welche Werke ich von Tolstoi gelesen habe, will man daraufhin wissen. Ich muss da nicht lange in meinem Gedächtnis kramen. Allzu viele sind es nicht. Das große Werk »Krieg und Frieden« hatte ich als 15-Jähriger, gefesselt von dem meisterlich beschriebenen Geschehen, in einem Zuge verschlungen. 15 Jahre später las ich dann, vor Antritt meiner Korrespondententätigkeit in Moskau, den Roman noch einmal; diesmal mit mehr Bedacht. Mit den Augen des Journalisten genoss ich die psychologische Analyse, die bis ins Feinste gehenden Beschreibungen von Personen und Handlungen.

Mit gleicher Ehrfurcht erfüllte mich Tolstois anderes Hauptwerk »Anna Karenina«, wobei mir der Wandel in der psychologischen Tonlage des Autors nicht entging. Während in »Krieg und Frieden« die Charaktere trotz aller Tragödien noch einigermaßen gefestigt und optimistisch wirken, ist die Grundstimmung in »Anna Karenina« von tiefem Pessimismus geprägt. So hängt denn über der in den Augen der heuchlerischen Gesellschaft sündigen, ehebrecherischen Liebe zwischen Anna und dem adeligen Offizier Wronskij die dunkle Wolke eines unausweichlich unguten Endes.

Da ich zum Zeitpunkt der Lektüre bereits als Korrespondent

in Moskau lebte, beschloss ich, Jasnaja Poljana zu besuchen, um Lew Tolstoi näher zu kommen. Das war 1974, als noch niemand ein schnelles Ende der Sowjetunion für möglich hielt. Zu jener Zeit war das Reisen dort für Ausländer nicht ganz einfach. Der überwiegende Teil des Landes war für unsereins geschlossen. Nur wenige Orte durften angefahren werden. Dazu gehörte Jasnaja Poljana. Ich besorgte mir vom sowjetischen Außenministerium eine »Putjowka«, eine Reiseerlaubnis, die ich denn auch auf der 180 Kilometer langen Strecke einige Male vorweisen musste, obwohl die Nummer meines Autos an die Polizeiposten vorher durchgegeben worden war. Vermutlich wollten die Milizionäre einen Blick in den Wagen werfen, um Gewissheit zu haben, dass ich tatsächlich nur von meiner Frau und meinen kleinen Kindern begleitet wurde. Vielleicht war ihnen auch langweilig, und sie wollten zur Abwechslung mal ein Westauto näher betrachten.

In Jasnaja Poljana wurden wir freundlich, aber reserviert aufgenommen. Ausländer kamen selten hierher. Meist waren es in Moskau akkreditierte Diplomaten und Korrespondenten. Bei der Führung durch sein Wohngebäude wurde über Tolstoi mit höchster Ehrerbietung gesprochen. Sein ausschweifendes Leben im jungen Mannesalter wurde nur angedeutet. Auch seine spätere entschiedene Hinwendung zu den Lehren von Jesus Christus fand eine eher dialektische Deutung; mehr im Sinne des Kommunismus als der Realität entsprechend. Der Graf und Großgrundbesitzer Lew Nikolajewitsch Tolstoi, so wurde uns vermittelt, habe im Laufe seines Lebens erkannt, dass die Menschen zu seiner Zeit in unerträglicher Weise eingeteilt waren – in wenige Reiche, die in Saus und Braus lebten, und viele rechtlose Arme, die ein kümmerliches Leben fristeten. Er habe sich deshalb mehr und mehr zu den Bauern hingezogen gefühlt, sich schließlich auch so einfach wie sie gekleidet und auch so bescheiden gelebt. Nicht die Rede war von dem festen Glauben der Bauern an Gott, von dem sich Tolstoi besonders eingenommen fühlte. Dabei zählte für ihn nicht die Kirche, sondern allein das, was Jesus Christus verkündet hatte, so wie es im Neuen Testament nachzulesen ist.

Aus seinen Erkenntnissen formulierte er für sich fünf Gebote. Erstens: Werde nicht böse, zweitens: Erliege nicht sinnlichen Begierden, drittens: Binde dich nicht mit Schwüren, viertens: Widerstehe nicht Gott, fünftens: Sei gut zu den Gerechten und Ungerechten. Strikt der christlichen Urlehre folgend, scheute sich Tolstoi nicht, gegen die Anmaßung staatlicher und kirchlicher Autoritäten zu Felde zu ziehen, was auch lobend bei meinem ersten Besuch in Jasnaja Poljana hervorgehoben wurde. Ihn scherte wenig, dass er von der damals mächtigen russisch-orthodoxen Kirche exkommuniziert wurde. Seine Stellung beim Volk, aber auch bei der Intelligenz war so stark, dass ihm selbst drastische Maßnahmen nichts anhaben konnten. Im Gegenteil, sie erhöhten seine Wertschätzung. Natürlich auch bei den Kommunisten, die sich in der Ablehnung von Kirche und Zarenbehörden mit Tolstoi in einem Boot sahen. So konnte ich es jedenfalls aus den Worten der Museumsführerin damals heraushören.

Der Besuch in Jasnaja Poljana blieb nicht folgenlos. Mich interessierte, was der späte Lew Tolstoi geschrieben hatte. Also las ich seinen Roman »Auferstehung«. Es ist die Geschichte eines jungen Mädchens; von einem Adeligen verführt, wird es später Prostituierte und für ein Verbrechen verurteilt, das es nicht begangen hat. Von Gewissensbissen geplagt, folgt ihr der adelige, aber nicht untadelige Mann nach Sibirien, will sie heiraten, was sie aber ablehnt. Das Buch hat brillante Passagen, aber nach meinem Gefühl nicht die alte Klasse, auch wenn sich die scharfe Polemik gegen borniertes Rechtswesen und selbstgefällige Kirche nicht schlecht liest.

Meine aktive Tolstoi-Phase hielt noch ein wenig an. In der Erzählung »Der Tod des Iwan Iljitsch«, in der ein Mann im Angesicht des Todes zum inneren Licht des Glaubens und der Liebe findet, genoss ich die einzigartige Schreibkunst des großen Meisters und seine einfühlsame Seelenerforschung. Als scharfäugiger Beobachter des eigenen Tuns und unbestechlicher Analytiker der eigenen Stimmungen (sein Ururenkel Wladimir sprach von der völligen Entblößung seiner Seele) wusste Tolstoi, wie ich auch in der »Kreutzersonate« spürte, seine eigenen Lebenserfahrungen zu nutzen. Die sexuellen Gelüste, denen er als junger Mann so oft erlegen war, ließen ihn im reiferen Alter zu der

61

Erkenntnis gelangen, dass Keuschheit zur moralischen Festigung beitrage.

Es hat auch Vorteile, wenn Zeitungen, Radio und Fernsehen wenig hergeben. Diese Erfahrung machte ich in meiner Moskauer Zeit. Der dumpfen Propaganda in den Medien überdrüssig, widmeten sich die Menschen mehr der Literatur. So war in jenen Jahren gut über Tolstoi reden. Jeder unserer russischen Bekannten und Freunde kannte sich mit ihm aus, mit seinen Werken und seinem Leben. Als Schriftsteller war er unumstritten, nicht aber in dem, wie er gelebt hat. Dass er Privatbesitz verurteilte, wurde angesichts der Enteignungen durch das kommunistische Regime als idealistische Schwärmerei angesehen. Auch was das gespannte Eheverhältnis angeht, teilten sich die Geister. Insbesondere die Frauen verteidigten Sofja Andrejewna. Aufopferungsvoll habe sie die ständig überarbeiteten Manuskripte in Reinschrift gebracht. Es habe auch weniger mit Herrschsucht als mit Verantwortungsbewusstsein gegenüber der Familie und mit den auf dem Gut Beschäftigten zu tun gehabt, dass sie den Besitz streng zusammengehalten hat.

Dass Tolstois Ehefrau sein asketisches Leben nicht mitmachen wollte, fand ebenfalls viel Zustimmung. Verständnis wurde auch dafür gezeigt, dass sie seine Order nicht guthieß, die Urheberrechte an seinen Werken kostenlos wegzugeben, damit auch arme Menschen seine Bücher lesen könnten. »Illusion«, sagten nicht nur die Frauen. »Profitiert hätten von dieser Geste sicher andere als die Bedürftigen.« Aufseiten seiner Ehefrau waren die meisten, als es um die Frage ging: War es Habgier oder vernünftig, als sie darauf bestand, dass Tolstoi ihr und den Söhnen seine Besitztümer übereignete, anstatt sie zu verschenken, wie er es vorhatte? »Wir hätten wie sie gehandelt«, erklärten vor allem die Frauen. »Mit Habgier hat das nichts zu tun.«

Meist mitfühlend, gelegentlich aber auch mit Spott wurde in unseren Gesprächen diskutiert, was sich zwischen Lew Nikolajewitsch und Sofja Andrejewna abgespielt haben könnte. Wie es sich für einen anständigen Ehekrieg gehöre, sei nicht selten mit verdeckten Operationen gearbeitet worden, bekomme ich zu hören. Urheberrechtsfragen seien per se konfliktträchtig, erst recht innerhalb einer Familie. Der ständigen Auseinandersetzungen mit seiner Frau müde habe Lew Tolstoi einige seiner Schöpfungen zurückgehalten. Es waren Kostbarkeiten darunter, wie sich nach seinem Tod herausstellte. Eine hat es mir besonders angetan, der Kurzroman »Hadschi Murat«. Ich habe das Buch erst spät gelesen, vor meiner Filmreise 1999 durch den Kaukasus. Obwohl es hundert Jahre vorher geschrieben wurde, hat es mir über Wesen und Handeln im aktuellen Konflikt zwischen Tschetschenen und Russen mehr vermittelt als Dutzende Dokumentationen und Grundsatzartikel von heute. Wie so etwas möglich ist, mag sich der Leser fragen. Die Erklärung ist einfach. Was zu Tolstois Zeit geschah, wiederholt sich in unseren Jahren. Es wird nur nicht so scharf beobachtet und so tiefgründig analysiert wie damals von Tolstoi.

Ich muss ein wenig abschweifen. Auf meiner Rundreise durch den Kaukasus war ich nach Tschetschenien gelangt. Die Atmosphäre war überaus gespannt. Überfälle durch tschetschenische Partisanen hatten brutale Gegenangriffe der russischen Armee zur Folge. Nur unter militärischer Bewachung konnte ich durch das Land reisen. Zu meiner Überraschung entdeckte ich in der kleinen Staniza – dem Kosakendorf – Starogladkowskaja ein Tolstoi-Museum. Aufmerksam geworden war ich durch ein Denkmal des Schriftstellers vor dem Gebäude. Museumsdirektor Hussein Sagibow, ein Tschetschene, erklärte mir, warum der Russe Tolstoi von seinen Landsleuten so hoch geschätzt wird: »Er hat unsere Menschenwürde geachtet, er hat unsere Eigenheiten beschrieben, mit unseren Vorzügen und Fehlern. Wir fühlen uns von ihm verstanden und gerecht behandelt.«

Vom Denkmal vor dem Museum schaute ein alter Tolstoi auf mich herab. Als er hier war, zählte er erst 23 Jahre. Als Schriftsteller war er noch unbekannt. Aber was er beobachtete und erlebte, speicherte er in seinem Gedächtnis ab und verwertete es später in Erzählungen. Weil er mit seinem Leben noch nichts anzufangen wusste, hatte er seinen Bruder Nikolaj, einen Artillerie-Offizier, in den Kaukasus begleitet. Damals herrschte – wie zu meiner Besuchszeit – Krieg. Die Kaukasier hatten sich unter ihrem Führer Schamil gegen die russische Besatzungsmacht erhoben. Vierzig Jahre dauerten die grausam geführten Kämpfe, ehe der Aufstand endgültig gewaltsam unterdrückt war. Besiegt wurden die Kaukasier durch die technische und zahlenmäßige Überlegenheit der russischen Armee und die bösartigen Rivalitäten in den eigenen Reihen. Wie jetzt wieder.

Von Freiheitsdrang, Verwegenheit, Hass und Verrat handelt Tolstois Großerzählung. Hadschi Murat war damals der tragisch verstrickte Held im Kampf der Kaukasier gegen die russische Armee. Er war Feind, Verbündeter und wieder Feind von Schamil. Die russische Führung hat das genutzt, wie sie auch im jüngsten Krieg wieder Tschetschenen gegen Tschetschenen stellt. Zwischen den Fronten fand Hadschi Murat schließlich den Tod. Tolstoi beschrieb die Kämpfe nicht als Heldentaten, sondern als Auslöser sich fortsetzender Gewalt. Dabei versetzte er sich auch in die Lage der anderen. Was sie empfanden, als sie in ihre verwüsteten Dörfer zurückkehrten, findet sich bei »Hadschi Murat« unter anderem in der folgenden Passage wieder: »Das Gefühl, das alle diese Tschetschenen – vom Jüngsten bis zum Ältesten – gegen die Russen empfinden, ist stärker als Hass. Sie empfinden einen solchen Abscheu und Ekel und ein so verständnisloses Staunen vor der sinnlosen Grausamkeit, dass der Wunsch, sie zu vernichten, ein ebenso natürliches Gefühl für sie ist wie der Selbsterhaltungstrieb.«

Ein Kenner des Kaukasus hat russischen und tschetschenischen Führern empfohlen, sich mehr an dem »Psychologen« Tolstoi zu orientieren als an den Romantikern Puschkin und Lermontow mit ihren Kriegsverklärungen. Dann würden sie weniger auf gewaltsame Konfliktlösungen, sondern mehr auf gegenseitiges Verständnis setzen.

Unsere Gastgeber in Koslowa Sasseka bitten uns, für ein Erinnerungsfoto vor dem historischen Bahnhofsgebäude Aufstellung zu nehmen. Danach brechen wir eilig auf. Irina Truchatschowa wartet auf uns. Wir wollen uns mit ihr auf dem Landgut im »Kusminskij-Fligel« treffen. Uns ist es recht. Das Wohnhaus Tolstois wird wieder von Touristen belagert. Wir hätten hier keine Chance, in Ruhe Filmaufnahmen zu machen. Der Kusminskij-Fligel liegt etwa hundert Meter nebenan. Auf dem Weg dorthin kommen wir an der Turnstange vorbei, an der sich Lew Tolstoi bis ins hohe Alter ertüchtigte. Eine weniger ruhmreiche Erinnerung verbindet sich gleich daneben mit dem

Stein, der an der Stelle Wache hält, an der einst das Geburtshaus von Tolstoi gestanden hat. Der junge Lew hat es versilbert, um mit dem Erlös von 40 000 Rubeln eine Militärzeitschrift zu finanzieren. Der Zar verbot die Aktion, weil er die Untergrabung von Kampfmoral und Gehorsam durch Artikel über die Leiden der Soldaten fürchtete. Tolstoi verspielte daraufhin – alle Achtung! – das Geld in einer Nacht.

Im Kusminskij-Fligel werden wir freundlich empfangen. Dankenswerterweise bleibt uns erspart, die für Museumsbesucher obligatorischen Riesen-Filzlatschen tragen zu müssen. Irina Alexejewna Truchatschowa, im dunkelblauen Kleid mit heller Strickweste darüber, behandelt uns wie eine nachsichtige Lehrerin ihre Schutzbefohlenen. Sie lacht gerne und zeigt viel Geduld. Obwohl sie zum ersten Mal vor der Kamera steht, wie sie sagt, agiert und formuliert sie erstaunlich sicher. Kameramann und Regisseur sind sehr zufrieden mit ihr. Seit 17 Jahren arbeitet sie für das Museum. Jeden Tag entdecke sie zu Tolstoi Neues. Sie ist dem Schriftsteller, man kann es so sagen, auf sympathische Weise verfallen. Wie viele Frauen!

In diesem Haus hatte Tolstois Schwägerin Tatjana gewohnt. Sie hatte in die Familie Kusminskij geheiratet. Daher der Name des Gebäudes. Das Wörtchen »Fligel« stammt wie »Schlagbaum«, »Buterbrod«, »Rjuksak«, »Schina«, »Spriz«, »Absaz«, »Botsman« und viele andere mehr aus dem Deutschen und bedeutet wie bei uns Flügel oder Seitenflügel. Im Treppenhaus wie in allen Räumen schaut mich ein Lew Tolstoi unterschiedlichsten Alters an. Ich notiere, was ich an Informationen in Vitrinen und Aushängen über ihn finde, während das Team die Vorbereitungen für die Aufnahmen trifft.

Der Schriftsteller, Reformer und moralische Denker Lew Tolstoi war ein Mann der Widersprüche. Als Aristokrat geboren führte er in seinen jungen Jahren nicht selten ein zügelloses Leben. Graf Lew Tolstoi wurde auf dem Sitz seiner Familie, dem Landgut in Jasnaja Poljana, geboren. Seine Eltern starben früh. Verwandte zogen ihn auf. Im Alter von 16 Jahren ging er auf die Universität in Kasan, die er aber bald wieder verließ, weil es ihm da zu formalistisch zuging. Er kehrte zunächst nach Jasnaja Poljana zurück, wo er das Gut führen und sich durch Selbst-

65

studium weiterbilden wollte. An beiden Vorhaben verlor er bald
die Lust. Stattdessen vergnügte er sich in Moskau und St. Petersburg. Aber auch das Partyleben ging ihm schnell auf den
Geist. Er folgte seinem Bruder Nikolaj in den Krieg gegen die
Kaukasier. Das war 1851.

Ein Jahr später trat er selbst in die russische Armee ein und
vollbrachte als Offizier einige Husarenstückchen in den Kämpfen mit den aufständischen Bergstämmen. In freien Stunden
schrieb er sein erstes Buch. In »Kindheit«, so der Titel, offenbart
sich bereits seine außergewöhnliche schriftstellerische Begabung, die er vor allem seiner Fähigkeit verdankte, genau zu beobachten und zu analysieren; sich selbst eingeschlossen. Was er
im Kaukasus erlebte, verwertete Tolstoi in »Die Kosaken«, »Der
Gefangene im Kaukasus« und, wie oben beschrieben, »Hadschi
Murat«. Später wurde er nach Sewastopol versetzt, wo er am
Krimkrieg teilnahm, den Frankreich, England und die Türkei
gegen Russland führten. Seine Erlebnisse beschrieb er in Erzählungen, wobei er die Tapferkeit und den Mut der einfachen Soldaten dem angeberischen und verlogenen Heldengetue der militärischen Führung gegenüberstellte. Krieg, das machte Lew
Tolstoi immer wieder klar, war ihm zutiefst zuwider. Mit seiner
strikt pazifistischen Einstellung wurde er dem legendären Führer der indischen Unabhängigkeitsbewegung, Mahatma Gandhi, im gewaltlosen Kampf gegen die britische Kolonialmacht
Mitte des vorigen Jahrhunderts zum Vorbild.

Am Ende der Kämpfe um Sewastopol verließ Tolstoi 1856
die Armee und ging nach St. Petersburg. Dort wurde er von literarischen Gruppierungen umworben, doch er ließ sich nicht
vereinnahmen. Er reiste durch Frankreich, die Schweiz und
Deutschland, schrieb reichlich Erzählungen und litt zunehmend
an den unwürdigen Lebensverhältnissen der Landbevölkerung.
Um aus dem Elend herauszukommen, brauchten diese Menschen eine solide Ausbildung, erkannte er und gründete eine
Schule für die Kinder der Bauern. Der Erfolg stellte sich schnell
ein und ermutigte ihn, pädagogische Studien zu betreiben. Er
unternahm deswegen weitere Reisen nach Deutschland, Belgien, England, Frankreich und Italien, um herauszufinden, was
in Westeuropa für die Schulbildung getan wurde. Für seine Für-

sorge wurde er geliebt, aber er blieb auf der Suche nach dem Sinn seines Lebens. Sein Glück glaubte er schließlich gefunden zu haben, als er 1862 Sofja Andrejewna Bers heiratete.

Irina Truchatschowa gesellt sich zu mir. Sie geht am Stock. Hüftprobleme bereiten ihr Schwierigkeiten. Sie nimmt es mit Humor. Dass wir für Jasnaja Poljana nur zwei Tage Zeit haben, bedauert sie. »Wir machen einen Film über den Don«, erkläre ich ihr. »Nach Jasnaja Poljana haben wir nur einen Abstecher gemacht. Deshalb muss sich Lew Tolstoi mit einer Nebenrolle bescheiden.« Gleich fällt Irina Truchatschowa eine Geschichte ein, die Tolstoi als Junge über die Geburt des Don geschrieben hat. Zwei Brüder hätten in derselben Gegend das Licht der Welt erblickt, der Don und der Schat. Der eine sei bedächtig gewesen, der andere ein wenig wild. Während der Don ruhig und überlegt seinen Weg gesucht habe und schließlich zu einem mächtigen Strom angewachsen sei, habe der Schat sich leichtsinnig verlaufen und sei schnell in einem anderen Fluss aufgegangen.

Ich erzähle von meiner Begegnung mit Tolstoi im Kaukasus und von der hohen Wertschätzung, die er dort genießt. »Ja, die Tschetschenen verehren ihn«, bestätigt die Museumskuratorin. »Für sie ist er der Einzige der großen russischen Schriftsteller, der sie verstanden und ihre Würde geachtet hat. Tolstoi selbst hat Puschkin und Lermontow hoch in Ehren gehalten. Aber mit dem, was sie über den Kaukasus und seine Menschen geschrieben haben, war er nicht einverstanden. ›Einen solchen Kaukasus habe ich nicht kennengelernt‹, stellte er einmal fest.«

Ein Bild fällt mir auf. Es zeigt den jungen Tolstoi. Ein gut aussehender Mann voller Tatendrang schaut mich an. »Wie war er damals?«, möchte ich wissen. »Menschenfreundlich, aber ein Individualist«, meint Frau Truchatschowa. »Hochbegabt, aber ohne klare Richtung. Ein Mensch voller Lebensgier.« Nicht selten habe er seine Leidenschaften hemmungslos ausgelebt, sich Frauen wahllos gegriffen, sei mit Prostituierten ins Bett gegangen. Auch Geschlechtskrankheiten hätten ihn nicht klüger gemacht. Genauso ungezügelt sei er beim Spielen gewesen. Er habe seine Sucht nicht beherrschen können und wollen. Wenn ihm das Geld ausging, dann habe er Sachwerte verspielt, ja sogar seine Manuskripte, zum Beispiel den Text seines Buches »Die

Kosaken«. »All das hat er in seinen Büchern verarbeitet. Wenn er über menschliche Verirrungen schrieb, auch bis zum Exzess, tat er dies aus eigener Erfahrung. Die Charaktere, die er schuf, hatten Züge von ihm und anderen, die er beobachtet hatte.«

Tolstoi führte Tagebuch, wie es damals weit mehr als heute üblich war. Dabei offenbarte er seine intimsten Gefühle und Handlungen. Er entblößte, wie uns sein Ururenkel Wladimir gesagt hatte, seine Seele in einer radikalen Weise, wie es andere nicht gewagt hätten. In seinem Drang, wahrhaftig zu sein, schonte er auch sich selbst nicht. So übergab er seiner Frau sofort nach der Hochzeit seine Tagebücher. Für die blutjunge Sofja Andrejewna war die Lektüre ein Schock, wie wiederum in ihren Tagebüchern nachzulesen ist. »Ich kann es Gott nicht verzeihen, dass sich die Menschen erst die Hörner abstoßen müssen, ehe sie anständige Menschen werden«, heißt es an einer Stelle. »Mir fällt es schwer einzusehen, dass auch mein Mann unter diese Kategorie fällt. Mich quält der Gedanke, wem früher seine zärtlichen Gefühle galten. Mich überkommt ein Gefühl wehmutsvoller Trauer, wenn mich irgendetwas an seine Vergangenheit erinnert.« Angesichts der Erkenntnisse, die ihr der Jungehemann mit seinen Tagebüchern servierte, drückte Sofja Andrejewna ihre Gefühle sehr vornehm aus. Von einem unbeschwerten Start in die Ehe gibt es andere Vorstellungen.

Mit »Krieg und Frieden« hätte auch die Ehe von Tolstoi mit Sofja Andrejewna überschrieben werden können. An Leidenschaft hat es nicht gefehlt. Im Jahr der Hochzeit notierte er: »Ich liebe, wie ich nie geglaubt hätte, lieben zu können. Sie ist in jeder Hinsicht wundervoll. Ich bin von Sinnen, ich erschieße mich, wenn es so weitergeht.« Der Gedanke an den Tod ist auch ihr nicht fremd: »Habe heute noch einmal die ganze damalige Geschichte mit all dem Schmerz und all den Qualen durchlebt. Im ersten Augenblick wollte ich mir das Leben nehmen.«

Leicht haben es sich die beiden wahrlich nicht gemacht. Bei ihr heißt es im Tagebuch: »Ihn freut es, wenn ich mich quäle, wenn er sieht, dass ich über seine Zweifel an meiner Liebe weine. Es wäre ihm lieber, wenn ich auch so gelebt und genauso viel Schlechtes erfahren hätte wie er, damit ich das Gute jetzt besser zu schätzen wüsste.« Ihr Ehemann geht mehr mit sich selbst ins

Gericht. Er geißelt sich unerbittlich, wenn er vom Schmutz der Selbstbefleckung und vom Laster in den Freudenhäusern schreibt. »In der Ehe war ich zwar nicht ein einziges Mal meiner Frau untreu, wurde aber immer wieder von gemeiner verbrecherischer Gier beherrscht, nun auf mein Weib.«

Lew Tolstoi hatte einen Traum, wie es in einer Ehe zugehen sollte. Er beschreibt seine Vorstellung am Ende von »Krieg und Frieden«, als Natascha am Abend mit ihrem Mann Pierre allein ist: »Sie sprach mit ihm, wie eben nur Eheleute miteinander sprechen können. Jeder errät und erfasst mit erstaunlicher Klarheit und Geschwindigkeit die Gedanken des anderen und teilt die seinen auf einem Weg mit, der weitab von allen Regeln der Logik liegt.« Die Klarheit des Verständnisses würde dadurch nicht im Geringsten beeinträchtigt, das vermeintlich Unlogische sei vielmehr ein zuverlässiges Kriterium dafür, dass sie einander verstanden. Diese Erfahrung haben wohl Lew Tolstoi und seine Frau Sofja Andrejewna nicht gemacht.

Irina Truchatschowa hat alle Tagebücher gelesen. Sie bezieht klar Position, sie steht auf seiner Seite. »Er wünschte sich eine Fee und bekam eine Polizistin«, stellt sie fest. »Mein Gott, wie konnte er es nur so lange mit ihr aushalten?«, fügt sie hinzu. Schon das erste Ehejahr sei ihm schwergefallen. Am liebsten wäre er wieder in den Krieg gezogen. Aber es habe keinen Krieg gegeben. So habe er sich in das Abenteuer gestürzt, seinen großen Roman »Krieg und Frieden« zu schreiben. Sechseinhalb Jahre habe er dafür gebraucht. Es zähle nun zu den zwei, drei größten Romanen der Weltliteratur.

»War er ein schneller Schreiber?«

»Das war sehr unterschiedlich, wenn man auf das Ergebnis schaut. Er schrieb zehn bis zwölf Stunden täglich. Manchmal schrieb er viele Seiten am Tag, aber beim Nachlesen fanden sie keine Gnade vor seinen Augen. Dann wurden sie umgeschrieben. Aber auch die neuen Texte konnte er im Nu durchstreichen, um sie dann erneut umzuformulieren. Das war eine Riesenarbeit, auch für den Kopierschreiber, der den Text immer wieder in eine neue Reinschrift bringen musste.«

Der Kopierschreiber war über viele Jahre seine Frau, fällt mir ein. 1 600 Seiten umfasst das Mammutwerk »Krieg und Frieden«. Sofja Andrejewna wird vermutlich wegen der unzähligen Korrekturen einige tausend Seiten mehr in sauberer Schrift zu Papier gebracht haben. Aber das war ja nicht alles. Die Spannungen in der Ehe und der Stress beim Schreiben hat das Paar nicht davon abgehalten, Jahr für Jahr ein Kind in die Welt zu setzen.

»Wie entwickelte sich das Verhältnis zu seiner Frau?«

»Sie sind einander durch die Zusammenarbeit beim Roman ›Krieg und Frieden‹ wieder nähergekommen. Aber sie waren doch sehr unterschiedlich. Schauen Sie, hier in der Vitrine ist ihre Welt dargestellt. Es sind Gegenstände, die ihr gehörten. Symbole ihres Machtanspruchs, wie diese Glocke, mit der sie das Dienstpersonal auf Trab hielt. Oder diese Trillerpfeife, mit der sie die Nachtwächter aufscheuchte. Den großen Schlüsselbund trug sie ständig bei sich. Im Haus war alles verschlossen, selbst das Konfekt im Schrank. Sie wollte alles kontrollieren, das Leben ihres genialen Mannes eingeschlossen. Dem hat das gar nicht gefallen. Hier sehen Sie das zerbrochene Geschirr, das er aus Zorn auf den Boden geschleudert hat, weil er sich über ihr Kommandiergehabe ärgerte.«

»Lag es am Altersunterschied, oder waren sie im Wesen zu verschieden, dass sie einander nicht verstanden?«

»Vor allem am Wesen! Er war sehr bescheiden, sie hingegen genoss den Wohlstand. Das erkennen Sie schon an den Visitenkarten. Bei ihm steht nur der Name in französischer Schreibweise. Sie ließ auf ihr Schreibpapier und ihre Visitenkarten ›Gräfin Sofja Andrejewna Tolstaja‹ drucken. Sogar die Anweisungen an den Koch unterschrieb sie mit ›Gräfin Tolstaja‹. Die ganze Welt sollte erfahren, dass sie eine Gräfin war. So sah die Bescheidenheit der Tochter des Garnisonsarztes von Moskau aus.« Den Seitenhieb kann sich Frau Truchatschowa nicht verkneifen. Sie zeigt auf eine Vitrine, in der Tolstois Kleidungsstücke ausgestellt sind: »Er wollte einem russischen Bauern ähneln. Rock, Hose, Stiefel, alles aus gutem Material, aber schlicht. Die Kleidung war bequem. Man konnte sie am Schreibtisch oder beim Mähen oder beim Reiten tragen.«

Um nicht in den Geruch der Parteilichkeit zu geraten, räumt Frau Truchatschowa auch Schwächen von Tolstoi ein. Er habe sich selbst für seinen Jähzorn gehasst. Ebenso spontan konnte er in Tränen ausbrechen, etwa bei der Lektüre seiner eigenen Texte. Er habe auch geweint, wenn er Bauernkinder in abgerissenen Kleidern sah.

Ein Bild im Museum zeigt solche Kinder. Sie sitzen in der Schule, die Tolstoi für sie einrichtete. »Wenn ich den Klassenraum betrete und diese mageren, schmutzigen und zerlumpten Kinder sehe, überfällt mich ein Gefühl des Schreckens, als wenn ich einem ertrinkenden Menschen zuschaute. Hier drohen die Allerliebsten zu ertrinken, die Kinder«, hielt er in seinem Tagebuch fest. Durch den Unterricht wollte er ihnen bessere Lebenschancen ermöglichen. »Es könnte doch ein Puschkin unter ihnen sein«, spornte er sich selbst an.

Nachdem er seinen Roman »Krieg und Frieden« beendet hatte, fiel Tolstoi seelisch in ein tiefes Loch. Ihn bedrückte nicht zuletzt die Tatsache, erzählt Irina Truchatschowa, dass die meisten Menschen in Russland sein Buch gar nicht lesen konnten. »Über neunzig Prozent der Bevölkerung waren Analphabeten. Er fragte sich, wie er diesen hundert Millionen Menschen helfen konnte. Er fand die Antwort, indem er eine Fibel für sie schrieb. Mehrere Jahre arbeitete er daran. Es ist ein einmaliges ABC geworden. In der Welt gibt es kein zweites Lehrbuch dieser Art und Qualität. Es vermittelte die russische Muttersprache, einfach und rein.«

»Hat es denn genutzt?«

»Ja! Selbst Lenin und die große Dichterin Anna Achmatowa haben später erklärt, durch die Fibel hätten sie gutes Russisch gelernt. Tolstoi war von dem Gedanken beseelt, Bildung zu den einfachen Leuten zu bringen. Er schrieb für sie. Die Bücher kosteten nur wenige Kopeken. Die Menschen konnten für nur eine Kopeke Werke kaufen, die er über Hegel und Konfuzius geschrieben hatte, verständlich verfasst und doch ernsthafte Literatur. Dafür gründete er extra einen Verlag. Auch die einfachen Russen sollten die besten Bücher der Welt lesen können. Dieser Aufgabe widmete er sich in der zweiten Hälfte seines Lebens.«

»Welche Lehrer arbeiteten für ihn?«

»Zuerst hat er selbst unterrichtet, aber dann schaute er sich nach guten Lehrern um. Am meisten hielt er von den Deutschen, was das Schulwesen angeht. So gewann er einen jungen Mann aus Weimar für diese Aufgabe. Gustav Keller war sein Name. Er unterrichtete in Physik und Chemie. Darin waren die Deutschen damals führend, ebenso wie in der Medizin. Der junge Lehrer war vielseitig. Er brachte den Kindern Malen und Zeichnen bei, sechsmal die Woche. Er ging mit ihnen ins Grüne und erklärte ihnen Mineralien, Käfer und Schmetterlinge. Zusammen mit den Kleinen sammelte er Blätter für das Herbarium im Botanikunterricht. Deutsch lernten sie bei ihm natürlich auch.«

Wir stehen vor einer Vitrine, in der ein kleines Gedicht auf Deutsch ausgelegt ist. »Auf der Hecke, auf den Ästchen / baut der Vogel sich ein Nestchen«, steht da geschrieben. Zur Enttäuschung von Irina Alexejewna muss ich gestehen, dass mir der nette Reim bislang nicht bekannt war. Das bringt sie aber nicht davon ab, den Lehrer aus Weimar noch einmal tüchtig zu loben. »Gustav Keller war ganz nach dem Geschmack von Lew Nikolajewitsch. Er hatte sowieso eine Schwäche für die Deutschen. Sein Lieblingsphilosoph war Arthur Schopenhauer. Dessen Porträt hatte er sich ins Arbeitszimmer gehängt.«

Wir wandern in den Nachbarraum. »Hier sind Dokumente aus einer früheren Zeit, als er zum zweiten Mal ins Ausland reiste. Am längsten war er in Deutschland, von wo er seiner Cousine und Freundin Alexandra Andrejewna Briefe schrieb. Sie war Kammerhofdame beim Zaren. Hier ist ein solcher Brief. Schauen Sie, welch schöne Handschrift!«

Die Kuratorin hat recht. Die Handschrift ist tatsächlich überaus gefällig. Wenn man bedenkt, wie viel Mühe sich seine Frau und manchmal auch seine Kinder beim Entziffern seiner Textentwürfe machen mussten, dann muss ihm die Empfängerin dieser Briefe viel bedeutet haben. Das kann mich nur zu der Frage führen, ob die Beziehung mehr als nur Freundschaft war. Irina Truchatschowa schaut mich aus großen Augen an, überrascht von meiner Naivität. »Das war Liebe. Als Frau spüre ich, das war mehr als Freundschaft.«

»Was machte sie für Tolstoi so attraktiv?«

»Sie war fein und klug zugleich. Mit Bismarck und der englischen Königin Viktoria stand sie im Briefwechsel. Sie war eine Europäerin von hohem Niveau, die sich in den Königshäusern auskannte. Eine hochgebildete Persönlichkeit, mit diplomatischen Fähigkeiten – und religiös! Solche Frauen sprachen Tolstoi an.«

Auf dem Foto erkenne ich eine Frau, die meiner Vorstellung von einer Kammerhofdame durchaus entspricht. Gepflegt und ein wenig streng. Wie eine Herzensbrecherin wirkt sie nicht. Auf dem Foto nebenan ist ein junger Tolstoi zu sehen. 34 Jahre war er damals alt, wie ich erfahre. Agil schaut er aus. Im Jahr seiner Hochzeit konnte man das auch von ihm erwarten. Für die Lebendigkeit, die das Foto ausdrückt, hat Frau Truchatschowa allerdings eine andere Erklärung. Tolstoi habe es selbst gemacht und es dabei knapp in den Sessel geschafft, bevor der Selbstauslöser klickte. »Die Bewegung ist noch zu spüren. Wenn man das Bild stark vergrößert, dann sieht man seine wunderbaren Augen, gütig und zärtlich.« Ich schaue genau hin, kann aber nicht zur gleichen Deutung kommen.

»Waren die beiden gleichaltrig?«

»Nein, sie war elf Jahre älter. Da sie zierlich war, wirkte sie bis ins hohe Alter sehr jung. Bis zu ihrem Tod, sie starb 1906, vier Jahre vor Tolstoi, haben sie Briefe ausgetauscht. 130 davon haben wir in unserem Museum.«

»Hat seine Frau von dieser Beziehung gewusst?«

»Wie denn nicht! Alle haben davon gewusst. Es gab natürlich Gerüchte darüber. Diese verborgene Leidenschaft findet sich in einigen seiner Werke, in ›Krieg und Frieden‹, in ›Anna Karenina‹ und in ›Auferstehung‹. Anna Karenina, das ist ganz wesentlich das Porträt von Alexandra Andrejewna.«

»Waren sie immer einen Sinnes?«

»Nein, Alexandra Andrejewna bewahrte viele Geheimnisse für sich, die sie nicht preisgeben wollte. Tolstoi hielt ihr vor, sie öffne ihm ihre Seele nicht.«

»Sind sich die beiden nie nahegekommen?«

»Ja, aber das war noch vor seiner Ehe. Sie weilte in der Schweiz, er war in Frankreich. Angewidert von einer öffentlichen Hinrichtung, die er miterlebt hatte, verließ er schleunigst Frankreich und fuhr zu ihr nach Genf. Sie haben dann gemeinsam eine Tour in die Berge gemacht. Was in diesen Tagen geschah, darüber gibt es keine Zeile. Seltsam bei zwei Menschen, die sonst alles aufgeschrieben haben, was sie erlebten und was sie bewegte.«

»Wie ging es in der Familie Tolstoi zu?«

»In den Beziehungen zwischen Lew Nikolajewitsch und Sofja Andrejewna gab es ein ständiges Auf und Ab. Zum Schluss wurde die Ehe immer quälender. Die Söhne standen mehr auf der Seite der Mutter, die Töchter waren seine Vertrauten. Aber er fühlte sich für alle gleich verantwortlich.«

»Waren sie reiche Leute?«

»Arm waren sie gewiss nicht. Sein Gut in Jasnaja Poljana war damals 930 Hektar groß. Aber er besaß noch mehrere andere Güter, die er seinen Kindern vermachte. Das meiste Geld kam aber durch seine Bücher herein. Das hatte Sofja Andrejewna sofort begriffen. Deshalb nahm sie diese Geschäfte in ihre Hand. Vor der Ehe hatte er vom Verkauf seiner Bücher kaum etwas eingenommen. Er verstand es nicht, von den Verlegern Geld zu verlangen. Sie verstand das hingegen sehr gut.«

»Wer besaß die Autorenrechte?«

»Einen Großteil hinterließ er seinen Töchtern, allerdings mit der Auflage, die Bücher billig zu verlegen. Was er geschrieben hatte, sollte von allen russischen Menschen gelesen werden können. Deshalb bekam seine Frau auch nicht die Autorenrechte, obwohl sie seine direkte Erbin war.«

»Ging sie völlig leer aus?«

»Sie besaß die Generalvollmacht für alles, was Lew Tolstoi vor 1880 geschrieben hatte, ›Krieg und Frieden‹, ›Anna Karenina‹ und das ›ABC‹; also seine bedeutendsten Werke. Alles, was er nach 1880 schrieb, veröffentlichte er zu ihrem Ärger nach seinen Vorstellungen. Auch diese Bücher fanden ein großes Publikum.«

»Warum hatte er sich eine solche Konstruktion ausgedacht?«

»Tolstoi wollte über seinen literarischen Nachlass selbst entscheiden. Seine Familie war groß. Nach dem Tod von Lew Nikolajewitsch hätte der Verleger vermutlich auf die Herausgabe weiterer Bücher oder Neuauflagen verzichtet, wenn er dafür die gesamte Familie hätte auszahlen müssen. So etwas ist bei Puschkin passiert. Erst 50 Jahre nach seinem Tod wurden zum ersten Mal wieder Puschkins Bücher verlegt, weil es vorher für den Verleger zu teuer gewesen wäre. Das wollte Tolstoi vermeiden.«

»Hat er sich deshalb an seinem Lebensabend heimlich davongemacht?«

»Seine Frau hätte ihn sicher nicht gehen lassen. Er musste befürchten, dass sie ihn für unzurechnungsfähig erklären und sein Testament annullieren ließ. Um ihrer Kontrolle zu entgehen, musste er aus seinem bisherigen Leben ausscheiden. Vielleicht ahnte er, dass es mit ihm zu Ende ging, denn er starb bereits zehn Tage später. Er wollte im Kreis von Menschen sterben, die seinen Literaturnachlass nicht antasteten. Das war ihm das Wichtigste.«

»Aber das war nicht sein einziger Besitz.«

»Die Töchter bat er, Landbesitz freizukaufen, um es den Bauern zu übergeben. Der Graf war schon ein merkwürdiger Mensch. Für ihn war Privateigentum unmoralisch, insbesondere Besitz von Grund und Boden. Die Erde sei schließlich von Gott für alle Menschen geschaffen worden. Nur wenige verstanden ihn. Das gilt auch für die eigene Familie. Selbst spätere Nachfahren haben es ihm übelgenommen, dass er sich so entschieden hatte. Aber wie Kant seinen kategorischen Imperativ formulierte, so handelte er nach seinem moralischen Imperativ. Das hieß für ihn: Die Felder sollten denen gehören, die sie bestellten. Wie von ihm erbeten, kaufte die Tochter ihrer Mutter den größeren Teil des Grundstücks ab und übergab das Land der Bauerngemeinde.«

»Und waren die Beschenkten beglückt?«

»Sicher, aber das Glück dauerte nicht lange. Sieben Jahre später kam die Revolution, und die Bauern waren ihr Land wieder los.«

Es ist inzwischen später Nachmittag geworden. Wir müssen zu unserem nächsten Drehort aufbrechen. Es geht nach Sadonsk, zur Klosterstadt am Don. 180 Kilometer sind es bis dahin. Bei Dunkelheit stellen russische Landstraßen eine sportliche Herausforderung dar. Wir sollten nicht zu spät losfahren. Herzlich, aber zügig verabschieden wir uns von Irina Truchatschowa. Ihr hat die Arbeit vor der Kamera gefallen. »Kommen Sie wieder!«, fordert sie uns auf. Ich verspreche es gerne. Jasnaja Poljana ist eine Schatzkammer. Was ich dort in wenigen Stunden erfahren habe, will ich erst einmal in Ruhe verarbeiten. Und was sagt Irina Truchatschowa? »Heute haben Sie nur ein bisschen über Tolstoi erfahren. Der Mann ist viel größer, er hat viel mehr zu bieten, als ich Ihnen bislang erzählen konnte.«

Sadonsk – die neue russische Frömmigkeit

Unsere hohen Erwartungen werden nicht enttäuscht. Die M 4, die Magistrale nach Süden, empfängt uns mit einem brausenden Korso. Entschlossen spurten wir los, um in die vollgestopften Kolonnen der kleinen und großen Automobile aufgenommen zu werden. Kolonne eins kommt uns als Lichterkette entgegen. Ihre Endlosigkeit vermittelt selbst bei Dunkelheit einen Eindruck von Russlands viel zitierter Weite. In Kolonne zwei ist die Aussicht hingegen begrenzt, meist beschränkt sie sich auf das Hinterteil eines Lkw. Jewgenij Petrowitsch, unser Fahrer, kurz Shenja gerufen, hat nicht die Absicht, sich mit dieser Perspektive zufriedenzugeben. Immer wieder bricht er aus der Kolonne aus, gibt seinem Kleinbus kräftig die Sporen, um flink ins Glied zurückzukehren, wenn Ungemach durch Gegenverkehr droht.

Russische Automobilisten haben die Neigung, ihre Karten bis zum Letzten auszureizen. Den Überholmanövern verleiht diese Mentalität einen zusätzlichen Reiz. So komme ich in den fortwährenden Genuss von »near misses«, wie sie in der Luftfahrt heißen, was meinen Blutdruck stabil hoch hält. Bei Shenja ist dergleichen nicht zu beobachten. Er plaudert mit unserem Producer Sascha angeregt weiter, auch wenn ein mächtiger Lkw Marke Kamas heranprescht und wieder einmal erst in letzter Sekunde eine Lücke in der Kolonne erzwungen wird. Dass russische Fahrer nicht edler sind als deutsche, trägt nicht zu meiner Beruhigung bei. Vortritt wird nicht gewährt, außer in höchster Bedrängnis.

Da sich die Szenen ständig wiederholen, setzt bei mir ein Abstumpfungsprozess ein, zumal ich der Einzige zu sein scheine, der dem Verkehrsgeschehen erhöhte Aufmerksamkeit schenkt. Tina Bauermeister interessiert sich ganz und gar nicht dafür. Sie sitzt mit dem Rücken zur Fahrtrichtung und liest etwas über die Klosterstadt Sadonsk, unseren nächsten Drehort. Unser Regisseur Stefan Tolz hat sich in seinen Laptop vertieft. Er bastelt an der Komposition unseres Films herum. Sein Gesichtsausdruck ist ernst. Das bisher Erreichte ist kein Grund zum Übermut, sagt uns seine strenge Miene. So diszipliniert er uns immer.

Im Radio singt ein mir unbekannter Sergej von der Liebe, die er in der schönen Stadt Sotschi am Schwarzen Meer gefunden hat. Leider ist sein Glück nur von kurzer Dauer. »Wir werden uns für immer trennen«, klagt der traurige Sänger. Ich ahne mit ihm, dass auch die Erinnerung schnell verblassen wird. »Nur selten werden zwei Seelen schreien: Wie glücklich waren wir doch damals!« Außer bei mir findet die Tragödie von Sotschi in unserem Bus keinerlei Beachtung. Die allgemeine Gleichgültigkeit ist ansteckend. Auch mich kümmert nun nicht mehr, wenn Autolichter auf uns zurasen oder Lkw uns niederzuwalzen drohen. Mich berührt nicht, dass im Autoradio eine gewisse Mak-Sim davon singt, wie sie mit jemandem in den Himmel fliegen will, einen Weinkrampf bekommt und nicht merkt, wie der Jemand Lippen und Hände küsst, die nicht die ihren sind. Mir ist das egal.

In der Erkenntnis, dass russische Schnulzen auch nicht besser sind als unsere, angle ich aus meinem Rucksack Michail Scholochows Wälzer »Der stille Don«, um für unseren Film nach Textstellen zu suchen, mit denen ich Winterlandschaften am Don beschreiben könnte. Ich finde keine geeigneten Zitate, bleibe stattdessen an Geschichten hängen, die mich schon vor Jahrzehnten beim ersten Lesen gefesselt hatten. Obwohl mir die Handlung vertraut ist, bewegt mich erneut, wie die Kriegspest in die Kosakendörfer am Don eindringt und Leben auf Leben auslöscht.

Die wahre Qualität von Büchern, so scheint mir, erweist sich erst beim Wiederlesen. Danach zu urteilen, kommt Scholochows »Stiller Don« sehr gut weg, auch wenn sich gelegentlich Brüche auftun, als sei nicht immer derselbe Autor am Werk gewesen. Darüber werden wir mit den Nachfahren des Schriftstellers reden, nehme ich mir vor, wenn wir in Wjoschenskaja, Scholochows Heimatort, Station machen. Aber das ist erst im Sommer der Fall. Deshalb lege ich den »Stillen Don« beiseite, zumal mir nach dem Besuch in Jasnaja Poljana Lew Tolstoi noch nicht aus dem Kopf will.

Die Kuratorin Irina Truchatschowa schien am Ende enttäuscht zu sein, dass mich der private Tolstoi mehr interessierte als der Schriftsteller. Mein schlechtes Gewissen hält sich in Grenzen. Allein die Beschäftigung mit »Krieg und Frieden« hätte Tage erfordert, sage ich mir. Dafür haben wir nicht die Zeit. Der Roman führt in einen eigenen Kosmos. Je tiefer man eindringt, desto mehr entdeckt man. Bei Tolstoi offenbaren sich mir stets neue Erkenntnisse, sooft ich mich mit seinen Geschichten und Figuren beschäftige. »Krieg und Frieden« ist mit einem reich verzierten Gobelin verglichen worden; gewaltig im Ausmaß und zugleich fein im Detail. Als Leser bin ich Tolstoi dankbar. Er mutet mir einerseits viel zu, geht andererseits aber auch fürsorglich mit mir um. Die Schicksale von fünf aristokratischen Familien verwebt er so geschickt miteinander, dass ich nicht den Faden verliere. Gleichzeitig führt er mich bis ins Einzelne durch die damaligen gesellschaftlichen Verhältnisse Russlands und die Schlachten mit Napoleons Armee. Ich habe das Gefühl, in »Krieg und Frieden« alles kennenzulernen, was jene Zeit zu bieten hatte: Adel und Bauern, Offiziere und Soldaten, den russischen Zaren und den französischen Kaiser, Diplomaten und Höflinge, das Leben in der Stadt und auf dem Land, viel Drama und schließlich ein Happy End, das gemächlich wie eine Welle ausläuft. Trotz all der Tragödien und Leiden, die uns der Autor miterleben lässt, ist »Krieg und Frieden« ein optimistischer, ein lebensbejahender Roman. Diese Einstellung findet sich in Tolstois späteren Büchern kaum oder gar nicht mehr wieder.

Während ich meinen Gedanken nachhänge, hat sich die Verkehrslage geändert. Wir stehen. Doroga sabita, die Straße ist wie zugenagelt. Lange lässt sich Jewgenij Petrowitsch den Stillstand nicht gefallen. Er schert mit seinem Bus nach rechts aus und zieht an den vor uns stehenden Fahrzeugen vorbei. Erst vorsichtig, dann immer zügiger. Nun sind russische Bankette keine glatten Standstreifen. Wir springen von Schlagloch zu Schlagloch, klagen aber nicht, denn auf der Rüttelstrecke kommen wir gut voran. Wie wir an den Bremslichtern erkennen können, hat der Stau beträchtliche Ausmaße. Deshalb brettern wir entschlossen weiter. Mit Erfolg! Maoisten würden von einem historischen Sprung nach vorn sprechen. Merkwürdigerweise folgt keiner unserem Beispiel. Wahrscheinlich birgt die Tour mehr Unwägbarkeiten in sich, als wir ahnen. Von der Polizei dürften wir für den Parforceritt, wenn sie uns erwischen sollte, kaum Veständnis erwarten. Wir werden aber nicht erwischt. Also fragen wir nicht, sondern lassen Jewgenij Petrowitsch gewähren. Er hätte sich sowieso nicht beirren lassen.

Wir passieren etwas mühsam den Grund des Stillstands. Zwei Lkw haben sich verhakt. Dahinter ist der Weg für uns frei. Schneematsch bedeckt die Fahrbahn, was mich misstrauisch macht. Sollte es etwa tauen? Für unseren Film wäre das eine Katastrophe. Es gibt nichts Trostloseres als Russland bei Tauwetter. Der Blick auf die Felder beruhigt mich. Im hellen Mondlicht breitet sich der Schnee weiter strahlend weiß aus. Tina liest immer noch. Um ihr nicht nachzustehen, studiere ich die letzten Zahlen über die russisch-orthodoxe Kirche. Die Quelle ist höchst offiziell. Patriarch Alexij II. hat sie auf der letzten Bischofskonferenz verbreitet. Nach seinen Angaben zählt die russisch-orthodoxe Kirche nicht weniger als 29 141 Gemeinden und 769 Klöster. Ich kann nur staunen. Die Kirche ist wieder eine Macht in Russland.

Während meiner Korrespondentenzeit in den siebziger Jahren wäre an eine solche Entwicklung nicht zu denken gewesen. Damals waren die meisten Kirchen und Klöster geschlossen. Religion galt als unvereinbar mit der herrschenden Ideologie des Kommunismus. Die brutale Stalinzeit, in der Abertausende Menschen verfolgt und ermordet wurden, war zwar vorbei, aber das kommunistische Regime übte weiter Druck aus. Nur wenige christliche Einrichtungen konnten sich halten. Von Patriarch Alexij erfahre ich jetzt, dass zum Schluss der Sowjetära nur noch 6 800 Kirchen in Betrieb waren. Von den Klöstern seien es nur noch 18 gewesen. Eines davon war das Dreifaltigkeitskloster in Sagorsk, siebzig Kilometer nordwestlich von Moskau. Die Stadt war nach dem bolschewistischen Revolutionär Sagorskij umbenannt worden, der sein Leben gelassen hatte, um bei einem Anschlag Lenin zu schützen.

Als Touristenattraktion und Beweis für die staatliche Toleranz war Sagorsk auch uns Westlern zugänglich. Wir durften sogar einen Film über das Kloster drehen. Am Eingang waren von Staats wegen Schriften ausgelegt worden, die vor dem Gift der Religion warnten und auch sonst allerhand Bösartigkeiten gegen die russisch-orthodoxe Kirche enthielten. Als ich mich verwundert zeigte, dass den Kirchgängern atheistische Pamphlete aufgenötigt wurden, beruhigte mich der Klostervorsteher. Schriften dieser Art machten die christliche Religion erst recht bei der Bevölkerung interessant. Eine bessere Propaganda könne er sich gar nicht wünschen. Mit dieser schlitzohrigen Dialektik versuchte insbesondere die Kirchenführung über die Runden zu kommen. Sie war längst auf Staatslinie gebracht worden und nicht selten dem Geheimdienst KGB zu Diensten, um aufmüpfige Gläubige ruhig zu stellen oder auch ganz auszuschalten.

Der Klosterbesuch in Sagorsk, das längst wieder wie in früheren Zeiten Sergijew Possad heißt, ist mir in besonderer Erinnerung geblieben, weil wir vom frühen Morgen an mit erlesenen russischen Speisen und feinem Kognak traktiert wurden, wobei die Geistlichkeit tapfer mithielt. Der beträchtliche Alkoholgenuss führte, wie ich mit Respekt feststellte, keineswegs zu einer Leistungsbeeinträchtigung unserer Gastgeber. Am Abend wurde uns ein mitreißender Gottesdienst serviert, der mich in Form und Inhalt sehr beeindruckte. All das geht mir durch den Kopf, als ich jetzt auf dem Wege zur Klosterstadt Sadonsk die Daten aus dem Bericht des Patriarchen überfliege.

Kleinmütig scheint Alexij II. nicht zu sein. Zwischen sechzig und siebzig Prozent der 143 Millionen Bürgerinnen und Bürger des Landes seien Gläubige der russisch-orthodoxen Kirche, erklärt er voller Gottvertrauen. Das Durchschnittsalter der Gottesdienstbesucher sei seit dem Untergang der atheistischen Sowjetunion von 63 Jahren auf 45 Jahre gesunken. Wir würden in der ARD auch Kerzen aufstellen, wenn uns eine solche Entwicklung beim Publikum beschieden wäre, geht mir durch den Sinn. Angaben über das Vermögen und den Etat der russisch-orthodoxen Kirche finde ich nicht. Nach der Sowjetzeit hat sie allerhand ehemaligen Besitz vom Staat zurückerhalten. Notleidend ist sie sicher nicht, wenn auch nicht mehr so unverschämt reich wie vor dreihundert Jahren. Damals besaß die russisch-orthodoxe Kirche 91 000 Landgüter, während der arme Zar mit 7 900 auskommen musste, was Peter dem Großen außerordentlich missfiel. Er ordnete die staatliche Kontrolle des kirchlichen Lebens an, Besitztümer inklusive. Ihren Einfluss im und auf das Volk hat die Kirche dennoch über die Jahrhunderte behauptet. Selbst den Würgegriff der bolschewistischen Diktatur hat sie überlebt, weil die einfachen Menschen auf sie nicht verzichten wollten.

Mittlerweile haben wir die M 4 verlassen. Das Mondlicht in der blütenweißen Winterlandschaft ist so hell, dass wir ohne Scheinwerfer fahren könnten. Wir scheinen allein unterwegs zu sein. Seit geraumer Zeit ist uns kein Auto mehr entgegengekommen. Unsere Umgebung verändert sich kaum. Alles flach. Mal freies Feld, mal Wald. Hinweisschilder sehe ich nicht. Unser Fahrer ist zum ersten Mal hier. Wie er ohne Navigationsgerät den Weg findet, ist mir ein Rätsel. Aber zielstrebig biegt Shenja rechts und links ab, als befinde er sich auf dem vertrauten Heimweg. Ein Schild taucht auf. Es kündigt eine »Turbasa« an, was so viel wie »Touristencamp« heißt. Wir haben unser Ziel erreicht.

Die Zimmer sind schlicht, aber in Ordnung, vor allem sauber. Früher fanden hier Angler und Jäger Unterkunft. Heute, so erfahren wir bei der Anmeldung, kommen gerne junge Leute hierher, um in der Abgeschiedenheit lautstark Musik zu machen. Discjockeys aus Moskau, aber auch aus England, Holland und Italien geben sich auf der Turbasa am Don ein Stelldichein. Mit dem glücklichen Gefühl, unerwartet im tiefen Wald an eine Adresse von internationalem Ruf geraten zu sein, genießen wir die Nachtruhe.

Wir erreichen Sadonsk mit Verspätung. Unterwegs haben wir nach Kamerastandorten gesucht, um die Stadt von der Ferne aus aufzunehmen. Am hohen Ufer des Don gelegen wird sie von den Türmen und Kuppeln ihrer vier Klöster beherrscht. Bei 14 000 Einwohnern stellt dies eine beachtliche Dichte kirchlicher Präsenz dar, finden wir. Angesichts des Panoramas leuchtet uns ein, dass Sadonsk Mitte des 19. Jahrhunderts mit dem Ehrennamen »russisches Jerusalem« bedacht wurde. Im marktorientierten Russland von heute ist das ein Branding von unschätzbarem Wert.

Otjez Lawrentij, zu Deutsch »Vater Lawrentij«, wirkt ein wenig nervös und irritiert, als wir ihn treffen. Von Deutschen hatte er mehr Pünktlichkeit erwartet. Er ist für die Öffentlichkeitsarbeit des Sadonsker Muttergottes-Klosters zuständig und strahlt korpulente Freundlichkeit aus. Als Erstes stattet er uns mit einigen Grunddaten aus. Das Kloster sei 1615 von den Moskauer Mönchen Kirill und Gerassim gegründet worden. Es gehöre heute wie schon zur Blütezeit vor der kommunistischen Revolution zu den fünf Spitzenklöstern des Landes. Gegenwärtig zähle es siebzig Mönche, darunter 36 Priester und zehn Diakone. Der Bau der Wladimir-Kathedrale sei 1853 beendet worden. Dankenswerterweise will er uns nicht mit weiteren Zahlen eindecken, sondern uns die Hauptkirche des Klosters zeigen, was wir gerne annehmen.

Eine Gedenkandacht findet statt. Fürbitten werden gesprochen. Es ist Fastenzeit. Der Priester trägt deshalb über seinem schwarzen Mönchsgewand, dem Podrjassnik, eine lila Stola. Hoch oben in der Kathedrale werden die Wände restauriert. Wertvolle Kirchenkunst wird mühsam und mit viel Geldaufwand zurückgewonnen, nachdem sie durch mutwillige Zerstörung oder Verwitterung in der Sowjetzeit nahezu vernichtet worden war. Über sechzig Jahre war das Kloster geschlossen. 1919 wurde es ausgeraubt, zehn Jahre später völlig dichtgemacht. Die Mönche wurden verjagt, verschleppt, erschossen. Erst 1990 wurde die Wladimir-Kathedrale wieder für Gottesdienste geöffnet.

Die Gläubigen, unter ihnen sehr viele junge Männer und Frauen, schenken uns demonstrativ keine Beachtung. Niemand sitzt. »In der russisch-orthodoxen Kirche stehen die Menschen frei vor Gott«, werde ich belehrt. Wasser wird ausgeteilt. Es ist vorher durch Gebet und priesterlichen Segen sowie dreimaliges Eintauchen des Kreuzes geweiht worden. Zwanzig Rubel werden für eine Zweiliterflasche geweihten Wassers gezahlt. Die Kirche operiert wie ein Wirtschaftsunternehmen. Sie muss ohne Steuergelder auskommen. So wird, wie in allen Gotteshäusern des Landes, auch hier am Eingang der Kathedrale äußerst intensiv der Verkauf von Devotionalien, Zeitschriften und Büchern betrieben. Mit Erfolg, wie ich beobachten kann.

Kerzen gehen besonders gut weg. Sie werden gleich zum frommen Tun eingesetzt. Dabei stelle ich Unterschiede fest, die ich mir erklären lasse. In den runden Ständern vor den Ikonen, die die Mutter Gottes, Christus oder Heilige zeigen, werden Kerzen aufgestellt, um bei Gott Fürsprache durch die Heiligen für sich selbst und andere zu gewinnen. Die Kerzen in den viereckigen Ständern werden angezündet, um den Seelenfrieden von Verstorbenen zu erbitten. Bei Taufen, Trauungen und Begräbnissen werde weiteres Geld eingenommen, vertraut mir Vater Lawrentij an. Wie hoch das Budget des Klosters sei, will er nicht sagen. Das wisse nur er, der Bischof.

Eine lange Schlange hat sich gebildet. Alte Frauen, junge Mütter mit ihren wohlverpackten Kindern, gebrechliche Greise, Männer in Camouflage-Uniformen und Teenager in hochhackigen Schuhen stehen an, um dem heiligen Tichon ihre Ehrerbietung zu erweisen. Vor dem Schrein, in dem seine Reliquien ruhen, fallen sie auf die Knie und küssen das Glas, unter dem seine Ikone liegt. Sie alle bitten ihn, sie zu beschützen und ihnen oder ihren Nächsten in Not zu helfen. Tichon ist ein Star unter den Heiligen. Sein Leben und Wirken hat Schriftsteller inspiriert. Der große Fjodor Dostojewski schrieb einem Freund: »Ich bin dabei, den wahren Tichon von Sadonsk zu schildern, den ich schon lange mit großer Freude in meinem Herzen aufgenommen habe.« Es lohnt sich, diesen russischen Heiligen näher zu betrachten.

Tichon (1724–1783) lebte in einer äußerst unruhigen Zeit. Die rabiaten Reformen Peters des Großen hatten das Land in wilde Zuckungen versetzt. Vor allem der Kirche war es an den Kragen gegangen. Sie war unter staatliche Kontrolle gestellt worden. Nach Peter waren Palastrevolutionen an der Tagesordnung, die zu schnellen Wechseln auf dem Thron führten. Die Frauen mischten fleißig mit. Einige schafften es auch zu Zarinnen, von denen Elisabeth immerhin zwanzig Jahre an der Macht blieb. Sie bestimmte ihren Sohn Peter III. zu ihrem Nachfolger und verheiratete ihn mit der Prinzessin Sophie-Augusta von Anhalt-Zerbst, was bekanntlich dem künftigen Zaren nicht gut bekommen ist. Er konnte sich nur wenige Monate seiner Macht erfreuen, dann ließ ihn seine Frau beseitigen und sich selbst zur Zarin krönen. Als Katharina II. machte sie politisch eine glänzende Karriere. Sie dehnte ihr Land in langer Regentschaft (1762–1796) beträchtlich aus. Ihr Privatleben beschäftigt die Menschen heute noch. In die Kirche regierte sie entschlossen hinein, wobei sich der spätere heilige Tichon über sie nicht beschweren konnte. Sie hielt viel von ihm. Auf ihre Anweisung hin wurde er Bischof von Woronesch.

An der Wiege ist ihm eine solche Zukunft sicher nicht gesungen worden. Er wurde als Timofej Sokolowski in äußerst ärmliche Verhältnisse geboren. Sein älterer Bruder Peter musste sich für ihn buchstäblich krummlegen, um ihm eine Schulausbildung zu ermöglichen. Timofej dankte es ihm durch fleißiges Lernen. Er trat in den Mönchsstand ein. Geweiht wurde er als Tichon. Dank seiner Belesenheit und Rhetorik machte er sich schnell einen Namen. Er wurde Weihbischof von Nowgorod, bevor er nach Woronesch befördert wurde.

Der letzte Karriereschub kostete ihn allerdings seine Gesundheit. In Woronesch rieb Tichon sich auf im Kampf gegen eine ungebildete, versoffene Geistlichkeit. Seine Gemeinde bestand zudem aus ungebärdigen Kosaken, die sich nichts sagen lassen wollten. Unter höchster Willensanstrengung gelang es ihm, einigermaßen Ordnung in seiner Diözese zu schaffen. Nebenher verfasste er zahlreiche Schriften, die zu Standardwerken der Moraltheologie und asketisch-mystischen Theologie geworden sind. Wer sich mit dem religiösen Leben Russlands beschäftigt, kommt an Tichon nicht vorbei. Trotz seines menschenfreundlichen Auftretens schaffte er sich in seinem Bistum wenig Freunde. Vor allem sein Vorgehen gegen die Trunksucht wurde ihm verargt. Dass er die Öffnung der Wirtshäuser am Sonntagmorgen verbieten lassen wollte, löste Empörung aus. Weit ist er damit nicht gekommen. Generalsekretär Michail Gorbatschow hätte sich das als Warnung dienen lassen sollen, als er seine Kampagne gegen den Alkoholismus startete, was ihm bis heute nachgetragen wird. Dass er wie Tichon scheiterte, war vorauszusehen.

Den Kosaken galt der Bischof von Woronesch als Beamter. Seine Verfügungen fanden bei ihnen kaum Beachtung. Er solle sich nicht in ihre Angelegenheiten einmischen, beschieden sie ihm. Da es auch sonst nicht an Widerstand fehlte, bat Tichon den Heiligen Synod, das Führungsorgan der orthodoxen Kirche, ihn vom Bischofsamt zu befreien. Dem Wunsch wurde nach fünfjähriger Amtszeit entsprochen. Danach suchte er als Mönch Frieden und Einsamkeit im Kloster Sadonsk, das ihm früher unterstanden hatte. Er las, meditierte und betete viel. Sein Leben widmete er den Armen und Benachteiligten. Die Menschen kamen zu ihm, wenn sie in seelischer und materieller Not waren. Tichon kümmerte sich auch um die Häftlinge, die unter unmenschlichen Bedingungen in den Gefängnissen zusammengepfercht waren. Allein seinetwegen stieg Sadonsk von einem drittklassigen zu einem erstklassigen Kloster auf, wie es später hieß. Als er starb, wurde sein Ableben vor allem von den einfachen Menschen, die in ihm ihren Trost und Anwalt sahen, und den Intellektuellen, die sich von seinen Lehren angesprochen fühlten, im ganzen Land betrauert.

Der erste Schriftsteller, der schon zu dessen Lebzeiten Interesse an Tichon zeigte, war Nikolai Gogol. Der tief christliche, aber antikirchliche Lew Tolstoi nannte Tichon in einem Atemzug mit Franz von Assisi. Er sei rechtschaffen gewesen, habe aber einer dem Christentum feindlichen Sache gedient, nämlich der Kirche. Es wäre besser gewesen, wenn er sich diesem Irrtum nicht unterworfen hätte. Selbst in der Stalinzeit fand Tichon Beachtung. Der Schriftsteller Maxim Gorki beschäftigte sich intensiv mit seinen Vorstellungen. Am meisten angetan von Tichon war Fjodor Dostojewski. Er hat viele Wesenszüge und Ideen des Mönches von Sadonsk in Figuren seiner Werke verarbeitet, insbesondere in seinem großen Roman «Die Brüder Karamasow».

Nach Tichons Tod wurde Sadonsk noch mehr als zuvor zu einer Pilgerstätte. So konnte es nicht ausbleiben, dass er nach Ablauf der vorgeschriebenen Frist von achtzig Jahren nach seinem Tod heiliggesprochen wurde, wobei es sich wundersam fügte, dass passend zur Kanonisierung viele Wundertaten Tichons entdeckt wurden. Mit ihm ist Sadonsk heute wieder eine zugkräftige Adresse geworden. Um seiner Bedeutung und dem Anspruch des Publikums gerecht zu werden, ist im Jahr 2000 ein Denkmal des Heiligen neben der Wladimir-Kathedrale aufgestellt worden. Es zeigt auf hohem Podest einen überlebensgroßen vergoldeten Bischof. Dass diese Darstellung dem bescheidenen Tichon, der auf Demut Wert legte, recht wäre, wage ich zu bezweifeln. Doch Vater Lawrentij findet meinen Einwand kleinlich. Er verweist mit Stolz darauf, dass jährlich hunderttausende Besucher nach Sadonsk kämen, was nicht zuletzt dem heiligen Tichon zu verdanken sei. Die Stadt sei an der Nord-Süd-Magistrale M 4 äußerst verkehrsgünstig gelegen. Die Zahlen stiegen von Jahr zu Jahr.

Wir kehren dem güldenen Tichon den Rücken. Es ist elf Uhr. Vater Lawrentij bittet uns zum Frühstück in die Trapesnaja, einen gepflegten Speisesaal, der 500 Menschen Platz bietet. So viele Männer und Frauen sind gelegentlich im Kloster auch beschäftigt. Heute kommen etwa 250 zusammen. Sie beten und singen zunächst. Während sie essen, liest der Posluschnik – der Novize – Maxim aus dem Leben von Vater Parfenij vor, der wegen seines Wirkens im nordwestlichen Kleinasien heiliggesprochen wurde. Das Angebot auf den Tischen ist reichlich. Es ähnelt weniger einem Frühstück als einem Brunch. Frisches Brot, Marmelade, Piroggen, Buchweizengrütze, Eier, Fisch, Kohl, Rote Bete, Zwiebel und Knoblauch, dazu Wasser und Säfte. Alles aus eigener Herstellung. Das Kloster ist Selbstversorger. Es besitzt tausend Hektar Land, die mit Ackerbau und Viehzucht bewirtschaftet werden. Ein beträchtlicher Anteil der landwirtschaftlichen Erzeugnisse geht in den Verkauf.

Statt zu essen, dreht unser Kamerateam. Die Mönche fühlen sich nicht gestört. Alle tragen Bärte. Eine Verpflichtung dazu gibt es nicht. Aber das Volk könnte sich Priester und Mönche ohne Bart kaum vorstellen. Im Grunde ist die Barttracht ein Relikt aus der Zeit von Peter dem Großen. Der Zar hatte zwar den Bojaren, den niederen Adeligen, die Bärte abschneiden lassen, aber den Priestern und Mönchen auferlegt, Bärte zu tragen. Möglicherweise wollte er mit seinem Ukas nicht nur den Stand, sondern auch dessen Rückständigkeit weithin sichtbar machen. In der Kirche beruft man sich lieber auf den Nazarener und sein wallendes Haupthaar. Eine Darstellung von Jesus mit dickem Vollbart gibt es allerdings nicht, soviel ich weiß.

Währenddessen schildert mir Vater Lawrentij den Tagesablauf eines Mönches. Um 5.30 Uhr wird aufgestanden. Der erste Gottesdienst findet um 6 Uhr statt. Streng diszipliniert geht es weiter, wie bei der Armee. Um 7.30 Uhr werden die Befehle erteilt, wer was zu erledigen hat. Widerspruch darf nicht erhoben werden. Küchendienst, Hausdienst, Arbeit im Feld, in den Werkstätten oder in der Verwaltung, all das gehört zum Standardprogramm. Das Frühstück dauert dreißig Minuten. Danach steht Erholung und Gebet in der Zelle an. Von 15.15 Uhr bis 15.30 Uhr ist Teepause. Anschließend beginnt der mehrstündige Gottesdienst. Um 19 Uhr wird zu Abend gegessen. Zum Ausklang des Tages folgt die Abendmesse.

»Wie vollzieht sich die Weihe zum Mönch?«

»Im Grunde entscheidet der Abt. Der Novize muss natürlich auch ganz sicher sein, ob er die Reife für den Schritt besitzt, sich dem göttlichen Willen vollkommen zu unterwerfen und der Welt ganz und gar zu entsagen. Als Zeichen dafür wird ihm ein Kreuz ins Haupthaar geschnitten. Der künftige Mönch wirft sich zu Boden und verharrt dort mit ausgebreiteten Armen und dem Gesicht nach unten.«

Das Frühstück ist zu Ende. Die Mönche stehen auf. Sie danken mit Gebet und Gesang für die Speise. Gegen Spenden werden auch Fürbitten für Verstorbene gesungen. Die Namen sind auf Zetteln eingereicht worden. Der Speisesaal wird geräumt. Um 11.30 Uhr beginnt das Frühstück für die dreißig Nonnen aus dem Frauenkloster nebenan. Mit sanfter Frömmigkeit dienen sie dem Herrn. Sie leben ebenfalls von eigener Arbeit und Spenden der Gläubigen. Als Gegenleistung legen auch sie mit Fürbitten ein gutes Wort beim lieben Gott ein. Die Alten finden im Kloster Geborgenheit. Die Welt draußen, so sagen sie, interessiert sie nicht mehr. Zu viel Chaos, zu viel Aggressivität, zu wenig Lebenssinn, meinen auch die jungen. Sie sehnen sich nach eindeutigen Vorgaben, wie sie das karge Klosterleben bietet.

Vater Lawrentij drängt zum Aufbruch. Um 12 Uhr steht ein Geläut an. Im Eilschritt erklimmen wir den Glockenturm Nikolaj Ugodnik, dessen Spitze wie eine Nadel in den Himmel sticht. Anders als in der Kirche von Monastyrschtschino auf dem Kulikowo Polje bedient hier ein Mönch alleine alle Glocken. Wie ein Discjockey hämmert er auf die Glockenstränge ein. Das kraftvolle Geläut trägt die Botschaft über das weite

Land: Russlands Kirche ist wiederauferstanden. Wir sind von seiner Kunst begeistert, was Mönch Nikolaj animiert, eine extralange Runde hinzulegen. So scheint es uns jedenfalls.

Mit gleichbleibender Freundlichkeit ist Vater Lawrentij bemüht, unsere Filmwünsche zu erfüllen und unsere Fragen zu beantworten. »Was bedeuten die unterschiedlichen Farben in der Kleidung?«, möchte ich wissen.

»Unverheiratete tragen die schwarze Kleidung, also die Mönche, ob sie nun Novizen, Diakone oder Priester sind. Nur aus ihren Reihen kann der Aufstieg zum Bischof erfolgen. Weiße oder andere nichtschwarze Kleidung tragen Geistliche, die verheiratet sind. Mehr als Priester ist für sie nicht drin.«

Vater Lawrentij gibt bereitwillig Auskunft, als ich ihn nach seiner Ausbildung frage. Er habe einen Hochschulabschluss in Ökonomie. Nebenher habe er sich mit Literatur beschäftigt und Gedichte geschrieben. »Warum sind Sie in das Kloster eingetreten?«, möchte ich wissen.

»Ein Unfall hat mich dazu gebracht«, erzählt er mir. »Ich bin in Woronesch von einem Auto angefahren und zweihundert Meter mitgeschleift worden. Dass ich überlebt habe, erschien allen wie ein Wunder. Das hat mich bewogen, mein Leben künftig im Kloster Gott zu widmen.«

Mich erstaunt die Erklärung, zumal er erst ein Jahr vor seiner Entscheidung geheiratet hatte, wie er mir mitteilt. Einen Sohn hat er auch. Ein gottesfürchtiges Leben lässt sich schließlich auch außerhalb der Klostermauern führen, denke ich mir, aber zum Nachsetzen bleibt mir keine Zeit. Wir sind bei Matj Serafina angekommen. Mutter Serafina sitzt mit einer jungen Nonne, eine Inokinja, in der Werkstatt und belegt Kirchenschmuck mit Goldplättchen. Ob sie darin ausgebildet sei, frage ich sie.

»Nein, nein!«, antwortet sie mir. »Von Beruf bin ich Radiotechnikerin. Zu dieser Tätigkeit bin ich eingeteilt worden. Ich übe sie gerne aus, wie alle anderen Aufgaben, mit denen ich beauftragt werde. Hier vergolde ich ein Stück, das den oberen Teil der Ikonostase schmücken wird.«

»Ist das tatsächlich Gold?«

»Nein. Das ist Potal, eine Legierung, die nur einen geringen Anteil Gold enthält. Aus Gold sind nur das Kruzifix, das Tor des Herrn und das Abendmahl in einer Ikone. Alles aus Gold zu machen wäre zu teuer.«

»Seit wann leben Sie im Kloster?«

»Seit vier Jahren!«

»Waren Sie verheiratet?«

»Ja, ich war verheiratet und habe einen Sohn. Mein Mann und ich haben uns getrennt. So etwas gibt es. Man lebt zusammen, aber irgendwann stellt man fest, dass man sich gegenseitig anstrengt. Also sind wir im Einvernehmen auseinandergegangen.«

»Aber warum sind Sie ins Kloster eingetreten?«

»Bereits in den letzten Ehejahren hatte ich darüber nachgedacht, habe aber damit gewartet, bis mein Sohn erwachsen war. Meine Seele fand keinen Lebenssinn mehr da draußen: arbeiten, Geld verdienen, wieder arbeiten. Ich fand es langweilig, vor dem Fernseher zu sitzen oder durch die Geschäfte zu rennen. Bekannte nahmen mich einmal mit ins Kloster. Was ich mitbekam, hat mir gefallen. Ich kam immer öfter, um Gottesdienste zu besuchen. Schließlich kam ich für immer. Als ich später Nonne wurde, war ich sehr glücklich.«

»Wie verläuft Ihr Leben jetzt?«

»Sehr geordnet! Die Regeln sind klar. Wir haben sie zu befolgen. Wir sind verpflichtet, zum Gebet zu gehen, an Gottesdiensten teilzunehmen und ohne Widerspruch die uns aufgetragene Arbeit zu verrichten. Langeweile kenne ich nicht.«

»Wie betrachten Sie die Welt von heute?«

»Mich beschwert der Niedergang der Moral. Viele Menschen leben in der Finsternis, in einer Welt der Leere. Sie kennen unser Leben nicht. Ich finde es schade, dass sich manche jungen Leute darüber lustig machen.«

»Aber wächst nicht das Interesse an der Kirche?«

»Ja, es kommen auch viele junge Menschen. Früher besuchten nur Babuschkas mit ihren kleinen Enkeln die Gottesdienste. Heute geht auch ein Teil der Jugend in die Kirche. Selbst wenn sie nicht angemessen gekleidet sind und sich nicht richtig benehmen, ist das ein großer Gewinn.«

Matj Serafina ziert sich nicht, ihr Alter zu nennen. Sie ist fünfzig Jahre alt. Mit ihrer zierlichen Gestalt und ihren feinen

Gesichtszügen kommt sie mir jünger vor. Leider kann ich von ihrem Gesicht wenig erkennen. Als ich vorhin beim Frühstück die Nonnen mit ihren schwarzen Trachten um den Tisch versammelt sah, kam ich mir vor, als sei ich im Iran. Deshalb kann ich nicht anders, als Matj Serafina zu fragen: »Warum tragen Sie diese Kleidung, warum bedecken Sie Ihren Kopf so streng?«

»Schauen Sie sich das Bildnis der Mutter Gottes an! Auch sie bedeckt ihren Kopf. So ist es für uns Vorschrift, so steht es im Statut. Diese Kleidung hat mir schon immer gefallen. Ich freue mich, dafür vom Herrn gesegnet zu sein.«

Die junge Nonne verfolgt unser Gespräch mit Interesse. Sie ist gleich nach der Schule ins Kloster gegangen. Obwohl sie erst zwanzig Jahre alt ist, wird sie bereits als Matj Arissa angesprochen. Sie wollte ursprünglich Chormusik studieren, aber der Kirchengesang hat sie dann in das Klosterleben hineingezogen. Sie erhält oft Besuch von ihrer Mutter und ihrer Schwester. Ihre Freundinnen halten ebenfalls losen Kontakt zu ihr. »Wir vermissen Dich«, schreiben sie ihr gelegentlich.

Ein Mädchen betritt die Werkstatt. Es heißt Natalja. Ihre Eltern sind vor einigen Jahren ins Kloster gegangen. Der Vater will Mönch, die Mutter Nonne werden. Da sie dafür die Ehe aufgegeben haben und nun getrennt leben, können sie dieses Ziel durchaus erreichen. Verlangt wird von ihnen der Verzicht auf eigenen Willen, Verzicht auf Besitz und Verzicht auf Sex. Das Mädchen will dem Vorbild ihrer Eltern nacheifern.

Vor der Kathedrale steht ein Mönch, dessen Gewand meine Aufmerksamkeit erregt, eine Art härene Kutte mit einer Kapuze. Der Mönch plaudert entspannt mit drei Frauen. Er sei ein Starez, wird mir bedeutet, ein Alter. Der Starez nimmt unter den Mönchen eine Sonderstellung ein. Aufgrund seiner Lebenserfahrung wenden sich die Menschen gerne an ihn, um zu beichten oder ihre Probleme loszuwerden. Er ist ein Seelenführer, wie mir erklärt wird. Ich spreche den Mönch an. Er lässt sich sogleich auf ein Gespräch ein. Dass wir aus Deutschland seien, habe er beim Frühstück mitbekommen. »Ihr Land kenne ich aus dem Krieg. Ich war bei der Schlacht um Königsberg dabei und habe zum Schluss auch noch in Brandenburg gekämpft. Am 28. April 1945 bin ich verwundet worden«, erzählt er mir.

Im Krieg sei er weit herumgekommen, vom Fernen Osten bis Finnland. Bei den Panzern sei er gewesen.

»Wie alt sind Sie denn jetzt?«, möchte ich wissen.

»84«, antwortet er knapp.

»Sie sehen viel jünger aus«, schmeichle ich ihm.

Das Gespräch scheint ihm Spaß zu machen. Verschmitzt lächelnd schaut er mich an. »Mit meiner Kapuze über dem Kopf können Sie das doch gar nicht erkennen.«

»Wollten Sie schon immer Mönch werden?«

»Nein, nicht immer. Unter Stalin, Chruschtschow und Breschnjew war das auch schwer möglich. Aber nun bin ich im hohen Alter der Erste aus der Familie, der ins Kloster gegangen ist.« Als er bemerkt, dass sich die Kamera auf ihn richtet, wendet er sich ab und schreitet freundlich winkend davon. Ich hätte mich gerne weiter mit ihm unterhalten, muss aber seinen Wunsch respektieren, nicht gefilmt zu werden.

Die Kathedrale füllt sich allmählich. In einer Stunde soll der Nachmittagsgottesdienst beginnen. Auf der Empore sitzt weit hinten in der Ecke ein Mönch mit weißem Bart und weißen langen Haaren. Mit geschlossenen Augen betet er den Rosenkranz. Kaum sichtbar bewegen sich seine Lippen. Im regelmäßigen Abstand schiebt er eine Kugel seiner Tschotki, seiner Perlenkette, weiter. Er murmelt offensichtlich das kurze Herz- oder Jesusgebet, das in jeder freien Minute gesprochen werden soll. »Herr Jesus Christus, Sohn Gottes, erbarme Dich meiner, der ich ein Sünder bin.« Die fortwährende Wiederholung soll die Meditation vertiefen. Das Verfahren gleicht einer Yoga-Übung. Der Rhythmus des Gebets muss gleichmäßig ruhig sein und mit der Atmung in Einklang gebracht werden, lerne ich. Dafür gibt es spezielle Unterweisungen.

Wir wollen noch ein paar Aufnahmen in der Stadt machen. Obwohl Sadonsk von seinen Klöstern beherrscht wird, tragen die Straßen und Plätze weiter ihre alten sowjetischen Namen. Von der Krupskaja gelangt man in die nach ihrem Mann Lenin benannte Straße und von dort in die Sowjetskaja. Lenin steht immer noch überlebensgroß im Stadtzentrum. Gebieterisch wie eh und je hebt er seinen linken Arm. Aber mit seiner Herrschaft ist es vorbei. Die als Opium für das Volk verfemte Religion hat sich gegen Lenins Ideen durchgesetzt. Vorbei ist es auch für uns mit den Außenaufnahmen. Die Dämmerung ist hereingebrochen. Wir fahren in unsere Turbasa zurück und lassen den Tag mit einer Partie Billard ausklingen.

In der Backstube des Klosters werden wir am nächsten Morgen alles andere als freundlich empfangen. Die Mönche und Novizen fühlen sich durch uns gestört. Sie sind zum Backdienst eingeteilt und wollen ihr Pensum schaffen. Prosphore sollen sie backen, Hostien oder Weinbrot für das Abendmahl, versehen mit dem Symbol der Auferstehung. Vor den giftigen Blicken seiner Klosterbrüder zieht sich unser gutmütiger Vater Lawrentij zurück. Wir übersehen das feindselige Gehabe der frommen Männer und drehen unbeirrt weiter. Die Bilder sind zu attraktiv, als dass wir darauf verzichten wollten. Die Stimmung des Back-Kollektivs hebt unser entschlossenes Ausharren nicht. Auf meine Fragen geben sie keine Antwort. Ein rothaariger Mönch ist besonders geladen. Als wolle er ihm den Kopf abschneiden, schießt er mit seinem Backblech haarscharf am Hals von Stefan Tolz auf den Ofen zu. Unser Regisseur schenkt dem Manöver keine Beachtung und dirigiert unser Team von Motiv zu Motiv.

Inzwischen sind weitere Mönche und Novizen hinzugekommen, was die Lage etwas entspannt. Der Älteste in der Backstube lässt sich von mir ansprechen. Es stellt sich heraus, dass er der Mann ist, der im Einvernehmen mit seiner Frau die Ehe aufgelöst hat, um Mönch zu werden. Seit zehn Jahren leben sie nun mit ihrer Tochter im Kloster von Sadonsk. Über den Status des Novizen ist er immer noch nicht hinausgekommen. Möglicherweise sind Ehejahre doch nicht förderlich für eine Karriere im Kloster! Er sieht das nicht so eng. Er habe vorläufig nur den Wunsch, Gott zu dienen, um seine Seele zu retten. Dann informiert er mich noch, dass er auch einen Sohn habe, der ebenfalls im Kloster lebe. Während der alte Knabe bereitwillig Auskunft gibt, mauert der Jüngste im Team auf Fragen. Wie lange er im Kloster sei, wisse er nicht mehr. Warum er ins Kloster gegangen sei, könne er auch nicht beantworten. Gottes Wege seien unergründlich.

Priester Sawa gibt sich souverän. Er hat durch sein Hinzukommen den Stimmungswandel in der Backstube ausgelöst. 34 Jahre alt sei er und gleich nach dem Armeedienst ins Kloster eingetreten. Was er von anderen Konfessionen oder Religionen hält, möchte ich wissen.

»Was andere christliche Konfessionen angeht, antworte ich mit den Worten des Theologen Grigorij: Es sind Brüder, die ein klein wenig irren.«

»Und was ist mit anderen Religionen, zum Beispiel dem Islam?«

»Haben Sie von der Scharia gehört?«, fragt Priester Sawa zurück.

»Ja, sicher!«

»Nach der Scharia soll jeder geköpft werden, der den Propheten Mohammed nicht anerkennt. Doch kein vernünftiger Christ jeglicher Konfession wird den Propheten Mohammed anerkennen. Wir können uns also ausrechnen, was passiert, wenn der Islam die Macht übernimmt.«

Unser Kameramann Hermann Schulz signalisiert, dass er in der Backstube alles bekommen hat, was wir brauchen. Wir können gehen. Vater Lawrentij taucht wieder auf. Er ist erleichtert, dass wir freundlich verabschiedet werden, und geleitet uns in die Trapesnaja, wo der Novize Maxim auf uns wartet. Er war gestern der Vorleser beim Frühstück der Mönche. Wir haben uns zum Gespräch mit ihm verabredet. Gleich zu Beginn lässt er mich wissen, er sei nicht mit dem Wunsch geboren worden, Mönch zu werden. Von der großen Bühne habe er geträumt und dafür auch die Begabung gehabt. Er habe gesungen, im Theater gespielt und gemalt. »Aber etwas fehlte mir, und dieses Etwas habe ich im Kloster gefunden«, beendet er mit Bestimmtheit seine Erklärung.

»Hatten Sie Freundinnen?«

»Ja, natürlich. Ich kannte junge Mädchen, mit denen ich malte, im Theater spielte und die ich nach Hause begleitete. Hier im Kloster leben die gleichen Menschen wie draußen, aber sie haben mehr vom Sinn unseres Daseins begriffen.«

»Dürfen Sie im Kloster fernsehen?«

»Das ist uns nicht verboten. Aber die Programme bieten wenig. Ich verspüre kein Verlangen danach.«

»Wächst bei Ihren Altersgenossen das Interesse an der Kirche?«

»Zweifellos! Nach achtzig Jahren Gottlosigkeit findet heute überhaupt keine Erziehung mehr statt, höchstens zum Egoismus. Hier im Kloster hingegen findet der Mensch seinen Lebenssinn. Fünf Minuten in der Kirche beruhigen die Seele. Unser Kloster ist wie ein geistiges und geistliches Schiff, das alle rettet, die es betreten.«

»Haben Sie keine Lust, in andere Länder zu reisen?«

»Braucht man das? Uns wird manchmal der Segen erteilt, in ein anderes Dorf zu reisen und dort Messen zu lesen oder als Kirchendiener auszuhelfen, weil es vor Ort nicht genügend Kirchenpersonal gibt. Das ist eine Pflichtaufgabe. Aber einfach so zu reisen, das ist schädlich, denn die Welt ist voll von überflüssigen Dingen.«

Nach all den Gesprächen, die ich mit den Nonnen und Mönchen geführt habe, ist mir nicht klar, ob sie mir die wahren Beweggründe für ihr Klosterdasein nennen. Ich werde das Gefühl nicht los, dass persönliche Enttäuschungen eine nicht unerhebliche Rolle spielen. Einige scheinen sich von der heutigen Welt überfordert zu fühlen. Anderen ist man vielleicht auf den Fersen. Für die Älteren wiederum ist das Kloster ein sicherer Hort. Sie geben zwar ihren eigenen Willen auf, aber in der Bevölkerung finden sie mehr Achtung als in ihrem früheren Leben.

Der Bischof von Lipezk und Jelezk ist angekommen. Vater Lawrentij überbringt uns die Botschaft und wirkt dabei unsicher. Wir ahnen, dass dem Bischof unsere Anwesenheit nicht gefällt. Wir begeben uns schnell in die Kathedrale, um den großen Gottesdienst aufzunehmen, bevor uns das Filmen untersagt wird. Die Menschen stehen dicht an dicht. Vor der riesigen Ikonostase, die das Allerheiligste, den Altarraum, von der Gemeinde trennt, schlägt ein Priester im gelben Messgewand, dem Felon, mit seiner Predigt die Menschen in den Bann. Die russisch-orthodoxe Kirche nutzt ihre Chance, das ideologische Vakuum aufzufüllen, das durch den Zusammenbruch der kommunistischen Sowjetunion entstanden ist. Aber nutzt sie auch ihre Chance, dem neuen Russland Orientierung zu geben? Mir fällt ein, was Viktor

Jerofejew dazu geschrieben hat: »Die Kirche hat versäumt, die moralische Basis des neuen Russland zu bieten. Sie besitzt weder ein Gefühl für das moderne Russland noch für die Realität von heute. Sie hat die Richtung zum orthodoxen Konservatismus eingeschlagen. In diesem Geist kämpft sie um den Einfluss im Land. Der Patriarch bestätigt zwar die Trennung der Kirche vom Staat, dies gelte aber nicht für das Volk. Auf diese Weise will die Kirche das Volk in ihre Obhut bringen.«

Jerofejew sieht die Kirche äußerst kritisch. Ein Hort der Meinungsfreiheit sei sie nicht. Weil sein Bruder, der bildende Künstler, ironische Werke über die Kirche ausgestellt habe, sei er von ihrer Führung zur Persona non grata erklärt und mit Strafanzeigen verfolgt worden. Der Schriftsteller kommentiert voller Spott den »Luxus«, der über die Kirche hereingebrochen sei. Der Staat habe ihr als Akt der Wiedergutmachung gestattet, sich zum Zwecke des Wiederaufbaus ihrer von den Bolschewiken zerstörten Gotteshäuser am steuerfreien Verkauf von Wodka und Zigaretten zu bereichern. Nun sei zu beobachten, dass sich in den begehrtesten Datschenvierteln um Moskau Villen der Kirchenführung breitmachten.

Für Jerofejew ist das nicht alles, was seine Kritik herausfordert. »In materieller Hinsicht wurde die Kirche noch mehr gestärkt, als sie einen ansehnlichen Teil der Immobilien zurückerhielt, die ihr einst genommen wurden. 2007 fühlte sie sich stark genug, zum Ziel Russlands die Erlangung des Reiches Gottes zu erklären. So ist offiziell der Grundstein für den Aufbau einer orthodoxen Zivilisation in Russland gelegt worden.«

Von solchen Gedanken werden die Menschen hier nicht geplagt. Mit Inbrunst singen sie das Loblied auf den Allerhöchsten. Ihr eindringlicher Gesang, der vom Chor auf der Empore beantwortet wird, wirkt selbst auf Außenstehende berauschend. Vater Lawrentij tippt auf meine Schulter. Er teilt mir mit, was wir erwartet hatten: »Bitte stellen Sie das Filmen des Gottesdienstes ein!« Wir hatten zwar schon vor Wochen die Drehgenehmigung erhalten, aber wir wollen den netten Mann nicht in Schwierigkeiten bringen und ziehen uns zurück. Wir haben ohnehin die Aufnahmen im Kasten, die wir haben wollten.

Kreuzunglücklich möchte uns Vater Lawrentij noch etwas

Besonderes bieten. Nur wenige Kilometer von Sadonsk entfernt gebe es im Wald eine heilige Quelle, die von Tichon entdeckt worden sei. Eigentlich haben wir genug vom Klosterleben, aber wir wollen Vater Lawrentij nicht enttäuschen und nehmen sein Angebot an. Als wir unser Ziel erreichen, trifft auch ein Bus aus Lipezk ein. Wie früher in der Sowjetzeit rennen die Passagiere los, als gäbe es lang ersehnte Ware zu kaufen. Hier eilen sie zu der Quelle, aus der angeblich Tichon das Wasser schöpfte, um seine Wunder zu vollbringen. Geduldig stehen sie Schlange. Das Wasser soll vor Gebrechen schützen oder von schlimmen Krankheiten heilen. Für Kuren zu Hause halten die Pilger große Reservekanister parat. Mitgenommen wird reichlich.

Das Topangebot ist ein Bad im heiligen Wasser, auch im Winter. Dafür wurde über zwei Bassins ein festes Häuschen errichtet. Auch hier wird Schlange gestanden. Abwechselnd sind Männer und Frauen dran. Eilig ziehen sie sich aus und schreiten nackt durch das brusthohe eiskalte Wasser. Aus Gründen der Pietät verzichten wir auf Filmaufnahmen. Draußen läuft derweil der Devotionalienverkauf an. Der Klosterkiosk macht gute Umsätze. Dazu tragen die fantastischen Geschichten bei, die über Wunderheilungen im Umlauf sind, wobei die Kirche engagiert nachhilft. Um den Kunden die Suche zu erleichtern, stehen die Heiligenbilder alphabetisch geordnet parat. Am meisten bringt Tichon von Sadonsk. Während wir filmen und mit den Leuten sprechen, nutzt Jewgenij Petrowitsch die Zeit, um mit dem Wasser aus dem Bach, der aus der heiligen Quelle gespeist wird, seinen Kleinbus und den Kamerawagen zu waschen. Als wir die Autos besteigen, erstrahlen sie in überirdischem Glanz.

Tauwetter in Woronesch

Morgen fahren wir nach Woronesch. Die Stadt am Don bringe ich stets mit Ossip Mandelstam in Verbindung. Liebevoll hat er den Fluss, wie wir uns erinnern, als silbrig feines Halbblutpferd besungen. Weniger freundlich ist hingegen sein Gedicht auf Woronesch ausgefallen. Darin spielt er auf den Stadtnamen an. »Woron« bedeutet »Rabe«, in der russischen Folklore ein Todesvogel. In der Stalinzeit bekam die Bezeichnung »Woron« eine zusätzliche Bedeutung. So wurde im Volksmund der geschlossene NKWD-Wagen genannt, der verhaftete Bürger abtransportierte.

»Du lass mich frei, Woronesch, gib mich wieder!
Lässt du mich los oder verpasst mich lieber,
du lässt mich fallen, nicht? Du Rabennest,
Woronesch – Netz, Woronesch – wahre Pest!«

Für die bösen Zeilen gibt es einen Grund. Ossip Mandelstam war nach Woronesch verbannt worden. Er hatte ein Epigramm, ein Spottgedicht, auf Stalin geschrieben. Dafür war er in Moskaus gefürchteter Geheimdienstzentrale Lubjanka verhört worden, was ihm eine traumatische Psychose einbrachte. Trotz der Erkrankung wurde er in die Verbannung an den nördlichen Ural geschickt, wo er sich aus dem Fenster stürzte, um dem Tod durch Erschießen zuvorzukommen. Er überlebte. Danach geschah eine Sensation, für damalige Verhältnisse jedenfalls. Dank der Fürsprache des Schriftstellers Boris Pasternak und anderer konnte sich Mandelstam einen anderen Verbannungsort aussuchen. Er entschied sich für Woronesch.

Es gab in der damaligen Zeit politischer Willkür und Brutalität sicher schrecklichere Strafen als die Verbannung in eine Großstadt am Don. Trotzdem erlebte Mandelstam die drei Jahre in Woronesch als eine demütigende Leidenszeit. Er spürte Stunde für Stunde, wie sich die Schlinge, die ihm mit der Verbannung um den Hals gelegt worden war, immer mehr zuzog. Ihn rettete auch nicht, als er schließlich in höchster Bedrängnis eine Ode auf Stalin schrieb. Es gab kein Entrinnen. Ossip Mandelstam starb am 27. Dezember 1938 in einem Durchgangslager bei Wladiwostok.

Wenn ich jetzt seine Briefe lese, wird mir bewusst, was er und seine Frau Nadeshda damals durchgemacht haben. Es sind Hilferufe, Schreie der Verzweiflung und Todesangst. Als er 1934 in Woronesch ankam, gab es noch Hoffnung. Mandelstam musste sich zwar fortwährend bei der Geheimpolizei GPU melden, aber er bekam gelegentlich Arbeitsaufträge. Doch das ließ mehr und mehr nach. Man mied oder schikanierte ihn. Die Mandelstams mussten mehrfach ihre bescheidene Unterkunft aufgeben. Selbst zum dürftigen Leben fehlte ihnen das Geld. Schwere gesundheitliche Probleme stellten sich ein. Hin und wieder gab es Lichtblicke, wenn Freunde Geld schickten oder Gäste wie Anna Achmatowa zu Besuch kamen. Die Solidarität erforderte großen Mut. Niemand war damals seines Lebens sicher. Wer sich für Verfolgte einsetzte, konnte leicht als angeblicher Kollaborateur Opfer der Geheimpolizei werden. Nach ihrem Besuch schrieb Anna Achmatowa ihr berühmtes Woronescher Gedicht:

»Im Zimmer aber des verbannten Dichters
wachen im Wechsel Muse und Angst.
Die Nacht ist lang
und wird kein Morgenlicht mehr sehen.«

Dass es für Ossip Mandelstam kaum noch Morgenlicht geben konnte, wurde 1936 klar, als mit den Schauprozessen in Moskau die Tschistka, die Säuberung, und der politische Massenmord begannen. Die Ironie des mörderischen Wahnsinns: Mandelstam machte trotz der für ihn zermürbenden Verhältnisse Woronesch zu einer Stadt der Weltpoesie, was erst jetzt richtig erkannt wird. Der Verbannte schrieb damals in großen Schüben seine letzten Gedichte. Weil sie in Schulkladden eingetragen wurden, sind sie später als »Woronescher Hefte« bekannt geworden. Darunter befinden sich auch einige vorher beschlagnahmte Gedichte, die Mandelstam aus dem Gedächtnis erneut niederschrieb. Die »Woronescher Hefte« gehören zu den Höhepunkten der Lyrik des 20. Jahrhunderts, nicht nur Russlands. Zu den Spitzenleistungen persönlichen Muts zählen die Zeilen, die Ossip Mandelstam 1933 gegen Stalin geschrieben hat. Sie verdienen es, auch heute noch bei jeder Gelegenheit in voller Länge in die Öffentlichkeit gebracht zu werden, denn jede Zeile konnte tödliche Folgen haben. Hier das »Mandelstam-Epigramm« in der Übersetzung von Ralph Dutli:

> »Und wir leben, die Füße spüren keinen Grund,
> auf zehn Schritte nicht mehr hörbar, was er spricht, unser Mund.
> Doch wenn's reicht für ein Wörtchen, ein kleines,
> jenen Bergmenschen im Kreml, ihn meint es,
> nur zu hören vom Bergmenschen im Kreml, dem Knechter,
> vom Verderber der Seelen und Bauernschlächter.
> Seine Finger wie Maden so fett und so grau,
> seine Worte wie Zentnergewichte genau.
> Lacht sein Schnauzbart dann wie Küchenschaben
> und sein Stiefelschaft glänzt hocherhaben.
> Um ihn her seine Führer, die schmalhalsige Brut,
> mit den Diensten von Halbmenschen spielt er mit Blut –
> einer pfeift, der miaut, jener jammert,
> doch nur er gibt den Ton mit dem Hammer.
> Und er schmiedet, der Hufschmied, Befehl um Befehl –
> in den Leib, in die Stirn, dem ins Auge fidel.
> Jede Hinrichtung schmeckt ihm wie Beeren,
> diesem Breitbrust-Osseten zu Ehren.«

Bei unserer Abfahrt nach Woronesch machen wir eine erbärmliche Entdeckung: Über Nacht hat Tauwetter eingesetzt. Mit einem Schlag ist der Glanz der Schneelandschaft verschwunden. Wie ein Bettelmönch zieht der Don seines Weges nach Süden. Grau der Himmel, grau die Felder, grau der Strom. Zu allem Überfluss fängt es auch noch an zu regnen. Nicht nur wir haben Pech, auch Woronesch hat Pech. Die Stadt hat es schon bei Sonnenschein nicht leicht, attraktiv auszusehen. Der Krieg hat ihr Fürchterliches angetan. Der größte Teil von Woronesch war durch die Kämpfe in Schutt und Asche gelegt worden. Neunzig

Prozent der damaligen Stadt sollen zerstört gewesen sein. Nur Stalingrad hat es unter den russischen Großstädten noch schlimmer getroffen. Der Wiederaufbau in der Sowjetzeit konnte den gewaltigen Schaden nicht wettmachen.

Der kapitalistische Markt hat Woronesch voll erreicht, wie wir bei der Einfahrt in die Stadt feststellen. Werbebanner hängen in dichten Abständen quer über den Straßen. An allen Ecken und Enden drängt sich Reklame auf, vornehmlich in Russisch, aber auch in Englisch. Banken, Versicherungen, Automobilhersteller, Elektronikunternehmen, Möbelhersteller, Warenhäuser werben, was das Zeug hält. Kongresse kündigen sich an. Wer Probleme mit der Mundhöhle hat, ist hier richtig, denn demnächst sind die Stomatologen in der Stadt.

Lenin steht ziemlich allein auf dem großen Platz, der nach ihm benannt ist. Ein Coca-Cola-Stand leistet ihm Gesellschaft. Im heutigen Russland ist diese merkwürdige kommunistisch-kapitalistische Allianz öfter anzutreffen. In einem schmutzigen und stark geschmolzenen Schneehaufen steckt eine kleine sowjetische Fahne. Sie erinnert auf klägliche Weise an die Union der sozialistischen Sowjetrepubliken, die noch vor gar nicht langer Zeit die Weltmacht Nummer zwei war. Offiziere eilen in kleinen Gruppen durch den Nieselregen. Militärmusik scheppert aus Lautsprechern. Sie ist mir aus sowjetischen Zeiten vertraut.

Der »Tag der Armee« wird heute begangen. Immer noch ein Feiertag! Er hat auch mit uns Deutschen zu tun. Als Datum wurde der Sieg der jungen Roten Armee am 23. Februar 1918 bei Pskow und Narwa über die deutschen Invasionstruppen gewählt, die im Ersten Weltkrieg auf das russische Territorium vorgedrungen waren. Die Geschichtsschreiber von heute sind sich nicht sicher, was an dem legendären Triumph tatsächlich dran ist oder ob es sich um gepflegte Sowjetpropaganda handelt. Wie auch immer: Bei der Aufklärung wird keine übertriebene Hast an den Tag gelegt. Wer will schon der ruhmreichen Armee ihren schönen Tag nehmen!

Wir sind zu einer Kranzniederlegung eingeladen worden. Sie soll an einem Soldaten-Denkmal im Park an der Staatlichen Agraruniversität stattfinden. Organisiert wird die Zeremonie von Sergej Iwanowitsch Filonenko. Wir treffen ihn in seinem Büro.

Er ist Prorektor der Universität und für die internationalen Beziehungen zuständig. Als Doktor der Geschichtswissenschaften hat er sich intensiv mit den Schlachten der Roten Armee beschäftigt. Sieben Bücher und achtzig weitere Arbeiten sind dabei herausgekommen. Obwohl es immer gegen die deutsche Wehrmacht ging und dabei wenig Erfreuliches zutage befördert wurde, hat sein Verhältnis zu den Deutschen nicht unter den Forschungen gelitten. Darauf angesprochen verweist Professor Filonenko mit Nachdruck auf die enge Zusammenarbeit der Staatlichen Konstantin-Glinka-Agraruniversität von Woronesch (benannt nach dem Bruder des Komponisten) mit den Landwirtschaftlichen Lehranstalten im bayerischen Triesdorf.

Unser Kamerateam hat sich zur Kranzniederlegung aufgestellt. Die Ehrenwache steht bereit. Mit lauter Stimme, die Stentor vor Troja Konkurrenz gemacht hätte, kommandiert Professor Dr. Filonenko den Trauerzug aus Veteranen, Lehrpersonal, Studenten und Schülern durch das Birkenwäldchen des Parks zum Soldatendenkmal. Die Vertreterin der Stadt macht die Anwesenden darauf aufmerksam, dass der Tag der Armee vom russischen Volk auf das Höchste geachtet werde. Heute sei es ihr eine besondere Ehre, mitteilen zu können, dass die Russische Föderation der Stadt Woronesch den Status einer Stadt des militärischen Ruhmes verliehen habe. Es gibt dafür dankbaren Beifall.

Sergej Filonenko erinnert daran, dass sowjetische Truppen 212 Tage und Nächte um Woronesch gekämpft hätten. Die faschistischen Einheiten hätten das rechte Ufer besetzt, die Soldaten der Roten Armee das linke Ufer gehalten. Es sei ein fürchterliches Schlachten gewesen. 46 Massengräber auf dem Territorium der Stadt zeugten von der Grausamkeit der Kämpfe. Die Zahl der Gefallenen werde für immer unbekannt bleiben. Woroneschs Erde sei durchtränkt vom Blut Zehntausender Sowjetsoldaten, die ihr Leben für die Befreiung der Stadt und des Landes gelassen hätten. Ihrer solle auf ewig gedacht werden.

Ein Veteran tritt auf. Er hat an den Kämpfen um Woronesch teilgenommen. In einem vermutlich selbst verfassten Gedicht trägt er vor, was sich damals am rechten und am linken Ufer des Flusses zugetragen hat. Für die Heimat, für Woronesch und ihre

Familien seien sie in den Kampf gegangen. »Hände weg von Mütterchen Russland«, hätten sie gerufen und die Faschisten zurück nach Berlin gescheucht. Dann legt er Blumen am Denkmal des trauernden Soldaten nieder.

Nach der Zeremonie finden wir uns wieder im Büro des Prorektors ein. Sergej Filonenko liegt es am Herzen, uns die militärische Leistung von Woronesch zu erklären. Dass die Stellung gehalten wurde, sei von strategischer Bedeutung gewesen. Ohne den angestrebten Durchbruch am Don erzielt zu haben, seien die deutschen Truppen zur Verstärkung ihrer Stalingrad-Armee abgezogen worden. An ihrer Stelle seien ungarische und italienische Divisionen in Woronesch eingerückt. Am 25. Januar 1943 sei die Stadt zurückerobert worden. Kurz darauf habe die deutsche Armee in Stalingrad kapituliert. Von dem Doppelschlag hätten sich die Faschisten nicht mehr erholt. Woronesch und Stalingrad seien zusammen zu sehen. »Wir kämpfen um Woronesch und wissen, dass wir auch um Stalingrad kämpfen«, sollen die Soldaten der Roten Armee damals gesungen haben. Pawel Maximowitsch Artschakow nickt dazu. Er ist der Veteran, der das Gedicht am Denkmal vorgetragen hat. Wir möchten ihn in seiner Wohnung filmen. Er soll uns von dem damaligen Geschehen erzählen und wie er die Welt von heute sieht, die Deutschen inbegriffen. Wir verabreden uns für den frühen Abend. Vorher wollen wir uns in der Stadt umschauen und uns um Ossip Mandelstam kümmern.

Woronesch ist immer noch nicht zu vollem Leben erwacht. Das Wetter ist auch nicht dazu angetan, den Feiertag im Freien zu genießen. So wandern wir durch die nahezu menschenleeren Straßen, die an den Wochentagen mit Autos vollgestopft sind. 800 000 Menschen leben in Woronesch. Da die Stadt mitten in der fruchtbaren Schwarzerde-Region liegt, haben sich hier viele Nahrungsmittelbetriebe angesiedelt. Was hat Woronesch noch? Ein Kernkraftwerk und das Flugzeugwerk Iljuschin, in dem die großen Verkehrs- und Frachtmaschinen Il 86 und Il 96 gebaut werden!

Die Geschichte der Stadt ist überschaubar. Sie begann 1585 als Kosakensiedlung an der Mündung des Flusses Woronesch in den Don und sollte die damalige Südgrenze Russlands gegen

kriegerische Nomadenstämme absichern. Zar Peter der Große
hatte mit Woronesch hochfliegende Pläne. Er ließ hier 1696 eine
Werft bauen. Sie lieferte ihm dreißig Schiffe. Der Zar legte persönlich mit Hand an. Sein Beispiel wirkte ermutigend. Die neue
Flotte drang nach Süden vor. Sie besiegte die Türken und eroberte
die Festung Asow am Schwarzen Meer. Peter war bis 1700 sehr
häufig am Don. In diesen Jahren war Woronesch die heimliche
Hauptstadt des Landes. »Mutter der russischen Flotte« wurde
das Städtchen damals genannt.

Man kann sich nur wundern, was Peter der Große alles an-
stellte, um Russland aus der Rückständigkeit herauszureißen
und zu einer Großmacht aufzubauen. Um das zu schaffen, holte
er sich die besten Spezialisten aus dem Westen. Für den Schiffs-
und Schleusenbau am Don waren das die Brüder Bertrand und
William Perry aus Newcastle. Am neu errichteten Denkmal des
zur Sowjetzeit verfemten Schriftstellers Andrej Platonow erfahre ich, was die beiden englischen Topingenieure, vom großen
Peter fürstlich entlohnt, zuwege brachten. Mein Wissen habe
ich Michail Borissowitsch, einem pensionierten Lehrer, zu verdanken, den ich auf Platonow anspreche. Der Schriftsteller sei
1899 bei Woronesch geboren. In seinen frühen Novellen habe er
aus dem Briefwechsel der Brüder zitiert. Darin wird Zar Peter
als mächtiger, aber zerfahrener Mann beschrieben, der viel un-
nötigen Lärm mache. Sein Verstand sei wie das Land: reich und
wild. Ausländische Schiffsbauer behandelte er großzügig. Sein
Ziel sei es, die Ostsee mit dem Kaspischen und dem Schwarzen
Meer zu verbinden. Dadurch könne er auch die Reichtümer im
Inneren des Kontinents heben.

Michail Borissowitsch schwärmt vom Weitblick, der Kühnheit und der Energie des Zaren. Er habe Russland mit einem
gewaltigen Ruck nach vorne gestoßen, dabei Militär, Verwaltung und Lebensweise fundamental reformiert, die selbstherr-
liche Kirche unter Kontrolle gebracht, Aufstände niedergeschla-
gen und Russlands Herrschaft beträchtlich ausgeweitet, auch
wenn er gegen die Türken nicht ganz erfolgreich gewesen sei.
Dafür habe er sich im Ostseeraum gegen die damalige Großmacht Schweden durchgesetzt. Nicht nur ein Venedig des Nor-
dens habe er mit St. Petersburg aus den Sümpfen des Newa-

Flusses gezaubert, sondern auch im Dongebiet gewaltige Bauvorhaben in Gang gesetzt: 33 Schleusen und 230 Kilometer schiffbare Wasserwege. Leider seien die meisten Projekte buchstäblich versandet. Wie viele Menschen für Peters Visionen ihr Leben ließen, vermag Michail Borissowitsch nicht zu sagen.

Der Don hat anders als zu Peters Zeiten für Woronesch keine strategische Bedeutung mehr, aber er ist weiter der Stolz der Menschen hier. Don Batjuschka, Väterchen Don – so wird auch hier von ihm liebevoll gesprochen. Die Deutschen genießen trotz der Verwüstungen im Krieg längst wieder gutes Ansehen und sind auch wirtschaftlich ordentlich dabei, mit einer Ölmühle und einem internationalen Zentrum für Informationstechnologie.

Russische Städte und Dörfer macht es sympathisch, dass sie die Größen ihrer Kultur ehren. Auch in Woronesch fehlt es nicht an Denkmälern, wie ich bei meinem kurzen Rundgang feststelle. Nicht nur Puschkin steht auf hohem Sockel, sondern auch die Volksdichter des 19. Jahrhunderts Alexej Kolzow und Iwan Nikitin. Beide stammen aus Woronesch. Andrej Platonow habe ich erwähnt. Er hat sein Denkmal auch deshalb verdient, weil er es in der Stalinzeit nicht leicht hatte. Wegen seiner antitotalitären Haltung und auch wegen seines frühen Todes wurde er im Westen »Russlands George Orwell« genannt. Andere bezeichneten ihn als »russischen Kafka«. Platonow wurde Augenzeuge der Zwangskollektivierung auf dem Land, die zu furchtbaren Hungersnöten führte. Was er schrieb, fand in der Stalinzeit wenig Gefallen bei der Zensurbehörde. Viele seiner Erzählungen wurden erst nach dem Tod des Diktators veröffentlicht.

Ein anderer ist diesem Schicksal rechtzeitig ausgewichen. Iwan Bunin wurde in Woronesch geboren. Er beschrieb das Leben im ländlichen Russland; anrührend, aber auch zunehmend kritisch. Unter Kollegen genoss er große Wertschätzung. Der damals schon berühmte Schriftsteller Anton Tschechow zählte zu seinen Freunden. Maxim Gorki rühmte ihn als besten Stilisten seiner Zeit. Als die Kommunisten an die Macht kamen, emigrierte Iwan Bunin. Das sicherte ihm ein langes Leben. Er starb 1953 im Alter von 83 Jahren in Paris. Zwanzig Jahre vor her war er als erster russischer Schriftsteller mit dem Nobelpreis für Literatur ausgezeichnet worden.

»Und wo bleibt Ossip Mandelstam?«, frage ich.

»Er wird bald sein Denkmal bekommen«, wird mir versichert. »Der Platz ist schon gefunden. Im Park für Kinder, nicht weit von einer seiner Wohnungen.« Im Park an der Agraruniversität soll sich Ossip Mandelstam besonders gerne aufgehalten haben. Hier treffen wir Jelena Fanailowa und Oleg Grigorjewitsch Lassunskij. Sie wurde bei Woronesch geboren, studierte Medizin und Linguistik, arbeitete als Ärztin und ist jetzt in Moskau als Journalistin und Lehrbeauftragte tätig. Er beschreibt sich selbst als heimatkundlichen Literaturwissenschaftler. Was haben die beiden mit Mandelstam zu tun? Er sei für sie der wichtigste Lyriker, sagt Jelena Fanailowa. Dank Mandelstam und Platonow habe sie die Struktur der russischen Sprache begriffen. Auf alle Fälle gehöre Mandelstam mit Anna Achmatowa, Marina Zwetajewa und Boris Pasternak zu den bedeutendsten russischen Dichtern des 20. Jahrhunderts.

25 Jahre sei er für die russische Literatur an der philologischen Fakultät der Universität von Woronesch zuständig gewesen, sagt Oleg Lassunskij. In der Sowjetzeit habe er sich lange vergeblich bemüht, etwas über Mandelstam und dessen Zeit in Woronesch herauszubringen. Erst während der Perestroika von Gorbatschow habe er Mandelstams »Literarische Spaziergänge durch Woronesch« veröffentlichen können, allerdings nicht ohne Zensur.

Uneinig sind sich die beiden, wie Mandelstams Jahre in Woronesch zu bewerten sind. Oleg Lassunskij erwähnt die Schikanen nicht, sondern spricht von einer besonders fruchtbaren Zeit. Jelena Fanailowa weist hingegen auf Mandelstams Briefe hin, in denen er verzweifelt um Hilfe bittet. Das Außergewöhnliche an Mandelstam sei, er habe in Todesnähe die besten Gedichte des 20. Jahrhunderts in russischer Sprache geschrieben.

»Sind die Einwohner von Woronesch stolz darauf, dass ein Dichter von diesem Rang in ihrer Stadt lebte?«

»Die Intellektuellen sind es in jedem Fall«, sagt Oleg Lassunskij. »Woronesch ist stolz auf Nikitin, Kolzow, Bunin, Platonow und auch auf Mandelstam.«

Jelena Fanailowa ist skeptisch. Sie erinnert daran, dass die Gedenktafel für Mandelstam an dem Haus, in dem er gelebt hatte, mit einem Hakenkreuz beschmiert wurde. Oleg Lassunskij beschwichtigt. Das läge Jahre zurück. So etwas sei auch in Wladiwostok passiert.

»Hat Mandelstam den herannahenden Tod gespürt?«

Viele seiner Gedichte hätten sich mit der Angst vor dem Tod und der Bewältigung dieser Furcht beschäftigt, meint Jelena Fanailowa. Das sei mehr als verständlich, denn seit dem Stalin-Gedicht sei der Tod ständig hinter ihm hergeschlichen.

»War er der Einzige, der gegen Stalin geschrieben hat?«

Nicht der Einzige, sind sich beide einig. »Aber der Einzige, der es laut vorgetragen und verbreitet hat«, ergänzt Oleg Lassunskij.

»Ist seine Lyrik heute nur noch etwas für Fachleute, oder wird sie auch von jungen Menschen gelesen?«

»Es ist eine komplizierte Lyrik, sehr assoziativ. Fachleute entdecken darin viel. Es ist eine elitäre Poesie. Trotzdem wird sie auch von einfachen Leuten gelesen und geliebt, selbst wenn sie nicht alles verstehen. Sie genießen die Bildlichkeit«, glaubt Jelena Fanailowa. »Bei uns blüht die Lyrik im Internet. Junge Menschen interessieren sich dafür, sie schreiben selbst. Lyrik hilft, Probleme zu bewältigen. Da Russland weiter Schwierigkeiten haben wird, werden unsere Menschen noch lange die Poesie lieben.«

Wir brechen zu der Wohnung auf, in der die Mandelstams in ihrem ersten Woronesch-Jahr (1934) gewohnt hatten. Abseits liegt sie in abgewrackter Gegend an einer Eisenbahnstrecke. Deshalb hieß sie damals »Zweite-Linien-Straße«. Krumm läuft sie in eine Senke hinunter. Mandelstam hat darüber ein sarkastisches Gedicht verfasst:

»Was ist das für eine Straße?
Die Mandelstam-Straße.
Sie passt sich wenig in die Linie ein,
ihre Art war wohl nicht lilienrein.
So ein Name, ein Teufelsding!
Man kann ihn drehen, wie man mag.
Krumm klingt er, und nicht grad.«

Wir kommen zu einem unansehnlichen Häuschen. Schwejnikowa Nr. 4 lautet heute die Adresse. Hinter dem Haus sieht es noch primitiver aus als vorne. Ein kleiner wilder Garten liegt zwischen Haus und Eisenbahnlinie. Jelena ist entsetzt. »Früher sah das alles besser aus; ärmlich zwar, aber doch recht schön. Jetzt ist alles voller Müll.«

»Am wichtigsten ist, dass wir das Haus gerettet haben«, will Oleg der Sache eine gute Seite abgewinnen.

Eine ältere Frau öffnet die Tür. Die Anwesenheit unseres Teams nimmt sie gelassen zur Kenntnis. »Hier schleichen öfter Leute ums Haus. Meist junge Leute. Wohl Intellektuelle!« Als Maria Alexandrowna stellt sie sich vor. Seit 23 Jahren wohne sie in diesem Haus.

»Wissen Sie, dass hier einmal Ossip Mandelstam gewohnt hat?«

»Natürlich! Auch von seinem Zimmer mit Balkon haben wir gehört. Aber wir haben umgebaut. Deshalb ist der Balkon weg.«

»Woher kommen die Leute, die um Ihr Haus schleichen?«

»Weiß ich nicht! Die einen stehen nur vor dem Haus, die anderen schauen auch hinten nach. Wollen wohl wissen, ob man vom Fenster die Eisenbahn sehen kann.«

Man sieht Maria Alexandrowna an, dass sie kein leichtes Leben hat. Mandelstams Gedichte sind nicht ihr Ding. Sie hat andere Sorgen. Als Rentnerin erhalte sie nur 3800 Rubel (105 Euro) im Monat. Ihr Mann arbeite noch. Sonst kämen sie gar nicht über die Runden. Die Preise stiegen ständig. Außerdem müssten sie ihre Kinder, die ebenfalls in der kleinen Kate lebten, auch noch unterstützen. Sie hätten zwar Arbeit, verdienten aber viel zu wenig.

Maria Alexandrowna reicht es allmählich. Uns auch. Es nieselt unaufhörlich weiter. »Kommen Sie im Sommer wieder«, lädt uns Mandelstams Wohnungsnachfahrin ein. »Dann ist es hier viel schöner.« Der verbannte Dichter ist in diesem Haus nicht so freundlich behandelt worden. Der Hausherr, ein Agronom und Stiefelträger, hat Mandelstamm ständig spüren lassen, dass er hier unerwünscht sei, was ihm Mandelstam mit einem Gedicht auf ewig heimzahlte:

»Herr des Hauses – hinter diesen Wänden
geht gestiefelt ein gereizter Kerl.
Unter Fremden kann ich nie ein Auge schließen,
und mein eigenes Leben kenn' ich heut' nicht mehr.«

Es dunkelt bereits, als wir in der Uliza Tarantschenko eintreffen. Im Haus Nr. 49 bietet ein Reisebüro Flüge nach Prag und München an. Auf der Ecke hält eine Bar namens »Enigma« ihre rätselhaften Dienste bereit. Besonders gepflegt sieht es hier nicht aus. Das Taxofon ist aus der Wand gerissen. Scherben und Papier liegen herum. Die Wohnungen sind über den Hof zu erreichen. Im Torbogen hockt ein Junge, völlig betrunken. Der Hof ist von Pfützen übersät. Die großen Müllcontainer quellen über. Hier also wohnt der alte Soldat Pawel Maximowitsch Artschakow.

Schweren Schrittes kommt er nach Hause. Mit seinem Stock tastet er sich durch den Torbogen. Sein Augenlicht hat stark nachgelassen. Der Tag mit all den Reden und Trinksprüchen war anstrengend, aber er hat es genossen, dass seine Verdienste und die seiner Kameraden um das Vaterland wieder und wieder gepriesen wurden. So oft wird er das nicht mehr hören. 84 Jahre alt ist er inzwischen. Die Treppen zu seiner Wohnung sind ausgetreten. Der letzte Anstrich muss Jahre zurückliegen. Im winzigen Korridor legt Pawel Maximowitsch Mütze, Mantel und Uniform ab. Schwer hat die Veteranenbrust zu tragen. Die Vorderseite seiner Jacke ist auf beiden Seiten mit Orden behängt.

»Welche Auszeichnungen bedeuten Ihnen besonders viel?«, frage ich ihn.

»Der Orden für die Verteidigung Moskaus, der Orden für die Erstürmung Königsbergs und der Orden für den Sieg in Berlin. Dafür sind Zehntausende meiner Kameraden gefallen. Ihnen zu Ehren trage ich die Medaillen.«

Pawel Maximowitsch hat den Krieg von Anfang bis Ende mitgemacht, immer in vorderster Frontlinie. Er wird heute noch von Albträumen geplagt. Die Trommelfeuer, die Häuserkämpfe, die Nahkämpfe kehren nachts wieder. Schrecklich sei es, Menschen mit Bajonetten aufzuschlitzen oder mit Spaten zu erschlagen. 17 Jahre war er, als er ins erste Gefecht geriet. Bei Brest war

das. Dann kam der Rückzug. Erst 16 Kilometer vor dem Stadt-
rand Moskaus seien sie zum erfolgreichen Gegenangriff angetreten, bei klirrendem Frost und tiefem Schnee. Obwohl es danach
nur noch vorwärtsging, sei es weiter furchtbar gewesen. Eine
Schlacht nach der anderen: Woronesch, die Ukraine, Weißruss-
land, Ostpreußen, Polen, Brandenburg, Berlin.

»Was haben Sie damals für die Deutschen empfunden?«

»Armeen im Krieg sind zum Töten da. Die Faschisten haben
auf uns geschossen, wir haben auf sie geschossen. Wir mussten
und wollten sie töten. Sie hatten unser Land als ungebetene böse
Gäste betreten. So war unsere Meinung über die Deutschen.«

»Haben sich die Deutschen wie andere Soldaten benommen?«

»In den besetzten Gebieten haben sie sich schlecht benommen. Sie prügelten, plünderten und vergewaltigten. Von Moskau bis Uschansk sind es 250 Kilometer. Ich habe auf dieser
Strecke nicht ein einziges heiles Haus gesehen. Alles verbrannt,
zerstört. Kinder, Frauen, Greise – verbrannt. Im Gebiet Woronesch das gleiche Bild. Schrecklich! Schuld waren die Vorgesetzten. Hätten sie das verboten, hätten sich die deutschen Soldaten daran gehalten.«

»Was geschah mit den Deutschen, wenn sie gefangen genommen wurden?«

»Bei uns an der Front haben sie überlebt. Mit dem, was hinter
uns geschah, hatten wir nichts zu tun.«

»Was fühlten Sie, als Sie in Berlin eindrangen?«

»Wir wollten die Faschisten aus unserem Land verjagen. Das
hatten wir uns geschworen, auch hier in Woronesch. Wir haben
es geschafft. In Berlin hingen viele weiße Laken aus den Fens-
tern. Aber es gab auch schwere Kämpfe, bei denen noch viele
Tausend Soldaten auf beiden Seiten gestorben sind. Von der
Stadt habe ich wenig gesehen. Überall Explosionen, Rauch. Von
Haus zu Haus haben wir uns vorgekämpft. Wir haben die
Wände durchgebrochen, um zu den Straßen zu gelangen. Drei-
zehn- und Vierzehnjährige haben mit Panzerfäusten auf uns geschossen. Ebenso alte Männer. Sie trafen unsere Panzer, unsere
Kanonen, unsere Lastwagen. Auch von hinten. Das werde ich
immer in Erinnerung behalten.«

»Und wie sehen Sie die Deutschen heute?«

»Heute haben wir Frieden, gute Beziehungen. Aber warum haben die Deutschen Jugoslawien bombardiert? Warum rückt die Nato immer näher an uns heran? Das beunruhigt uns.«

Wir machen eine Pause. Aus den Worten von Pawel Maximowitsch höre ich die gleichen Sorgen heraus, wie ich sie bei anderen älteren Menschen auf dieser Reise vernommen habe. Sie fürchten, Amerika und die Nato wollten Europa dominieren und Russland kleinhalten oder ausnehmen. Während Hermann Schulz und Stefan Tolz einen anderen Kamerastandpunkt suchen, sinniert der alte Soldat über die Absichten des Westens.

»Die Nato hat sich an die Grenzen Russlands vorgearbeitet. Sie hat ihre Radaranlagen in Polen, im Baltikum, in Rumänien, in Bulgarien und schon lange in der Türkei aufgestellt. Natürlich denken die Unsrigen über Gegenmaßnahmen nach. Wohin soll das führen? Wofür haben wir gekämpft? Wir wollen Frieden, doch die Nato drückt und drückt. Wo haben die Kreuzzüge begonnen? Seit Jahrhunderten im Westen, in Deutschland. Könnt ihr nicht zu Hause sitzen bleiben? Wir haben unsere Truppen aus Deutschland zurückgezogen. Der Westen hat das nicht getan. Was sollen wir davon halten?«

Ich schaue mich in dem kleinen Wohnschlafzimmer um. Es ist aufgeräumt, aber es wirkt ein wenig traurig. Auf dem Regal steht ein Foto, das seine Frau in jungen Jahren zeigt. Vor Kurzem ist sie gestorben. Nach 61 Jahren Ehe. Er lag, soeben an der Hüfte operiert, im Krankenhaus, als ihn die traurige Nachricht erreichte. An Krücken kam er zur Beerdigung. Den Tod seiner Frau hat er nicht verwunden. An ihrem Foto liegen Blumen. Das Bild daneben zeigt seine Hoffnung. Ein pausbäckiger Junge ist zu sehen. Es ist sein Enkel, mit der Offiziersmütze seines Großvaters auf dem Kopf. Seine Tochter, die Mutter des Kindes, arbeitet im Sternenstädtchen, in einem Forschungsinstitut für Ernährungswissenschaft der Weltraumzentrale bei Moskau. Sie ruft ihn ständig an, wie er dankbar vermerkt. Ansonsten fehlt ihm tägliche Hilfe. Küche und Bad ist die mangelnde Pflege anzusehen. Sein Gehör hat wie seine Augen durch den Krieg schwer gelitten. Damit er wahrnimmt, wenn es klingelt, sind Türklingel und Telefon mit Verstärkern ausgestattet. Ich setze mit einem anderen Thema unser Gespräch fort.

»Wie lebten Sie zur Sowjetzeit? Besser oder schlechter?«

»Besser als jetzt! Damals hatten wir echte Freiheit. Heute haben wir die Freiheit, zu saufen, zu rauben und die Arbeit zu schwänzen. Was ist mit unserer Sicherheit? Die Stadt sieht wie gepanzert aus. Überall Eisentüren. Die Erdgeschosse sind vergittert. Wie im Gefängnis sieht man von dort den Himmel kariert. Es ist bedrückend.«

»Aber es gibt mehr in den Läden.«

»Zu welchen Preisen! Wir haben für unsere Stadt militärischen Ruhm erkämpft. Dafür kann man Ordnung und Sauberkeit erwarten. Nichts davon zu sehen! Stattdessen sind alle Außenwände und Laternen mit Werbung und sonstigen Plakaten zugeklebt. Das sieht aus wie eine geflickte Hose. Und dann die Korruption! Da kann einer morden. Dafür kommt er nicht ins Gefängnis. Er schiebt eine Millionensumme über den Tisch und geht mit vier Jahren auf Bewährung nach Hause. Das Geld hat bei uns heute die Macht.«

Auf der Wand gegenüber sehe ich Pawel Maximowitsch als jungen Soldaten an der Seite seiner Braut, seiner späteren Frau. Ein entschlossener Krieger schaut mich an. Was bedeutete für ihn der Tod?

»Dem Tod bin ich damals jeden Tag begegnet. Ich war Kundschafter und Schütze in der ersten Frontlinie. Wir schlichen uns durch die Linien der Deutschen und griffen sie aus dem Hinterland an. Der Tod existierte für uns nicht. Wenn wir allerdings ein paar Tage Erholung hatten, dann war die Rückkehr an die Front schlimm.«

»Haben Sie Ihr Leben für Stalin eingesetzt?«

»Ja! Für Stalin, die Heimat und meine Familie. Ich urteile über Stalin wie Winston Churchill. Ein solcher Mensch wird, wie der britische Premier sagte, nur einmal in hundert Jahren geboren. Er war genial als Staatsmann und als Kriegsführer.«

»Aber er hat doch Millionen Menschen auf dem Gewissen?«

»Kein Volksführer ist ein Heiliger. Jeder macht Fehler, oft durch die Schuld der Untergebenen. Der damalige Geheimdienstchef Berija hat viel auf dem Kerbholz. Aber es gibt kein Dokument, auf dem Stalin ›Tod durch Erschießen‹ anordnete. Nein, es gibt keine Erschießungsurteile mit Stalins Unterschrift.«

Pawel Maximowitsch lässt sich durch kein Argument und durch keinen Fakt in seiner Meinung über Stalin beirren. Stalin war im Krieg sein Halt. Mit dem Ruf »sa Stalina«, »für Stalin«, ist er gegen die Deutschen gestürmt und bis Berlin gekommen. Er will seine Biografie nicht wegwerfen. Für einen Massenmörder will er nicht vier Jahre lang jeden Tag sein Leben riskiert haben.

Der alte Mann ist ermattet. Er steht auf und holt eine Flasche Kognak. Bedächtig gießt er zwei Gläschen voll. »Auf eine Welt ohne Krieg! Auf die Freundschaft des russischen und des deutschen Volkes!« Darauf trinken wir ex.

Auf dem Land

Der russische Winter setzt seinen Rückzug fort. Viel zu früh. Es ist noch Februar. Eigentlich der schönste Wintermonat, mit reichlich Schnee, blauem Himmel und strahlendem Sonnenschein. Und was erleben wir? Ottepel, Tauwetter, und dazu noch mieser Regen. Nun raunt man auch am Don vom Klimawandel. Am liebsten möchte ich meine Augen schließen, um mir den traurigen Anblick zu ersparen, den die Landschaft bietet. Der Schnee auf den Feldern verwelkt zu gräulichem Weiß. Auf dem Don zeigen sich dunkle Flecken, als sei der stolze Fluss von Typhus befallen. Allmählich fasse ich mich wieder. »Wir wollen die Realität zeigen und kein Puderzuckerland vorgaukeln«, tröste ich mich. Aber leid tut es mir doch. Russland im richtigen Winter, das kann so schön romantisch sein wie Verse von Alexander Puschkin:

»Der Frost erblitzt im Sonnenscheine.
Du schlummerst noch, du süße Kleine?
Am Abend – welches Schneegetümmel!
Wild jagte das Gewölk am Himmel.
Doch heute – sieh, welch Zauberbild!
So weit des Himmels Blau sich strecket,
hat Schnee das Land ringsum bedecket,
ein Riesenteppich silberweiß.
Blau flimmert auf dem Bach das Eis.«

Diese Verse aus Puschkins »Eugen Onegin« sollen erst einmal reichen. Ich muss gestehen, dass ich die meisterhafte Übersetzung von Friedrich Fiedler ein bisschen frisiert habe, um nicht auszuufern. Russlands »silberweißer Winter« hat viele Dichter zu lyrischen Hochleistungen veranlasst. Ein ganzer Film ließe sich mit den Gedichten bestücken. Für unsere Reise ist das leider Schnee von gestern. Deshalb konzentrieren wir uns besser auf unser heutiges Programm und »fliegen durch die öden Felder«, um auch das mit Puschkin zu sagen, in unserem Kleinbus auf das Dörfchen Petino zu. Es liegt am Don, 25 Kilometer vom Fluss entfernt. Der Bildhauer Sergej Gorschkow hat uns eingeladen. Er hat sich in der Datscha seiner Eltern eine Werkstatt eingerichtet. Hierhin zieht er sich aus dem Lärm der Großstadt zurück, um in der Abgeschiedenheit des Dorfes seine Vorstellungen von der Welt künstlerisch umzusetzen. Hier sucht er die Harmonie mit der Natur.

Was ich sehe, bringt meine Seele allerdings nicht in Einklang mit der Natur. Der vereiste Dorfweg steht unter Wasser. Kleine rechteckige Datschen säumen die Seenlandschaft. Nirgends eine Menschenseele zu sehen. Ein Buch fällt mir ein, das meine Eltern voller Rührung gelesen haben. »Das verlassene Dorf« hieß es. »Würde auch hier passen«, denke ich gerade, als Vater und Sohn Gorschkow aus ihrer Datscha kommen. Sie wollen Wasser aus dem Brunnen vor ihrem Häuschen holen.

Innen ist es mollig warm. Vergessen ist das triste Wetter. Der farbenfrohe Anstrich sorgt wie der heiße Tee für ein Gefühl der Behaglichkeit. Wir fühlen uns wie zu Hause. Der Einzige, der etwas gegen uns hat, ist der Hund. Er ist ziemlich außer sich, als wir uns in die Werkstatt begeben. Zum Glück kommt er nur so weit, wie es die Kette zulässt. Vor Einbrechern brauche er sich keine Sorgen zu machen, meint Vater Gorschkow. Der Hund laufe nachts frei herum. Er lasse niemanden auf den Hof. Wir glauben ihm das gerne.

Sergej zeigt uns seine Werkstatt. Sein Lieblingsmaterial ist Holz, mit dem er alles selbst machen kann. Den Versuch, Plastiken aus Bronze herzustellen, hat er aufgegeben. Er wollte nicht von einer Gießerei abhängig sein und dadurch, wie er meint, seine künstlerische Freiheit einbüßen. Seine bevorzugten Motive sind Blumen und Frauen. Sie sind für ihn Inbegriff von Schönheit und Glück. Ich will ihm da nicht widersprechen, um nicht in den Verdacht einer verdorbenen Seele zu geraten.

Der Don hat für Sergej Gorschkow, wie er sagt, eine enorme Bedeutung. Er stellt für ihn eine mythenumwobene Welt dar. »Der Fluss ist eine Metapher für den Strom des Lebens, aber auch der Ideen. Am Don fühlen sich die Menschen als eine Gemeinschaft mit einer eigenen Kultur und mit einer eigenen Sprache.«

Wie der Schriftsteller Jerofejew ist Sergej Gorschkow ein auf-
geklärter Intellektueller. Wie Jerofejew redet er mit Leidenschaft
über den stillen Fluss. »Wir nennen ihn Väterchen, weil er die
Menschen versorgt und auch schützt. Die Deutschen haben es
bei Woronesch erfahren. Sie sind nicht über den Fluss gekommen. Der Don ist ein Symbol der Freiheit. Als in Russland noch
die Leibeigenschaft herrschte, flüchteten viele Bauern an den
Don. Sie suchten das Glück und fanden es hier. Sie siedelten an
seinen Ufern und blieben. Der Don gewährte ihnen allen Asyl
und ernährte sie.«
»Ist das auch heute noch so?«
»In gewisser Weise ja. Der Don liefert Fisch. Die Wälder an
seinen Ufern sind voller Pilze. Der Fluss bewässert Felder und
Gärten über Hunderte Kilometer. Er bietet beste Erholung und
bringt die Menschen zusammen. Man kann sich am Don mit
den schönsten Mädchen verabreden.«
Sergej holt ein Buch hervor, das aus Bronzeplatten besteht,
die er selbst gegossen hat. In diesem Buch hat er die Frauen dargestellt, mit denen er im Boot über den Don gerudert ist und die
ihm bis heute am meisten bedeuten. Auf den Rückseiten der
Platten hat er ihre attraktivsten Eigenschaften festgehalten.
»Hier sehen Sie Dascha. Sie hat einen schönen Hals. Und das ist
Ira. Sie hat schöne Lippen. Und hier haben wir Olga. Sie hat eine
schöne Nase. Und das ist Anja. Sie hat schöne Augen. Und nun
kommt Ljuda. Sie hat eine schöne Stimme. Ljuda ist die schönste
von allen. Deshalb habe ich sie geheiratet.« Eine hübsche Best-
of-Idee, wie ich zugeben muss. Empfehlenswert allerdings nur
bei toleranten Ehefrauen!
Wir begeben uns in die Küche. Vater Gorschkow ist ein knorriger Typ. Trotz seines Alters steckt er voller Temperament. Gegenwart und Zukunft sieht er viel kritischer als sein Sohn. Über
Tee und Kekse kommen die beiden ins Klönen. Sergej findet,
dass es mehr politische Stabilität gibt als noch vor ein paar Jahren. Das wirke sich positiv aus. Es würde viel gebaut, Straßen
würden repariert und Häuser angestrichen.
»Und nach dem Winter bricht wieder alles zusammen!«, fährt
ihm der Vater in die Parade. »Es wird nicht besser. Die Politiker
versprechen viel, stopfen aber das Geld in die eigenen Taschen.«

Es müsse endlich Ordnung im Land herrschen. Das Klauen und Morden müsse aufhören und der Preisanstieg gestoppt werden. Das sei auch Raub. »Sie geben einem hundert Rubel mehr. Gleichzeitig werden die Preise um fünfhundert Rubel erhöht, bei Mieten und Lebensmitteln.«

Der Sohn geht nicht darauf ein. Die meisten Leute seien es nicht gewohnt, selbstständig zu leben. Früher hätten die Partei, die Regierung und die Vorgesetzten ihnen alle Entscheidungen abgenommen. Das sei für viele bequem gewesen. Als sie ihr Leben selbst bestimmen konnten, hätten sie das nicht mehr geschafft. Wer aber die Kurve bekommen habe, sei in der Lage, sich und seine Familie zu ernähren.

»Die wenigsten sind zufrieden«, fährt sein Vater dazwischen. »Viele sagen, man müsse die Verantwortlichen an die Wand stellen. Ich bekomme viertausend Rubel, davon zahle ich zweitausend Rubel Steuern. Tausend brauche ich für Medikamente. Was bleibt mir für Lebensmittel und Klamotten, die schon völlig auseinandergehen?«

»Die Älteren sagen, bei der Sowjetmacht sei es stabiler gewesen. Sie hätten keine Angst vor der Zukunft gehabt«, meint sein Sohn.

»Ach was, den Kommunismus brauchen wir nicht. Aber damals wusste ich nicht, dass Brot einmal 25 Rubel kosten wird.«

»Damals hast du 130 Rubel als Lohn erhalten.«

»Und das Brot kostete zwölf Kopeken«, kontert Vater Gorschkow. Nicht nur die Älteren, auch die Menschen mittleren Alters seien schlecht dran. Mit vierzig Jahren sei es schon schwer, Arbeit zu bekommen. Junge Frauen würden auch nicht eingestellt, weil man befürchte, sie könnten schwanger werden. Das gelte in erster Linie für kleine Betriebe, relativiert Sergej. Sie handelten zwar gegen das Gesetz, aber der Kapitalismus habe eben auch solche Seiten.

Sein Vater gibt sich nicht damit zufrieden. »Wir sterben ja bald aus. Jedes Jahr verlieren wir 700 000 Einwohner. Putin sagt, wir brauchen mehr Kinder. Aber wenn eine Frau schwanger wird, ist sie ihre Arbeit los.«

Der alte Herr gefällt uns. »Ist Russland ein offenes Land geworden?«, frage ich ihn.

»Na klar!«, gibt er zurück. »Zu uns kommt ja jeder Mist herein.«

»Mir scheint, dass wir ein offenes Land sind«, schaltet sich Sergej ein. »Meine Freunde aus dem Ausland können mich besuchen. Ich kann auch reisen, wohin ich will, und ich komme gerne zurück. Einige bleiben im Ausland, aber viele kehren wieder heim. Russen haben sich daran gewöhnt, in einem riesigen Land zu leben. In einem anderen Land fühlen sie sich eingeengt.«

»Und wie sieht es mit den Menschenrechten aus?«

»Haben wir nicht!«, sagt der Vater schlankweg. »Von wegen Freiheit. Bei uns werden 1 200 Gesetze verabschiedet, aber keines ist in Kraft. Und dann die Korruption!«

»Das geht den Menschen gegen den Strich«, ergänzt sein Sohn. »Sie sehen, dass sich unsere Gesellschaft spaltet. Da sind die Reichen, die sich alles leisten können und denen alles erlaubt ist. Das löst Aggressionen aus, denn der große Rest hat es sehr schwer.«

»Und wie ist das Verhältnis zum Ausland?«

Auch zu dieser Frage hat Vater Gorschkow klare Vorstellungen. Die Menschen seien überall gleich. Überall gebe es Gute und überall auch Banditen. Wenn es Ärger unter den Völkern gebe, dann liege das nicht an den einfachen Menschen, sondern an den Regierungen. Deutschland hat bei ihm gute Karten. Amerika im Prinzip auch. Aber der Regierung in Washington misstraut er. »Sie will die Welt beherrschen. Wozu Jugoslawien kurz und klein bombardieren? Wozu der Krieg im Irak? Wozu?«

»Die Menschen schimpfen gelegentlich über die Politik des Weißen Hauses«, meint sein Sohn. »Aber es gibt in der breiten Bevölkerung keine antiamerikanischen Gefühle. Es wird zwar nicht mehr alles für gut befunden, was aus den USA kommt. Doch amerikanische Musik, gute Filme aus Hollywood und amerikanische Mode, all das kommt immer noch gut bei uns an, insbesondere bei den jungen Menschen. Feindseligkeit herrscht also nicht.«

Amerika ist weit. Wir wenden uns wieder dem Don zu. Sergej Gorschkow erzählt uns von den Höhlenklöstern an den hohen Ufern des Flusses. Sie sind von Mönchen in die Kreidefelsen am Don gehauen worden. Dafür hatten sie mehrere Gründe.

Sich in die Grotte zurückzuziehen und dort zu leben galt sehr schnell als höchste Form des Weltverzichts, nachdem das Christentum Ende des 10. Jahrhunderts in der Kiewer Rus erklärt worden war. Doch es ging nicht nur um die Lebensweise von Einsiedlern, sondern auch um den Schutz vor kriegerischen Nomadenstämmen, die ihren Unterhalt mit mörderischen Überfällen und Plünderungen bestritten. So boomten in jenen unsicheren Zeiten der Höhlenbau und das Leben unter der Erde. Allein in der Nähe von Woronesch finden sich heute vierzig Höhlen, die als Gotteshäuser und Unterkunft genutzt wurden. Am bekanntesten ist Diwnogorje, zu Deutsch »Wundervolle Berge«. Wir sind uns einig, diesen Ort können wir uns nicht entgehen lassen. Sergej Gorschkow wird uns begleiten.

Wir finden uns am nächsten Morgen am Bahnhof von Woronesch ein. Eine Zugfahrt gehört zum Standardprogramm unserer Reisen. Sie bietet die beste Gelegenheit, mit der Bevölkerung zusammenzukommen und etwas über Land und Leute zu erfahren. Die Drehgenehmigung war noch schnell am Vortag besorgt worden. Allein fahren wir nicht. Für alle Fälle schickt uns die fürsorgliche Russische Eisenbahn Begleiter mit. 83 Rubel, gut zwei Euro, kostet die 110-Kilometer-Fahrt nach Diwnogorje. Der Don begleitet uns auf dem Weg nach Süden. Er sieht wegen des Tauwetters irgendwie verkatert aus.

Zugfahrten sind in Russland nach wie vor beliebt. Man kann lesen, seinen Gedanken nachhängen, mit den Nachbarn plaudern oder sich mit Gesang und einem Gläschen die Zeit vertreiben. Das Letzte gilt mehr für lange Strecken. In unserer Elektritschka geht es ruhiger zu. Nach dem Feiertag, an den sich noch das Wochenende anschloss, müssen wieder neue Kräfte gesammelt werden. Das Publikum ist sehr gemischt. Ein guter Querschnitt der Bevölkerung. Das Eis ist in dem offenen Wagen schnell gebrochen, als ich meine Tour d'Horizon starte. Zum Warmwerden – man verzeihe mir den Ausdruck – spreche ich erst einmal den früh dahingeschiedenen Winter an. Er sei auf der Strecke geblieben, bekomme ich zu hören. Sei wohl die allgemeine Erderwärmung, meint ein anderer. Aber Russland sei groß. Hinter dem Ural gelte weiter »Martok, odewaj sjem portok«, im März müsse man sieben Sachen übereinanderziehen.

Wir plaudern noch ein wenig über Fußball und Filme. In beiden Fällen erzielen wir übereinstimmende Feststellungen: ordentlich, könnte aber besser werden.

»Wie lebt es sich heute in Russland?« Auf die Allerweltsfrage gibt es eine Allerweltsantwort.

»Man kann leben. Arbeit reicht für alle. Natürlich ist noch viel zu verbessern.«

»Was zum Beispiel?« Auf meine Frage antworten gleich mehrere.

»Bei den Dienstleistungen müssen wir uns steigern. Die Löhne fallen gegenüber den Preisen ab. Überall werden Arbeitskräfte gesucht, ihre Leistung muss angemessen bezahlt werden. Wir sollten nicht allein auf Rohstoffe setzen. Die Industrie muss international wettbewerbsfähig werden, sonst schaffen wir den Anschluss nie. Unsere Maschinen sind viel zu groß und viel zu alt. Die Deutschen sind da besser.«

»Wie ist das Verhältnis zu Deutschland?«

Das Urteil ist erschütternd positiv. Zwei Tage nach dem Tag der Armee, bei dem ständig der glor- und verlustreiche Sieg gegen das faschistische Deutschland beschworen wurde, spielt der Krieg hier keine Rolle. Kein Wort zu den Verbrechen, die hier gegen die Bevölkerung begangen wurden. Wirtschaft und Kultur, das zählt. In dieser Hinsicht seien Russlands Beziehungen zu Deutschland über Jahrhunderte so eng und so gut gewesen wie zu keinem anderen Volk.

»Prinzessinnen aus Deutschland waren am russischen Hof sehr begehrt. Sie haben wichtige Rollen gespielt. Denken Sie nur an Katharina die Große! Heute wünschen wir uns deutsche Autos.«

»Deutschland sehe ich positiv, Europa sehe ich positiv. Bei Amerika ist das nicht der Fall«, meint ein junger Mann.

»Warum Ihre Skepsis gegenüber Amerika?«

»Die Amerikaner wollen dominieren. Deshalb führen sie Kriege. Gegen Jugoslawien, in Afghanistan, im Irak.«

»Wir sollten nicht so allgemein urteilen«, mischt sich eine junge Frau ein. »Keine amerikanische Mutter möchte ihren Sohn im Zinksarg in die Heimat zurückgebracht sehen. Die Regierungen sind es, die Kriege führen.«

Allgemeine Zustimmung, aber Amerika ist den meisten nicht geheuer. Von der früheren Hochachtung, zu Sowjetzeiten, ist nicht mehr viel zu spüren. Eine ältere Frau ereifert sich: »Unser Fernsehen zeigt leider zu viele Filme aus Amerika. Immer nur Gewalt und Horror. Selbst in den Zeichentrickfilmen für Kinder. Das ist ja zum Fürchten.«

Die Zeit scheint mir reif zu sein für die Frage, die der Schriftsteller Nikolai Gogol schon vor 170 Jahren gestellt hat: »Wohin steuert Russland?«

»Ich denke, wir sind auf dem richtigen Kurs«, gibt sich ein junger Mann optimistisch. Die Firma, in der er arbeitet, ist international tätig. »Die Politik unter Wladimir Putin hat unser Land stabilisiert. Wir sind noch in der Aufbauphase, aber wir sind reich an Rohstoffen. Wir können es ganz nach vorne schaffen. Auch wenn es lange dauern wird.«

»Sehr lange«, fügt sein noch jüngeres Gegenüber hinzu.

Der Zug stoppt an einer schmalen Plattform. Das ist der Bahnhof von Diwnogorje. Wir sind die Einzigen, die hier aussteigen. Um diese Jahreszeit muss der Flecken hier nicht mit einer Touristenschwemme rechnen. Ich schaue hoch. Einige Hundert Stufen sind zu meistern, dann haben wir unser Ziel erreicht. Um Diwnogorje rankt sich eine wundersame Geschichte. Vor 800 Jahren soll sich eine Ikone aus Sizilien hier ihren Platz selbst gesucht haben. Der sizilianischen Madonna zu Ehren wurde eine Höhlenkirche in den Kreidefelsen geschlagen. Die Geschichte wollen wir uns erzählen lassen.

Etwas außer Atem geraten, schaue ich mich um. Ich habe mitgezählt, es sind genau vierhundert Stufen. Ziemlich beschwerlich, dafür geht der Blick von hier sehr weit. Unter mir sehe ich einen kleineren Fluss, der in einen größeren mündet. »Es ist die Stille Sosna, die hier auf den Don trifft«, erklärt mir Rawil Rjewowitsch Myschkin. Er arbeitet hier seit 1989 als Historiker. Das Höhlenkloster von Diwnogorje gehört mit zu seinem Feld. Woher er seinen interessanten Vornamen habe, möchte ich wissen. Seine Familie sei tatarischen Ursprungs, informiert er mich. Das haben wir geklärt. Aber was hat es mit dem Höhlenkloster auf sich?

Mitte des 17. Jahrhunderts, so erfahre ich, gelangten fünfzehn Mönche, beschützt von zehn Kosaken, an die Stille Sosna. Sie schauten sich um, die Gegend gefiel ihnen. Deshalb blieben sie und gründeten ein Kloster. Die politischen Verhältnisse boten wenig Sicherheit. Der Zar war weit weg. Nomadisierende Räuber konnten ihrem Handwerk ziemlich unangefochten nachgehen. Besonders gerne wandten sie sich kirchlichen Einrichtungen zu, nicht um die Gunst des Himmels zu erflehen, sondern um weltliche Güter mitgehen zu lassen. Das Kloster an der Stillen Sosna bot gegen derartige Geschäftspraktiken einen gewissen Schutz. Es besaß eine große Höhlenkirche, die Bolschyje Diwy, und eine kleine Höhlenkirche, die Malyje Diwy. Hierhin konnten sich die Mönche und sonstiges Klosterpersonal zurückziehen, wenn wieder einmal ungebetener Besuch vorbeischaute.

Dann schienen die kritischen Jahre überstanden zu sein. Russland dehnte sich nach Süden aus. Diwnogorje lag nicht mehr im höchst gefährlichen Grenzgebiet, was den Mönchen aber kein unbeschwertes Leben bescherte. Katharina die Große, dem kirchlichen Establishment ebenso wenig zugetan wie der große Peter, ließ das Kloster 1786 schließen. Eine Begründung liegt mir nicht vor, dafür aber die Nachricht, dass es 1828 wieder geöffnet wurde. Es florierte recht passabel. Gut vierzig Mönche fanden hier ihr Zuhause. Dann kam 1917 die bolschewistische Oktoberrevolution, und wieder fielen schwere Schatten auf das Kloster. Zehn Jahre später wurde es erneut geschlossen. Den Mönchen erging es schlecht. Die Kirchen wurden entweiht. Das Klostergebäude wurde vom kommunistischen Regime zum Sanatorium für die Helden der Oktoberrevolution umfunktioniert. Es sah hoffnungslos für das Kloster aus. »Das Licht ist für uns nicht mehr zu sehen, weil dunkle Wolken es verborgen halten, doch plötzlich fegt der Wind den Himmel klar«, heißt es in der Bibel. Es geschah, was Hiob voraussah. Das atheistische Weltreich zerfiel. 1997 zogen wieder Mönche in das Kloster ein. Mit Jesaja konnten sie jauchzen: »Wir haben nicht vergeblich gehofft. Nun können wir voller Freude singen.«

Rawil Myschkin führt uns durch die große Höhlenkirche. Durch die Tür fällt genügend Licht in die Halle. Sie ist recht hoch. Der Historiker führt uns in einen Gang, der bedrückend eng und völlig dunkel ist. Mit Kerzen in der Hand tasten wir uns voran, immer an den Wänden entlang. Das hat Folgen. Als wir wieder in

122

der Halle auftauchen, sind wir über und über mit weißer Kalkfarbe bedeckt. Die Höhlenkirche wird gegenwärtig in Schuss gebracht. Auch die Gänge erhalten einen frischen Anstrich. Was wir sehen, entspricht nicht unseren Vorstellungen. Viel zu kahl, finden wir und bitten um den Besuch der kleinen Höhlenkirche. Gott befohlen, sagt der Tatar. Wir sollen uns im Kloster melden. Es liegt nur einige Hundert Meter entfernt in einem Tal. Die kleine Höhlenkirche befindet sich gleich nebenan.

Wir machen uns auf den Weg. Das Tauwetter erleichtert unsere Fahrt nicht. Selbst kühne Autofahrer wie Jewgenij Petrowitsch und Norman Meier müssen passen. Wir lassen den Kleinbus und den Kamerawagen stehen. Der Waldweg ist völlig vereist. Über die spiegelblanke Fläche rauscht das Tauwasser zu Tal. Gut zwanzig Prozent beträgt die Neigung. Voller Zuversicht nehmen wir den Abstieg zu Fuß in Angriff. Es bleibt uns nichts anderes übrig, wenn wir zur kleinen Höhlenkirche wollen. Trotzdem verfluche ich unser Tun. Wie oft ich hinknalle, zähle ich nicht mehr. Inständig hoffe ich, dass keine versteckte Kamera meine unfreiwillige Bußübung verfolgt. Die Bilder würden zur Fernsehgaudi des Jahres werden.

Es sind nur dreihundert Meter, die ich aber nie vergessen werde. Meine Bewunderung gilt Kameramann, Assistent und Toningenieur, die nicht nur sich, sondern auch das schwere Gerät zu Tal bringen müssen. Ein Muster an Selbstlosigkeit. Als hielten sie Babys im Arm, achten sie bei Stürzen darauf, dass die empfindliche Ausrüstung keinen Schaden erleidet, auch wenn es sie selbst dadurch umso schmerzhafter trifft. Das Publikum kann nicht ahnen, wie unterschiedlich die Freuden der Dreharbeiten sein können, kommt mir in den Sinn. Wie ein Fangzaun, leider nicht so nachgiebig, beendet ein Eisentor meine finale Schussfahrt über das Eis. Immerhin bietet es mir Halt, die Umgebung zu betrachten. Vor mir liegt das Klostergebäude, seitlich erblicke ich den Eingang zur kleinen Höhlenkirche. Ohne Kletterpartie, diesmal aufwärts, ist sie nicht zu erreichen, stelle ich zu meinem Entsetzen fest. Doch es naht Hilfe. Vater Pitirim und Vater Wladimir wollen uns auf dem schweren Gang begleiten. Wieder reißt es uns von den Beinen, die beiden Väter zu unserem Trost auch. Schließlich erreichen wir die Kirche namens »Johannes der Täufer«; gottlob bei vollem Bewusstsein, auch wenn der Kopf bei den Stürzen nicht verschont blieb.

Vater Pitirim händigt Kerzen aus und führt uns in die dunkle Stille. Der Gang ist eng. Im flackernden Kerzenlicht schimmern die feuchten Wände. 170 Meter lang sei der Gang, informiert uns Vater Pitirim. Die Auskunft beruhigt mich. Hier unten ist mir gleich das Gefühl von Zeit und Entfernung abhandengekommen.

»Warum sind solche Gänge gebaut worden?«

»Dies war Grenzgebiet des frühen Russland. Es wurde ständig von umherstreifenden Stämmen heimgesucht. Um sich zu verstecken, wurden viele geheime Gänge gebaut. Die meisten sind vermutlich noch nicht entdeckt worden. Vom Klostergelände soll sogar ein unterirdischer Gang auf die andere Seite des Don geführt haben. Wir haben ihn bislang nicht gefunden.«

»Gibt es Baupläne oder Grundrisse?«

»Von den Katakomben des Kiewer Klosters Petscherskaja Lawra, die ja Vorbild für die Höhlenkirchen in Russland waren, gibt es solche Zeichnungen. Hier nicht. Man kann sich nur wundern, wie sie es damals ohne Markscheider, ohne Richtungsmesser, hingekriegt haben, einen Gang tief unter der Erde dort enden zu lassen, wo es geplant war.«

Wie ein Fremdenführer plaudert Vater Pitirim, während er uns immer tiefer in den Berg führt. Hier seien früher mit Gesang und Gebet Kreuzprozessionen durchgezogen. An jeder Wendung habe man innegehalten. Drei Stunden hätten diese Züge gedauert. Am Ende sei die Kutte völlig durchnässt gewesen. Nur Mönche hätten Zutritt gehabt. Keinen Kratzer habe es an den Wänden gegeben. Nach der Entweihung des Klosters in der Sowjetzeit sei das völlig anders geworden. »Schauen Sie sich das an! Wo früher Ikonen hingen, haben sie ihre Namen in die Wände geritzt. Wanja, Kolja, Wassja, Dima. Kein Respekt vor dem Ort des Glaubens.«

Ein Gang kreuzt unseren Weg. Wir steigen ein paar Stufen hoch. Oben entdecke ich eine Nische. Hier habe früher eine Ikone gehangen. Golgatha wird die Stelle genannt. Sie markiert die Mitte des Prozessionsweges, und damit haben wir die Hälfte des Ganges zurückgelegt, erklärt Vater Pitirim. Er macht uns auf Seitengänge aufmerksam. Hier bestünde Einsturzgefahr. Der Hauptgang sei durch Metallstäbe gesichert, was ich mit Dankbarkeit zur Kenntnis nehme. Vieles sei leider nicht mehr zu retten, erregt sich Vater Pitirim. Die Kommunisten hätten nicht nur Gotteshäuser entweiht, sondern auch zerstört. In seinem Heimatort habe es früher vier Kirchen gegeben. Sie seien alle dem Erdboden gleichgemacht worden.

Wir nähern uns dem Ende des Prozessionsweges. Vater Pitirim weist auf eine große Ikone. »Dies ist die sizilianische Madonna. Sie ist unsere Hauptikone, die von allen Besuchern verehrt wird.« Die Ikone zeigt die Mutter Gottes. Auf dem linken Arm trägt sie den Säugling, Jesus Christus. In der linken Hand hält sie weiße Lilien als Zeichen der Reinheit. Darunter sind acht Engel zu sehen.

»Ist dies die echte sizilianische Madonna?«

»Nein, es ist eine Kopie. Die echte ist im 17. Jahrhundert Zar Alexej I., dem Vater von Peter dem Großen, vom Kloster geschenkt worden. Er hatte dem Kloster per Urkunde mehrere Ländereien und Flussgebiete zuerkannt. Bevor sie dem Zaren die Ikone überbrachten, stellten die Mönche eine Kopie her, die sich bis heute hier im Kloster befindet.«

»Bewirkt sie auch als Kopie Wunder?«

»Sie hat viele Wunder bewirkt. Als im Gouvernement Woronesch die große Cholera ausgebrochen war und nichts mehr half, hat man die sizilianische Madonna geholt. In Kreuzprozessionen ist die Ikone durch die Dörfer getragen worden. Danach hat die Epidemie überall aufgehört.«

Nach dieser Wundertat wurde die Ikone auch präventiv eingesetzt, wie ich den Worten von Vater Pitirim entnehmen kann, und zwar auf voller Breite, um je nach Bedarf Regen oder Sonne zu erflehen, was zu exzellenten Ernteergebnissen geführt habe. Schließlich war die sizilianische Madonna so gefordert, dass sie das ganze Jahr über auf Wanderschaft war und nur zu Mariä Himmelfahrt eine Stippvisite im Kloster gab.

»Das war damals. Bewirkt sie auch heute noch Wunder?«

»Ja, sie hilft gegen Krankheiten und auch bei der Suche nach Vermissten. Die Vorfälle sind notiert. Vor einigen Jahren arbeiteten hier ukrainische Restaurateure. Einer konnte kaum noch gehen. Er betete vor der sizilianischen Madonna. Am nächsten Tag konnte er wieder arbeiten, Ziegelsteine über die Gerüste schleppen. Ja, die Ikone hilft.«

Das Original der Ikone sei 1054 auf Sizilien gemalt worden. Später sei ein Kirchenstreit ausgebrochen. Die Katholiken hätten die Orthodoxen aus Sizilien verdrängt. Eine Gruppe der dort lebenden Slawen habe die sizilianische Madonna mit nach Russland genommen. Dies sei um 1200 gewesen. Nach einem Zwischenstopp in Kiew hätten sie sich wieder auf den Weg gemacht, um ihre endgültige Bleibe zu finden. Dabei seien sie nach Asow an der Mündung des Don in das Schwarze Meer gelangt. Von dort hätten sie sich flussaufwärts bewegt, bis sie die Stelle erreichten, wo die Stille Sosna in den Don fließt.

»Als sie am nächsten Morgen aufwachten, war ihre Ikone verschwunden. Sie suchten die ganze Gegend nach ihr ab und fanden sie erst am dritten Tag auf dem Felsen, wo heute die große Höhlenkirche steht, die nun ein Museum ist. Die Ikone lag in einer Nische. Man konnte sie nicht von dort herunterholen, bis eine Stimme einem Mönch im Traum verriet, wie er dahin klettern sollte. Aber es war unmöglich, die Ikone mit beiden Händen zu halten und gleichzeitig herabzuklettern. Doch es gelang, weil eine Kraft von oben half. Diese Hilfe haben die Mönche als Zeichen gedeutet, dass die sizilianische Madonna hierbleiben wollte. Dafür haben sie ihr einen Platz in den Kreidefelsen gegraben.«

Wie Vater Pitirim berichtet, findet die Ikone nicht nur die Verehrung der einheimischen Bevölkerung, sondern Besucher kämen auch von weither, vom Ural, aus Sibirien und St. Petersburg, um die sizilianische Madonna zu sehen und sie anzubeten. Sie sei in ihrer Bedeutung in eine Reihe zu stellen mit den Muttergottes-Ikonen von Kasan, Wladimir, Smolensk und Iwersk.

Warum er Mönch geworden sei, möchte ich wissen. Das sei eine lange und komplizierte Geschichte, erhalte ich zur Antwort. Als Kind habe er sich im Altarraum einer verwüsteten Kirche herumgetrieben, plötzlich habe er gespürt, dass er nicht alleine sei. Es sei etwas Unsichtbares da gewesen, das eine starke Wirkung auf ihn gehabt habe.

Doch diese Erscheinung war wohl nicht stark genug gewesen. Pjotr Jakowlewitsch Timofejew, so hieß er damals, schlug einen Lebensweg ein, der mit der Kirche ganz und gar nichts zu tun hatte. Er ging zur Armee, wurde Kampfflieger und brachte es zum Major. Nachdem er den Armeedienst quittiert hatte, begann er sich wieder für die Kirche zu interessieren. Schließlich sei er zu der Überzeugung gelangt, dass er sein Leben völlig verändern müsse. Deshalb sei er ins Kloster gegangen und habe dort den Namen Pitirim angenommen. Seine Frau habe seine Entscheidung respektiert. Viele Jahrzehnte seien sie verheiratet gewesen, fügt er hinzu. Drei Kinder habe sie ihm geboren. Eine interessante Art, seine Ehe zu beenden, fällt mir dazu ein, verkneife mir aber die entsprechende Bemerkung.

»Waren Sie Atheist?«

»Ja, ich war Atheist, ein lupenreiner Atheist.«

»Waren Sie in der Kommunistischen Partei?«

»Ich war auch in der Kommunistischen Partei. In der Armee war es gar nicht anders möglich, eine leitende Position zu besetzen, ohne Parteimitglied zu sein.«

»Wenn Sie Ihr früheres Leben mit dem von heute vergleichen, welches war besser?«

»Es gibt Parallelen. Die kommunistische Weltanschauung ist wie die der russisch-orthodoxen Kirche, nur auf den Kopf gestellt. Die Kommunisten wollten wie die Kirche die Bevölkerung der ganzen Welt gewinnen, allerdings mit Druck und Gewalt. Als ich die russisch-orthodoxe Literatur las, kam mir der Stoff bekannt vor. Er ähnelte dem politischen Ausbildungsprogramm während meiner Armeezeit, nur mit entgegengesetzten Vorzeichen.«

Die kommunistische Grundausbildung hat Vater Pitirim nicht geschadet, ihm vielmehr geholfen, sehr schnell in den Mönchsstand zu gelangen. Mit inzwischen 75 Jahren verfügt er zudem über viel Lebenserfahrung. Er ist ein freundlicher, humorvoller Mensch, der mit seinem gegenwärtigen Dasein zufrieden zu sein scheint. Seine Zukunft ist gesichert. In seinem Alter keine schlechte Perspektive. Nicht nur für das seelische, auch für das leibliche Wohl ist gesorgt, wenn ich an die schmackhaften Speisen denke, die uns zum Vesper angeboten werden.

Eine gemütliche Atmosphäre breitet sich aus. Der Klostervorsteher gibt uns die Ehre. Toasts werden ausgebracht und dabei ein paar Gläschen geleert. Zum Abschluss frage ich Vater Pitirim, ob er nun im Einklang mit seinem Glauben an Gott lebe. »Man muss danach streben. Man muss mit dem, was man hat, zufrieden sein. Das ist die Hauptregel der russischen Orthodoxie. Sollte man mit irgendetwas nicht zufrieden sein, dann hat man die nötige Reinheit noch nicht erreicht.«

Seine Antwort macht mir deutlich, dass er als Pjotr Timofejew und Vater Pitirim in den Schulen der Kommunistischen Partei und der russisch-orthodoxen Kirche gut aufgepasst hat.

Der Autor und sein Team vor dem Don-Ufer bei Sadonsk

(Linkes Bild) Uriger Typ: Wladimir Tolstoi, Museumschef und Ururenkel Lew Tolstois auf dem Pferdeschlitten in Jasnaja Poljana
(Rechtes Bild) Auf dem Schnepfenfeld: Kameramann Hermann Schulz mit Kälteschutz

Gut geschminkt: die drei Damen vom Schneeräumkommando in Jasnaja Poljana

Vor dem Eingangstor des Klosters von Sadonsk

Gehen erst zu Tisch, wenn die Mönche fertig sind: Nonnen im Speisesaal des Klosters von Sadonsk

Wie ein DJ: Mönch Nikolaij im Glockenturm von Sadonsk

Seine Lieblingsmotive sind Frauen und Engel: der Bildhauer Sergej Gorschkow

Auf dem Gelände des Gestüts Orlow – in der »Pferdefabrik« werden Araber und Orlow-Traber gezüchtet.

Zugefrorener Don nördlich von Pawlowsk

(Bild oben) Stabil, aber glatt: das Filmteam auf dem vereisten Don (v.l.n.r.: Producer Igor Nedoresow, Regisseur Stefan Tolz, Christiane Bauermeister, Kameramann Hermann Schulz, Fritz Pleitgen, Kameraassistent Norman Meyer und Tonmann Michael Funk)

(Bild unten) Russlands künftige Marinesoldaten: ausgezeichnete Schiffsjungen des Klubs junger Matrosen und Binnenschiffer der Station junger Techniker und Seefahrtspioniere in Pawlowsk

Auf Rundgang mit Mutter Jelena im Höhlenkloster Kostomarowo

Die Pferdefabrik – zu Gast bei Orlow

Den Floh hatte mir ein Kollege ins Ohr gesetzt. Adolf Furler legte mir dringend ans Herz, das Orlow-Gestüt am Don zu besuchen. Der Rat hatte für mich Gewicht, denn Adolf Furler war der beste Pferdekenner, den der deutsche Rundfunk je hervorgebracht hat. Das Problem war der Zeitpunkt. Die Empfehlung wurde mir 1971 zuteil. Ich war gerade erst Korrespondent in Moskau geworden und musste kleinlaut bekennen, dass eine Reise an den Don unter den damaligen Bedingungen ein Ding der Unmöglichkeit war. »Das kann sich ändern«, meinte Adolf Furler in weiser Voraussicht und begann mir die Geschichte des Gestüts zu erzählen.

Alexej Grigorjewitsch Orlow habe der vormaligen Prinzessin von Anhalt-Zerbst einen besonderen Gefallen erwiesen, indem er ihren Ehemann, den Zaren Peter III., umbrachte und ihr selbst zur Besteigung des Thrones verhalf. Als Katharina die Große sei sie in den Genuss weiterer Bravourleistungen von Orlow gekommen. So habe er in seiner Eigenschaft als Admiral die russische Flotte bei Tschesme im Schwarzen Meer zum Sieg über die türkische Armada geführt, was ihm den Beinamen Tschesmenskij einbrachte.

Katharina, die dankbare Seele, habe sich ihrerseits nicht kleinlich gezeigt und Orlow nicht nur in den Grafenstand befördert, sondern ihm auch Ländereien im Dongebiet geschenkt. 40 000 Hektar seien es wohl gewesen. Mit einem solchen Stück Land habe sich allerhand anfangen lassen, meinte mein Kollege. Der Graf habe sie genutzt, um in die Pferdezucht einzusteigen. Adolf Furler ratterte eine Reihe illustrer Namen von Araberhengsten und westeuropäischen Stuten herunter, die ich schon bei der Nennung vergaß. Aber ein Name ist mir bis heute im Gedächtnis geblieben. Bars der Erste hieß der Araber, der ungezählte Pferdedamen beglückte und dank seines nimmermüden Einsatzes die solide Basis für die Rasse der Orlow-Traber legte.

Was mir der Kollege erzählte, faszinierte mich. Irgendwann

werde ich eine Geschichte über das berühmte Gestüt drehen, nahm ich mir vor. Nun ist der Tag gekommen. Die Orlow-Ländereien liegen zwar nicht direkt am Don, aber ein Abstecher wird ja wohl erlaubt sein. Von Diwnogorje sind es gut und gerne hundert Kilometer bis Chrenowoje, wo sich das Gestüt auf der linken Seite des Flusses befindet. Wir brauchen in der Dunkelheit auf den Nebenstraßen viel Zeit. Erst gegen 21 Uhr haben wir unser Ziel erreicht. Quartier finden wir im Gästehaus. Für Herrenreiter ist es sicher nicht eingerichtet worden; Waschbecken und Toilette dürfen wir uns teilen. Aber das fördert den Gemeinschaftssinn.

Die Verpflegung haben wir uns mitgebracht, Getränke ebenfalls. Die Gurken aus Jepifan kommen zum Einsatz. Eine Delikatesse! So wird es noch ein schöner Abend im kargen Aufenthaltsraum des Gästehauses. Auf dem Billardtisch finden spannende Partien statt. Gelungene Aktionen werden mit anfeuernden Toasts belohnt. Irgendwann fällt uns ein, die Aufnahmen in der Höhlenkirche einer Betrachtung am Monitor zu unterziehen. Das Ergebnis ist so gut, dass weitere Toasts unumgänglich sind. Zum Schluss finden wir uns alle in der Waschkaue wieder, um unsere Klamotten, die wir bei den Stürzen auf dem Weg zum Kloster völlig versaut haben, einigermaßen zu reinigen. Weil auch das gelingt, suchen wir beschwingt unsere Betten auf, die wir mit kleineren Lebewesen teilen dürfen, was uns nach dem anstrengenden Tag auch nicht die Nachtruhe raubt. Es ist schließlich deutlich nach Mitternacht.

Chrenowoje mag ja ein malerischer Ort sein, aber bei diesem Wetter ist der Eindruck einfach trist. Der Regen perlt in penetranter Weise aus tief hängenden Wolken. Die wenigen Fußgänger nehmen Reißaus, wenn sie unsere beiden Autos kommen sehen. Sie fürchten, wir könnten sie beim Durchfahren der tiefen Pfützen mit Schmutzwasser-Fontänen überschütten. Ihre Sorge ist sicher nicht unbegründet, aber unsere Fahrer durchqueren die Seelandschaft auf den Straßen von Chrenowoje mit landesunüblicher Behutsamkeit.

An dieser Stelle muss ich noch einmal meiner Enttäuschung Ausdruck verleihen. Jahrzehntelang hatte ich vom Besuch des Orlow-Gestüts geträumt, und nun das: Regen- und Tauwetter!

Das hatte ich mir ganz anders vorgestellt. Pferde und Troikagespanne in blütenweißem Schnee hatte ich vor Augen und Bilder, wie sie Puschkin beschrieb, im Sinn:

>Winter! Des Landmanns schwerer Schlitten
hat wieder herrlich freie Bahn.
Sein Rösslein stampft mit kurzen Tritten,
die Nüstern blähend durch den Plan.
Wie prächtig die Kibitka drüben
dahinsaust, dass die Flocken stieben.«

Uns kommt tatsächlich ein Pferdeschlitten entgegen. Es ist eine Troika. Sie saust nicht wie eine Kibitka über Schnee dahin, sondern praktiziert Aquaplaning in beachtlichem Tempo. Es dürfte ihre letzte Ausfahrt in diesem Winter gewesen sein. Wehmütig schaue ich hinterher. Aber es bleibt keine Zeit für trübe Gedanken. Wir haben das Gestüt erreicht. Der Empfang verläuft freundlich. Unsere Vorstellungen werden aufmerksam angehört. Während ich Informationen sammle, soll das Team Aufnahmen vom Training der Traber machen, ist meine Bitte. Alles kapiert, entsprechend wird verfahren, sagen die Gastgeber.

Anatolij Iwanowitsch Kusnezow, ein kräftiger Endvierziger, nimmt sich Zeit, um meine Fragen zu beantworten. Als Vorsitzenden des Direktorenkollegiums der geschlossenen Aktiengesellschaft »Pferdefabrik Chrenowoje« weist ihn seine Visitenkarte aus. Seit jeher wird in Russland ein Gestüt als »Konnyj sawod«, als »Pferdefabrik«, bezeichnet. Das Unternehmen in Chrenowoje gehört Andrej Bessmelnizkij, erfahre ich. Als zweitgrößter Milchproduzent Russlands scheint er nicht unvermögend zu sein. Sein Hauptquartier befindet sich in Moskau. Als Pferdeliebhaber habe er sich in Westeuropa umgesehen, auch in Deutschland. Der Besuch im Olympiazentrum Warendorf habe ihn bestärkt, dieses ehrwürdige Gestüt zu kaufen. Es war von 1991 an im Besitz einer offenen Aktiengesellschaft gewesen. Vorher hatte es dem Staat gehört, der es 1845 gekauft hatte.

»Lohnt sich ein Gestüt, oder ist es bloß Liebhaberei?«

»Mit einem Gestüt ist in Russland kein Geld zu verdienen. Jedes Jahr müssen wir kräftig zuschießen. Die Verluste von einer Million Dollar werden durch die Einnahmen der anderen Betriebszweige kompensiert. Zum Anwesen gehören große Flächen für die Haltung von Rindern und für den Anbau von Getreide und Sonnenblumen.«

»Und warum ist das Gestüt ein Zuschussgeschäft?«

»Der Markt ist nicht vorhanden. Eine staatliche Pferdepolitik gibt es nicht. Russland ist kein Pferdeland, noch nicht. Es gibt nur wenige große Rennen. Wohlhabende gehen da kaum hin. Kein Komfort! Das muss geändert werden. Der Bedarf ist bei uns nicht groß genug. Nur dreißig Prozent unserer Pferde gehen in den Sport. Die meisten Pferde werden von Liebhabern gekauft, die vor allem ihren Kindern eine Freude machen wollen.«

»Und was kostet der Spaß? Was erhalten Sie für ein Pferd?«

»Für einen Orlow-Traber etwa 150000 Rubel, knapp 4200 Euro. Für einen Araber 100000 Rubel, also gut 2700 Euro. Sie können sich ausrechnen, dass angesichts der Betriebskosten kein Geld zu verdienen ist. Es ist auch schon geschehen, dass ein Hengst eine Million Rubel bringt. Aber gewöhnlich behalten wir Pferde mit guter Perspektive für die Zucht.«

»Hat der Westen Interesse?«

»Kaum! Es kommen nur wenige Besucher. Einige Dutzend Touristen. Dazu zwei oder drei Experten. Ein Scheich war auch schon mal da. Mit Warendorf haben wir guten Kontakt.«

»Wollen Sie die Qualität der Pferde verbessern?«

»In jedem Fall. Daran arbeiten wir konzentriert. Wir wollen den Typ des russischen Arabers erhalten. Kreuzungen mit ausländischem Blut können nur behutsam geschehen. Die Orlows sind sehr schöne Pferde, charaktervoll und vielseitig. Sie können traben, Wagen ziehen und auch springen. Viele Schriftsteller haben über sie geschrieben.«

Das stimmt. Die Orlow-Pferde mögen nicht auf den internationalen Rennbahnen vorne liegen, aber in der Weltliteratur sind sie spitze. Die bewegendste Geschichte hat Lew Tolstoi geschrieben. Sie heißt »Der Leinwandmesser«. Wer Pferde liebt, sollte sie lesen. Der Schriftsteller lässt sie von einem scheckigen Wallach erzählen. Alt, abgemagert, gebrechlich wird er von den jungen Pferden gehänselt und herumgestoßen, bis ihn eines Tages eine alte Stute wiedererkennt. »Ja, ich bin jener Leinwand-messer, nach dem alle Pferdeliebhaber schon so lange vergeblich suchen«, gibt er sich zu erkennen. Gebannt lassen sich daraufhin die jungen Stuten und Hengste über fünf Nächte seine Geschichte erzählen.

»Ich heiße Muschik I. nach meinem Stammbaum. Wegen meines langen, weit ausschreitenden Ganges, der in ganz Russland nicht seinesgleichen hat, nannten mich die Leute ›Leinwandmesser‹. Der Abstammung nach kann ich mich neben den reinblütigsten Pferden der ganzen Welt sehen lassen.« So leitet er seine Erzählung ein. Den Namen hatte er von dem Maß, mit dem damals die Leinwand gesteckt wurde. Seine Leidensgeschichte beginnt gleich nach der Geburt. Obwohl von schöner Gestalt, löste sein Anblick Entsetzen im Orlow-Gestüt aus. Er war gefleckt, ein Schecke. Als »Scheusal« bezeichnete ihn der Stallmeister.

Während sein scheckiges Aussehen den Menschen nicht behagte, gefiel es den anderen Pferden. Sie bestaunten ihn wohlgefällig. Unter ihnen erfreute er sich eines fröhlichen Lebens. Doch es sollte sich eines Tages trüben, als ihn seine Mutter von sich wies, weil sie einen Vater für ihr zweites Fohlen gefunden hatte. Aber er verwand auch diesen Rückschlag und entwickelte sich zu einem starken jungen Hengst, der sich in eine bildschöne Stute verliebte. Doch das war sein Verderben. Die Stallknechte fingen ihn ein. Er sollte keine Fohlen haben. Furchtbares geschah ihm. Tags darauf hörte er für immer auf, kraftvoll zu wiehern. Für wen auch, fragte er sich. Er dachte über die Ungerechtigkeit der Menschen nach, die ihn nur wegen seines besonderen Aussehens verstießen und quälten.

Während die anderen Hengste für Rennen trainiert wurden, musste er den Wagen des Stallmeisters ziehen. Eines Tages drängte es ihn auch in die Bahn. Der Stallmeister ließ es geschehen. Sie jagten hinter dem Liebling des Grafen her und ließen ihn nach zwei Runden hinter sich. Das wäre besser nicht geschehen. Der Wallach wurde wegen seiner Frechheit verkauft, worüber er nach dem ersten Schrecken froh war, denn auf dem Gestüt in Chrenowoje hatte er nur Erniedrigung und schmerzliche Bestrafung erfahren.

133

Aber zunächst wurde es nicht besser. Er diente einem Pferdehändler als Deichselpferd. Danach ging er von Hand zu Hand. Bei einem Husarenoffizier erlebte er unerwartet seine schönste Zeit. Er liebte ihn, weil der Mann sich über alles hinwegsetzte. Den Wallach hatte er gekauft, weil sonst keiner einen Schecken besaß. Der Husar gefiel dem Wallach auch wegen seines unerschütterlichen Glaubens an sich selbst. Sein Kutscher war aus gleichem Holz geschnitzt. Mit dem Wallach machte er sich den Spaß, alle zu überholen, die vor ihnen fuhren.

Nach zwei Jahren kam der freudigste und zugleich der bitterste Tag. Sie waren zu einem Rennen gefahren. Plötzlich wurde dem Kutscher befohlen, den Wallach an den Startplatz zu führen. Er sollte gegen Atlasnyj, das schnellste Pferd, antreten. Während sein Konkurrent nur einen leichten Sulky zu ziehen hatte, musste der Wallach erst einmal den schweren Ausfahrschlitten in Gang bringen. Trotzdem war er schon in der ersten Kurve vorne und gewann überlegen. Das Publikum feierte ihn als das Pferd mit dem Schritt eines Leinwandmessers begeistert. Dem Besitzer wurden Tausende Goldrubel geboten, doch er lachte nur. »Das ist kein Pferd, das ist mein Freund, den ich auch nicht für Berge von Gold verkaufe«, sagte er und ließ zu seiner Geliebten aufbrechen.

Damit begann das Unglück. Die Geliebte war mit einem anderen durchgebrannt. Der Offizier verlor seine scheinbar unerschütterliche Haltung. Er hieb auf den Wallach ein und zwang ihn in den Galopp. Nach 25 Werst hatten sie die ungetreue Geliebte eingeholt. Der Offizier hatte sein Ziel erreicht, aber sein Pferd hatte sich völlig verausgabt. Es wurde krank, falsch behandelt und siech am ganzen Körper. Der unschlagbare Leinwandmesser wurde als Krüppel herzlos verkauft und weiterverkauft. Von Besitzer zu Besitzer ging es ihm schlechter, bis er auf diesem Gut gelandet war.

Schweigend hören die jungen Pferde seine Geschichte. Doch das ist nicht das Ende der Leidensgeschichte. In der Nacht reitet der Stallknecht zu einer Schänke und bindet den Wallach neben einem Bauernpferd fest. Es hat die Räude und steckt ihn an. Man holt den Abdecker. Der Leinwandmesser glaubt, er solle kuriert werden. Stattdessen wird er abgestochen und gehäutet. Die Wölfe besorgen den Rest.

134

Auch diese Erzählung ist ein Meisterwerk der Schreibkunst und Psychologie. Es ist eine Parabel über das Anderssein, Vorurteile und menschlichen Stumpfsinn. Den Leinwandmesser hat es tatsächlich gegeben. Lew Tolstoi hörte von seinem Schicksal und entwickelte daraus eine herzergreifende Moralgeschichte. Ob der Schriftsteller das Orlow-Gestüt besucht hat, ist nicht geklärt. Mit ihm beschäftigt hat er sich in jedem Fall. Es spielt bei ihm auch in »Krieg und Frieden« eine Rolle. Von hier lässt er vor der Schlacht von Borodino Pferde für die russische Kavallerie besorgen. Dass Orlow-Rösser mitgeholfen haben, Napoleon samt seiner Armee aus Russland zu vertreiben, haben die Franzosen nicht übel genommen. Im Gegenteil, auf der Weltausstellung 1867 in Paris überreichte Napoleon III. dem russischen Zaren Alexander II. hohe Auszeichnungen für die rassigen Pferde aus Chrenowoje.

Weniger verständnisvoll reagierten die Bolschewiken, als sie an die Macht kamen. Bei ihnen waren die Orlow-Pferde unten durch, weil sie von der Weißen Garde geritten wurden. Dem Gestüt wäre es möglicherweise schlecht ergangen, wenn es nicht von Semjon Michajlowitsch Budjonnyj, dem legendären Reitergeneral der Bolschewiken und späteren Marschall der Sowjetunion, geschützt worden wäre.

»Und was haben die Deutschen während des Krieges angerichtet?«, frage ich besorgt.

»Sie haben zwar wegen einer sowjetischen Militäreinrichtung hier ein paar Bomben abgeworfen, aber das Gestüt absichtlich verschont, wie wir aus später gefundenen Unterlagen ermitteln konnten«, erfahre ich zu meiner Erleichterung.

Um die Geschichte des Gestüts kennenzulernen, erweist sich das Museum als wahre Fundgrube. Alexej Grigorjewitsch Orlow ist zu sehen. Ich schaue auf seine Hände. Sie sollen also Peter III. erwürgt haben? Hier findet sich kein Hinweis darauf. Es ist ja auch nicht bewiesen, sage ich mir. Das Gesicht des Grafen drückt Willenskraft und auch Selbstgefälligkeit aus. Militärkarrieren verliefen damals etwas anders als heutzutage, fällt mir auf. Nach dem Coup d'État wurde der brave Offizier Alexej Orlow erst einmal zum Generalmajor befördert. Anschließend stieg er zum Kommandeur der Marine auf. Der Sieg seiner Flotte über

135

die Türken bei Tschesme an der anatolischen Küste machte ihn in Petersburg zum Helden, was ihm den Titel Graf Tschesmenskij einbrachte. Ich erwähnte es bereits.

Seine Vielseitigkeit stellte der frischgebackene Graf auch später unter Beweis, als er Jelisaweta Alexejewna, eine Rivalin seiner Zarin, auf sein Kriegsschiff lockte, das im italienischen Livorno vor Anker gegangen war. Er brachte seine Beute nach St. Petersburg, wo er sie in der Festung Schlüsselburg einsperrte. Keine angenehme Adresse, aber diesmal kein Mord. Immerhin! Danach zog sich der Graf in das Dongebiet zurück, um sich seinem Hobby Pferdezucht zu widmen. Im Museum von Chrenowoje wird der Ukas präsentiert, mit dem die große Katharina die Schenkung der Ländereien als Dank für Orlows verschiedene Dienste verfügte. Ihr Verhalten gegenüber ihrem Ehemann mag heute befremdlich wirken, aber damals fiel es nicht aus dem Rahmen.

Nach ihrem Tod kam der Graf ein wenig unter Druck. Katharinas Nachfolger, Zar Paul I., beorderte ihn nach St. Petersburg. Orlow musste in einer Prozession die Krone von Peter III. tragen, als die sterblichen Überreste des ermordeten Zaren in der Peter-und-Paul-Kathedrale beigesetzt wurden. So subtil wurde damals gestraft. Aus Sicherheitsgründen setzte sich Orlow für ein paar Jahre nach Dresden ab. Er wusste ja aus eigener Erfahrung, was passieren kann, wenn man bei Hof in Ungnade fällt. Nach dem Tod von Paul I. kehrte er nach Russland zurück. Seiner Tochter und Erbin Anna war Chrenowoje noch nicht abgeschieden genug. Sie zog sich ins Kloster zurück. Das Gestüt ging 1845 in den Besitz des Staates über, der es wiederum unter die Obhut des Militärs stellte, halte ich in meinen Notizen fest.

Endlich begegne ich in Bild und Bronze auch Bars dem Ersten. Sehr eindrucksvoll! Adolf Furler hat ihn treffend beschrieben. Was Bars der Fleißige hinterlassen hat, ist auf einer Ahnentafel festgehalten. Mit Respekt betrachte ich die Stammbaum-Bücher. Wie gestochen wirken die Handschriften. Es gibt auch sonst allerhand zu entdecken. Gemälde, Stiche, Fotos, Plastiken, Urkunden und sonstige Dokumente, vor allem jede Menge Pferdezubehör der letzten Jahrhunderte, wie Sättel, Zaumzeug, Steigbügel, Sulkys und eine 140 Jahre alte Zeituhr, hergestellt von Heinrich Dietz in Petersburg. Plötzlich reißt mich die Finish-Glocke aus meinen Betrachtungen. Das gute alte Stück ist für eine Besuchergruppe geschlagen worden. Es wird Zeit, mich nach meinem Team umzuschauen.

Die Arbeit auf der Trainingsbahn nähert sich dem Ende. Runde um Runde haben die Traber gedreht, aber die Pferde wirken keineswegs erschöpft. Die Orlow-Traber sind für ihre Ausdauer berühmt. Auf der Bahn ist der Schnee völlig verschwunden. Die Schlitten zischen über Eis und Wasser. Intervalltraining ist das wohl, was hier stattfindet. Auf eine scharfe Runde folgt ein leichter Auslauf. Danach wird das Tempo wieder angezogen. Chrenowoje ist das einzige Gestüt in Russland, das Fahrer und Jockeys ausbildet. Unter dem Denkmal des Gestütgründers Graf Alexej Orlow gibt Trainer Leonid Nikolajewitsch Machinow seine Anweisungen, laut und klar, damit ihn die Fahrer trotz des Trommelns der Hufe verstehen.

Als die Orlow-Rasse aufgebaut wurde, sei nicht an die Züchtung eines Rennpferdes gedacht worden. Im damaligen Russland habe man zähe und arbeitsfähige Tiere haben wollen, erklärt mir der Trainer. Heute achte man bei der Zucht auf Ausdauer, Schnelligkeit und äußere Erscheinung. Aber die Haupteigenschaft bleibe die Ausdauer, längere Strecken zwischen 3 200 und 4 800 Meter mit hoher Geschwindigkeit zu laufen.

»Die Orlow-Pferde sind also besonders auf langer Strecke gut?«

»Dafür wurden sie gezüchtet. In Russland müssen lange Strecken überwunden werden. Autos gab es früher nicht. Die Orlow-Pferde konnten weite Strecken zurücklegen. Auf kurzer Distanz kann unser Pferd mit amerikanischen oder französischen Vollblütern nicht mithalten. Dafür hat es Kraft und ist von prächtiger Schönheit, besonders im Zwei- oder Dreispänner.«

»Was tun Sie, um die Qualität der Orlows zu verbessern?«

»Zurzeit sind wir damit beschäftigt, die Schnelligkeit zu verbessern. Sind wir dabei zu forsch, dann gehen sofort die äußere Erscheinung und die Kraft verloren. Als schnelles Rennpferd ist es kleiner und der Rist ist höher. Von seiner ursprünglichen Schönheit bleibt dann nicht mehr viel.«

Mit viel Liebe spricht Leonid Nikolajewitsch von dem guten Charakter der Orlows. Sie hätten ein gesittetes Benehmen, sagt er. Sie seien ruhig, gingen entspannt vor dem Wagen und auch unter dem Sattel. Touristen könnten auf diesen Pferden sehr gut reiten lernen. Erst recht gelte das für Kinder. Orlow habe ein Allzweckpferd züchten wollen und nie an Rennen gedacht. Seine Pferde sollten Wasserfässer und Offiziersreiter tragen, habe er gesagt. Im Russischen ist es ein kleines Wortspiel: »I pod wodu, i pod wojewodu«. Diese Rasse sei ihm gelungen.

»Was ist sonst noch charakteristisch?«

»Die Orlow-Pferde entwickeln sich langsam. Sie erreichen ihre Reife erst spät. Wenn sie dann so weit sind, zeigen sie erstklassige Ergebnisse. Alle Faktoren zusammengenommen gehören die Orlows zu den schönsten und besten Pferden der Welt. Sie haben zum Ruhme Russlands beigetragen. Seit 1776 werden sie gezüchtet. Auch nach 230 Jahren haben sie das Potenzial, noch besser zu werden. Russland wird die Orlows immer brauchen und immer haben wollen.«

Sechs Kilometer Stallungen stehen auf dem Gestütsgelände. Sie beherbergen fast fünfhundert Pferde. Zwei Rassen werden gezüchtet: Orlow-Traber und russische Araber als Springpferde. Die Koppeln geben zu dieser Jahreszeit kein Gras her, auch wenn der Schnee sich aufgelöst hat. Trotzdem sehe ich eine Menge Pferde draußen. Es sind meist trächtige Stuten. Neugierig kommen sie angerannt, als die Muttertiere mit ihren Fohlen ausgeführt werden.

»Ist es nicht zu kalt für die Kleinen?«

»Überhaupt nicht! Das Wetter ist in Ordnung. Wir lassen die Fohlen nach draußen, wenn sie sechs Wochen alt sind. Die ganz Kleinen lassen wir noch im Stall. Die Mutterstuten hier haben schon mehrere Generationen zur Welt gebracht. Ihre Abkömmlinge machen sich richtig gut auf den Rennbahnen. Einige von ihnen haben bereits Preise auf der Moskauer Rennbahn gewonnen.«

Bei den jungen Hengsten wolle man so früh wie möglich feststellen, fährt Leonid Nikolajewitsch fort, ob sie sich für Fortpflanzung eigneten oder nicht. Man wolle ja immer bessere Jungtiere haben. Die Fohlen würden nach einem halben Jahr von der Mutter getrennt. Sei ein Fohlen dann noch etwas schwächlich, dann könne es auch ein Monat mehr werden.

»Ab wann beginnt das Training?«

»Mit dem Training beginnen wir erst nach der Trennung von der Mutter. Zunächst wird das junge Tier an die Menschen gewöhnt. Dann beginnen wir, Zaum und Sattelgurte anzulegen. Es geht schrittweise und individuell voran. Geritten werden sie erst, wenn sie elf bis zwölf Monate alt sind.«

Lautes und kraftvolles Wiehern ertönt. Eine tänzelnde Stute lässt sich in die große Halle neben den Koppeln führen. Sie soll gedeckt werden. Wir sind eingeladen, den Vorgang zu drehen. Tom Wolfe hat die Paarung in seinem Roman »A Man in Full« als einen dramatischen Akt beschrieben. Hier sieht alles viel friedlicher aus. In einem großen lichten Vorraum wird die Stute, die zum Rendezvous geleitet wird, mit einem freundlichen Spruch aufgemuntert. »Dobro poschalowatj« steht auf dem Boden in bunten Buchstaben im Sägemehl geschrieben. »Herzlich willkommen!« Seit Graf Orlow wird dieses Ritual gepflegt. Die Stute betritt als Erste den Ort des Stelldicheins. Ihr Schweif ist hochgebunden. Sie wird von Pflegerinnen sorgfältig mit einem Desinfektionsmittel gesäubert.

Währenddessen nähert sich unter wildem Wiehern von der anderen Seite der Halle ein weißer Hengst. Er ist kaum zu halten. Unruhig beschnuppert er die Stute. Sie steht still. Ein Stück Holz ist ihr unter die Oberlippe geschoben worden. Der leichte Schmerz soll sie ablenken und ruhigstellen. Der Hengst wiehert noch einmal voller Entschlossenheit und springt auf die Stute. Sein Anlauf misslingt, aber er ist alles andere als entmutigt. Nach kurzer Pause legt er wieder los. Diesmal findet er den Weg zum Glück. Er beißt voller Wonne in die Mähne der Stute. Dann lässt er ab. Angewidert wiehert er auf, als seine Erregung mit kaltem Wasser abgekühlt wird. Dann darf er gehen. Etwas kurz und wenig erotisch das Ganze, finden wir. Jetzt verstehen wir besser, warum im Russischen Gestüt »Konnyj sawod«, »Pferdefabrik«, heißt.

Die Leiterin der Zuchtabteilung, Tatjana Alexandrowna Kalugina, ist gekommen. Wichtig für die Beschälung, die normalerweise im frühen Frühjahr stattfinde, sei die richtige Vorbereitung und die sichere Durchführung, erklärt sie mir. Für die Stuten würden die passenden Hengste ausgesucht. Hengste und Stuten müssten in den Monaten vorher mit besonders gutem Futter vorbereitet werden, um für fruchtbaren Samen und eine optimale Empfängnis zu sorgen. Vor der Paarung seien Hengst und Stute sorgfältig zu säubern.

»Werden auch ausländische Pferde eingesetzt, oder werden nur russische Stuten mit russischen Hengsten gepaart?«

»Bei uns werden nur russische Pferde miteinander gepaart. Meist kommen sie von unserem Gestüt. Es werden aber auch Hengste von anderen russischen Gestüten geholt, um Inzucht zu vermeiden. In jedem Fall aber werden die Orlow-Vollblüter als reine russische Rasse gezüchtet.«

»Wie oft wird ein Hengst eingesetzt?«

»Einmal pro Tag, sechs Tage die Woche. Dann braucht er unbedingt einen Ruhetag.«

Wir sehen das auch so. Tatjana Alexandrowna erklärt mir noch, dass die Hengste für die Deckdienste meist im Alter zwischen sieben und 14 Jahren eingesetzt würden, in der Regel nicht länger als fünf Jahre. Für die Beschälung könne man auch einen Vierjährigen nehmen. Selbst im Alter von 22 Jahren sei ein Hengst noch fortpflanzungsfähig. Wir finden das beachtlich, wenn man davon ausgeht, dass ein Pferdejahr vier Menschenjahren entspricht. Das reicht schon in die Leistungskategorie des alten Abraham.

»Welche Rolle spielt bei der Beschälung die Erfahrung des Hengstes?«

»Eine große! Ein erfahrener Hengst wird geschickt an die Stute herankommen und sie leicht decken. Ist sie jung, wird er sie umwerben. Er wird sie beschnuppern, und sie wird sich entspannen. Sie weiß beim ersten Mal ja nicht, was auf sie zukommt. Manchmal müssen wir etwas nachhelfen, aber nach dem Decken wird die Stute schnell ruhig.«

»Und wie ist es umgekehrt, wenn der Hengst unerfahren ist?«

»Wir nehmen dann eine erfahrene Stute, die gut rossig ist. Sie weiß, was auf sie zukommt. Sie bleibt still stehen, auch wenn der junge Hengst nicht gleich zurechtkommt. Wenn es nötig ist, kommt sie ihm in der Körperhöhe entgegen, damit er sie leich-

140

ter decken kann. Und unsere Pfleger sind auch noch da, um ihm zu helfen.«

Eine frische Stute betritt die Arena und schreitet in königlicher Würde an dem Willkommensgruß vorbei. Das gleiche Prozedere vollzieht sich. Mit breiter Brust drängt ein brauner Hengst in die Halle. Sein kraftvolles Wiehern klingt siegesgewiss. Der erste Anlauf sitzt. Wir sind erleichtert. Den Guss mit dem kalten Wasser finden wir allerdings empörend.

Peter der Große und seine Nachfahren

Im quirligen Strom der M 4 schwimmen wir nach Pawlowsk. Am Ortseingang machen wir halt. Stefan Tolz findet, wir sollten in einem Motel übernachten. Wir haben keine Einwände, weil es in Pawlowsk ohnehin keine bessere Alternative gibt. So erfahren wir, wo und wie russische Fernfahrer übernachten. Bei der Schlüsselübergabe werden wir fürsorglich gebeten, nach Benutzung der Dusche den Abfluss mit einer Folie abzudecken, um den Besuch von niederem Getier zu verhindern. Dem Rat wollen wir gerne folgen. Für die Hygiene ist gesorgt. Am Waschbecken liegt ein Stück Seife namens »Ossenij wals«, »Herbstwalzer«, bereit. Bei näherer Betrachtung stelle ich fest, dass sich der Komfort des Motels mit dem des Gästehauses in Chrenowoje durchaus messen kann.

Zum Abendschmaus ziehen wir uns ins Café nebenan zurück. Das Mobiliar wirkt auf den ersten Blick unaufdringlich. Sechs Tische mit einer passenden Anzahl von Stühlen. Für unsere Zwecke reicht die Ausstattung. An Getränken wird neben Wasser und Säften auch Bier angeboten. Geführt wird die Marke Baltika in den Variationen 3 bis 7, je nach Alkoholgehalt. Wir entscheiden uns für 7. Davon war das Personal von vornherein ausgegangen, nachdem es uns als Deutsche erkannt hatte.

Scharfe Schnäpse werden nicht geführt. Doch das Haus ist tolerant. Wir könnten uns den Wodka im Supermarkt gleich um die Ecke besorgen, wird uns geraten. Der Hinweis erscheint uns befolgenswert. Das Repertoire an Speisen ist begrenzt, aber ausreichend. Borschtsch und Beef Stroganow werden von uns allen geordert. Bei intimem Neonlicht wird es ein gemütlicher Abend, wofür nicht zuletzt das zuvorkommende Personal sorgt.

Zum Frühstück finden wir uns wieder im Café ein. Es gibt zu Tee und Brot herzhaftes Rührei mit Speck und Kräutern und als Zugabe Pelmeni, Teigtaschen mit Fleischklößchen. Wir stärken uns tüchtig für die Dreharbeiten. Beim Durchfahren der Stadt entdecken wir das eine oder andere ansehnliche Gebäude aus dem 19. Jahrhundert, was aber nicht zum Anhalten zwingt. Über Pawlowsk ist die Geschichte hinweggegangen. Von Peter dem Großen gegründet, wurden hier Schiffe für die Schwarzmeerflotte gebaut. Die Admiralität hatte in der Stadt ihren Sitz. Heute ist Pawlowsk nicht mehr gefragt.

In der Sowjetzeit wurden hier noch Schlepper und Lastkähne auf Kiel gelegt. Mit dem Zusammenbruch des Roten Reiches war damit Schluss. Die einst so stolze Werft ist inzwischen völlig verwahrlost. Der Hafen bietet ein Bild der Trostlosigkeit. Hier und da gibt es Reparaturarbeiten. Schiffe werden in Pawlowsk nicht mehr gebaut.

Als wir am Hafen eintreffen, sind gerade drei Männer dabei, einen halb abgesoffenen Kahn aus dem Wasser zu ziehen. Anschließend lassen sie sich gerne auf ein Gespräch ein.

»Wie heißt der Ort hier?«

»Es gibt keinen besonderen Namen. Hier mündet der Fluss Ossered in den Don. Dadurch ist im Wasser eine tiefe Einbuchtung entstanden. Das nennen wir Saton. Am Don hat jede Stelle ihren Namen. Grüne, rote, weiße oder Teufelsgrube heißen sie.«

Der Mann, der so bereitwillig Auskunft gibt, sieht mit seiner kräftigen Statur und seinem zerfurchten Gesicht wie ein knorriger Seemann aus, entpuppt sich aber als Lehrer. Offensichtlich ist er in der Geschichte seines Landes gut bewandert. Peter dem Großen habe diese Stelle besonders gefallen. Deshalb habe er die Stadt hier errichten lassen, die Pläne sogar selbst gezeichnet. Der Mann sei ein universales Talent gewesen. Die Herrscher von heute könnten sich von ihm eine gewaltige Scheibe abschneiden. Der ganze Don sei mit seinem Namen verbunden. Er habe an vielen Stellen des Flusses Städte gegründet und ihnen Namen gegeben.

»Und warum war diese Stelle für ihn so attraktiv?«

»Peter war ein Kopf. Er wollte ja hier Schiffe bauen lassen. Dafür brauchte er Holz. Das fand er hier. Wenn man den Ossered ein Stück hinauffährt, dann kommt man zum Dorf Woronzowka. Da steht der berühmte Schipow-Wald, in dem besonders starke Eichen wachsen, ideal für den Schiffsbau, 36 Meter hoch. Erst ab neun Meter beginnt die Baumkrone. Bis dahin ist der Baum ohne jeden Ast. Im Schipow-Wald holte sich Peter das nötige Holzmaterial, das er über den Ossered hierher flößte. Die ganze Gegend lebte vom Schiffbau, entsprechend heißen die Dörfer. So entstand Pusewo, was so viel wie Bauchdorf heißt, weil hier die Schiffsbäuche hergestellt wurden. Kljopowka steht für das Nietendorf, weil in dem Dorf die Schiffe vernietet wurden.«

»Und warum werden heute hier keine Schiffe mehr gebaut?«

»Sie werden nicht mehr gebraucht. Es gibt jetzt die großen Landstraßen. Sie haben es sicher selbst gesehen. Ein Lastwagen hinter dem anderen. Dabei ist der Schiffsverkehr weit billiger, verbraucht auch weniger Brennstoff. Aber es geht eben schneller mit dem Auto als mit dem Lastkahn.«

»Ging es Pawlowsk zur Sowjetzeit besser?«

»Damals war hier der größte Schiffsbau- und Reparaturbetrieb. Jetzt läuft da nichts mehr. Ob es endgültig vorbei ist, muss sich zeigen. Früher wurde in drei Schichten gearbeitet. Bei feierlichen Umzügen gingen die Schiffsbauer in den ersten Reihen. Jeder hat sie beneidet. Jetzt ist alles still. Ich hoffe, es wird sich noch einrenken.«

Und dann spekulieren die Männer, wie das geschehen könnte. Russland kaufe bis zu 60 Prozent seiner Schiffe im Ausland. Diese Schiffe könnten im eigenen Land hergestellt werden. Genügend Fachleute gäbe es ja. Gerade hier in Pawlowsk. Die Schiffe könnten hier gebaut und dann nach Asow ins Schwarze Meer geschleppt werden. Doch dann erinnert einer daran, dass 1990 in Pawlowsk mit dem Bau eines Schiffes begonnen wurde. Immer noch stünde es halb fertig auf dem Gerüst.

»Es hat sich alles verändert. Früher fuhren hier jeden Tag sieben bis zehn Schlepper und Kähne vorbei. Heute sind es zwei oder drei im Monat. Mittlerweile sind wir völlig aus dem Häuschen, wenn in Pawlowsk ein Schlepper vorbeifährt. Dann rennen wir alle ans Ufer und bestaunen das Schiff wie eine überirdische Erscheinung.«

Unser Blick geht prüfend über das Eis. Das tagelange Tauwetter hat Spuren hinterlassen. Es gibt Risse und Aufbrüche. Ein großer Teil steht unter Wasser. Von oben nieselt es unentwegt nach. Wir wollen zu den Eisanglern. Aber wo sind sie?

Sonst haben wir sie zuhauf gesehen. Hier entdecken wir keinen. Liegt das am Wetter?

»Nein, nein! Eisangler lassen sich weder von Frost noch Tauwetter abschrecken. Regen macht ihnen rein gar nichts aus«, werden wir beruhigt. »Die Eisangler haben sich hinter die Kurve verzogen. Da gibt es mehr Fisch. Mehr als einen Kilometer müsst ihr aber schon laufen, wenn ihr die filmen wollt.«

»Hält das Eis?«

»Klar. Es war ja 50 Zentimeter und mehr dick. Vor Kurzem sind wir noch mit dem Auto über das Eis gefahren. So schnell ist das nicht weg.«

Russischer Winter ohne Eisangler, das geht nicht. Selbst im Regen können wir nicht auf sie verzichten. Also marschieren wir los. Marschieren ist nicht der richtige Ausdruck. Wir schlittern, rutschen, stürzen uns voran. Eine schöne Neuauflage unserer Eispartie zum Höhlenkloster, schießt es mir durch den Kopf. Noch nie habe ich so glattes Eis erlebt. Der Wasserfilm darüber verschärft die Rutschgefahr. Mit angespannten Muskeln und höchster Konzentration bewegen wir uns vorwärts. Doch je verkrampfter wir gehen, desto schneller geraten wir ins Straucheln. Zu unserer Demütigung erleben wir, wie ein Eisangler völlig entspannt auf dem Fahrrad den Don hinunterpedaliert. Wir sind verblüfft wie Amundsen, als seinem Expeditionsteam auf dem zugefrorenen Yukon ein Radfahrer entgegenkam, um in Alaska die Nachricht vom Sieg der Amerikaner über die Spanier zu verbreiten.

Das Beispiel des Radfahrers veranlasst mich, meine Gehstrategie zu ändern. Ich lockere meine Muskeln und schreite aus, als hätte ich Sandboden unter meinen Füßen, den Blick weit nach vorne gerichtet. Es funktioniert, leider nur dreißig Meter. Dann knalle ich so heftig hin, dass mir Hören und Sehen vergeht. Der Rest ist mühseliges Schleichen und nicht weiterer Rede wert. Schließlich erreichen wir entgegen unseren Befürchtungen doch noch die Eisangler. Sie hocken in einer großen Gruppe zusammen. Mit Vergnügen haben sie unser ulkig aussehendes Herankommen verfolgt.

»Warum sitzen Sie hier und nicht näher an Pawlowsk?«, frage ich ein wenig vorwurfsvoll.

»Hier ist eine Grube. Vier Meter tief. Da versammelt sich der Fisch in Schwärmen. Das erhöht unsere Chancen. Deshalb sitzen wir auch so eng zusammen. An seichten Stellen hält sich der Fisch im Winter nicht auf.«

»Und welche Fische fangen Sie?«

»Alles, was der Don hergibt. Plötzen, Barsche, Hechte, Brassen, Zander, den rotflossigen Guster, gelegentlich Sterlet und Tschechon, eine Art Karpfen. Gibt es nur im Don und im Dnjepr!«

»Und wie läuft das Angeln?«

»Unterschiedlich. Mal gut, mal null. Heute null.«

Die Ausbeute sieht bei allen recht mager aus. Dabei soll der Fisch doch angeblich besser anbeißen, wenn nach dem Frost das Tauwetter einsetzt. Deshalb wende ich mich an einen Angler, der wenigstens zwei Fische aus dem Don gezogen hat.

»Gibt es heute weniger Fisch im Don als früher? Was könnte der Grund dafür sein?«

»Fisch gibt es heute weniger. Sehen Sie, diesen kleinen Tschechon hätte ich früher gleich wieder ins Wasser geworfen. Heute behalte ich ihn. Ein Teil der Fische scheint mir wie ausgerottet zu sein. Vielleicht liegt es an der Ökologie. Außerdem gibt es jetzt viel mehr Angler als früher. Da fällt nicht mehr so viel für jeden ab.«

»Was ist so spannend am Eisangeln?«

»Im Sommer sitzt du an Land auf einer Stelle, wenn du kein Boot hast. Auf dem Eis kannst du jederzeit die Position wechseln. Du kannst aufstehen und dich bewegen. Du kannst besser ausmachen, wo sich der Fisch aufhält. Im Sommer schwimmt er überall. Im Winter sitzt er in den Gruben. Er ist auch träger als im Sommer. Man kriegt ihn einfach besser aus dem Wasser, auch an dünnen Schnüren, weil er nicht so kämpft.«

Was sie fangen, verzehren sie auch. Der Fisch wird gesalzen, getrocknet, mariniert oder geschmort. Dazu gibt es Kartoffeln, Bier und natürlich auch Wodka. Alles zusammen eine Delikatesse im Winter. Aber ist das der alleinige Grund, bei Wind und Wetter hier stundenlang auszuharren?

»Na ja«, sagt einer, »bei 30 Grad minus sitze ich hier auch nicht mehr. Aber es gibt welche, die halten selbst bei solchen Temperaturen durch.«

»Angeln ist wie rauchen«, schaltet sich ein Älterer ein. »Der eine macht's, der andere nicht. Wenn man einmal tief inhaliert hat, kann man es nicht mehr lassen. Angeln ist eine Art Droge. Man macht es, ob es regnet oder nicht. Der Prozess ist es, der den Reiz ausmacht, und nicht der Erfolg, mit einem Sack voll Fischen nach Hause zu kommen. Es ist schön und spannend. Dazu die frische Luft und ein Päckchen Zigaretten.«

»Und kein Wodka?«

»Wodka im Winter hilft dir nicht. Das wärmt nur für eine halbe Stunde. Danach frierst du umso schlimmer.«

Tatsächlich scheint hier keiner ein Fläschchen bei sich zu haben. Das habe ich schon ganz anders erlebt. Wir kommen auf die allgemeinen Lebensverhältnisse zu sprechen. Aus der Sicht der Älteren ist es im Vergleich zur Sowjetzeit eindeutig schlechter geworden. Allein bei der Schließung der Werft hätten dreitausend Menschen ihren Job verloren. Bei einer Kleinstadt von 28 000 Einwohnern sei das nicht so schnell wettzumachen. Früher habe man sich über Vorgesetzte beschweren können. In den Privatbetrieben von heute könne man das nicht mehr wagen. Jeder sorge nur noch für sich.

»Haben Sie einen Arbeitsplatz?«

»Nein! Um über die Runden zu kommen, betreibe ich Handel. Ganz Russland besteht nur noch aus Handel.«

»Im Gegensatz zu früher haben die Geschäfte heute viel zu bieten«, werfe ich ein.

»Das stimmt. Aber die Waren sind für uns meist unerschwinglich. Ich bekomme knapp 5 000 Rubel (knapp 140 Euro). Lebensmittel kann ich mir noch mit dem Geld kaufen. Stiefel schon nicht mehr. Die Preise steigen enorm. An ein Auto ist gar nicht zu denken. Dann müsste ich schon meine ganze Familie verkaufen, mich eingeschlossen. Mein Leben war zur Sowjetzeit würdiger.«

Die Jüngeren sind anderer Meinung. Sie glauben die Freiheit zu haben, die sie brauchen. Wer arbeiten wolle, finde auch einen Job. Ein junger Mann hat einen kleinen Handwerksbetrieb gegründet. Installationen. »Läuft gut!«, sagt er. Sein Freund nickt. Er arbeitet in dem Betrieb. Es gehe voran. Sicher gebe es Probleme, aber die Privatwirtschaft biete beträchtliche Chancen.

Dass es im Kommunismus besser gewesen sei, können die beiden jungen Leute nicht nachvollziehen.

»Waren Sie schon im Ausland?«

»Nein, was soll ich da? Europa ist mir nicht geheuer, Amerika auch nicht. Der ständige Drang zur Macht. Wozu? Mir gefällt das nicht. Zu viel Hast, zu viel Unruhe, die ewige Jagd nach dem Geld. Geld ist wie Mist: Heute eine ganze Fuhre, morgen nichts.« Den Vergleich hatte ich bislang nicht gehört. Wo er Urlaub mache, frage ich ihn.

»Hier! Am Don kann man prima Urlaub machen. Deswegen kommen ja auch Leute aus St. Petersburg und Moskau hierher. Mehr und mehr von ihnen kaufen oder bauen Datschen an den Ufern des Don. Hier ist der Fluss, hier sind die Wälder, hier gibt es Pilze. Was soll ich da noch verreisen? Hier ist alles vorhanden, was ich brauche.«

Wir machen uns auf den Rückweg. Die gleiche Schlitterpartie. Unseren Toningenieur Michael Funk erwischt es schlimm. Er gleitet aus, hat wegen der Ausrüstung keine Hand frei, um den Sturz abzufangen, und schlägt hart mit dem Kopf auf das Eis. Schwer benommen setzt er seinen Weg fort. Hilfe lehnt er ab. Ein freier Mitarbeiter beim öffentlich-rechtlichen Rundfunk kennt keinen Schmerz.

Bevor wir an Land gehen, drehen wir noch von der Flussseite eine Totalansicht des Hafens. Peter der Große würde sich im Grab umdrehen, wenn er wüsste, was aus seiner großen Hoffnung Pawlowsk geworden ist.

Während ich die verlotterten Anlagen betrachte, gesellt sich ein Arbeiter zu mir. Alexander heißt er. Etwas Arbeit gebe es noch, sagt er mir. Sein Betrieb führe Reparaturen an Brücken und Anlegestellen durch. Mit Freude hört er, dass ich aus Deutschland komme. Er sei in der DDR stationiert gewesen. In Magdeburg habe seine Einheit gelegen. Ein bisschen Deutsch habe er noch drauf. Danke, bitte und jawohl. Viel zu arbeiten gab es heute wohl nicht. Deshalb haben er und seine Kollegen die Zeit mit ein paar Gläschen Wodka totgeschlagen. Alexander ist guter Stimmung. Leider überschätzt er sich dabei ein wenig. Kurz vor dem rettenden Ufer versucht er, eine größere Lücke mit kühnem Sprung zu überwinden. Er rutscht aus und platscht ins Wasser, was seine Laune nicht verdirbt. »Normalno!« ruft er aus, als er wieder auftaucht und meine entsetzten Augen sieht. »Alles in Ordnung!« Was soll einem Volk schon passieren, wenn solches Missgeschick so locker weggesteckt wird!

Mögen Hafen und Werft verrotten, die Schiffsbautradition lebt in Pawlowsk weiter. In der Station der jungen Techniker und Seefahrtpioniere basteln Jungen und Mädchen Kreuzer, U-Boote und Tanker. Unter Anleitung des Klubleiters, Alexej Nikolajewitsch Uchanow, wollen sie aber nicht nur moderne russische Schiffe nachbauen, sondern auch die gesamte Schwarzmeerflotte aus der Zeit von Peter dem Großen. Wie es damals in Pawlowsk aussah, wo ein großer Teil jener Flotte auf Kiel gelegt wurde, ist auf einem Gemälde zu sehen, das mit seinen beträchtlichen Ausmaßen den Raum beherrscht.

Doch bevor wir uns umschauen können, handeln wir uns einen Rüffel ein. Wir seien verspätet gekommen, stellt die Museumsleiterin Valentina Petrowna mit strengem Ton fest. Bei der Marine gelte das Null-null-Gesetz. Es verpflichte zu absoluter Pünktlichkeit. Mit unserem Verhalten seien wir keine Vorbilder für die Kinder. Dass im Rheinland gemütlichere Gesetze herrschen, lässt Valentina Petrowna großmütig als Entschuldigung durchgehen. Im Übrigen ist Festtag. Eine neue Generation Schiffsjungen wird heute feierlich im Klub der jungen Matrosen und Binnenschiffer der Station junger Techniker und Seefahrtspioniere aufgenommen. Die Zeremonie kann beginnen. Unser Team ist zum Filmen der Weihe vorschriftsmäßig angetreten.

Die Schiffsjungen in spe, zur Hälfte aus Mädchen bestehend, haben in vollem Matrosenwichs Aufstellung genommen. Das Wort ergreift die Stellvertretende Vorsitzende der Bezirksregierung von Pawlowsk, Swetlana Andrejewna Mjassojedowa. »Ihr seid die Zukunft unserer Militär-Hochseeflotte«, ruft sie den Jungen und Mädchen zu. Viel Erfolg wünscht sie beim Erlernen der Marinedisziplinen. Schön und schlank sollen sie bleiben, notiere ich noch aus der leidenschaftlichen Rede. Fleißig pauken sollen sie, bei den Festen der Bezirksregierung mithelfen und sich der Traditionen von Peter dem Großen und Admiral Fjodor Uschakow würdig erweisen.

Die Klubfahne wird von dem jungen Matrosen Alexander

Pissarew hereingetragen; ein anderer rezitiert ein Gedicht. Von kühnen Schiffsjungen ist die Rede, die beim Beobachten der Wellen und Einatmen der Winde ihren und des Meeres Puls testen. Es folgt der feierliche Eid. Die jungen Bürger Russlands geloben, der Heimat treu zu dienen, sie zu verteidigen und zu ihrem Wohl zu arbeiten, sich in der Schule um die besten Noten zu bemühen, gewissenhaft das Seewesen zu erlernen und sorgsam mit dem Klubeigentum umzugehen.

Jurij Konowalow kniet nieder. Der Klubleiter schlägt ihn mit gezücktem Säbel zum Kommandeur des Klubs junger Matrosen und Binnenschiffer. Ein Lied schließt die Feier ab. Alle stimmen mit ein: Klubleitung, Lehrpersonal, Mütter, Geschwister und andere Gäste. Der Refrain endet mit dem Bekenntnis, das ganze Leben der Militärmarine zu dienen.

Eben spielten sie noch Erwachsene, jetzt dürfen sie wieder Kinder sein. Nach der Feier albern sie herum. Sie sind ja auch erst 13 oder 14 Jahre alt. »Willst du später zur See fahren?«

Das Mädchen ist sich seiner Sache nicht sicher. »Ob zur See oder nicht, das weiß ich noch nicht. Aber auf alle Fälle irgendetwas Militärisches.«

»Und warum?«

»Wegen der Uniform!«, lautet die klare Auskunft.

Gelernt haben sie, Knoten zu binden, mit Signalen richtig zu hantieren, mit Licht zu morsen und mit dem Peilgerät zu arbeiten. Später kriegen sie das Marschieren beigebracht. Auf dem Patenschiff der Stadt werden sie im Hafen von Sewastopol zusätzlich tüchtig üben können. Unterricht erteilen sie auch. Den Zweit- und Drittklässlern bringen sie das Segeln bei. Für die Jungen ist es ausgemachte Sache, zur See zu fahren und mindestens Kapitän zu werden. Romantische Vorstellungen sind damit verbunden. »Du stehst an der Spitze des Schiffes. Um dich herum Stille und spiegelglattes Wasser. Auf dem Meer ist es überall schön.«

Der junge Matrose Alexander Pissarew sieht darin nicht die alleinige Erfüllung. Für ihn gibt es eine hohe Pflicht, wie sie ihm hier eingetrichtert wird. »Wir werden zu Russland stehen. Wir werden alles tun, es noch besser zu machen.«

Das Haus, 1902 erbaut, diente bis zur Oktoberrevolution als

Mädchengymnasium und danach als allgemeine Schule. Die Station der jungen Techniker zog 1979 ein. Allerhand Militärisches ist hier ausgestellt, von Peters Zeiten angefangen. Gewehre, Pistolen, Uniformen, Flaggen, Orden, alles da. Auch ein Torpedo ist im Flur zu besichtigen. Helden der Sowjetunion aus der Umgebung sind abgebildet. Der Verlauf der Fronten kann studiert werden. Fotos aus dem Zweiten Weltkrieg zeigen Rückzug und siegreichen Vormarsch.

Die Museumsleiterin bittet mich in ihr Büro. Die Stellvertretende Vorsitzende der Bezirksregierung ist zugegen, ebenso die Vertreterin des Veteranenverbandes und eine weitere Dame. Mit heiligem Eifer reden sie auf mich ein, um mir die Vorzüge der militärpatriotischen Erziehung zu erläutern. Da sie in ihrer Begeisterung alle gleichzeitig reden, weiche ich vor dem Trommelfeuer der Informationen zurück und suche die Bastelgruppe der jungen Techniker auf. Wohltuende Stille herrscht im Raum. Klubleiter Alexej Uchanow geht von Modell zu Modell. Leise gibt er Ratschläge. Bei den Schülern kommt seine väterliche Art offensichtlich gut an. Was sie schaffen, ist erstaunlich.

Ihre Modelle bestehen aus eintausend, manchmal auch zweitausend Kleinteilen. Die Modellbauerei hier ist, so meint der Klubleiter, eine exzellente Voraussetzung für spätere Jobs als Werkzeugmacher, Baumeister und Technologen.

Aus den vielen Modellen holt er eins hervor, um es mir zu zeigen. »Dies ist der erste Prototyp eines U-Boots. Ein Bauer hat es erfunden. Die Idee war ihm gekommen, als er zum ersten Mal das Meer sah. Er ließ Peter den Großen wissen, er könne ein geheimes Boot bauen. Der Zar gab ihm die Gelegenheit dazu. Das Boot konnte tatsächlich tauchen und wieder auftauchen. Zum Sinken nahm es Wasser auf, zum Aufsteigen pumpte es dieses Wasser wieder ab. Manövrierfähig war es auch. Interessant: Die heutigen U-Boote arbeiten nach dem gleichen Prinzip, das sich vor mehr als dreihundert Jahren ein Bauer und Analphabet ausgedacht hat.«

Interessant ist auch, dass es damals für einfache Menschen möglich war, direkt an die höchsten Würdenträger heranzukommen. Könnte ein gutes Vorbild für die heute agierenden Politiker sein! Nun war Peter der Große auch in dieser Hinsicht eine Ausnahmeerscheinung. Er kümmerte sich um alles, insbesondere beim Schiffsbau. Damals wurde das Holz vorwiegend mit der Axt bearbeitet. Dabei ging viel Material verloren. Peter ließ deshalb Sägen aus Schweden kommen. Der Zar war nicht nur ein guter Handwerker, sondern auch ein begabter Architekt. Nach seinem Entwurf stehen in Pawlowsk die Straßen ganz modern rechtwinklig zueinander.

Peter der Große war ein Multitalent. In dieser Hinsicht erinnert er an Thomas Jefferson, der ebenfalls ein großer Erfinder und Architekt war. Wie der Vater der amerikanischen Unabhängigkeitserklärung und spätere Präsident der USA brachte auch Peter aus fremden Ländern mit, was ihm nützlich erschien. Pawlowsk beschenkte Peter mit einer Weinrebe vom Rhein. Das führte hier zum Weinanbau. Einen Zoo hat er der damals kleinen Siedlung auch noch verordnet.

»Hat Pawlowsk in der Geschichte Russlands eine wichtige Rolle gespielt?«

»Das kann man wohl sagen. Unter Katharina war hier nicht nur der Sitz der Admiralität, und das für siebzig Jahre, hier schlug auch das Herz des russischen Schiffsbaus. Als die Schwarzmeer-Flotte 1783 ihren hundertsten Geburtstag feierte, stammte fast die Hälfte der Schiffe aus Pawlowsk. Katharina schätzte unsere Stadt hoch ein. Sie schenkte uns ein eigenes Wappen. Es zeigt das Bild des heiligen Pawel.«

»Pawlowsk hat seine Bedeutung verloren. Ist die Schwarzmeer-Flotte heute noch wichtig?«

»In jedem Fall. Jedes Land muss sich verteidigen können. Aber angreifen werden wir niemanden.«

»Peter hat das Ausland besucht und viel von dort mitgebracht. Herrscht sein Geist heute noch hier?«

»Der petrinische Geist? Natürlich, den gibt es auch heute noch. Wir Russen waren immer sehr wissbegierig. Aus unserem Land stammen viele Entdecker. Alles, was gut ist, übernehmen wir gerne. Das hat sich nicht geändert.«

Am Abend machen wir Kassensturz. Wenn wir vom Wetter absehen, sind wir ganz gut davongekommen, finden wir. Wie üblich sieht Stefan Tolz das Ergebnis etwas kritischer als ich. Die Frauen seien auf unserer Reise etwas zu kurz gekommen, stellt er fest, aber es gebe ja noch das Nonnenkloster in den Höhlen von Kostomarow. Wo liegt Kostomarow? »U tschorta na kulitschkach«, in der Ödnis, wo sich der Teufel verkriecht, meint die freundliche Bedienung in unserem Stammcafé, um die Abgeschiedenheit zu beschreiben. Ein Nonnenkloster in der Ödnis, wo sich der Teufel verkriecht, das Bild gefällt uns. Wir fühlen uns herausgefordert. Das Höhlenkloster von Bjelogorje, das gegenüber von Pawlowsk liegt, wollen wir gleich mitnehmen.

Die Wetternachrichten gehören zu meinen bevorzugten Sendungen im russischen Fernsehen. Da sie von Region zu Region wandern, vermitteln sie dem Betrachter in Kürze einen Eindruck von der ungeheuren Weite und Vielfalt des Landes. Völlig unterschiedliche Wetterlagen kommen bei der Präsentation heraus. Für uns ändert sich leider nichts. Während Ural und Sibirien Schnee und Frost bei Sonnenschein melden, schaut es am Don unverändert trübe aus. Zehn Grad über null und bedeckter Himmel. Gehässiger kann man nicht behandelt werden, finden wir.

Um zu den Höhlenklöstern zu gelangen, müssen wir den Don von Ost nach West überqueren. Am Bjelogorskij Most, der Brücke bei Bjelogorje über den Fluss, stoppen wir. Zweihundert Meter ist sie etwa lang. Für junge Ehemänner stellt sie eine harte Prüfung dar. Sie müssen ihre frisch angetrauten Frauen, ohne abzusetzen, über die Brücke tragen. Wodka und Champagner sind der erste Lohn. Für viele zahlt sich die Anstrengung allerdings nicht aus. Auf unsere Nachfrage erhalten wir die betrübliche Auskunft, dass immer noch jede zweite Ehe geschieden wird. Das hat sich gegenüber sowjetischen Zeiten nicht geändert. Geändert haben sich hingegen die Gewichtsverhältnisse. Die jungen Frauen von heute seien im Vergleich zu den früheren Generationen deutlich leichter geworden.

Tina Bauermeister zaubert aus ihrem »Räubersack« einen Prospekt, den sie auf einer früheren Recherchenreise ergattert hat, über das Höhlenkloster von Kostomarowo hervor. »Es gibt viele heilige Orte in Russland, viele ruhige Herbergen für die ermüdete Seele des Wanderers dieses Lebens. Doch die Seele sucht ihre Ruhe hier, in den Höhlen von Kostomarowo«, lese ich gleich zu Anfang. Die Kirche versteht ihre Preziosen gut zu verkaufen, stelle ich fest. Auch die nächsten Sätze finden mein Interesse. Unwillkürlich fühle man sich angesichts der Landschaft an Palästina erinnert, heißt es da. Orthodoxe Pilger, die in der Umgebung von Jerusalem waren, hätten die Ähnlichkeit zwischen den heiligen Orten dort und den wunderlichen Ausgängen aus den Kalkablagerungen am Ort Kostomarowo im Podgorenskij Rayon des Woronescher Verwaltungsgebiets festgestellt.

Das hört sich vielversprechend an. Nun ahne ich, warum Kostomarowo auch Neu-Jerusalem genannt wird. Den geistigen Sinn dieses Beinamens, für den ein Vater Andrej verantwortlich gemacht wird, müsse man noch verstehen lernen, sagt der Prospekt. Die Broschüre lässt auch sonst Wesentliches im Dunkeln. Wer das berühmte Kiewer Höhlenkloster im 11. Jahrhundert gegründet habe, sei zwar bekannt. Es seien die Mönche Antonij und Feodossij gewesen. »Doch die Namen der Gründer der Höhlen von Kostomarowo hält der Herr bis zu einem nur ihm bekannten Tag im Verborgenen.« Ich fürchte, er wird sie auch nicht aus Anlass unseres Besuches offenbaren.

Verglichen mit der Sturzorgie von Diwnogorje erleben wir heute eine Erholungstour. Der Teufel macht es uns leicht, in seine Ödnis zu gelangen. Nur wenige Kilometer fallen beschwerlich aus, was wir aber kaum zur Kenntnis nehmen. Ein weitläufiges Tal nimmt uns auf. An den Hängen erkennen wir die Kirche und Höhlen des Klosters. Palästina kommt mir beim ersten Anblick nicht in den Sinn. Das mag an mir liegen. Möglicherweise fehlt mir zu einer solchen Beobachtung die geistliche Reife.

Matj Jelena, Mutter Jelena, begrüßt uns. Mitte dreißig dürfte sie sein. Die Nonnenkluft macht die Schätzung schwer. Sie ist erst seit zehn Monaten hier. Matj Jelena stammt aus Woronesch. Ursprünglich hatte sie andere Lebenspläne, sie wollte Lehrerin werden. An der Philosophischen Fakultät der Staatlichen Universität studierte sie Russische Sprache und Literatur. Am Ende kamen ihr Zweifel. Sie dachte über den Sinn des Lebens nach. Ihre Mutter war eine gläubige Frau, ihr Vater stand der Kirche auch nicht ablehnend gegenüber. Um Seelenfrieden zu finden, ging sie in die Kirche. Dort traf sie eine junge Frau, die sich in seelischen Umständen ähnlicher Art befand. Die beiden wurden Freundinnen und beschlossen, Nonnen zu werden. Die Äbtissin gab ihr den Namen Jelena, nach einer Märtyrerin aus dem 1. Jahrhundert. Ihre Mutter war inzwischen gestorben, der Vater nahm die Nachricht von ihrem Übertritt ins Kloster mit Zurückhaltung auf. Nun besucht er sie häufig. Er ist 73 Jahre alt. Seit seiner Pensionierung macht er sich im Kloster nützlich. Seine Fähigkeiten als Ingenieur werden sehr geschätzt.

Das Kloster sei im 18. Jahrhundert zum ersten Mal erwähnt worden, erzählt mir Matj Jelena. Die Ursprünge lägen sicher viel weiter zurück. Die Bolschewiken hätten das Kloster geschändet und geschlossen. Schreckliche Verbrechen seien in den Jahren der Verfolgung begangen worden. Mit der Restaurierung sei 1993 begonnen worden, fünf Jahre später habe das Klosterleben wieder begonnen. Ob viele Touristen kämen, möchte ich wissen. Das Kloster sei schwer erreichbar. Deshalb hielten sich die Besucherzahlen in Grenzen, lautet die Antwort. Doch es kämen Menschen von weither, aus dem Zentrum und dem Osten Russlands, aus der Ukraine und von der Krim.

Matj Jelena hat eine angenehme Art, mit Menschen umzugehen. Sie doziert nicht. Man hört ihr gerne zu. Das Kloster zähle jetzt sechs Novizinnen, vier junge und zwanzig ältere Nonnen. Das Durchschnittsalter betrage 35 Jahre. Matj Jelena hat sich einen schwarzen Lammfellmantel übergeworfen. Dazu trägt sie feste Stiefel. In den Höhlen könne es kühl sein, meint sie, als wir über Treppen den Hügel hinaufsteigen. Über dem Eingang zur Höhlenkirche ist eine Ikone eingelassen. Sie zeigt den Prepodobnyj Serafim Sarowskij, den ehrwürdigen Heiligen und Wundertäter Serafim von Sarow. Er gehört zu den bedeutendsten Gestalten der neueren russischen Kirchengeschichte. Er war Beichtvater und geistlicher Erzieher der jungen Mönche. Mehrmals soll ihm die Mutter Gottes erschienen sein. Nach einer dieser Erscheinungen gründete er ein Nonnenkloster. Vom Volk wurde er wegen seiner Prophezeiungen und Wunderheilungen tief verehrt.

In der Neuzeit machte Serafim Sarowskij noch einmal unverhofft Karriere. Er wurde zum Schutzpatron der russischen

Atomanlagen und Atomwaffen befördert. Seine Einsiedlerzelle soll sich dort befunden haben, wo heute ein Kernforschungszentrum steht. Mir selbst liegt der Heilige nicht. Er mag zwar gütig zu den Schwachen gewesen sein, aber seine Askese, seine Strenge sich selbst und auch anderen gegenüber ist mir zu viel. An ihn würde ich mich nicht in der Not wenden. Wer weiß, was er mir auferlegen würde. Über dem Eingang der Kirche macht er allerdings, das muss ich zugeben, einen sympathischen Eindruck. Ikonen seien Fenster zur geistlichen Welt, lässt sich Matj Jelena neben mir vernehmen.

Wir schauen uns in der Kirche um. Sie wird nur durch Kerzen erleuchtet, die die Besucher in den Händen halten oder in den Ständern entzündet haben. Matj Jelena führt mich zu einem Heiligenbild. »Schauen Sie genau hin! Dies ist die Ikone der Mutter Gottes. Sie haben auf die Ikone geschossen. Nach der Oktoberrevolution war das. Die Bolschewiken wollten die Ikonen hinrichten, wie sie Menschen hingerichtet haben. Aber die Antlitze auf der Muttergottes-Ikone sind unversehrt geblieben.«

»Wann ist das geschehen?«

»Wir wissen es nicht genau. Wahrscheinlich auf dem Höhepunkt der Verfolgungen, in den dreißiger Jahren, vielleicht auch später. Es muss grausam zugegangen sein, wie bei den Christenverfolgungen in den ersten Jahrhunderten. Wenn wir hier weitergehen, dann kommen wir zu Höhlen, in denen sie die Mönche erschossen haben. Die Einschüsse der Gewehrkugeln sind noch zu sehen. Als das Kloster restauriert wurde, ist Sprengstoff gefunden worden. Offensichtlich wollte man die Höhlenkirche in die Luft jagen, vielleicht auch das ganze Kloster.«

Solche Pläne empören Matj Jelena ebenso wie die Morde. Dies sei eine der ältesten Klosterkirchen, sie sei Mandylion, dem von Menschenhand nicht gemalten Erlöser, gewidmet. Die Muttergottes-Ikone habe der Maler Schokarew, ein Mitglied der Moskauer Kunstakademie, Ende des 19. Jahrhunderts geschaffen. Sie sei nicht nur künstlerisch wertvoll, sondern habe auch Wunderheilungen bewirkt. Nicht einmal, sondern mehrere Male. Deshalb werde sie sehr verehrt.

Wir wandern über das Klostergelände. Matj Jelena möchte

mir weitere Höhleneinrichtungen zeigen; eine kleine Kapelle und Zellen, in denen früher Einsiedler, Satworniki, gelebt hatten. Ihnen war sogar das normale Mönchsleben zu weltlich. Sie setzten sich von ihren Brüdern ab und zogen sich in Höhlen und Erdlöcher zurück, um Buße zu tun und völlig im Gebet aufzugehen. Durch ein Loch in der Wand – Matj Jelena zeigt es mir – seien sie mit Speisen und Getränken versorgt worden, aber sie hätten kaum etwas zu sich genommen. Wo sie ihre Notdurft verrichteten, wage ich nicht zu fragen. Indes erfahre ich, dass die Satworniki im Vergleich zu den Stolbniki noch komfortabel lebten. Stolb heißt Säule und an solche oder auch an Felsen ließen sich Mönche viele Jahre, manchmal sogar ein Leben lang anketten, womit sie sich den einen oder anderen Eintrag ins Guinness-Buch der Rekorde verdient hätten. Als vom Volk anerkannte Säulenheilige machten sie dies nicht allein für ihr persönliches Seelenheil, sondern um die ganze Menschheit zu mahnen, Reue zu zeigen und Buße zu tun.

Gott sei Dank lässt Matj Jelena diese Strenge uns gegenüber nicht walten. Sie lädt uns zum Vesper ein; diesmal ohne Alkohol, aber von erlesener Güte, mit Frauengeschmack zubereitet. Der Tisch ist stilvoll gedeckt, mit Tee aus dem Samowar. Borschtsch mit saurer Sahne, Lachs, Püree, Pilze, Honig, dazu das beste Brot, das wir auf der ganzen Reise gegessen haben. Jungen Mädchen haben wir das kleine, aber vorzügliche Mahl zu verdanken. Als wir gehen, schauen sie uns hinterher. Unser Besuch scheint ihnen eine willkommene Abwechslung gewesen zu sein. Auch wir verlassen das Kloster mit guten Gefühlen. Wer etwas über das Klosterleben in Russland erfahren will, sollte bei Matj Jelena in Kostomarowo vorbeischauen.

Wir brechen zum Finale auf. Heute ist der letzte Drehtag unserer Winterreise. Bjelogorje soll den Schlusspunkt bilden. Nicht wegen seiner Höhlenklöster, davon haben wir genug, sondern wegen der Aussicht! Von hier soll es einen weiten Blick über den Don geben. Wir arbeiten uns durch das Städtchen Bjelogorje und gelangen in eine kleine Siedlung, den Chutor Kirpitschij. Der Weg wird zu einem Hindernisparcours. Kein Mensch ist zu sehen, bis auf Olga Michajlowna. Voller Interesse beobachtet sie vom Tor ihres Hofes aus unsere Manöver, durch Schlamm und tiefe Pfützen voranzukommen. Vor ihrer kleinen Hütte ist eine halbwegs feste Stelle. Wir halten kurz an.

Olga Michajlowna ist anzusehen, dass ihr das Leben nichts geschenkt hat. Die Deutschen sind ihr suspekt. Ihr Vater kam im Krieg um. Die Mutter musste mit Olga und ihren Geschwistern vor der Wehrmacht fliehen. Danach war es auch nicht einfach. Nun lebt sie allein. Siebzig Jahre habe sie auf dem Buckel, sagt sie. Nur ein Zahn ist ihr geblieben, ansonsten ist sie gut beisammen. Ihre Tochter wohnt am anderen Ende Russlands, auf Kamtschatka, zehntausend Kilometer von ihr entfernt. Sie hat ihr ein Fernsehgerät geschenkt. Über den Televisor verfolgt Olga Michajlowna seitdem das Geschehen in Russland und der Welt. Die Politiker kommen bei ihr gar nicht gut weg, am allerwenigsten der Kommunistenführer Sjuganow.

Mit ihrer Rente ist sie zufrieden. Mit 5500 Rubel komme sie hier auf dem Land gut hin. Allerdings ärgere es sie, dass sie andauernd höhere Preise zahlen müsse. Das habe es in der Sowjetunion nicht gegeben. Mehr Gutes könne sie aber über den Kommunismus nicht sagen. Mit Religion will sie nichts zu tun haben. Oben auf dem Berg hätten die Bolschewiken die »Christi-Auferstehungs-Kirche« abgerissen, die zum Höhlenkloster gehört habe. Das sei wohl in den dreißiger Jahren passiert. Die Steine seien für den Häuserbau verwendet worden. Wir könnten uns die Stelle anschauen. Es gebe da ein Schild.

Wir nehmen den Berg in Angriff. Hin und wieder stecken wir fest. Für einen Kleinbus ist der schlammige Hang nicht das passende Gelände. Aber irgendwie schafft es Jewgenij Petrowitsch, wieder freizukommen. »Russkaja smekalka«, lächelt er, wenn er für seine Fahrkünste gelobt wird. Mit »russische Gerissenheit« könnte seine Bemerkung übersetzt werden. Wir kommen zu der Stelle, wo einst die Kirche gestanden hat. Um für die Kamera freies Schussfeld zu haben, müssen wir gut dreißig Meter hinabsteigen. Wie in Diwnogorje über Glatteis, diesmal aber mit der reellen Chance, über die kleine Rampe hinauszuschießen und den Don über 180 Meter im freien Fall betrachten zu können.

Es geht gut. Stefan Tolz und dem Kamerateam reicht die Aussicht nicht. Sie wollen sich noch zu den Höhlen durchkämpfen.

158

Das Vergnügen schenke ich mir. Dafür gönne ich mir einen langen Blick auf den Don. Wie ein silbernes Band windet er sich durch das weite Land. Tausend Kilometer haben wir an seinen Ufern zurückgelegt. Tausend weitere liegen im Sommer noch vor uns.

Wer sind die Kosaken?

Zwischen Pawlowsk und Rostow schlägt der Don einen weiten Bogen nach Osten. Die M 4 macht diesen Schlenker nicht mit. Sie sucht den direkten Weg nach Süden, was für uns die Strecke zum Flughafen in Rostow auf 500 Kilometer verkürzt. Unser Kleinbus ist bis unter die Decke mit Gepäck vollgestopft. Selbst die Sitzplätze müssen wir mit Koffern teilen. Es nieselt. Die schmutzig-braunen Felder können unser Interesse nicht wecken. Getreu der alten Fußballweisheit »Nach dem Spiel ist vor dem Spiel« palavern wir über unsere Sommer-Drehreise. Der erste Teil des Films wird »Die Wiege Russlands« heißen, die Fortsetzung werden wir »Der Fluss der Kosaken« nennen. Aber wer sind die Kosaken?

Tina Bauermeister hat sich mit der Frage intensiv beschäftigt. In ihrem großen russischen Freundeskreis hat sie für jedes Problem, jedes Thema einen Experten, natürlich auch für die Kosakenfrage. Als stärkste Waffe führt sie die Tagebücher von Lew Tolstoi ins Gefecht. Daraus liest sie uns vor. 13. April 1857: »Die Zukunft Russlands sind die Kosaken, also Freiheit, Gleichheit und obligatorischer Wehrdienst.« 2. April 1870: »Die gesamte Geschichte Russlands ist von den Kosaken geschaffen. Selbst die Europäer nennen uns Kosaken. Die Leute wollen Kosaken sein.«

Ganz unumstritten sind die Kosaken nicht. Dafür sind sie zu ungebärdig, zu sehr auf ihre Freiheit aus. Darauf werde ich noch zu sprechen kommen. Aber gegen einen Gutachter vom Rang eines Lew Tolstoi ist schwer anzukommen. Er hat die Kosaken über Jahre studiert und seine Erkenntnisse in seiner Erzählung »Die Kosaken« mit viel Einfühlungsvermögen zum Ausdruck gebracht. Als Lektüre sehr empfehlenswert, darf ich an dieser Stelle einbringen.

Die von Tolstoi zitierten Europäer haben die Kosaken näher kennengelernt, als die Russen nach der Niederwerfung Napoleons in Paris einzogen. Die Kosaken hinterließen dabei bleibenden Eindruck. Da sie das Beutemachen liebten und sich in dieser Hinsicht unterwegs erfolgreich betätigten, kamen sie mit schönstem Schmuck in der französischen Hauptstadt an. Sie zeigten sich spendabel. Um hübsche Frauen zu erobern, setzten sie großzügig Juwelen ein. Den Pariserinnen soll die Galanterie gefallen haben. Auch als Liebhaber sollen sich die Kosaken bewährt haben, worauf ihre Nachfahren gerne hinweisen. Valide schriftliche Informationen liegen mir dazu nicht vor. In jedem Fall sollen ihre Trinkgewohnheiten die Pariser Bevölkerung zum Staunen gebracht haben. Selbst Parfümflaschen haben sie angeblich ausgesoffen.

Kulturell waren sie ebenfalls aktiv, mit nachhaltiger Wirkung. Sie haben die französische Sprache um den Begriff »Bistro« bereichert, der inzwischen in aller Welt bekannt ist. Da sie es stets eilig hatten, verlangten die Kosaken bei ihren Patrouillen und sonstigen Streifzügen durch Paris, schnell mit Nahrung versorgt zu werden. Das russische Wort für schnell ist »bystro«. Daraus ist dann in Frankreich die Bezeichnung »Bistro« für Schnellimbiss-Restaurants geworden, in denen man sich wegen ihrer gemütlichen Atmosphäre gerne auch etwas länger aufhält.

Nun hat sich der Kulturaustausch in jenen bewegten Jahren nicht einseitig vollzogen. Die Franzosen haben ihrerseits den Sprachschatz der Russen erweitert, was allgemein wenig bekannt ist. Als nach dem Brand von Moskau im bitteren Winter von 1812 die Truppen Napoleons zurückfluteten, suchten die abgerissenen und ausgehungerten Soldaten verzweifelt nach Brot. Mit »Cher ami« sprachen sie die russischen Bauern an, die sich den Begriff merkten und seitdem Vagabunden als »Scharamyshniki« bezeichneten. Ich gebe zu, den internationalen Imagewert von »Bistro« hat »Scharamyshnik« nicht erreicht. Hier hat Frankreich etwas nachzubessern.

Kosaken sind überall in Russland und in der Ukraine anzutreffen. Am Dnjepr, im Kaukasus und im Ural, in Sibirien, Fernost und Zentralasien, vor allem aber am Unterlauf des Don. Sie sind keine Nation. In ihnen mischt sich das Blut vieler Völker. Sie sind eine bunt zusammengewürfelte Gemeinschaft, in der die Idee von Freiheit und Unabhängigkeit von einer Generation zur anderen weitergegeben wird.

Der Name »Kosak« kommt aus der Turksprache und bedeutet so viel wie »freier Krieger«. Er taucht erstmals im 15. Jahrhundert auf. Damals wurde das heutige Russland samt der Ukraine immer noch in großen Teilen von der Goldenen Horde beherrscht, die der Mongolenführer Dschingis Khan zweihundert Jahre zuvor Richtung Westen losgeschickt hatte. Die Einigkeit unter den wilden Gesellen wurde im Laufe der Jahrzehnte immer brüchiger. Schließlich sagte sich eine tatarische Dissidententruppe vom Mongolenherrscher los und machte in den Regionen von Dnjepr und Don als Kosaken, als freie Krieger, Beute auf eigene Rechnung. Viel menschenfreundlicher als die Goldene Horde gingen sie bei ihren Überfällen auch nicht vor. Männer mussten Gegenwehr mit dem Leben bezahlen, Mädchen und junge Frauen wurden mitgenommen, um das chronische Frauendefizit auszugleichen. Michail Scholochow beginnt seinen Roman »Der stille Don« denn auch mit einem Kosaken, der aus dem Türkisch-Russischen Krieg eine Türkin mitbringt, deren Blut noch Generationen später charaktervoll nachwirken sollte.

Im Laufe der Zeit bekamen die Kosaken mehr und mehr Zulauf. Wer Freiheit suchte, flüchtete zu ihnen. Ob Leibeigene, die es nicht mehr aushielten, oder politisch Verfolgte, entsprungene Häftlinge oder entlaufene Soldaten, sie alle fanden Aufnahme bei den Kosaken. Anders als heute vielerorts brauchten sie Abschiebung nicht zu fürchten. »Vom Don gibt es keine Auslieferung«, verkündeten die Don-Kosaken. »S Dona wydatschi njet.« Die selbstbewusste und für die damalige Zeit unerhörte Einstellung sprach sich herum. So gab es ständigen Zuzug aus Litauen, aus Polen und den russischen Gebieten.

Was die Kosaken praktizierten, war der Zeit voraus, auch im Westen. Sie wählten ihren Anführer, den Ataman, selbst. Sie nahmen sich auch das Recht, ihn wieder abzusetzen, wenn er ihnen nicht passte. Sie schufen eine Militärdemokratie, die der russischen Autokratie im Staatsverständnis weit überlegen war. Als Krieger waren sie gefürchtet. Da sie feindselige Nomadenstämme ebenso in Schach hielten wie mongolische Horden, wurden sie für die etablierten Herrschaften jener Zeiten interessant. Die polnischen Könige sicherten ihnen Autonomie zu, dafür schützten ihnen die Kosaken die Grenzen. Der Deal hielt so lange, wie die Polen sich daran gebunden fühlten. Als sie versuchten, die Kosaken zu beherrschen, stiegen diese sofort aus. Daraufhin kamen die Russen mit ihnen ins Geschäft, was 1654 zu einem Vertrag führte. Der Zar garantierte den Kosaken die geforderte Freiheit, dafür verteidigten sie die Grenzen des wachsenden russischen Reiches, besonders im »wilden Feld«, den Steppengebieten im Süden und Osten des europäischen Russlands.

Für Moskau erwies sich der Vertrag mit den »freien Kriegern« als politischer Schachzug von weitreichender Bedeutung. Die Kosaken hielten Russland nicht nur ausländische Feinde vom Leib, sondern dienten auch als treibende Kräfte bei der Ausdehnung des Zarenreiches nach Süden Richtung Schwarzes Meer, in den Kaukasus, nach Zentralasien und Sibirien. Dass Russland zu einer riesigen Großmacht aufstieg, hat es nicht zuletzt den Kosaken zu verdanken. Aber es war nicht gut Kirschen essen mit ihnen, wenn sie ihre Unabhängigkeit gefährdet oder auch nur beeinträchtigt sahen.

Der Drang nach Freiheit und Ungebundenheit war auch intern stark ausgeprägt. Er kam im 17. Jahrhundert in dem Beschluss einer Kosakenversammlung zum Ausdruck: »Wer am Don pflügt, wird erschlagen.« An Eindeutigkeit und Entschlossenheit fehlte es der Erklärung nicht, aber an Klugheit. Die Kosaken waren Herren über ein Land von seltener Fruchtbarkeit. Es nicht zu nutzen war Vergeudung. Mitte des 18. Jahrhunderts hatten sie das verstanden. Sie begannen, Ackerbau und Viehzucht zu betreiben, was ihnen zu beträchtlichem Reichtum verhalf, aber auch zu sozialen Unterschieden führte. Dem inneren Frieden tat das nicht gut. Vorher waren sie alle gleich gewesen.

Reibungslos funktionierte die Interessenunion zwischen Zarenreich und Kosaken nicht. Der Staatsmacht waren die Grenzwächter nicht geheuer. Auch sie versuchte, die Kosaken zu zähmen, sie unter Kontrolle zu bringen. Aufstände waren die Folge. Legendäre Rebellen wie Stepan Rasin (1630–1671) und Jemeljan Pugatschow (1742–1775) brachten die russischen Truppen in große Bedrängnis. Am Ende unterlagen sie ihrem Größenwahn und der gegnerischen Übermacht. Beide wurden hingerichtet, beide leben aber in Liedern sowie in Poesie und Prosa weiter. Dank Puschkins »Hauptmannstochter« hat es Pugatschow zu Weltruhm gebracht. Lieber wäre er allerdings Zar geworden.

Zar Peter I., der sich mit Gott und der Welt anlegte, um sich und Russland groß zu machen, ging auch mit den Kosaken in den Clinch. Er nahm ihnen nicht die Freiheit, schränkte diese aber ein, indem er staatliche Verwalter einsetzte, was in den Steppendörfern als unziemliche Einmischung angesehen wurde. Ständig gab es deswegen Reibereien. Katharina die Große ging noch ein Stück weiter. Sie wandelte das freie Kosakentum in eine privilegierte Kriegerschicht um. Damit war die Einbindung in den Staat vollzogen. Die Zarin zeigte sich dafür erkenntlich. Sie legte sich eine kosakische Leibgarde zu. Die Rechte und Pflichten der Kosaken ließ sie festlegen und in Urkunden dokumentieren, die heute einen Ehrenplatz im Kosakenmuseum von Nowotscherkassk haben. Offiziere erhielten gleiche Rechte wie der Landadel, der einfache Kosak die eines russischen Soldaten. Die Selbstverwaltung blieb ihnen erhalten. Dass sie weiter ihre eigene Obrigkeit, ihren Ataman, wählen konnten, hob sie im Vergleich zu den anderen Untertanen deutlich hervor.

Der Schriftsteller Nikolai Gogol hat das Kosakentum in der ersten Hälfte des 19. Jahrhunderts lange studiert und dann so beschrieben: »Es entstand ein Volk, das nach Glauben und Wohnort zu Europa gehört, indes nach seiner Lebensweise, seinen Bräuchen und seiner Kleidung ganz und gar asiatisch ist. In den Kosaken sind zwei gegensätzliche Teile der Welt, zwei unterschiedliche Elemente aufeinandergestoßen: europäische Vorsicht und asiatische Sorglosigkeit, Einfachheit und Schläue, heftige Aktivität und größte Faulheit, ein Streben nach höchster Entwicklung und gleichzeitig der Wunsch, so zu erscheinen, als verachte man jegliche Vollkommenheit.«

Dem Zaren waren die Kosaken treu ergeben, seinen Beamten standen sie weiter reserviert gegenüber. Ihre Renitenz wurde den Kosaken nachgesehen, weil sie militärisch gegen Aufrührer oder feindliche Armeen gebraucht wurden und ihre Sache außerordentlich erfolgreich machten; im Siebenjährigen Krieg gegen die Preußen, gegen Napoleon, gegen die Türken und im Ersten Weltkrieg.

Ihre große Tragödie erlebten die Kosaken dann im Bürgerkrieg nach der bolschewistischen Oktoberrevolution. Als Monarchisten sympathisierten sie mehrheitlich mit den Weißen, aber ein beträchtlicher Teil kämpfte auch aufseiten der Roten. Da sie ihren Freiheitswillen nicht verloren hatten, kam es zu Seitenwechseln, wenn man sich hüben oder drüben ungerecht behandelt fühlte. Als der Bürgerkrieg vorbei war, flohen Zehntausende Kosaken ins Ausland. Ihre Heimat war verwüstet, viele Familien wurden ausgelöscht. Das Verhältnis zwischen Sowjetregime und Kosaken blieb von Misstrauen geprägt. Die Zwangskollektivierung, von der auch sie hart getroffen wurden, verstärkte bei vielen die Abneigung gegenüber der neuen Macht.

Die Spaltung setzte sich fort. Hin- und hergeworfen von Patriotismus und Freiheitsdrang wurden unterschiedliche Wege eingeschlagen. Im Zweiten Weltkrieg gehörten Kosakeneinheiten zur Elite der Roten Armee. Andere hatten sich hingegen von den Nazis einreden lassen, sie könnten mithilfe Deutschlands ihre Unabhängigkeit wiedererlangen. Sie wurden betrogen und am Ende von den Westalliierten an Stalin ausgeliefert. Als Verräter wurden sie furchtbar bestraft. Dieses Kapitel ist noch nicht aufgearbeitet.

Es hat aufgehört zu regnen. Am Himmel türmen sich gewaltige Wolkengebilde auf. Ab und an kommt die Sonne durch. Die Kahlheit der Felder unterstreicht die Weite des Landes. Der offene Kritiker des Zarenregimes, der ins Exil gedrängte Schriftsteller und Publizist Alexander Herzen fällt mir ein. Er hat Russland als eine Welt beschrieben, die nach allen Seiten auseinanderstrebt. Nicht schlecht beobachtet, finde ich.

Vor dem Zoll auf dem Flughafen in Rostow sind wir gewarnt worden. Bürokratisch, wenig freundlich. Die Halle ist klein, der Andrang groß. Mit unserem Riesengepäck sorgen wir für einen Stau. Wir möchten unsere Filmkassetten nicht durchleuchten lassen. »Nicht gefährlich!«, muntert uns die Kontrolleurin auf. Das stimmt im Allgemeinen, aber wir bleiben misstrauisch. Wer weiß, wie alt die Geräte sind. Nachher sind die Aufnahmen beschädigt oder gar futsch. Wir versuchen die Beamtin zu überzeugen. Vergeblich! Sie hält uns für beschränkt. Natürlich passiere dem Material nichts. Sie müsse wissen, was in den Kassetten stecke. Dafür sitze sie schließlich hier.

Wir bleiben stur. Der Chef wird geholt. Er bittet mich in sein

Büro. Ich zeige ihm meine Akkreditierung. Er bleibt reserviert. Dann erzähle ich ihm vom Kulikowo Polje, von Dmitrij Donskoj. Er holt eine Schachtel Konfekt. Ich erzähle von Jasnaja Poljana und Tolstoi. Die Sache ist gelaufen. Die Durchleuchtung sei tatsächlich ungefährlich, meint der Chef, aber wir dürften das Filmmaterial unkontrolliert ausführen.

»Sind Sie Kosak?«

»Ja, ich bin Kosak.«

Alles klar!

Sommer

Auf den Spuren von Michail Scholochow

Bei Regen hatten wir Rostow verlassen, bei Regen kehren wir zurück. Sage einer, in Russland herrschten keine stabilen Verhältnisse! »Tauwetter haben wir im Sommer wenigstens nicht zu befürchten«, versucht mich Stefan Tolz aufzuheitern. Sein Sarkasmus will bei mir nicht ankommen. Als unser Flugzeug die dichte Wolkendecke durchbricht, sehe ich zwischen den Feldern große Wasserlachen. Das Getreide macht einen niedergedrückten Eindruck. An Niederschlag scheint es bislang im russischen Sommer nicht gefehlt zu haben.

Beim Zoll sieht es zunächst trübe aus. Trotz vorheriger Anmeldung, trotz detaillierter Auflistung unserer Ausrüstung scheinen unsere zwanzig Gepäckstücke nicht in das russische Regelwerk zu passen. Die Zöllnerinnen und Zöllner versuchen uns zu helfen und finden eine Lösung. Jeder von uns soll vier Gepäckstücke übernehmen und den Inhalt in der Zollerklärung beschreiben. Wir fragen nicht lange nach dem Sinn, sondern machen uns ans Werk. Da wir den Kisten von außen nicht ansehen, was in ihnen steckt, einigen wir uns auf Pauschalangaben, bei allen gleichlautend: Kamera- und Tonzubehör, Lampen, Stativ. Dem Gesetz ist offenbar Genüge getan, der Zoll ist zufrieden. Gemeinsam mit uns hat er den Vorschriften ein Schnippchen geschlagen. «Russkaja smekalka«, wieder einmal! Nach der Papierlage haben wir jetzt zwar fünf Stative und ein Lampenarsenal im Gepäck, mit dem wir halb Rostow ausleuchten könnten, aber wir können passieren. Spassibo! Danke!

Jewgenij Petrowitsch und Igor Nedoresow nehmen uns in Empfang. Damit alles gut geht, begrüßen sie uns mit einem Wodka. Darauf trinken wir gerne. Auch sonst ist unser Vorkommando bestens gerüstet. Verpflegung und Getränke sind ausreichend an Bord. Jewgenij hat die Ladekapazitäten seines Kleinbusses mit einem Anhänger erweitert. So können wir unser Gepäck bequem unterbringen. Jewgenij oder Shenja, wie er mit der russischen Vorliebe zum Diminutiv genannt wird, weiß, worauf es uns ankommt. Über zwei Jahrzehnte hat er zunächst als Toningenieur und später als Kameramann für das ARD-Studio Moskau gearbeitet, oft unter schwierigsten Umständen. Das ganze Land hat er bereist, von der Ostsee bis Kamtschatka. Kriege und Bürgerkriege hat er in vorderster Frontlinie gefilmt – im Baltikum, im Kaukasus, in Zentralasien und Afghanistan. Einen besseren Fahrer hätten wir uns nicht wünschen können. Immer freundlich, immer im Bilde!

Was hat es nun mit dem Diminutiv auf sich? Aus Jewgenij wird Shenja. Doch das ist nicht die einzige Variante dieses Namens. Shenetschka, Shenjula, Sheka und Shekulja sind auch noch drin. Alle Namen erfahren zärtliche Abwandlungen. Aus Alexander kann Sascha, Saschenka, Saschok, Sanja, Schura, Schurik und Schurotschka werden. Gegenstände werden mit Wonne verniedlicht. Der Schnaps wird zum Wodotschka, was so viel wie Wässerleinchen bedeutet und außerordentlich harmlos klingt. Der Hang zum Diminutiv mag sich als Reflex auf das früher manchmal unerträglich raue Leben entwickelt haben. Wenn es außen hart zuging, wollte man es wenigstens im Familien- und Freundeskreis freundlich und zärtlich haben.

Dass diese Neigung auf dem Land stärker ausgeprägt war als in der Großstadt, ist bei Tolstoi besonders gut zu beobachten. Die ländlichen Rostows gehen im Roman »Krieg und Frieden« mit vielen Verniedlichungen weit liebevoller miteinander um als die städtischen Bolkonskijs aus Petersburg. Was für uns Kleinkindernamen sind, bleibt fürs Leben. Jewgenij Petrowitsch ist bereits im Rentenalter, wird aber weiter Shenja gerufen, zu Deutsch »Eugenchen«. Seiner Autorität tut die Verniedlichung keinen Abbruch. Umgekehrt nennen erwachsene Kinder weiter ihre Eltern Mama und Papa. Als Matj und Otjez werden Mutter und Vater in Russland so gut wie nie angesprochen. Das klingt zu streng und ohne Zuneigung.

Igor Nedoresow geht mit uns Geld tauschen. Er kennt sich in unserem Geschäft gut aus. Mit dem deutschen Fernsehen hat er reichlich zu tun gehabt. Das brachte ihm ein Jahr Tschetschenien-Krieg am Stück ein, wo er auch Teams aus anderen Ländern betreute. Mit seinem Organisationstalent als Producer und seiner Übersicht in kritischen Situationen verschaffte er sich einen guten Namen in der internationalen Szene. Igor hat Fernsehjournalismus im damaligen Leningrad studiert, anschließend war er für zwei Jahre als Austauschstudent in Deutschland. Als er in die Heimat zurückkehrte, gab es die Sowjetunion nicht mehr und aus Leningrad war wieder St. Petersburg geworden, was von Igor in beiden Fällen sehr begrüßt wurde. Er arbeitete fortan in der Produktionsfirma eines Freundes, die vorwiegend für ausländische Sendeanstalten tätig wurde, insbesondere die ARD. So sind wir mit ihm in Kontakt gekommen. Auf der Winterreise war er in Woronesch zu uns gestoßen. Anschließend bereitete er die Sommerreise vor, nachdem er zusammen mit Stefan Tolz die in Aussicht genommenen Drehorte inspiziert hatte.

Producer haben kein leichtes Leben. Sie haben sicherzustellen, dass die Logistik stimmt, die Absprachen und der gesamte Drehplan eingehalten werden. Igor bringt für diese Aufgabe alle notwendigen Voraussetzungen mit. Wortgewandt und mit sicherem Instinkt ausgestattet, gelingt es ihm selbst bei bärbeißigen Funktionären, Ablehnung in Zustimmung zu verwandeln. Auch wenn es sachlich nicht erforderlich ist, geht er bei Frauen – mögen sie jung oder reiferen Alters sein – immer in die Vollen, um sie mit Charme und Witz zu umschmeicheln. So bleibt er im ständigen Training, seine Überredungskünste auszufeilen. Seine Fähigkeiten kommen unserem Film sehr zugute.

Als wir losfahren, regnet es nicht mehr. Der Wodka hat offenbar gewirkt. Unser Ziel ist Wjoschenskaja, der Heimatort von Michail Scholochow. Sein Roman »Der stille Don« war der Auslöser unserer Drehreise. 450 Kilometer haben wir zurückzulegen. Die Straßen sollen in gutem Zustand sein. Überwiegend bewegen wir uns auf der M 4 nach Norden. Die Strecke ist uns von der Winterreise her vertraut. Jetzt sieht es ringsum viel freundlicher aus als im verregneten Februar. Zu unserer freudigen Überraschung hat das Wetter eine zauberhafte Wandlung durchgemacht, als sei schlagartig aus einem unansehnlichen Frosch ein bildschöner Prinz geworden. Die Sonne scheint. Der Himmel leuchtet strahlend blau. Nicht eine Wolke ist zu sehen. An den Straßenrändern werden links und rechts Obst und Gemüse angeboten. Trockenfisch hängt an Schnüren im Wind. Was wir sehen, verheißt schöne Bilder auf unserer Drehreise. In unserem Kleinbus herrscht gehobene Stimmung.

Ortsnamen tauchen auf, die ich aus dem »Stillen Don« in Erinnerung habe. Das Städtchen Millerowo war im Roman ein wichtiger Knotenpunkt während des Bürgerkrieges. Heute markiert es für uns die Abzweigung nach Wjoschenskaja. Im goldenen Abendsonnenschein wirkt das Grün der Felder und Bäume nach dem langen Regen tief gesättigt. Kleine Dörfer und Siedlungen kuscheln sich, so scheint es mir, in den Senken der welligen Landschaft zur Nachtruhe. Was ich sehe, passt auf die Beschreibungen von Michail Scholochow. Es fehlen nur die Kosaken und die Pferde. Wenn man von der asphaltierten Straße absieht, scheint hier die Zeit stehen geblieben zu sein. Autos sind uns seit geraumer Zeit nicht mehr begegnet.

Ein Denkmal erinnert uns daran, dass wir uns im Land der Kosaken befinden. Kühn schauen Ross und Reiter in die Weite. Nicht weit entfernt davon breitet ein Adler auf einem Denkmal seine Schwingen aus. 1984, im Todesjahr von Scholochow, war das Monument aufgestellt worden. Der Künstler hatte sich von dem Sowjetschriftsteller Alexander Serafimowitsch inspirieren lassen. In einem Gedicht lässt Serafimowitsch das lyrische Ich durch die Steppe streifen und einen Adler beobachten, der sich mit kraftvollem Flügelschlag von einem Hügel erhebt. Bei diesem Anblick von Größe kommt ihm Scholochow in den Sinn, der wie ein junger Adler seine Schwingen über die Steppen ausgebreitet und das Geschehen unter ihm mit Adleraugen in sich aufgenommen habe.

Wir überqueren den Don und sind in Wjoschenskaja angelangt. Inzwischen ist es dunkel geworden. Ein kleiner Selbstbedienungsladen hat noch geöffnet. »Tscharodejka« heißt er, »kleine Zauberin«. Ein Wunderkasten ist er nicht, aber er wird unseren Ansprüchen gerecht. Wir füllen unsere Bestände auf. Kamerateams gehen immer auf Nummer sicher. Auf Reisen finden Dreharbeiten selten in der Nähe von Restaurants statt. Oft bleibt nur Zeit für einen Schnellimbiss im Auto. Dafür etwas in petto zu haben ist ein Gebot der Erfahrung.

Vom Stadtbild erkennen wir zu dieser Stunde wenig. Dass es auf den Straßen lebhaft zugeht, ist hingegen nicht zu übersehen.

Die Luft ist lau. Die Menschen promenieren oder stehen in Grüpp-
chen herum. Irgendwo wird gesungen. Musik schallt uns entgegen, als wir am Wjoschenskij-Sanatorium haltmachen. Früher
gehörte es dem Staat, heute einer offenen Aktiengesellschaft, einer OAO, was für »Otkrytoje Akzionernoje Obschtschestwo«
steht. Das Kürzel wird uns noch oft begegnen.

Die Gäste sind hier, um sich von Magen-, Leber-, Nerven-
und Frauenleiden kurieren zu lassen. Das Sanatorium sitzt auf
kostbaren Quellen, deren Wasser den Patienten zur Heilung
verhelfen. Die Wirkung können wir gleich bei unserer Ankunft
beobachten. Voller Schwung drehen sie sich zu den Klängen der
Musik, weder ihre Gebrechen noch ihr Alter achtend. Dies sei
Teil der Therapie, bekommen wir zu hören. Wir glauben es
gerne, entziehen uns aber der Aufforderung, die sich inzwischen
lichtenden Reihen der Tanzenden aufzufüllen. Erst einmal müssen wir unser Gepäck auf die Zimmer schaffen. Danach ist uns
weniger nach Tanz als nach einem Bier der vertrauten Marke
»Baltika« zumute, was uns nach der langen Reise gut bekommt.

Die Unterkunft gefällt uns. Da im Land der Kosaken das Al-
ter noch geehrt wird, erhalte ich ein Zimmer im sogenannten
Präsidentenflügel. Wladimir Putin soll hier übernachtet haben,
als er noch Chef im Kreml war. Ob er hier auch gespeist hat, ist
nicht zu erfahren. Uns wurde der fürsorgliche Rat gegeben, das
Essen besser andernorts einzunehmen. So finden wir uns zum
Frühstück im Café »Pogrebok« ein, zu Deutsch »Kellerchen«.
Der Eingang ist leicht zu übersehen, aber der Eintritt lohnt sich.
Er führt über ein paar Stufen in ein gemütliches Verlies, in dem
junge Frauen schmackhafte Speisen zubereiten.

Wir wählen zum Auftakt Spiegeleier nach armenischer Art,
mit weich geschmorten Tomaten, süßer Paprika, viel Petersilie
und Pfeffer. Das Gericht wird uns vom Personal als Diätspeise
empfohlen, was uns ermutigt, zusätzlich Bliny und Pelmeni zu
ordern. Die Qualität ist bei allen Speisen überzeugend. Nach
einmütigem Beschluss werden wir das Lokal in den nächsten
Tagen nicht wechseln, zumindest nicht für das Frühstück. Viel
Zeit können wir uns nicht lassen. Wir haben eine Verabredung
mit Alexander Michajlowitsch Scholochow, dem Enkel von
Michail Scholochow. Am Ufer des Don wollen wir uns treffen.

173

Obwohl es noch keine zehn Uhr ist, nähert sich das Thermometer der 30-Grad-Grenze. »Im Juli normal in Südrussland!«, meint Alexander Michajlowitsch zur Begrüßung. Er sieht seinem Großvater verblüffend ähnlich, wie ich finde.

Wir stehen an einem mächtigen Denkmal. Es stellt eine Schlüsselszene aus dem Roman »Der stille Don« dar. Der junge Kosak Grigorij ist in Liebe zur schönen Axinja entflammt. Unglücklicherweise ist sie bereits verheiratet, und zwar mit dem Nachbarn der Familie. Doch dieser Tatbestand kann Grigorij nicht aufhalten. Das Denkmal zeigt ihn, wie er hoch zu Pferde versucht, Axinja den Weg zu versperren. Sie, eine selbstbewusste Kosakin, lässt ihn zunächst abblitzen. Von ihrem Ehemann schlecht behandelt, erliegt sie schließlich doch Grigorijs Werben. Die Dorfbewohner wären darüber hinweggegangen. Beziehungen dieser Art gibt es immer wieder, zumal die Ehemänner oft lange im Krieg oder in Manövern unterwegs sind, wie in diesem Fall Axinjas Ehemann. Aber diese Affäre ist anders.

»Wäre Grigorij heimlich zu Axinja gegangen, hätte auch sie ihr Verhältnis für sich behalten, so wäre daran nichts Besonderes gewesen. Das Dorf hätte darüber gesprochen, wäre aber bald verstummt. Sie lebten aber miteinander, ohne es zu verheimlichen. Etwas Mächtiges verband sie, etwas, was keinem kurzen Verhältnis ähnlich sah«, heißt es dazu im »Stillen Don«.

Eine dramatische Beziehung entwickelt sich. Leidenschaftliche Liebe wechselt mit bitterer Trennung und auch kalter Abkehr, wenn Gefühle, vor allem der Stolz, verletzt werden. Es geht, man ahnt es gleich, am Ende nicht gut aus. Das persönliche Drama steckt wie eine Puppe in der Puppe in anderen Tragödien, die sich im Dongebiet und ganz Russland austoben, beginnend mit dem Ersten Weltkrieg und sich fortsetzend mit dem Bürgerkrieg, der mit besonderer Brutalität am Don wütet. Mit seinem Freiheits- und Wahrheitsdrang findet Grigorij alle Parteien abstoßend. Aber ein Kosak, der aufhört zu kämpfen, ist kein Kosak mehr. So kämpft er weiter, von den Weißen zu den Roten wechselnd, von den Autonomisten zu den Anarchisten. Axinja macht ein ähnliches Schicksal durch. Von Grigorij zeitweise verlassen, geht sie andere Beziehungen ein. Doch sie finden wieder zueinander.

Inzwischen ist ihre Heimat verwüstet, einer nach dem anderen in den Familien umgekommen. Grigorij und Axinja wollen sich nach Osten zu den Kuban-Kosaken durchschlagen, um ein neues Leben zu beginnen. Auf der Flucht werden sie beschossen. Sie wird getroffen und verblutet in seinen Armen. »Schweigend küsste er sie auf die kalten, vom Blut salzigen Lippen, legte sie behutsam ins Gras und stand auf. Er zog den Säbel aus der Scheide und begann ein Grab auszuheben. Keine Minute Ruhe gönnte er sich, aber es verging viel Zeit, bis ihm der Rand der Grube bis an die Hüften reichte. Er beerdigte Axinja bei grellem Morgenlicht. Als sie in der Grube lag, faltete er ihr die sonnenverbrannten, im Tode erblassten Hände über der Brust und bedeckte ihr Gesicht mit dem Kopftuch, damit die Erde nicht in die halb offen stehenden Augen fiel, die starr in den Himmel blickten und bereits glasig wurden. Er nahm von ihr Abschied und wusste, dass sie nicht lange getrennt sein würden.«

Wir wandern um das Denkmal. Hoch über dem Fluss stehend, passt es sich nach meinem Geschmack gut in die Umgebung ein. Zunächst war es in Rostow aufgestellt worden. 1997 wurde es in einer Nacht-und-Nebel-Aktion von Rostow nach Wjoschenskaja transportiert, wo es von Anfang an stehen sollte. Entsprechend dem vorgesehenen Platz am Fluss hatte es der Künstler geschaffen. Alexander Michajlowitsch macht mich auf einen Kratzer an der Furaschka von Grigorij, seinem Kosakenkäppi, aufmerksam. Die Gestalten seien zu wuchtig gewesen, so der Scholochow-Enkel. Deshalb habe man sie getrennt. Auf einem Tieflader sei Axinja, auf einem anderen Grigorij samt Pferd transportiert worden. Seine Figur habe an allen Ecken hervorgeragt, was ein Autofahrer nicht ganz mitbekommen habe. Er sei mit seinem Wagen gegen den Kopf von Grigorij geknallt. »Der Schaden am Denkmal war unerheblich, das Auto hingegen Schrott. Der Fahrer soll betrunken gewesen sein.«

»Gefällt Ihnen das Denkmal?«

»Mir gefällt das Denkmal. Aber es gibt auch andere Stimmen. Den einen ist es zu realistisch, den anderen fehlt das Heldenhafte. Die Meinungen gehen insbesondere auseinander, was die Darstellung der Axinja angeht. Im Film ist sie von einer ziemlich schlanken Schauspielerin gespielt worden. Hier sehen wir sie als echte Kosakin, als schwer arbeitende Bäuerin und nicht wie ein junges Fräulein im Internat. Die realistische Darstellung passt meiner Meinung nach.«

Ich habe nichts dagegen. Wenn ich das Denkmal betrachte, dann kommen Axinja und Grigorij den Vorstellungen sehr nahe, die ich mir von den beiden bei der Lektüre des Romans gemacht habe. So wie Grigorij auf seinem Pferd sitzt, mit herausforderndem Lächeln und seiner von der türkischen Großmutter geerbten Hakennase, das entspricht durchaus der Romanfigur. Das gilt auch für Axinja. Sinnlich und kraftvoll ist sie wie bei Scholochow auch als Denkmalsfigur dargestellt.

Der Film, den Alexander Michajlowitsch erwähnte, hat nicht nur wegen der schlanken Axinja für Verwirrung und Streit gesorgt. Der russische Regisseur Sergej Bondartschuk, der 1968 für sein Filmepos »Krieg und Frieden« einen Oscar erhalten hatte, wollte sich mit Scholochows »Der stille Don« ein weiteres Denkmal setzen. Das war Ende der achtziger, Anfang der neunziger Jahre. Damals war der russische Film bankrott. Bondartschuk brauchte Hilfe und ging deshalb mit einem italienischen Produzenten eine Koproduktion ein. Für die beiden Hauptrollen wurden zwei Stars aus dem Westen engagiert, Rupert Everett und Delphine Forest.

Waren die Dreharbeiten schon schwierig, wurde es danach erst recht ein Horror. Der Rohschnitt verschwand in Rom, der Produzent ging bankrott. Der Regisseur verzweifelte und starb. Seinem Sohn gelang es über zehn Jahre später, das Mammutwerk loszueisen, zu bearbeiten und 2006 im russischen Fernsehen als Achtteiler zur Ausstrahlung zu bringen. Das war aber nicht das Happy End der Story. Die Kosaken waren empört. Am Don kam es fast zum Aufstand. Dass die Hauptrollen von Ausländern gespielt wurden, fanden die Kosaken skandalös. »Sollen sie doch ihresgleichen spielen und nicht in unseren Seelen herumkriechen«, schimpfte Ataman Nikolaj Kossizyn. »Wenn man einer Kuh einen Sattel aufsetzt, bleibt sie trotzdem eine Kuh.« Dass ihr Idol, der Macho-Kosak Grigorij, von einem bekennenden Homosexuellen gespielt wurde, hätte fast zu einem Sturm des Fernsehzentrums geführt. »Wie kann ein schwuler Mann, der nicht weiß, was eine Frau ist, eine Liebesszene spielen?«, fragte ein fassungsloser Kosakenhauptmann. Rupert Everett konnte es wohl, denn der Film wurde trotz der Proteste von einem großen Publikum gesehen.

Dennoch gilt in Russland der »Stille Don«, wie er 1957/58 von Sergej Gerassimow verfilmt wurde, weiter als unerreicht. Dies liegt nicht zuletzt an den damaligen Hauptdarstellern. Die Rolle des Grigorij ließ Gerassimow den sowjetischen Superstar Pjotr Glebow spielen, ein pracht- und kraftvolles Mannsbild und als solcher Schwarm aller Frauen zwischen Leningrad und Wladiwostok. An seiner Seite spielte die hinreißende Elina Bystrizkaja die Rolle der Axinja. Mit dieser Besetzung konnte nichts mehr schiefgehen. Aus der Sicht der Kosaken hatte die Hauptdarstellerin dennoch einen kleinen Makel. Sie war Jüdin. Aber diese Stichelei kam nicht an. Dafür wurde Elina Bystrizkaja zu sehr vom ganzen Volk angehimmelt. 1999 wurde sie in Russland unangefochten zur schönsten Frau des 20. Jahrhunderts gewählt.

»Welche Dörfer hatte Scholochow vor Augen, als er das Milieu seines Romans beschrieb?«, möchte ich von Alexander Michajlowitsch wissen.

»Scholochow legte Wert auf Genauigkeit. Er beschrieb die Orte der Handlungen bis ins kleinste Detail. Dafür hatte er zwei Prototypen in unserer Nähe: den Chutor Semjonowskij, der direkt am Don liegt, und die Staniza Karginskaja, die er besonders gut kannte, weil er seine Kindheit und Jugend dort verbrachte. Beide verschmolz er zu einem Dorf namens Tatarsk. Dieses gibt es tatsächlich, liegt auch am Don, ist aber nicht mit dem Dorf Tatarsk im Buch identisch.«

»Spielt der Roman heute noch eine Rolle?«

»Ganz sicher! ›Der stille Don‹ ist eine Enzyklopädie für Geschichte, Kultur und Natur. In unserem Museum finden interdisziplinäre Tagungen statt. Dabei werden wissenschaftliche Forschungsergebnisse vorgestellt. Die Astronomen ließen uns wissen, dass Scholochows Beschreibungen des nächtlichen Himmels absolut genau sind. Die Position der Sterne hat er präzise niedergeschrieben, zu welchem Monat und zu welcher Zeit auch immer. Der Roman ist ein Nachschlagewerk zur Geschichte, zu den Sitten und zum Alltag der Kosaken.«

»Gibt es denn noch Kosaken wie Grigorij und Axinja?«

»Ja, zweifellos finden Sie heute noch Frauen wie Axinja oder Männer wie Grigorij. Der Boden bleibt hier ein Schmelztiegel der Sprachen und Ethnien. Hier vermischen sich seit alters her die Stämme, angefangen von den Skythen und Slawen bis zu den Russen und Kaukasiern. Und Menschen mit türkischen Gesichtszügen vom Typ Grigorij, die wir Turkowatyj nennen, gibt es heute auch noch. Dennoch ist die Zeit nicht stehen geblieben. Die Menschen hier achten auf die Traditionen. Sie lieben ihre Vorfahren, wie sie von Scholochow beschrieben wurden, aber die Kosaken von heute sind auch moderne Menschen.«

»Was unterscheidet den Don von den anderen großen russischen Flüssen?«

»Was die Länge und die Breite angeht, ist der Don ein kleiner Bruder der Wolga, des Jenissej, der Lena und des Amur, besonders im Vergleich zu den sibirischen Strömen, die fast schon Meere sind. Aber nicht die Größe ist entscheidend, sondern die Kultur und die Geschichte. In dieser Hinsicht ist der Don den anderen Flüssen überlegen. Es beginnt schon nahe der Quelle auf dem Kulikowo Polje, wo vor 600 Jahren die Weichen für die damalige Welt gestellt wurden. Wenn Dmitrij Donskoj nicht den Mongolen-Khan Mamaj besiegt hätte, dann hätte die Goldene Horde Europa überfallen. Der Westen war damals nicht stark genug, um die Mongolen zurückzuschlagen. Europa hätte später nicht mehr die Kraft gehabt, die restliche Welt zu erobern. So wäre Amerika wohl kaum von Christoph Kolumbus entdeckt worden. Die Geschichte der Welt hätte sich anders entwickelt.«

Vom Don aus betrachtet, sieht der Lauf der Weltgeschichte eben ganz anders aus als aus unserer westlichen Perspektive. So müssen wir zugeben, dass es hier kulturell viel früher losging als in Deutschland. Lange bevor die Römer den Germanen die Zivilisation brachten, siedelten bereits griechische Einwanderer aus Milet am Unterlauf des Don, dem sie den Namen »Tanais« gaben. Das war etwa um 500 v. Chr., als in unseren Breiten an ehrwürdige Städte wie Köln, München und Hamburg noch lange kein Denken war; an Berlin schon gar nicht.

»Woher hat der Don seinen Namen? Mit ›Tanais‹ hat der heutige Name ja wohl nichts zu tun.«

»Das ist noch nicht ganz klar. Entweder von den iranisch sprechenden Skythen oder den osteuropäischen Kelten. Beide Völker gehören zu den Indogermanen. Das Wort ›Danu‹ bedeutete bei den Skythen wie bei den Kelten ›Fluss‹. Von daher leiten sich auch die Namen für den Dnjepr und die Donau ab. Alle haben denselben Ursprung.«

»Aber nach den Griechen verschwand der Don doch bald in der Versenkung der Geschichte?«

»Das stimmt nicht. Der Don galt lange als die Grenze zwischen Asien und Europa. Der römische Geschichtsschreiber Plinius hat ihn kurz nach Christus so beschrieben. Für uns, aber auch für die Entwicklung Europas bekam der Fluss dann seine überragende Bedeutung, als Peter der Große die Türken über den Don zurückdrängte und Russland ans Schwarze Meer brachte, nicht zuletzt mithilfe der Kosaken.«

Mir ist warm geworden. 35 Grad im Schatten dürften inzwischen erreicht worden sein. »So wird es vorerst bleiben«, meint Alexander Michajlowitsch. Am liebsten würde ich mich wie die Badegäste unter uns am Strand in die Fluten des Don stürzen, aber wir haben noch viel zu erledigen. Zunächst wollen wir nach Tatarsk auf der anderen Seite des Flusses fahren. Hier hat Bondartschuk seinen Film gedreht, von hier sollen – wie Stefan Tolz auf seiner Recherchereise erkundet hat – Bilderbuchaufnahmen über das Dorf hinweg vom Don zu machen sein.

Unterwegs schaue ich mir noch einmal die Unterlagen über Scholochow und den »Stillen Don« an. Der Streit um die Autorenschaft will nicht zur Ruhe kommen, insbesondere nicht im Westen. Von einem »epochalen Betrug« lese ich in einem Zeitungsartikel. Er habe in Wahrheit das Manuskript des Kosakenschriftstellers Fjodor Krjukow ausgebeutet und es mit weiteren Fremdtexten zusammenmontiert. In der Stalinzeit war alles Üble möglich. Aber dass im Auftrag und mithilfe des Geheimdienstes GPU ein literarisch anspruchsvolles und politisch brisantes Mammutwerk zustande kommt, das in wesentlichen Teilen gegen die Parteipropaganda verstößt, erscheint mir äußerst zweifelhaft.

In einem anderen Beitrag lese ich, eine skandinavische Forschergruppe habe in einer computergestützten Analyse die Texte von Krjukow und Scholochow miteinander verglichen. Nach intensiver Prüfung seien die Wissenschaftler zu dem Ergebnis gekommen, dass Krjukow als Autor des »Stillen Don« mit hoher Wahrscheinlichkeit auszuschließen sei. Diese Erkenntnis würde einen wesentlichen Vorwurf gegen Scholochow entkräften. Wenn ich die zum Teil gegensätzlichen Positionen betrachte, bleiben einige Ungereimtheiten, aber einen handfesten Beweis, dass Scholochow den »Stillen Don« nicht geschrieben hat, gibt es bislang nicht.

Das Epos umfasst vier Bände, es erstreckt sich über die Zeit von 1912 bis 1922. Scholochow war kein Kosak, aber er kannte das Milieu. Er hat es als Kind und Jugendlicher erlebt. Davon ist seine Sprache geprägt, sie kommt urwüchsig und bildreich daher, nicht selten voller Romantik und häufig auch sehr derb. Alle in unserem Bus haben den dicken Wälzer gelesen. Wir finden, dass der Roman mit dem friedfertigen Titel »Der stille Don« an Gewalt und Totschlag Tolstois »Krieg und Frieden« bei Weitem übertrifft. Genial brutal, so unsere bündige Meinung. Auch sonst wird dem Leser nach unserem Urteil allerhand abverlangt. Ständig werden neue Figuren ins Spiel gebracht, ihre Schicksale miteinander verwoben. Oft ist es schwer, den Faden nicht zu verlieren, zumal über lange Strecken die Hauptpersonen Grigorij und Axinja völlig aus dem Verkehr gezogen werden.

Ende der zwanziger Jahre, als der erste Teil des Romans geschrieben wurde, herrschte – verglichen mit späteren Zeiten – noch ein einigermaßen liberales Kulturklima in Stalins Sowjetunion. Dennoch wirkt das Buch für damalige Verhältnisse sehr kühn. In dem Werk wird das gängige Schwarz-Weiß-Strickmuster des sozialistischen Realismus wohltuenderweise verschmäht. Die handelnden Personen werden in ihrer Widersprüchlichkeit dargestellt, Verbrechen der Bolschewiken schonungslos geschildert, Figuren und Handlungen der Gegenseite gelegentlich wohlwollend beschrieben. Wie ein solcher Roman bei Stalin durchkommen konnte, erstaunt mich heute noch. Scholochow genoss zweifellos die besondere Gunst des Diktators, aus welchem Grund auch immer. Aber wenn ich jetzt den 1997 veröffentlichten Briefwechsel zwischen den beiden lese, dann konnte er seiner Sache nicht sicher sein. Als er Anfang der dreißiger

Jahre um Hilfe für die Notleidenden der Hungerkatastrophe bat, die durch die brutale Zwangskollektivierung der Bauern hervorgerufen worden war, dankte ihm Stalin zwar für »die Aufdeckung der leichten Erkrankung unserer Parteiarbeit«, tadelte ihn aber anschließend für die angeblich einseitige Darstellung. »Die verehrten Bauern Ihres Rayons haben Sabotage betrieben und die Arbeiter wie auch die Rote Armee ohne Brot gelassen. Sie führen einen Zermürbungskrieg gegen die Sowjetmacht, lieber Genosse Scholochow.« Das liest sich heute milde, war damals aber ein gefährliches Warnsignal.

Es ist klar, nur durch das Wohlwollen des Mannes im Kreml konnte der Roman erscheinen, aber Stalin äußerte auch Kritik: »Der bekannte Schriftsteller Scholochow hat in seinem ›Stillen Don‹ eine Reihe grober Fehler begangen. Aber folgt daraus, dass der Roman aus dem Verkauf gezogen werden sollte?« Das war 1949 und ziemlich das Letzte, was Stalin, der vier Jahre später starb, über Scholochow sagte.

Wie hoch ist nun die Auflage des Romans? Beim Blättern durch die Papiere fallen mir Zahlen in die Hand, mit denen uns das Literaturmuseum Moskau versorgt hat. Der erste Teil des »Stillen Don« wurde in der UdSSR ab 1928 in Zeitschriften veröffentlicht. Die Buchausgabe erschien zunächst mit 350 000 Exemplaren. Das Buch erregte gleich internationale Aufmerksamkeit. In Berlin machte man sich umgehend an die Übersetzung. Bereits 1929 erschien der Roman in Deutschland. Die übrige Welt wurde auf den »Stillen Don« aufmerksam. Die Reaktion erfolgte schnell. Anfang der dreißiger Jahre wurde das Kosakenepos in Amsterdam, Budapest, London, New York, Paris, Prag, Stockholm, Warschau und Zagreb veröffentlicht.

Woher der internationale Erfolg?

Das Interesse an der Sowjetunion war zu jener Zeit im Ausland sehr groß, insbesondere unter den Intellektuellen. Der kommunistische Staat war ein politisches Novum. Viel bekannt war über ihn nicht. Die Nachrichten waren sehr widersprüchlich. Nun erschien ein Roman, der überraschend offenherzig und ohne Propaganda die dramatischen Ereignisse in der Zeit des Umbruchs vom Zarenreich zur Sowjetmacht schilderte. Allerdings waren die ersten Bände noch nicht tief in den Bürgerkrieg eingedrungen. Doch das sollte ja noch kommen. Vierzehn Jahre brauchte Michail Scholochow, bis er sein Opus magnum 1940 abschloss. Insgesamt ist der Roman in 80 Sprachen erschienen, mit der gigantischen Gesamtauflage von an die 42 Millionen Exemplaren. Möglicherweise sind es noch mehr. Ganz genau weiß man das in Wjoschenskaja nicht. Die Zahl stammt aus den neunziger Jahren. Die Fernsehserie von Bondartschuk hat vermutlich das Interesse an dem Kosakenepos neu entfacht. In den russischen Schulen gehört es wieder zum Pflichtprogramm.

Wir sind inzwischen in dem Dorf angekommen, in dem Bondartschuk gefilmt hat. Früher hieß es Tatarsk, heute Kalininski. Es ist ein ziemlich verlassenes Nest. Menschen bekommen wir nicht zu Gesicht. Nur die Hunde bellen pflichtbewusst gegen unsere Anwesenheit an. Ab und an meldet sich ein Hahn. Von der Filmkulisse stehen noch zwei Hütten. Wir steigen über den Zaun, um an den blinden Bauten vorbei auf den dahinterliegenden Hügel zu gelangen. Die kleine Kletterpartie lohnt sich. Oben angekommen, eröffnet sich uns ein Postkartenblick auf den Don, das Dorf dekorativ im Vordergrund. Für uns ist klar: Dies ist das Titelbild für den zweiten Teil unseres Films, »Väterchen Don, der Fluss der Kosaken«.

Was schreibt Scholochow über das Tatarsk in seinem Buch? »Über dem Dorfe Tatarsk leuchtete die Sonne auf dem mit grauen Wolken gesprenkelten Himmel. Dort in der Höhe blies ein leichter Wind vorsichtig die Wolken dem Westen zu. Doch im Dorf, über der dunkelgrünen Fläche des Don, über den kahlen Wäldern fegte er mit mächtigen Stößen einher, bog die Wipfel der Weiden und Pappeln, wühlte den Fluss auf, jagte die roten Blätterhaufen durch die Straßen.« Scholochow liefert uns ein Bild aus dem Spätherbst. Wir sind im Hochsommer hier. Bei uns wühlt kein Wind den Fluss auf. Doch nicht nur die Jahreszeiten unterscheiden sich. Scholochow lässt den Wind über Wälder fegen, die wir nicht sehen. Der Schriftsteller hat sich offensichtlich die künstlerische Freiheit genommen, ein Bild aus mehreren Dörfern zu komponieren, wie wir von seinem Enkel wissen. Aber seine Beschreibungen wirken authentisch.

Auf dem Rückweg plaudern wir über Sergej Bondartschuk.

Seine Filme sind monumentale Kunstwerke. Was den »Stillen Don« angeht, wird er im Vergleich zu Sergej Gerassimow, dem anderen Großen der sowjetischen Filmbranche, unserer Meinung nach unter Wert gehandelt. Bondartschuks Film ist näher am Roman und deshalb differenzierter als der seines Kollegen. Die vielen Widersprüchlichkeiten werden voll ausgespielt. Bei Gerassimow gibt es ein sozialistisches Happy End. Grigorij kehrt als reuiger Sünder zurück und ist dadurch aus dem Schneider. Bei Bondartschuk erscheint die Zukunft ungewiss und eher dunkel. Grigorij bleibt nur noch sein kleiner Sohn. »Das ist das Einzige, was ihn einstweilen mit dieser Erde verband.«

Nun ist einzuräumen, dass die beiden Filme zu sehr unterschiedlichen Zeiten gedreht wurden. Während Gerassimow sein Werk unter den rigiden Zensurbedingungen der fünfziger Jahre umsetzte, genoss Bondartschuk die Freiheiten der Perestroika unter Michail Gorbatschow. Was muss es dann bedeutet haben, Künstler unter Stalin zu sein, fragen wir uns. Selbst ein Günstling wie Scholochow konnte trotz Treuebekenntnissen schlagartig einer Denunziation oder einer Laune des Diktators zum Opfer fallen. Möglicherweise hat sich Scholochow deshalb nicht gegen die vielen Zensureingriffe gewehrt. Die ständigen Änderungen machen die Ermittlung des Urtextes fast unmöglich. Nicht einmal eine von Scholochow autorisierte Fassung scheint es zu geben, soviel ich bislang weiß. Aber es bleibt auch so ein großes Buch.

»Und jetzt eine Okroschka!« Mein Stoßseufzer findet Gehör. Über Walkie-Talkie signalisiert das hinter uns fahrende Kamerateam Zustimmung. Per Telefon wird die Bestellung aufgegeben. Als wir in unserem Stammlokal »Pogrebok« eintreffen, wird die Okroschka umgehend serviert. Bei Temperaturen wie heute ist das traditionelle Sommergericht der Russen ein besonderer Genuss. Die Herstellung der kalten Suppe sei leicht zu bewerkstelligen, erklärt uns die Bedienung. Kefir, Gurkenscheibchen, Radieschen, Dill und Walnüsse, dazu hart gekochte Eier klein geschnitten, mehr braucht man nicht. Nach der knappen Erklärung genehmigen wir uns mit gutem Gewissen eine zweite Runde, denn Okroschka wird uns auch als Diätessen empfohlen.

Abgekühlt durch die kalte Suppe und die angenehme Temperatur im »Kellerchen« fühlen wir uns fit für die zweite Tageshälfte. Zum nächsten Drehort haben wir es nicht weit, wir wollen die Scholochows besuchen. Den kurzen Weg nutze ich, um mich im Zentrum von Wjoschenskaja umzusehen. »Auf dem abschüssigen linken Ufer des Don liegt die Siedlung Wjoschensk. Sie ist die älteste von den Siedlungen am oberen Don. Zur Zeit Peters I. wurde sie an Stelle der zerstörten Siedlung Tschigonaki gegründet und in Wjoschensk umbenannt. Wjoschensk liegt auf gelblichem Sand. Eine traurige, gartenlose, öde Siedlung. In der Mitte, auf dem Dorfplatz, steht eine im Laufe der Jahrhunderte grau gewordene Dorfkirche. Sechs Straßen führen zum Don hinunter«, so beschreibt Scholochow in seinem Roman, wie die Siedlung 1914 bei Ausbruch des Ersten Weltkrieges aussah. Heute würde er sicher andere Worte wählen. Wjoschenskaja sieht freundlich und ordentlich aus, mit eingezäunten Gärten vor jedem Haus und vielen Bäumen, deren Kronen die Straßen überwölben.

An der Kirche ist kein Vorbeikommen, wie fast überall im heutigen Russland. Einladend wirkt sie. Leider habe ich keine Zeit, sie mir von innen zu betrachten. So weiß ich nur, dass sie »Swjatoj Michajlo-Archangelskij Sobor« heißt, also dem heiligen Erzengel Michail geweiht ist und in der zweiten Hälfte des 19. Jahrhunderts erbaut wurde. Früher hatte hier eine Holzkirche gestanden. Gefährlich wurde es für das Gotteshaus, als die Bolschewiken an die Macht kamen. Doch der Herr im Himmel spielte in der Zeit der Verfolgung seine Raffinesse aus. Er verlieh dem Kommunisten Scholochow den Mut und den Willen, sich schützend vor die Kirche von Wjoschenskaja zu stellen. Dem Schriftsteller gelang es tatsächlich, die »Swjatoj Michajlo-Archangelskij Sobor« vor Entweihung und Verwüstung zu bewahren, was ihm weder von seinem Chef Stalin noch von dessen Nachfahren Beifall einbrachte. Aber ein Denkmal hat Scholochow dennoch bekommen, nicht weit von der Kirche entfernt. Der Sowjetstaat hat es ihm, dem Helden der sozialistischen Arbeit, schon zu seinen Lebzeiten spendiert, »für seine außergewöhnlichen Verdienste um die Entwicklung der sowjetischen Literatur«. So steht es auf dem Sockel als Beschluss des Präsidiums des Obersten Sowjets vom 23. Mai 1980 geschrieben. Einen besseren Platz hätte man nicht finden können. Von hier oben hat Scholochow als Büste einen weiten Blick auf den Don und das gegenüberliegende Ufer.

Nun stehe ich vor seinem Haus. Hier wohnte der Schriftsteller von 1949 bis zu seinem Tod im Jahre 1984. Als Mitglied der Akademie der Wissenschaften hatte er Anspruch auf eine eigene Datscha. Scholochow wollte nicht in Moskau wohnen, sondern in seinem Heimatort Wjoschenskaja. Ein großes zweistöckiges Haus haben sie ihm hingesetzt. 983 000 Rubel hat der Bau gekostet. 360 000 Rubel zahlte die Akademie, den Rest übernahm Scholochow, wie heutzutage in der Chronik seines Lebens und Werkes nachzulesen ist. Was der Rubel damals wert war, ist nicht aufgeführt. Jedenfalls mehr als heute.

Ein hoher grüner Zaun umgibt das etwa ein Hektar große Anwesen. Neben der Gartentür lese ich den Hinweis »Zum Grabmal des Schriftstellers«. Ein gepflegtes, weitläufiges Grundstück empfängt mich. Birken, Eichen, Tannen und Weiden spenden wohltuenden Schatten. In der Mitte des parkähnlichen Gartens richten sich zwei Grabsteine auf. »Scholochow« steht auf dem 1,50 Meter hohen grauen Granit aus Karelien geschrieben. Daneben weist ein fast ebenso hoher Stein, ein Labradorit aus der Ukraine, auf die letzte Ruhestätte seiner Frau Maria hin. Beide Grabhügel sind mit schlichtem Gras überwachsen. Ein üppig blühender Blumenkordon bringt Farbe in das stilvolle Ensemble.

Durch die Bäume schimmert das Gelb des Scholochow-Hauses. Seit seinem Tod dient es als Museum. Auf der Veranda empfangen uns Michail Michajlowitsch und Alexander Michajlowitsch Scholochow, Sohn und Enkel des Schriftstellers. Vom Balkon hängt Weinlaub wie ein Vorhang herunter. Bevor wir das Interview starten, führen mich beide erst einmal durch das Erdgeschoss des Hauses. Auf einem Schreibtisch stapelt sich die Post. Es sind Briefe und Karten, die Scholochow von Menschen aus der Sowjetunion und gelegentlich auch aus dem Ausland nach Moskau und Wjoschenskaja geschickt wurden, oft waren es Säcke voll. »Was Sie hier sehen, ist die Post eines Tages. Der Briefträger hatte Schwerstarbeit zu leisten«, meint Enkel Alexander. »Nur ein Brief ist richtig adressiert: Michail Scholochow, Staniza Wjoschenskaja, Gebiet Rostow.« Andere hätten »Rostow am Don« als Anschrift angegeben oder »Moskau« oder »Parteitag«. Nicht selten habe nur »Michail Scholochow« auf dem Kuvert gestanden. Trotzdem seien die Briefe angekommen. Bei dem ausgeklügelten Überwachungssystem der damaligen Zeit wundert mich das nicht. Ich kann mich an meine Korrespondentenzeit erinnern, als mich ein Brief aus Deutschland erreichte, auf dem nur mein Name und »Sowjetunion« standen. Wem ich den exzellenten Service zu verdanken hatte, war mir klar. Dem allwissenden Geheimdienst!

Beim Interview auf der Veranda zeigt mir Scholochow-Sohn Michail Fotos aus dem Leben seines Vaters. Darunter befindet sich eine Aufnahme des ursprünglichen Scholochow-Hauses. »Hier hat er seinen Roman abgeschlossen«, erfahre ich. Das Haus sei von einer deutschen Bombe zerstört worden. Ein merkwürdiger Zufall, denn das kleine Städtchen Wjoschenskaja blieb vom Krieg im Vergleich zu anderen Ortschaften in der Region relativ verschont. Ein anderes Foto zeigt den Schriftsteller bei der Jagd. Die Aufnahme sei im Frühjahr gemacht worden, erklärt Michail Michajlowitsch. Deshalb stünde die Steppe auf dem Foto in voller Blüte. Sein Vater habe seiner Mutter von den Jagdausflügen neben Wild auch gerne Blumen mitgebracht.

»Wie alt war Michail Scholochow, als er mit dem Roman begann?«

»Begonnen hat er 1926. Damals war er 22 Jahre alt.«

»Hat er das Material selbst gesammelt, oder gab es Menschen, die ihm geholfen haben?«

»Er arbeitete allein. Er lebte unter den Menschen, die er beschrieb. Er pflegte zu sagen: Ich brauche nicht viel zu sammeln, ich brauche nur zusammenzutragen, was um mich herum liegt.«

»Es wird behauptet, Scholochow sei nicht der wahre Autor.« Vom Zweifel an der Autorenschaft hört Michail Michajlowitsch sicher nicht zum ersten Mal. Er reagiert äußerlich gelassen.

»Mein Vater hat sich auf diese bösartigen Verleumdungen nie eingelassen. Also haben wir heute auch keinen Grund, uns in diese Polemik hineinziehen zu lassen. Mein Vater hat gesagt: Mit den Leuten zu streiten, die wissentlich Lügen verbreiten, hat keinen Zweck.«

»Nun wird gesagt, Ihr Vater sei damals viel zu jung gewesen, ein so großes Romanwerk zu schreiben?«

»Die Geschichte der Literatur beweist das Gegenteil. Es gibt viele Beispiele, dass in jungen Jahren die Schaffenskraft am größten ist. Puschkin ist ein solches Beispiel, Lermontow auch.«

»Denken Sie nur an Beispiele in Ihrem eigenen Land! Friedrich Schiller entpuppte sich bereits in jungen Jahren als Genie«, wirft Enkel Alexander ein.

»Was sagen Sie zu der Behauptung, der Roman wirke, als hätten daran mehrere Autoren geschrieben?«

»Bevor ich Museumsdirektor wurde, war ich als Wissenschaftler tätig. In der Wissenschaft wird mit Fakten operiert. Wenn jemand, der weder Philologe noch Textologe ist und das Werk offenbar nicht aufmerksam gelesen hat, von verschiedenen Stilen in dem Roman spricht, dem halte ich entgegen: Jeder Mensch, der die russische Sprache beherrscht, wird von den Anfängen des ›Stillen Don‹ über die Erzählungen bis zum Roman ›Neuland unter dem Pflug‹ immer wieder den Autor Scholochow erkennen. All dies hat ein und derselbe Mensch geschrieben.«

»Hatte Ihr Vater keine Angst, einen solchen Roman zu schreiben, der alles andere als Agitation für den Kommunismus ist?«

»In gewisser Weise schon! Aber das ist für mich ein weiterer Beleg dafür, dass sich auf ein solches Wagnis nur ein junger Mensch einlassen konnte. Ein älterer Mensch mit mehr Erfahrung hätte sich in der Stalinzeit nicht getraut, so etwas zu schreiben.«

»Warum hat Michail Scholochow gegen Boris Pasternak und dessen Auszeichnung mit dem Nobelpreis polemisiert?«

»Das stimmt nicht. Michail Scholochow hat sich auf seiner Frankreich-Reise 1959 dafür ausgesprochen, Pasternaks ›Doktor Schiwago‹ auch in der Sowjetunion zu veröffentlichen. Die Bevölkerung könne dann selbst entscheiden, was sie von dem Roman zu halten habe. Vermutlich nicht viel!«

Diese Erklärung hat es in der Tat auf Anfrage von »France Soir« gegeben. Sie klingt nach vergifteter Hilfestellung für Pasternak. Einerseits konnte sich Scholochow auf diese Weise der westlichen Presse als scheinbar liberaler Geist präsentieren, andererseits machte er im Sinne des Kremls Pasternak als Autor nieder. Es kann aber auch sein, dass Scholochow das Verbot kritischer Bücher als abträglich für das internationale Ansehen Moskaus betrachtete und das seinerzeitige politische Tauwetter nutzen wollte, die sowjetischen Zensurbehörden zu mehr Courage zu ermuntern. Wenn er dies tatsächlich versucht haben sollte, dann ist er nicht weit gekommen. Von der sowjetischen Botschaft in Paris wurde er aufgefordert, solche Erklärungen nicht mehr abzugeben.

Gegen Dissidenten gab sich Scholochow unnachsichtig. Er betrachtete sie durchweg als Verräter. Als die Schriftsteller Julij Daniel und Andrej Sinjawskij 1966 zu langjährigen Lagerstrafen verurteilt wurden, weil sie sowjetkritische Erzählungen unter Pseudonym im Westen veröffentlicht hatten, wollten 62 sowjetische Schriftsteller für ihre Kollegen bürgen. Daraufhin hielt Scholochow auf dem Parteitag der KPdSU eine Philippika, die bei Andersdenkenden im Land Empörung hervorrief.

»Die Zeit« schrieb damals: »Als er aber von Daniel und Sinjawskij sprach, wurde er grimmig ernst. Zwar nannte er beider Namen nicht, aber die Charakteristik war eindeutig. Wo auch immer der sowjetische Mensch auftrete, müsse er als Patriot auftreten. Dieser Vorstellung entspreche es nicht, wenn gewisse Verfasser (die er dann Verräter nannte) ›bei uns dieses schreiben, im Ausland aber etwas völlig Anderes von sich geben‹. Doch er schäme sich dieser Menschen nicht, die ihr Heimatland verleugneten und es mit Schmutz bewarfen. Er schäme sich derer, die sie zu verteidigen suchten. Wie wäre in der Sowjetarmee vorgegangen worden, wenn in ihren Einheiten Verräter aufgetaucht wären? Die Soldaten wüssten sehr wohl, dass Humanismus nicht gleichzusetzen sei mit Waschlappigkeit. Der Verfasser des ›Stillen Don‹ sprach auch von der Strafe, zu der Daniel und Sinjawskij verurteilt wurden. In den zwanziger Jahren, als man sich nicht auf die abgezirkelten Paragrafen des Strafgesetzbuches, sondern auf das revolutionäre Rechtsbewusstsein stützte, wäre die Strafe nicht so maßvoll ausgefallen.«

Auf dem Parteitag offenbarte sich Scholochow als linientreuer

Parteipropagandist. Aber sein Verhalten war nicht nur ein Reflex auf aktuelle Vorgänge. In ihm offenbarte sich zugleich die grundsätzliche Auseinandersetzung der Slawophilen mit den Westlern, die Russland auch in Zukunft in Spannung halten wird. Nachdem seine Abrechnung mit den Andersdenkenden bekannt geworden war, gab es nicht nur Beifall. Die unerschrockene Schriftstellerin Lidija Tschukowskaja erwies sich ihres Vaters, des Literaturkritikers und Kinderbuchautors Kornej Tschukowskij, würdig. Er hatte es in den Schreckensjahren der Stalin'schen Säuberungen gewagt, für Ossip Mandelstam einzutreten. Nun schrieb seine Tochter an Scholochow einen offenen Brief, dessen Inhalt für sowjetische Verhältnisse unerhört war und deshalb nur im Westen veröffentlicht wurde. »Die Literatur wird Sie selbst zur Höchststrafe verurteilen: zur künstlerischen Impotenz. Und keine Ehrerweisungen, kein Geld, keine vaterländischen und internationalen Preise werden dieses Urteil rückgängig machen.«

Seit jener Parteitagsrede hat Michail Scholochow im Westen sein Etikett als Politfunktionär und Hardliner weg. Die Verleihung des Nobelpreises, die erst ein Jahr vorher geschehen war, wurde nun noch heftiger als zuvor als eklatante Fehlentscheidung gebrandmarkt. Die tiefe Antipathie führt bis heute dazu, dass immer wieder nachgesetzt wird, um Scholochow als Plagiator bloßzustellen.

Auch Scholochow-Sohn und -Enkel haben zu Daniel und Sinjawskij eine klare Meinung. Obwohl die beiden Dissidenten künstlerisch nichts zu bieten gehabt hätten, seien sie vom Westen hofiert worden, weil sie ihrem Land in den Rücken gefallen seien. Wir stellen schnell fest, dass hierzu zwischen uns keine Einigung zu erzielen ist, was aber unser Gesprächsklima nicht nachhaltig beeinträchtigt. Man macht mich mit Nadeshda Timofejewna Kusnezowa bekannt. Die alte Dame ist Kuratorin im Scholochow-Museum und weiß über den Schriftsteller bestens Bescheid. Er hat bei ihrem Vater, dem damaligen Hauptlehrer in der Staniza, lesen und schreiben gelernt. Nadeshda Timofejewna selbst studierte Anglistik. Sie übersetzte später für Scholochow Briefe aus Amerika und England, von denen eine ganze Menge in Wjoschenskaja eintraf.

Im Schnelldurchgang werde ich mit dem Gesamtwerk Scholochows vertraut gemacht. Dazu gehören neben dem »Stillen Don« der Roman »Neuland unter dem Pflug«, die Trilogie »Sie kämpften für die Heimat«, der Zyklus von 25 Don-Erzählungen, dazu eine Kriegserzählung und eine Novelle. En passant schildert die Kuratorin Scholochow auch noch als Widerstandskämpfer. Bei der Trilogie habe es Ärger wegen der Zensur gegeben. Schließlich habe er jede weitere Publikation verboten. Insbesondere sei er nicht bereit gewesen, Stalin als überragenden Staatslenker herauszustellen. Dies ereignete sich allerdings deutlich nach dem Tod des Diktators.

Zum Schluss kommen wir noch einmal auf den Krimi um den Roman »Stiller Don« zu sprechen. Mit den Manuskripten sei der junge Scholochow nicht besonders ordentlich umgegangen, räumt die Kuratorin ein. Für ihn sei das veröffentlichte Buch wichtig gewesen. Die Änderungen hätten ihn nicht weiter gestört. Aber ein Exemplar der Endfassung habe er bei seinem Moskauer Freund Kudaschow deponiert. Der Grund für diese Maßnahme seien die Beschuldigungen gewesen, er sei nicht der wahre Autor des »Stillen Don«, die bereits 1929 aufgekommen seien. Namhafte Autoren hätten damals Scholochow verteidigt.

Unglücklicherweise sei Kudaschow gleich zu Kriegsbeginn an der Front gefallen. Seine Familie hätte das Manuskript nicht zurückgegeben. Als die zweite Welle der Plagiatsbeschuldigungen anlief, habe man intensiv nach dem Verbleib des Urtextes gesucht. Lange ohne Erfolg! Schließlich sei er entdeckt worden. Wladimir Putin, seinerzeit noch Präsident, habe ihn kaufen und dem Moskauer Institut für Internationale Literatur aushändigen lassen.

Diktaturen und Kriege machen es schwer, Licht in verworrene Verhältnisse zu bringen. Quellen werden verschüttet oder vernichtet, falsche Spuren aus Selbstschutz gelegt oder von Geheimdiensten in Umlauf gebracht. Dokumente aus den Archiven müssen deshalb mit Vorsicht betrachtet werden. Unbestritten ist, dass sich Scholochow sehr für das Kosakentum und den Erhalt seiner heimatlichen Natur eingesetzt hat. Der Staat benannte deshalb 1984 nicht nur ein Museum, sondern auch ein Naturschutzgebiet nach ihm.

40 000 Hektar umfasst das Areal. Dörfer, Wälder und Steppe gehören dazu. Verwaltet wird es von Enkel Alexander als Geschäftsführer. Ähnlich wie sein Kollege Wladimir Iljitsch Tolstoi in Jasnaja Poljana versucht er, das Erbe seines berühmten Vorfahren mit Methoden des modernen Marketings unter die Menschen in seinem Land und in die internationale Welt zu bringen. Er präsentiert sein kleines Imperium auf Messen und führt wissenschaftliche Seminare durch. Gewaltige Touristenströme kann er nicht anlocken, dafür ist Wjoschenskaja zu abgelegen. Aber 65 000 Menschen sind es doch, die jährlich vorbeischauen. Die meisten begnügen sich mit den Führungen durch das Museum. Unternehmungslustigere Besucher schwärmen aus, um das Milieu der Kosaken in den umliegenden Dörfern und auf einem Pferdehof kennenzulernen, der den Dude-Ranches im amerikanischen Westen ähnelt.

Zu den Kosaken gehören nicht nur Pferde, sondern auch ihre Lieder. Sie werden mit Inbrunst und Leidenschaft bis zur seelischen und körperlichen Erschöpfung gesungen, zu Hause und bei öffentlichen Veranstaltungen. Wir sollen heute Abend eine Kostprobe erleben. Das Kosakenensemble »Wecha«, was übersetzt »Weiche« bedeutet, hat uns eingeladen. Offensichtlich ein weiteres Wort, das deutsche Einwanderer mitgebracht haben. Im Garten wartet ein reich gedeckter Tisch auf uns. Lena, Nina, Olga, zwei Alexander, Jura, Wladimir und Saur aus Abchasien wieseln geschäftig herum. Sie fahren Gebratenes vom Lamm, Schwein, Geflügel und Fisch auf, dazu selbst gebackenes Brot, Wurst, Käse, Tomaten und Gurken. Wodka und Bier sowieso.

Der Genuss ist nur von kurzer Dauer. Kameramann Hermann Schulz treibt zur Eile. Die Sonne droht hinter den Bäumen zu verschwinden. Das Ensemble lässt sich nicht zweimal bitten. Mit Akkordeon, Balalaika, Schellentrommel, Domra, einer altrussischen Laute, und Holzlöffeln legt es los, als wolle es alle Feinde des Don hinwegfegen. »U nas na Donu« singen sie mit aller Kraft, die ihre Stimmen hergeben. »Bei uns am Don« heißt das Lied. Es ist eine Hymne auf den Ataman, ihren Anführer. Den stillen Don soll er schützen, die Freiheit der Kosaken verteidigen und Russland retten.

»Sind Sie stolz, Kosaken zu sein?«, beginne ich nach dem Lied meine Fragerunde.

»Natürlich sind wir das«, schallt es mir im Chor entgegen.

»Was unterscheidet die Kosaken von anderen Menschen in Russland?«

»Ein Kosak will immer frei sein«, antwortet Nina wie aus der Pistole geschossen. »Er wird sich nie unter einen Stiefel drücken lassen. Ein Kosak muss immer angeben: ›Schaut her, wie toll ich bin!‹ Deshalb ragt er aus den anderen heraus.«

»Das kommt von seinem Mischblut«, bringt Sascha, wie Alexander mit dem Stoppelhaar genannt wird, seine Sicht der Dinge ein. »In unseren Adern fließt Blut der unterschiedlichsten Arten, vor allem aus dem Süden. In uns stecken Russen, Kalmücken, Türken, Mongolen, Tataren, Ukrainer, Tschetschenen, Georgier und viele andere mehr. Diese Blutmischung sorgt für die explosive Kosakenart.«

»Unsere Frauen sind die schönsten von ganz Russland. Schönheiten wie hier trifft man sonst nirgends«, wirft der andere Sascha an.

»Natürlich sind auch unsere Kosakenmänner prächtig. Schauen Sie doch selbst!«, revanchiert sich Lena. »Und tapfer sind sie immer noch.«

Schöne Frauen und tapfere Kosaken, dazu haben sie gleich ein Lied parat. Es geht um ein Kosakenlager zwischen Hügel und Tal. Ein General überprüft die Wachen, während ein liebliches Mädchen, das die Liebe noch nicht kennt, von einem weit entfernten Kosaken träumt. So ganz erschließt sich mir der Inhalt nicht, was daran liegt, dass Sascha Stoppelhaar meine Aufmerksamkeit ablenkt. Mit hohen Sprüngen legt er einen atemberaubenden Tanz hin. Wild schwingt er dabei zwei Säbel gleichzeitig. Mir wird um die Blumen und den Kopf des vor ihm sitzenden Akkordeonspielers angst und bange. Doch die Einlage geht gut aus. In perfekter Haltung reckt Sascha mit dem Schlussakkord einen Säbel in die Luft, den anderen senkt er zu Boden. »Hundert Gramm Wodka für den Tänzer, zweihundert für die Zuschauer«, erschallt es aus der Runde.

»War und ist Scholochow wichtig für die Kosaken?«, frage ich in die Verschnaufpause.

»Als die Kosaken unterdrückt wurden, war es Scholochow zu verdanken, dass man sie so leben ließ, wie sie wollten. 1936 durfte sogar ein Kosakenchor von der Staniza Wjoschenskaja nach Moskau fahren. Das war der erste Kosakenchor, der im Bolschoi-Theater aufgetreten ist«, berichtet Sascha zwei.

»Und danach wurden sie erschossen«, fährt ihm Nina in die Parade.

»Nein, nein«, widerspricht Sascha zwei. »Sie wurden nicht erschossen, aber viele von ihnen wurden verhaftet. Man behauptete, einer der Musiker habe eine Pistole in seinem Akkordeon versteckt.«

»Auf alle Fälle kehrte die Hälfte des Chors nicht nach Hause zurück«, stellt Sascha eins trocken fest.

»Was hatte Stalin gegen die Kosaken?«

»Er traute ihnen nicht wegen ihrer Freiheitsliebe!« Olga hat da keine Zweifel.

»Das war immer so«, ergänzt Sascha eins. »Wer an der Macht war, hatte etwas gegen die Kosaken. Die Mächtigen hatten Angst vor ihnen. Einerseits wurden sie gebraucht, um den Staat zu schützen. Andererseits konnte sich das Blatt schnell wenden. Wenn die Mächtigen den Kosaken nicht passten, dann hatten diese Grund zum Fürchten. Die Kosaken waren eine reale Kraft im Staat.«

»Früher sagte man: Kommt ein Kosak, fang ihn, sonst wird er alle wegfegen«, ruft Lena dazwischen. »Wenn ein Kosak geärgert wird, schlägt er alles kurz und klein. Weil man sie fürchtete, mochte man die Kosaken nicht.«

»Aus dieser Angst heraus wollte die Sowjetmacht die Kosaken vernichten«, bringt es Wladimir auf den Punkt. »Die Kosaken sind freie Menschen, und sie werden es immer bleiben.«

»Wie war das im Bürgerkrieg?«

»Das war nicht einfach«, sagt Olga. »Ihr ganzes Leben hatten die Kosaken dem Zaren und dem Vaterland gedient. Einen Eid hatten sie darauf geschworen. Plötzlich änderte sich das total. Das musste Menschen, die treu zu ihrem Eid stehen, in große Zweifel stürzen. Der Eid bedeutet den Kosaken viel. Die Ehre steht aber an erster Stelle.«

»Und das führte zu …?«

»… den grausamsten Kämpfen!«, antwortet Sascha eins. »Auf beiden Seiten kämpften die Kosaken, weil sie sich nicht unterwerfen wollten. Die einen nicht unter die Roten, die anderen nicht unter die Weißen.«

»Wir haben so viel Land, wir können gar nicht alles bestellen. Wir haben so viel Freiheit, sie ragt weit über unsere Dächer hinaus. Aber wenn die Freiheit des anderen unsere Freiheit einschränkt, massakrieren wir uns gegenseitig«, zitiert Olga einen Helden aus dem »Stillen Don«. »Am besten wäre es gewesen«, fährt sie fort, »die Bolschewiken hätten die Gebräuche der Kosaken nicht verboten, dann wären die Folgen nicht so schrecklich gewesen.«

»Stattdessen begannen die Bolschewiken, die Kosaken systematisch zu vernichten«, konstatiert Sascha zwei.

»Dabei herrschte hier schon zur Zarenzeit eine Art Sozialismus. Alle waren gleich. Der Ataman wurde gewählt. Alle waren dazu aufgerufen. Ein solches Wahlrecht hatten die anderen Menschen in Russland nicht«, lässt sich Wladimir vernehmen.

»Und die Kosaken lebten gut«, ergänzt Olga. »Sie hatten ihre eigene Landwirtschaft. Manche waren richtig wohlhabend. Deswegen wurde ihnen als Kulaken das Land, das Vieh, der Weizen weggenommen. Natürlich haben sie dagegen rebelliert. Sie hatten sich doch alles durch schwere Arbeit erworben.«

»Die Kosaken fühlten sich frei, aber wie stand es um die Freiheit der Frauen?«

»Auch die Kosakenfrauen waren freie Menschen«, lässt mich Olga wissen. »Sie hatten in den Versammlungen der Staniza Stimmrecht, genau wie die Männer. Das gab es sonst nirgends in Russland. Wenn die Männer in den Krieg zogen, dann durften die Frauen anstelle der abwesenden Männer für ihre Familien abstimmen.«

»Sie zogen die Kinder groß, führten in Abwesenheit der Männer die Höfe, die Heimarbeit lag ohnehin auf ihren Schultern«, bringt Nina, selbst ein überaus stämmiges Persönchen, einen ihr wichtigen Gesichtspunkt ins Spiel. »Kosakinnen mussten von kräftiger Statur sein. Sie mussten schwere Säcke tragen können. Leicht durften sie nicht sein, und vom Wind durften sie sich nicht umwehen lassen.«

»Welche Rolle spielten die Kosaken in der Geschichte Russlands?«

Die Frage kommt ihnen gelegen. Mit Freude laden sie mich zu einem Streifzug durch die Geschichte Russlands ein. Sascha zwei startet die Tour durch die Historie. »Heute finden Sie überall Kosaken in Russland. Warum? Weil die Kosaken Russland den Weg zum Weltreich geebnet haben! Wo sie eingesetzt wurden, blieben sie auch anschließend, um das eroberte Gebiet zu verteidigen. Das fing schon bei Iwan dem Schrecklichen Mitte des 16. Jahrhunderts an. Ohne die Kosaken hätte er Kasan nicht erobert. Peter der Große, Katharina die Zweite und die anderen Zaren hätten den Süden des heutigen Russlands und den Kaukasus ebenfalls nicht ohne die Hilfe der Kosaken ihrem Reich einverleiben können.«

»Die Kosaken haben auch in unserem Gebiet die Grenzen verteidigt«, fährt Sascha eins fort. »Als die Türken hier einbrachen, lieferten ihnen die Kosaken heiße Kämpfe. Obwohl sie zahlenmäßig völlig unterlegen waren, verteidigten sie die Festung Asow an der Mündung des Don über tausend Tage.«

»Sie waren nicht nur mutiger als andere Soldaten, als freie Krieger kamen sie mit ihren eigenen Pferden, ihrer eigenen Montur und ihren eigenen Waffen«, fügt Wladimir hinzu. »Sie haben sich selbst verpflegt. An ihnen konnte der Zar gut sparen, sie sorgten selbst für ihren Unterhalt.« Wie das passierte, kann ich mir gut vorstellen. Im Beutemachen galten die Kosaken ja als unerreicht, wobei sie gegenüber den Beraubten keine übertriebene Menschlichkeit an den Tag legten.

Wladimir will das nicht unterschlagen. »Die Kosaken brachten auch viel Unglück über andere.« Das Thema wird nicht weiter vertieft.

»Es war eine Berufsarmee, mit Sommer- und Winterlager«, beschreibt Olga die überragende Rolle des Militärs bei den Kosaken. »Von Kindesbeinen an wurden sie auf den Militärdienst vorbereitet. Ständig zogen die Kosaken zu Übungen, um in Form zu bleiben.«

»Und was bekamen die Kosaken dafür?«

»In dem Vertrag, den Katharina die Große mit den Kosaken geschlossen hat, ist das geklärt«, erläutert Sascha eins den Status der Kosaken im Zarenreich.«Die Kosaken erhielten Land zugeteilt. Für die Kosaken bedeutete die eigene Scholle alles. Darauf lebten und arbeiteten sie. Das machte sie unabhängig. Als Gegenleistung versprachen sie, in der Armee zu dienen. Jeden Augenblick mussten sie bereit sein, für ihren Zaren oder ihre Zarin in den Krieg zu ziehen. Mit 25 Jahren begann für den Kosaken der Dienst, er dauerte 25 Jahre. Ja, heute würde man den Kosak als Berufssoldaten bezeichnen.«

Es ist dunkel geworden. Wir haben kräftig zugelangt, trotzdem sind wir gegen das üppige Angebot auf dem Tisch nur mit mäßigem Erfolg angekommen. Mit einem elegischen Lied werden wir verabschiedet. Nicht für ihn blühen die Gärten, klagt ein Kosak. Nicht für ihn singt die Nachtigall, nicht für ihn fließen die Bäche. Für ihn bleibt nur die bleierne Kugel, die seinen Körper durchdringt. »So wird mein Leben vergehen.« Nach diesem Lied wird es Zeit, dass wir unser Sanatorium aufsuchen.

Michail Konstantinowitsch steht bis zur Brust im Don. Er wäscht mit Hingabe sein Pferd. Buchara heißt sein schmuckes Ross, es genießt offensichtlich das Bad im Fluss. Michail ist gerne zum Gespräch bereit. Jura neben ihm hat dazu keine Lust. Er hat genug mit seinem Pferd zu tun, das schnaubend und stampfend seinen Unwillen zum Ausdruck bringt, am frühen Morgen ins Wasser getrieben zu werden. Michail arbeitet, wie er uns zuruft, auf dem Pferdehof der Scholochows. Jura ebenso, fügt er hinzu. Beide seien Kosaken, beide hier geboren. Sein ganzes Leben habe er mit Pferden zu tun gehabt. Das erste habe man ihm geschenkt, als er 13 Jahre alt war. Auch bei der Armee habe er mit Pferden zu tun gehabt.

Ein Leben ohne Pferd könne er sich nicht vorstellen. »Kosak und Pferd, das ist eine Seele. Ein Pferd verhält sich wie ein Mensch. Wird es von dir gut behandelt, ist es auch gut zu dir. Gehst du schlecht mit ihm um, wird es auch böse zu dir. Ein Pferd weiß zu unterscheiden. Ich hatte einen Hengst, ein Riesenkerl. Er war wild und ungezähmt, biss um sich. Aber wenn ich meine Tochter auf seinen Rücken setzte, wurde er ganz zahm. Sie konnte ihn treten, er blieb ruhig und lieb. Er wusste, sie war ein Kind.«

Kosaken wird die gleiche Zuneigung zum Pferd nachgesagt wie den Tschetschenen. Aber es gibt doch Unterschiede. Für Tschetschenen, so sagt es ein altes kaukasisches Lied, ist ein Pferd vier Frauen wert. Ist das bei den Kosaken auch so? »Nein«, sagt Michail. »Eine Frau steht bei uns zwei Stufen höher als ein Pferd.« Immerhin! Wir sind erleichtert.

»Was zeichnet einen Kosaken aus?«

»Ein Kosak ist immer wild und frech. Er handelt nach dem Motto: Wenn es dir gegeben ist, dann nimm es. Wenn es dir nicht gegeben ist, nimm es trotzdem. Wenn man dich zu Tode jagen will, dreh dich um und jage deine Verfolger zu Tode. Dieser Charakter hat sich über Jahrhunderte entwickelt. Wir stehen zu unseren Anschauungen.«

»Welche zum Beispiel?«

»Bei uns in den Familien ist es eine Schande, wenn der Sohn nicht in der Armee gedient hat. Gewiss, heute gibt es Leute, die ihre Söhne von der Armee freikaufen. Kann so einer Kosak werden? Nein, aus dem wird nie ein Kosak.«

»Und was bedeutet der Don für die Kosaken von heute?«

»Der Don ist unsere Heimat. In einem unserer Lieder heißt es: Ich mag in den schönsten und fernsten Ländern sein, aber ich sehne mich immer nach den Wellen des Don.«

Jelanskaja ist uns empfohlen worden. Es soll ein Dorf wie zu Scholochows Zeiten sein. In seinem Roman fand es mehrfach Erwähnung. Jelanskajas Bevölkerung gehörte im »Stillen Don« zu den Aufständischen gegen die Bolschewiken. Mit einer Hundertschaft aus der Staniza ritt Grigorij gegen die Roten. In einer Schlucht nahe Jelanskaja wurde sein Bruder Petro von den Kommunisten unter der Führung seines Schwagers in spe feige erschossen. So dramatisch waren damals die Familienverhältnisse!

Zwanzig Kilometer sind es bis Jelanskaja. Die Straßen dahin sollen gut sein. Der Tag ist noch jung. Wir fahren los. Die Laubbäume werden weniger, Kiefern und Tannen rücken an ihre Stelle. Im Gegensatz zur fetten, fruchtbaren Schwarzerde auf der rechten, der westlichen Seite des Don, ist der Boden hier links vom Fluss sandig. Es geht in leichten Wellen schnurgeradeaus. In kurzen Abständen werden die lichten Wälder von Feldern abgelöst. Die Sonnenblumen dehnen sich über riesige Flächen aus. Sie brauchen wohl noch ein bisschen Zeit bis zur Ernte. Der Weizen scheint hingegen ziemlich reif zu sein. Die Sonnenwärme hat dem Getreide offensichtlich gutgetan. Querab sehe ich, wie sich zwei Mähdrescher durch ein Riesenfeld fressen. Wie Fähren auf Gegenkurs ziehen sie ihre Bahnen.

Wir machen einen kleinen Abstecher. Zwei betagte Lkws warten auf Beladung. Ihre Fahrer verfolgen schläfrig, wie wir mit der Kamera Position beziehen. Ein Mann löst sich aus dem Schatten der Bäume am Wegesrand. Als Jurij Nikolajewitsch Kargin stellt er sich vor. Dass sich das Fernsehen aus Deutschland für die Landwirtschaft am Don interessiert, gefällt ihm. Er sei Hauptagronom der früheren Sowchose »Podnjataja Zelina«. »Schöner Name!«, finde ich. »Neuland unter dem Pflug«, unter diesem Titel hat Scholochow doch einen Roman geschrieben. Sein zweites großes Werk erzählt die dramatische Geschichte der Kollektivierung in der sowjetischen Landwirtschaft. Sie schildert den erbitterten Widerstand, nicht zuletzt der Kosaken, gegen die meist gewaltsame Enteignung des Landes.

Der Held der Geschichte steht der Zwangskollektivierung erst ablehnend gegenüber, dann kommt die dialektische Erleuchtung über ihn, dass Einzelschicksale dem großen kommunistischen Ziel der Gleichheit unterzuordnen sind. Als miese Propagandaliteratur wird der Roman von Andersdenkenden, Emigranten und Fachleuten im Westen abgefertigt. Die Dialoge wirken in der Tat stellenweise unerträglich agitatorisch, aber es gibt auch Beschreibungen von Landschaften, Dörfern und Menschen, die eine gute Handschrift verraten. Bemerkenswerterweise findet ein repräsentatives Nachschlagewerk über »Russische Schriftsteller des 20. Jahrhunderts«, das Ende der neunziger Jahre in Russland herausgekommen ist, in seinen zwei Bänden keinen Platz, um »Neuland unter dem Pflug« nur mit einer Zeile zu erwähnen. Auch ein Urteil! Die Schulen blieben hingegen auf altem Kurs. Der Roman ist immer noch Pflichtstoff, obwohl in Russland Privateigentum längst wieder sehr geschätzt wird. Dieses Land steckt voller Überraschungen und Widersprüchlichkeiten. Daran wird sich nie etwas ändern.

Doch darum geht es in meinem Gespräch mit Jurij Nikolaje-witsch nicht.

Die ehemalige Sowchose heiße immer noch »Neuland unter dem Pflug«, erklärt er mir. Heute sei sie eine offene Aktiengesellschaft, eine OAO. Das Kürzel kennen wir ja inzwischen.

»Wie läuft das Geschäft in der Marktwirtschaft?«

»Ganz gut!«, sagt der Hauptagronom. »Wir hätten natürlich die guten Böden von der anderen Donseite lieber.«

»Wie groß ist Ihr Betrieb?«

»7 000 Hektar, der größte Teil davon sind Getreidefelder. Aber wir haben auch Kühe und Schafe. 150 Mann beschäftigen wir. Unser Hauptgeschäft ist Getreide.«

»Was bekommen Sie denn pro Tonne Weizen?«

»3 000 Rubel!«

Ich rechne nach. 83 Euro. Scheint nicht übertrieben viel. In Deutschland gibt es dafür mehr als das Doppelte, fällt mir ein. Über uns segeln Vögel mit weiten Schwingen. Jurij Nikolaje-witsch folgt meinen Blicken. »Korschun!«, sagt er. »Geier?«, frage ich zurück. »Das sind niemals Geier.« Leider fällt mir das Wort für Bussard nicht ein. In der deutschen Übersetzung des »Stillen Don« ist allerdings auch immer von Geiern die Rede. Wir lassen die Sache offen.

»Was suchen denn die Korschuns?«

»Wachteln! Für die Korschuns ist unser Feld ein feines Restaurant.« Kein Widerspruch von meiner Seite. Während der Erntezeit seien sie von Sonnenaufgang bis Sonnenuntergang auf dem Feld, lässt mich der Hauptagronom noch wissen. Er müsse jetzt weiter. Wir sollten Deutschland von ihm grüßen, was ich ihm verspreche.

Die geteerte Straße endet abrupt. Für die letzten zwei Kilo-meter nach Jelanskaja hat es offensichtlich nicht gereicht. Der Feldweg ist völlig ausgefahren. Zur Schlammzeit im Herbst und Frühjahr muss das Fahren hier eine schöne Herausforderung sein. Jetzt haben wir keine Probleme. Die Knochen werden nur ein bisschen durcheinandergerüttelt. Jelanskaja macht aus der Ferne einen völlig verlassenen Eindruck. Nur auf dem Friedhof ist Betrieb. Richtig, wir haben Sonntag, fällt mir ein. Das Zeitge-fühl ist uns schnell abhandengekommen.

Alte russische Friedhöfe ziehen mich an. Die Gräber verstorbener Größen boten mir die Möglichkeit, die komplizierten Läufe der Zeitgeschichte zu erzählen, als die Arbeitsbedingungen für Fernsehkorrespondenten noch stark eingeschränkt waren. Auf Friedhöfen konnte ich zudem die innige Beziehung der Russen zur Kultur zeigen, wenn sie ihren im Leben wie im Tod angebeteten Lieblingen in Literatur, Theater, Gesang und Tanz mit Rezitationen, Liedern oder Vorträgen Reverenz erwiesen.

Mich rührt immer noch, wenn ich beobachte, wie längst Verstorbener gedacht wird. Mit Speis und Trank kommen die Angehörigen vorbei, um sich des Menschen zu erinnern, der die irdische Welt verlassen musste. Sie lassen sich dafür Zeit, erzählen von damals und heute und verzehren, was sie mitgebracht haben. Zu Ostern gehören in jedem Fall gefärbte Eier dazu. Ein Gläschen Wodka darf auch getrunken werden. Gezecht werden sollte nicht, Entgleisungen bleiben allerdings nicht aus. In der Sowjetzeit versachlichte sich das Verhältnis zu den Toten, insbesondere in den großen Städten. Die Friedhöfe rückten immer weiter weg von den Wohnungen. Beisetzungen verliefen industriell. Das Familiäre der alten russischen Friedhöfe verlor sich. Doch die früheren Gewohnheiten scheinen zurückzukehren, insbesondere auf dem Land. Von kirchlicher Seite gibt es hier und da Anleitungen, wie man sich auf den Friedhöfen benehmen soll.

In Jelanskaja finden wir einen Dorffriedhof vor, wie er schon im 19. Jahrhundert von Nikolai Gogol beschrieben wurde. Gemütlich, aber voller Respekt gegenüber den Toten. Hier herrscht keine Ordnung wie am Lineal gezogen. Die Natur kann sich recht frei entwickeln. Unter den Eichen, Eschen, Birken und Ahornbäumen lässt es sich bei sommerlichen Temperaturen gut aushalten. Auch in unwirtlichen Jahreszeiten kann hier Schutz gesucht werden. An den Gräbern stehen Bänkchen und manchmal auch Tischchen, um in Ruhe und bequem Zwiesprache mit den Verstorbenen zu halten. »Pogost« hießen die Friedhöfe im alten Russland. Der Name beschrieb den Raum dicht an der Kirche, in dem Gäste Schutz fanden. Für die Verstorbenen war das der Platz, wo sie zur ewigen Ruhe gebettet wurden. Vor dreihundert Jahren setzte sich das Wort »Kladbischtsche« durch. Es hat mit Wertvollem zu tun, das zur Aufbewahrung begraben wird.

Wir wandern unter den Bäumen umher. Gras und Blumen wachsen fröhlich und ungehemmt auf den Gräbern. Einige Kreuze aus Holz, Metall oder Stein sind aus der Balance geraten. Medaillons zeigen die Konterfeis der Verstorbenen. Alt sind die meisten nicht geworden. Das Leben in früheren Jahrhunderten war äußerst entbehrungsreich. An einigen Gräbern finden Treffen quer durch die Generationen statt, vom Baby bis zur Urgroßmutter. Unsere Kamera findet wenig Beachtung. Unter einem Ahorn hat sich eine Familie niedergelassen. Sie kommt aus Wolgograd, ihre Vorfahren stammen von hier. Die Großmutter und die Eltern seien hier begraben, wird mir gesagt. Ob mütterlicher- oder väterlicherseits die Toten zu beklagen sind, erschließt sich mir nicht, denn mir wird eine weitere Großmutter vorgestellt. Zu Nachforschungen komme ich nicht, denn ich werde gebeten, zu Ehren der Verstorbenen mit den Angehörigen ein Gläschen Wodka zu leeren, wogegen ich mich nicht wehre. Mein Reflex, vor dem Trinken anzustoßen, wird unterbunden. Dies verstoße gegen eine alte Regel, die mir nicht erklärt wird. Stattdessen werde ich aufgefordert, zum Wodka etwas Herzhaftes zu essen.

»Nehmen Sie Brot, es ist vom Land und selbst gebacken«, sagt die junge Frau, deren Bruder mich zur Totenehrung mit Speis und Trank eingeladen hat. »Die Kartoffeln hier sind ganz jung, die Eier kommen aus der eigenen Wirtschaft, auch die Zwiebeln, Tomaten und Gurken. Wenn Sie zum ersten Mal im Jahr junge Kartoffeln essen, dann dürfen Sie sich etwas wünschen.«

Natürlich wünsche ich mir das Wohlergehen aller meiner Familiengehörigen. In dieser Hinsicht hätte ich einiges gutzumachen, erkläre ich und bedanke mich bei der Gastgeberin für die Chance, die sie mir mit den jungen Kartoffeln geboten hat.

»Kommen Sie öfter mit Ihren Familien hierher?«, frage ich.

»Ja, wenn wir hier zu Besuch sind, dann ist es unsere Pflicht, auf den Friedhof zu gehen. Dann kommen wir zusammen, meine Familie mit der Familie meines Bruders, unserer Mutter und unseren Kindern.«

»Wir legen Blumen auf die Gräber, auch Bonbons und Kekse«, ergänzt ihr Bruder. »Die Gräber müssen gepflegt sein.«

»Warum sind Sie von hier weggezogen?«

»Es ist schön hier, aber das Leben ist auch hart. Für die Arbeit in der Landwirtschaft gibt es wenig Geld. Deshalb ziehen die jungen Menschen weg, und die Alten folgen ihnen, wenn sie allein nicht mehr zurechtkommen. So ist die Bevölkerung von Jelanskaja wie überall in den Dörfern von Jahr zu Jahr geschrumpft. Vor der Revolution lebten hier 11 000 Menschen. Jelanskaja war so groß wie Wjoschenskaja heute. Nun sind es nur noch hundert Menschen, die hier wohnen.«

»Und was ist mit dem Don? Hat der sich auch verändert?«

»Ja, sehr! Früher war es schwer, den Don schwimmend zu durchqueren. Die Strömung war stark. Heute ist der Don seicht geworden. An einer Stelle nicht weit von hier kann man den Fluss ohne Schwierigkeiten zu Fuß durchqueren. Der Don ist ziemlich versandet. Deshalb fahren über weite Strecken überhaupt keine Schiffe mehr. Aber wir lieben weiter unseren Don. An seinen Ufern erholen wir uns. Er ist unsere Tradition und die Geschichte Russlands.«

»Wird der Roman ›Der stille Don‹ noch gelesen? Auch von der Jugend?«

»Von uns sowieso! Der Roman ist für mich, meinen Bruder und meine Schwägerin immer noch aktuell. Die Jungen und Mädchen sollten Sie selbst fragen.«

»Ich habe den Roman gelesen«, sagt ihre 16-jährige Tochter. »Aber nicht in der Schule, sondern von mir aus.« Angeregt worden sei sie durch den Film. So passiere es häufig auch bei Erwachsenen, meint ihre Mutter. »Erst sehen sie den Film, dann lesen sie das Buch. Danach stellen sie fest, dass es sich um unterschiedliche Kunstwerke handelt, die beide viel mitzuteilen haben.«

Während unseres Gesprächs habe ich die Dorfkirche vor Augen. Wie eine feste Burg sieht sie aus. Ihre imposante Erscheinung hat ihr eine Rolle in der Filmserie von Bondartschuk verschafft. Wir sollten sie uns mal anschauen, werden wir von unseren Gastgebern zum Abschied ermutigt. Wir wandern hinüber. Als wir angekommen sind, stellen wir fest: Dieses Gotteshaus spielt im Leben von Jelanskaja keine große Rolle mehr. Sie ist »bes jasyka«, eine Kirche ohne Sprache. Ihre Glocken läuten nicht mehr, sie sind zerstört. Der Putz ist abgeblättert. Rote Ziegel treten hervor. Die fünf Stufen zum Eingang sind ausgetreten. Der heilige Nikolaj, dessen Namen die Kirche trägt, ist auf dem Bild über dem Portal kaum zu erkennen. Die Farben sind verblichen.

Ein Priester kommt über die Wiese vor der Kirche auf uns zu, von Weitem eine schlanke und elegante Erscheinung mit langem Haar und grauem Bart. Wie der gute Hirte des Dorfes sieht er aus. Als Vater Nikolaj stellt er sich vor. Seit vier Jahren sei er hier als Priester tätig, außerdem noch für zwei andere Gemeinden zuständig, sagt er mir. Eine Rückkehr zur Kirche könne er nicht feststellen, meint er auf meine Frage. »Die Leute hier glauben an den lieben Gott, aber in die Kirche gehen sie nicht.« Seine Gottesdienste würden kaum besucht. Manchmal käme nur eine einzelne Frau. Hochzeiten gebe es höchst selten. Nur zu den kirchlichen Festtagen könne er mit größerem Besuch rechnen, insbesondere zu Ostern. Weihnachten sei es den Leuten in der Kirche zu kalt. 20 Grad minus seien hier im Winter keine Seltenheit.

Heute erleben wir das andere Extrem. Wieder 35 Grad plus! Im Schatten des Ahornbaums spüren wir die Hitze nicht. Zudem sorgt ein leichter Wind für angenehme Kühlung. Eine wohltuende Stille umgibt uns. Das Dorf gehört zum Naturschutzgebiet Scholochow. Touristen scheinen sich in die Idylle am Don selten zu verirren. Kaum zu glauben, dass hier bis zur Revolution 12 000 Menschen gewohnt haben sollen. Gegenwärtig sehe ich hier keinen einzigen Einwohner, bis auf Vater Nikolaj. Er wirkt abgekämpft. 49 Jahre ist er alt. Mit seinem zerfurchten Gesicht hatte ich ihn für erheblich älter gehalten. »Sind Sie verheiratet?«, frage ich ihn. »Ja, ich habe drei Kinder.«

Der Eingang zum Vorhof der Kirche ist niedrig gehalten. Man muss sein Haupt beugen, wenn man hineingelangen will. Die Nikolaj-Kirche ist in Russlands Schicksalsjahr 1812 gebaut worden, als Napoleons Frankreich das Zarenreich zu unterwerfen drohte. Zunächst wurde ein Holzkirchlein errichtet. Aber schon bald konnte sich die reiche Kosakengemeinde ein großes Gotteshaus leisten. Das war 1826. Jahrzehntelang war die Kirche eine geachtete Größe in Jelanskaja. Doch dann kam die Zeit der Erniedrigung unter dem atheistischen Regime der Kommunisten. Als sie überstanden war, fehlten die Menschen für ein blühendes Gemeindeleben. Sie waren gestorben oder weggezogen.

Vater Nikolaj führt uns in die Kirche. Sie war während der Sowjetzeit ausgeraubt und zweckentfremdet worden. Nun kann der vordere Teil wieder für Gottesdienste genutzt werden. Die Heiligenbilder sind neu. Weihevolle Atmosphäre vermitteln sie nicht. Wir entdecken wenig, was Filmaufnahmen lohnt, möchten aber gegenüber dem Priester nicht den Eindruck von mangelndem Respekt entstehen lassen. In unsere Überlegungen platzt ein Mann mittleren Alters. Als Bürger könne er Aufnahmen in der Kirche nicht zulassen. Der Mann hat, wie sich herausstellt, keine Funktion und keinen Auftrag, vermutlich aber ein psychisches Problem. Vater Nikolaj fühlt sich ohnmächtig. Er bittet uns mit leiser Stimme, von Aufnahmen abzusehen.

Es ist ein Jammer, dass die charaktervolle Kirche so dahinsiecht. Wir klettern durch ein Fenster, um in den hinteren Teil zu gelangen. Unter der Kuppel entfaltet sich eine Halle von imposanter Größe. Trotz der Verwüstung ist auf den ersten Blick zu erkennen, dass dem Architekten Iwan Starow mit diesem Gotteshaus ein großes Werk gelungen ist. Er soll, wie wir von Vater Nikolaj erfahren, eine ähnliche Kirche in Kronstadt bei Petersburg gebaut haben. Die deutsche Wehrmacht sei hier nicht gewesen, dennoch habe die Bevölkerung furchtbar unter dem Krieg gelitten. Hundert junge Männer seien gefallen. Das Denkmal erinnere an die Opfer. Schrecklich sei das Dorf auch vom Bürgerkrieg betroffen gewesen. Der Bruder sei auf den Bruder losgegangen. Während der Sowjetzeit seien die Kosaken, die aufseiten der Weißen gekämpft hatten, als Verräter betrachtet worden, jetzt habe man die Freiheit, die Geschehnisse von damals auch mit anderen Augen zu sehen. Gleich nebenan gebe es ein Beispiel, das großes Aufsehen erregt habe.

In Jelanskaja ist Unerhörtes passiert. Der Kosak und Bauunternehmer Wladimir Petrowitsch Melechow aus Podolsk hat nicht nur ein Grundstück am hohen Ufer des Don erworben und ein schönes Haus darauf gesetzt, sondern auch noch eine Heldengedenkstätte für Atamane errichtet. Dafür hätte er sicher nur Beifall bekommen, wenn die geehrten Kosakenführer nicht aufseiten der Weißen gegen die Bolschewiken gekämpft hatten. Was sich Melechow erlaubt, ist ein völliger Bruch mit dem bisherigen Geschichtsverständnis. Selbst den Kosaken, die sich gegen die pauschale Verdammung ihrer antibolschewistischen Vorfahren wehren, ist die schneidige Attacke des Bauunternehmers auf die immer noch gültige sowjetische Sicht des Bürgerkrieges am Don nicht geheuer. Uns wird sofort klar, dass wir den Vorgang näher zu betrachten haben.

Das Anwesen des Bauunternehmers liegt nicht weit von der Kirche entfernt. Es ist gut gesichert, aber wir dürfen eintreten. Ein reich blühender Garten liegt vor uns, darunter zieht der Don seine Bahn. Den Besitzer, Wladimir Melechow, treffen wir nicht an. Seine Schwester Larissa Petrowna kümmert sich um uns. Sie führt uns zu der Gedenkstätte. Auf einem Hügel richtet sich in Überlebensgröße Pjotr Nikolajewitsch Krasnow auf, den Atamanstab stolz in die Luft reckend. Ich staune. Ausgerechnet Krasnow! In der Sowjetzeit verachtet, als Versager verspottet, als Verräter verfolgt und erschossen. Diesem Mann ein Denkmal zu setzen, dazu gehört der verwegene Mut eines Kosaken.

»Was für ein Krasnow?«, fragt im »Stillen Don« ein Kosak. »Was für ein Krasnow? Schämen Sie sich nicht, so etwas zu fragen!«, belehrt ihn ein Offizier. »Der berühmte General, Kommandeur des dritten Kavallerie-Korps! Ein kluger Kopf, ein Georgsritter und ein talentierter Heerführer.« Dass Krasnow bei den Weißen nicht unumstritten war, breitet Scholochow in seinem Roman später aus, aber vorher gibt er ihm die Chance, seinen internen Gegnern zu erklären, warum er im Kampf gegen die Roten selbst die Hilfe des äußeren Feindes Deutschland in Anspruch nimmt. »Wenn das Schicksal der ganzen Sache auf dem Spiel steht, verachtet man auch die Hilfe des früheren Feindes nicht.« In einem Satz lässt Scholochow zusammenfassen, wozu Kosaken fähig sind. Um ihre Freiheit zu verteidigen oder Unabhängigkeit zu erlangen, sind sie auch zum Seitenwechsel bereit.

An Krasnow konnten die Sowjets wirklich keine Freude haben. Der ehemalige General der Zarenarmee versuchte, mit einer Kosakeneinheit einen Aufstand der Bolschewiki 1917 gewaltsam zu unterdrücken. Er scheiterte, wurde gefangen genommen und angeblich gegen das Ehrenwort freigelassen, nie wieder gegen die bolschewistische Revolution zu kämpfen. 1918 wurde er von den Don-Kosaken zum Ataman, zum Anführer ihrer Streitkräfte, gewählt. Nach anfänglichen Erfolgen verließ ihn das Kriegsglück. Seine Armee wurde völlig von den Roten aufgerieben. Kurze Zeit später setzte er sich nach Deutschland ab, wo er seinen Feldzug gegen das Sowjetregime nun propagandistisch fortsetzte.

Im Zweiten Weltkrieg stellte sich Krasnow auf die Seite des nationalsozialistischen Deutschlands. Wegen seines hohen Alters spielte er militärisch keine Rolle. Zum Kriegsende ergab er sich mit den Resten seiner Kosakentruppe der britischen Armee. Trotz gegenteiliger Zusagen wurden sie an die Rote Armee ausgeliefert. Insgesamt 50 000 Mann mit 11 000 Frauen und Kindern. Der Wortbruch führte zu einer Tragödie. Viele stürzten sich aus Verzweiflung in die Donau. Mütter brachten ihre Kinder um, bevor sie sich selbst das Leben nahmen. Die Ausgelieferten erwarteten in der Sowjetunion Tod oder Lager. Der Höchste Militärrat in Moskau verurteilte Krasnow mit anderen Kosakengenerälen zum Tod durch Erhängen, ließ aber »Milde« walten. Der ehemalige Ataman wurde erschossen. Das war am 17. Januar 1947, wie an seinem Denkmal zu lesen ist. Zu Füßen Krasnows wird sechs weiteren Atamanen in Bronze-Abbildungen die Ehre gegeben. Ihre Namen sind mir durch den »Stillen Don« als Kämpfer gegen die Roten vertraut. Die meisten kamen im Bürgerkrieg um. Nur zwei starben im Rentenalter, vermutlich in der Emigration.

Die Einweihung der Gedenkstätte erregte einige Aufmerksamkeit. Den kirchlichen Segen holte sich der Bauunternehmer aus dem Ausland, als er den Wladyka, den Erzbischof, aus Genf einfliegen ließ. Eine gezielte Geste gegenüber der früher geschmähten Emigration! 600 Gäste kamen in das entlegene Jelanskaja, viele in Kosakenuniformen. Sie ehrten Atamane, Generäle und Offiziere der Kosaken, die früher als Volksfeinde geschmäht wurden. Nun verkündet die Inschrift an der Gedenkstätte, diese Menschen hätten ihr Leben für ihren Glauben und das Vaterland gegeben. Wladimir Wassiljewitsch Woronin, stellvertretender Ataman des Gebietes Rostow, ließ sich von der Kühnheit Melechows mitreißen. Ihm war die Ehrung nicht genug, er forderte darüber hinaus Rehabilitation. Das ging den Offiziellen wohl zu weit, denn Woronin war kurz darauf seinen Job los. Auch Melechow soll seitdem als Unternehmer unangenehme Scherereien haben. Die Partie ist noch nicht zu Ende.

Wir waren nach Jelanskaja gefahren, um der Geschichte der Kosaken nachzuspüren, und entdecken in dem aussterbenden Dorf den Beginn eines neuen Kapitels. Zum Reiz Russlands gehört seine Unberechenbarkeit, im Guten wie im weniger Erfreulichen. Fjodor Dostojewski hat sich in seinem »Tagebuch eines Schriftstellers« darüber amüsiert, dass wir Westler uns immer wieder davon verblüffen lassen. »Für Europa ist Russland wie ein Geheimnis der Sphinx«, schreibt er. »Eher wird ein Lebenselixier erfunden, als dass der Westen die russische Wahrheit, den russischen Geist und Charakter sowie dessen Ausrichtung erfasst. In dieser Hinsicht ist sogar der Mond viel genauer erforscht als Russland. Von dem wissen wir, dass dort niemand lebt. Von Russland weiß man, dass dort Menschen, ja sogar russische Menschen leben. Aber was sind das für Menschen?« Auf diese Frage wird es immer wieder neue Antworten geben.

»Russenland, Russenland!«

Iwan Petrowitsch Pawlow, Professor der Physiologie an der militärärztlichen Akademie in St. Petersburg, hätte seine helle Freude an mir. Wie ich feststelle, funktioniert seine Entdeckung, die ihm vor über hundert Jahren den Nobelpreis einbrachte, bei mir heute noch. Zurzeit dreht sich mein Denken um den »Stillen Don«. Wird ein Impuls gesetzt, erfolgt die Reaktion reflexartig. Fällt beispielsweise der Name »Migulinskaja«, signalisiert mein Gehirn in einer Nanosekunde: mehrfach erwähnt, unklare Gefechtslage, Berichte von Mord, Vergewaltigungen und Plünderungen! Doch an diesen Informationen ist Stefan Tolz nicht interessiert. Das Dorf ist ihm aus einem anderen Grund wichtig. Er hat auf seiner Recherchenreise einen Kosaken kennengelernt, der in Migulinskaja lebe und »wahnsinnig gut drauf« sei. Viktor Iwanowitsch Udowkin heiße der Mann. Er wisse bestens, wie es heute um die Kosaken und den Don bestellt sei.

Wo liegt Migulinskaja? Vierzig Kilometer flussaufwärts! Keine Entfernung, finden wir und fahren los. Die Landschaft bekommt zunehmend Steppencharakter. »Russenland, Russenland!«, zitiert Tina Bauermeister mit gespieltem Schluchzen aus den »Toten Seelen« von Altmeister Nikolai Gogol. »Wüstenhaft und eben ist alles in dir. Nichts verlockt und nichts verzaubert den Blick. Doch was für eine unfassbare, geheimnisvolle Kraft zieht uns zu dir? Was ruft da und greift uns ans Herz?« Lassen sich diese tief gehenden Fragen bildlich beantworten, klopfen wir bei unserem Kameramann an. »Nein!«, bescheidet uns Hermann Schulz. »Solche Bilder kriege ich in jedem deutschen Manövergelände.« Ernüchtert setzen wir unsere Fahrt fort.

Bei Kasanskaja, auch ein Schauplatz im Scholochow-Roman, halten wir an. Die Fähre hat ihren Betrieb eingestellt. Schade, die Überfahrt hätte uns schöne Bilder gebracht. Nun verbindet eine Pontonbrücke das linke mit dem rechten Ufer des Don. Mit lautem Getöse donnern Lastwagen über das Provisorium. Nebenan wird an einer Hochbrücke gebaut. Wir halten an, um ein paar Aufnahmen zu machen. Ein Polizist dirigiert den Verkehr. Gelangweilt schaut er uns zu. Die Zeiten haben sich wirklich geändert. Früher galten Brücken als strategisch wichtige Objekte. Die Polizei wäre sofort eingeschritten, wenn wir Bilder gemacht hätten. Wir sind dem »Regulirowschtschik« nicht gram, dass er an uns kein Interesse zeigt.

»Angeln und Baden sind untersagt!«, ist auf einem Schild klar und deutlich zu lesen. Die Wirkung des kategorischen Verbots ist mäßig. Auf der einen Seite der Pontonbrücke wird fleißig gebadet, auf der anderen Seite fleißig geangelt. Das war allerdings früher im Polizeistaat Sowjetunion nicht anders. In Migulinskaja werden wir freundlich von einer Gänseschar empfangen. Zwei Pferde kommen uns entgegen. Dahinter trotten drei Kühe gemächlich quer über den Weg. Ein hübsches dunkelhaariges Mädchen weiß, wo Viktor Iwanowitsch wohnt. Kirowstraße, zunächst geradeaus, dann links, danach rechts. Jetzt im Sommer wirkt das Dorf gemütlich. Im Herbst schon dürfte sich ein anderes Bild bieten. Die Wege sind nicht asphaltiert. Ein junger Mann mit freiem Oberkörper steuert seine Beiwagenmaschine vorsichtig über die Schlaglochpiste.

Trampelpfade begleiten links und rechts die Wege. Ab und an laden Bänke unter schützenden Bäumen zu einem Nachbarschaftsplausch ein. Migulinskaja erfüllt voll und ganz meine Erwartungen. Genau so hatte ich mir ein Kosakendorf vorgestellt.

Alle Grundstücke werden von Lattenzäunen umgeben, die meisten sind grün angestrichen. Offene Vorgärten sehe ich nicht. Trauen die Nachbarn einander nicht? Diese Frage habe ich schon früher gestellt und zur Antwort bekommen, dass Zäune zur Geschichte Russlands gehören. Sie mussten in dem großen, wilden Land errichtet werden, um vor ungebetenen Gästen Schutz zu bieten, vor Tieren und Menschen, die vor fremdem Eigentum nicht haltmachen. Auch heute sollen Zäune das im Garten mit viel Liebe und Geduld gezogene Gemüse, aber auch das Obst vor schnellem Zugriff bewahren. An dieser Tradition wird sich so schnell nichts ändern.

Vor dem Haus Kirowstraße 36 steht ein stattlicher Ahornbaum, an dem eine Schaukel angebracht ist. Eine Bank mit Tisch komplettiert die Ausstattung des luftigen Vorzimmers, in dem es sicher schon laut und lustig zugegangen ist. Ein Mann von massiger Gestalt öffnet uns. Er erkennt mit Freude Stefan Tolz, uns duzt er auch gleich. Viktor Iwanowitsch Udowkin heißt uns willkommen und führt uns hinter das Haus. Hier bietet sich uns ein Bild eigenwilliger Ordnung. Ein Gummi-Planschbecken und ein Schlauchboot breiten sich in der Mitte aus. Der Verschlag rechts beherbergt Werkzeug aller Art. Im Zwinger kugeln sich junge Hunde vor Freude über unseren Besuch. Ansonsten sind im hinteren Garten Äxte, Netze, verrostete Lampen, ausgediente Telefonapparate, Schlitten, Latschen, Eimer, Schüsseln und auch Badewannen abgelegt, vielleicht auch zur letzten Ruhe gebettet.

Viktor Iwanowitsch ist einverstanden, mit uns zu einer Tour über den Don aufzubrechen. Um Platz für das Kamerateam zu haben, brauchen wir ein zweites Boot. Unser Hausherr mobilisiert seinen Nachbarn. Alles kein Problem! Beide Boote werden auf einen Hänger geladen, der an unseren Kleinbus gekoppelt wird. Durch Feld und Wald rumpeln wir Richtung Don, wobei der Weg zeitweilig noch gebahnt werden muss. Schließlich liegt der Fluss vor uns, zu schönster Lyrik inspirierend. Doch dafür fehlt die Zeit. Zunächst müssen die Filmaufnahmen organisiert werden. Im größeren Boot sollen Viktor Iwanowitsch und ich auf den Don hinausfahren, um die ausgelegten Netze zu kontrollieren. Vom Schlauchboot aus soll unsere Operation gefilmt werden.

Das Unternehmen geht gründlich schief. Der Außenbordmotor unseres Boots springt nicht an. Ehe wir uns versehen, sind wir schon einige hundert Meter vom Drehort abgetrieben worden. Dummerweise übernehme ich es, den Kahn wieder zurückzurudern. Ein hartes Stück Arbeit gegen die Strömung, wobei mir die 130 Kilogramm Lebendgewicht meines Begleiters die Sache nicht erleichtern. Wir unternehmen einen neuen Anlauf. Filmaufnahmen erfordern Fantasie. Vom Schlauchboot aus hält Stefan Tolz unser Boot fest, während Hermann Schulz mein tiefgründiges Gespräch mit Viktor Iwanowitsch Udowkin filmt.

»Gibt es im Don noch viele Fische?«

»Nein, der Don ist nicht mehr so fischreich, wie er einmal

war. Früher, so wurde gescherzt, brauchte man nur seine Unterhose ins Wasser zu werfen. Schon war sie voll mit Fischen.«

»Warum gibt es heute nicht mehr so viele Fische?«

»Zur Erklärung brauche ich etwas Zeit. An dieser, also der rechten Seite des Don gibt es 37 Seen. In diesen Seen sind früher die Jungfische gediehen, sie waren eine Art Brutstätte. Während des Hochwassers im Frühling wurde auf den benachbarten Wiesen Laich abgelegt. Danach wanderten die Jungfische in die Seen. Dort blieben sie, manchmal drei bis fünf Jahre, bis sie eine bestimmte Größe erreicht hatten. Danach wanderten sie mit dem Hochwasser in den Don.«

»Warum funktioniert das heute nicht?«

»Das liegt an der Politik. Früher gab es einen starken Ataman. Er war das von allen respektierte Oberhaupt der Kosaken. Vor ihm hatten alle schrecklich Angst. Unter den damaligen Atamanen war es verboten, in den Don-Auen, wo im Frühling das Hochwasser stand, zu pflügen. Unter der Sowjetmacht wurden die Don-Auen zu Ackerland. Im Frühjahr stand es unter Wasser. Wenn es sich zurückzog, schwemmte es viel Erde in den Don. Dadurch wurde der Fluss immer seichter, genau wie die Seen, weil sie mehr und mehr von Ackerland umgeben wurden, dessen Krume nach jedem Hochwasser in die Seen flutete.«

»Was hat der Ataman damit zu tun?«

»Früher hatte der Ataman die Macht, die Leute aufzufordern, die Seen zu reinigen. Außerdem wurden die Seen miteinander verbunden. Von den Seen wurden auch noch Bäche in den Don geleitet. Diese Bäche nennen wir Jerek. Das Wort haben die Kosaken aus dem Alttürkischen übernommen.«

»Was wurde dadurch erreicht?«

»Fische wurden gerettet. Im Winter frieren die seichten Seen schnell zu. Die Jungfische sterben in großen Massen unter der Eisfläche, weil sie nicht genügend Platz und Sauerstoff haben. Bis zu hundert Tonnen Fisch gehen so zugrunde. Der Don wird dadurch ärmer.«

»Ist die Seen-Reinigung nicht zu aufwendig?«

»Überhaupt nicht. Sie bringt ja noch zusätzliche Effekte. Der Schlamm aus den Seen könnte in der Steppe verteilt werden. Das Korn könnte darauf brusthoch wachsen. Durch die Reinigung würden auch noch Quellen in den Seen freigelegt. Die Jungfische hätten zusätzliches frisches Wasser. Und wenn der Winter besonders hart wird, können sie durch die Bäche in den Don wandern.«

»Das klingt ja alles vernünftig. Warum geschieht es dann nicht?«

»Weil die Leute keine Ahnung haben! Ich habe mich an Verantwortliche, an Zeitungen gewandt. Nichts ist passiert. Die wissen ja noch nicht einmal, was Jereks sind und wo sie verlaufen.«

»Sind die Geschichtskenntnisse so dürftig?«

»Auf der ganzen Linie! Dabei ist unsere Geschichte reich. Große Leute sind daran beteiligt. Hier gibt es einen Kosakenort Tschiganat. Der Name ist auf keinen Geringeren als Peter den Großen zurückzuführen. Er hat ihn abgeleitet von dem Kosakenschimpfwort ›Tschigany‹; es bedeutet ›Banditen‹.«

»Das klingt nicht sehr ehrenvoll.«

»Peter hatte dafür einen guten Grund. Als er seine Flotte, die oberhalb am Don in Woronesch gebaut wurde, nach Asow segeln ließ, kam sie hier bei Tschiganat vorbei. Der Fluss war tief genug, um die großen Schiffe zu tragen.«

»Und was passierte in Tschiganat?«

»Die Bewohner enterten die Schiffe und raubten sie aus.«

»Aber das waren doch Kosaken.«

»Das waren entlaufene Sträflinge und Leibeigene. Peter schickte seine gefürchteten Strelizen. Die kamen auf Flößen hier an. Als sie schwer bewaffnet an Land stiegen, machten sich die Bewohner aus dem Staub. Sie setzten sich auf ihre Pferde, und weg waren sie. Die Strelizen zündeten ihre Höfe an und zogen wieder ab. Vom Raubgut haben sie nichts zurückerobert.«

»Interessant, aber warum erzählen Sie mir die Geschichte von Peter und den Banditen?«

»Meine Frau stammt von den Banditen ab. Wenn wir streiten, dann sage ich ihr: Schweig und erinnere dich, von wem du abstammst!«

»Gibt es noch Kosaken wie früher?«

»Nein, Kosaken wie früher gibt es nicht. Sie vermischen sich immer weiter. Hier sehr häufig mit einer Chochluschka, einer

Süd- oder Ost-Ukrainerin. Vom ursprünglichen Kosakenblut bleibt da wenig übrig.«

»Wird das Kosakentum nicht gefördert?«

»Man bemüht sich, es erneut zu entdecken. Aber frühere Verhältnisse sind nicht wiederherzustellen. Bei der Landverteilung ging es schon ungerecht zu. Das ist nicht zu reparieren. Als die Kolchosen und Sowchosen aufgelöst wurden, hat man das Land an die verteilt, die dort gearbeitet hatten – ganz gleich ob Ukrainer, Russe, Georgier, Armenier, Jude oder Zigeuner. Ich, ein echter Kosak, bekam nichts, denn ich arbeitete damals in der Jagdinspektion. Dabei wurde Land verteilt, das meinen Ahnen von den Bolschewiken weggenommen worden war. Gerecht ist das nicht.«

»Wie erging es den Kosaken unter den Sowjets?«

»Meine Großväter und Onkel sind ihnen zum Opfer gefallen. Mein Vater war nur deshalb nicht darunter, weil er noch ein kleines Kind war. Das war 1918, als der Bolschewik Jakow Michajlowitsch Swerdlow, der wenig später erster sowjetischer Staatspräsident wurde, Massenterror gegen wohlhabende Kosaken ausübte, um sie auszurotten.«

»Warum hat man Ihre Verwandten ermordet?«

»Sie waren Offiziere unter dem Zaren. Mein Großvater war als Schatzmeister neben dem Ataman der einflussreichste Mann in der Staniza. Er konnte es sich leisten, einige seiner Söhne auf die Kadettenschule zu schicken.«

»Wird die Kosakentradition heute noch gepflegt?«

»Ja, ich habe zum Beispiel meinem Enkel den Besuch einer speziellen Schule ermöglicht. Er hat die Aufnahmeprüfung für das Kadettenkorps in Bjelaja Kaleta bestanden. Seine Kosakenuniform wird er bis zum Schulabschluss tragen.«

»Glauben Sie tatsächlich, dass das Kosakentum eine Überlebenschance hat?«

»Ja, unbedingt! Meinen Söhnen habe ich beigebracht, wie Kosaken zu leben und aufzutreten. Sie können reiten und mit dem Säbel umgehen. Mein Ältester hat den ersten Platz in einem Wettbewerb des Gebiets Rostow belegt.«

»Sind Ihre Kinder von Kindesbeinen an so trainiert worden?«

»Kann man so sagen! Ich hatte früher 17 Pferde. Abends, wenn wir geerntet hatten, schickte ich meine Söhne los, die Pferde zum Weiden auf die Wiesen zu reiten. Das machten sie mit ihren Freunden. Und wie das bei jungen Leuten ist, ritten sie immer um die Wette. Dabei haben sie viel gelernt. Mein Enkel kennt das leider nicht, weil ich keine Pferde mehr habe.«

»Was muss getan werden, damit die jungen Kosaken hier bleiben?«

»Man muss ihnen Land geben, sonst flüchten sie in die Städte. Bei meinen Söhnen ist das so. Der eine lebt in Moskau, der andere in Rostow.«

»Spielt Moskau eine gute Rolle, was die Kosaken angeht?«

»Ach was! Moskau ist für uns ein anderes Land. Dort werden ganz andere Löhne gezahlt. Hier bekommt ein Landwirt 2 000 Rubel. Dafür arbeitet er bei Wind und Wetter. Der Moskauer kriegt, ohne sich anzustrengen, 30 000 Rubel.«

»Was hat Putin als Präsident und Ministerpräsident für die Kosaken getan?«

»Bislang nichts! Doch! Er hat uns erlaubt, die Kosakenuniform zu tragen.«

Uns ist nach einer Pause zumute. Für die Kamera haben wir in dem engen Kahn höchst unbequeme Positionen einnehmen müssen. Viktor Iwanowitsch gönnt sich eine Zigarette. Mit freiem Oberkörper trägt er sein stattliches Übergewicht zur Schau. Tief sonnengebräunt sitzt er vor mir, trotz seiner sechzig Jahre immer noch ein Kraftpaket. So scheint es. Zwischen zwei Zügen räumt er ein, Probleme mit der Pumpe zu haben. Aus dem Geständnis entwickelt sich das übliche Veteranengespräch über Krankheiten im Alter. Der Kosakenschneid ist Viktor Iwanowitsch plötzlich abhanden gekommen, als er auf seine Gefäßverengungen zu sprechen kommt. Wenn er darunter leide, solle er sofort das Rauchen einstellen, rate ich mit Entschiedenheit. Viktor Iwanowitsch gibt mir recht, braucht aber erst einmal eine Zigarette, um die Schreckensaussicht besser zu verkraften. Ein paar Züge, und schon ist er wieder der alte Kosak, der weder Tod noch Teufel fürchtet.

»Was hat der Ataman Udowkin geleistet?«

»Dreimal war ich Ataman. Ich habe die Seen reinigen lassen und Leitungen zum Don gelegt. Als Ataman war ich streng, wie es sich gehört. Im ›Stillen Don‹ sagt der Vater zum Sohn: ›Wenn du nicht auf mich hörst, beschwere ich mich beim Ataman, und der wird dich auspeitschen lassen.‹ Der Ataman muss gefürchtet werden wie Gott.«

»Ist das heute noch möglich?«

»Längst nicht mehr! Und das ist schlecht. Wenn früher ein Ataman mit seinem Pferdegespann durch ein Schlagloch fuhr, dann befal er, den Weg sofort auszubessern. Wehe, wenn das nicht bis zu seiner Rückkehr am Abend geschehen war! Heute können Traktoren die Wege völlig kaputt fahren. Kann ein Behördenmensch etwas dagegen tun? Gar nichts!«

Für Viktor Iwanowitsch ist der allgemeine Verfall von Sitte und Ordnung auf einfache Weise zu stoppen: Die Prügelstrafe muss wieder her. »Vor dem ganzen Dorf ausgepeitscht zu werden war für den Kosaken die größte Schande. Hatte er gestohlen oder einen älteren Menschen nicht gegrüßt, war sofort eine Strafe fällig. Heute können die schlimmsten Dinge passieren, und der Täter kommt ungestraft davon.«

»Und die Miliz?«

»Die Miliz? Mal sucht sie, mal sucht sie nicht. Ein Ataman mit den alten Rechten müsste eingesetzt werden. Begeht jemand Unrechtes, klaut er einen alten Frau Kartoffeln, dann muss er öffentlich Prügel bekommen. Das wird er sich merken.«

»Was war außerdem damals anders?«

»Ein Kosak musste viele Söhne bekommen. Töchter brachten nichts. Wenn ein Kosakenjunge auf die Welt kam, gab es sofort ein Stück Land für ihn. Wem nur Töchter geboren wurden, war arm dran.«

Auf die Wiederkehr dieser Regel will Viktor Iwanowitsch verzichten. Doch eines wurmt ihn sehr. »Wer hat Russland groß gemacht? Die Kosaken! Früher herrschten hier die Tataren und die Türken. Wer hat sie vertrieben? Die Kosaken! Wer hat ganz Sibirien und den Fernen Osten erobert? Es waren die Kosaken. Jermak hat sie über den Ural geführt. Heute spielen sich Oligarchen als Eroberer auf. Mit ihrem Geld – weiß der Teufel, woher sie es haben – erobern sie Sportstadien in England. Sie sind Banditen.«

215

Auf dem Don gestrandet

Es fällt uns schwer, das Sanatorium in Wjoschenskaja zu verlassen. So angenehm werden wir in den nächsten Tagen vermutlich nicht mehr untergebracht. Mit den Gästen stehen wir längst auf gutem Fuß. Wir begrüßen uns wie alte Bekannte. Anfangs war das anders. Wie oft habe ich diese Erfahrung gemacht! Zunächst stößt man auf abweisende Mienen und stoffeliges Benehmen. Spricht man die Menschen an, bricht sich nach einer Schrecksekunde herzliche Hilfsbereitschaft Bahn. Woher kommt das gegensätzliche Verhalten? Gerne wird die Sowjetzeit dafür verantwortlich gemacht. Unter dem kommunistischen Regime sei der gute Ton auf den Hund gekommen. Im Übrigen sei im Polizeistaat UdSSR Misstrauen gegenüber Fremden angebracht gewesen. An dieser Deutung mag etwas sein. In der klassischen Literatur war allerdings schon vorher zu lesen, dass extreme Stimmungswechsel von Verschlossenheit zu Offenheit und zurück russischen Menschen durchaus eigen sind. Egal, uns wird in Wjoschenskaja ein netter Abschied bereitet. Gute Reise wird uns allenthalben gewünscht. Wir sollen wiederkommen, was wir gerne versprechen.

Der Fluss gibt uns die Richtung vor, sie führt nach Osten, als wolle sich Väterchen Don schnurstracks in die Arme von Mütterchen Wolga werfen. Wir machen uns das Leben selbst ein wenig schwer, weil wir dem Fluss nahe bleiben wollen. Für unsere Anhänglichkeit müssen wir einige Rüttelstrecken in Kauf nehmen. Doch wir kommen gut voran. Wir fahren an Meeren von Sonnenblumen und Weizen vorbei. Der Wind treibt leichte Wogen über sie hinweg. Eine Landschaft von schlichter Schönheit umfängt uns. Gelbgrün die Sonnenblumen, hellbraun der Weizen, darüber ein makellos blauer Himmel. Wir halten an. Hermann Schulz wandert umher, um geeignete Kamerapositionen zu finden. Es ist nicht ganz einfach, die ausufernde Weite im Film festzuhalten, ohne Zuflucht zu ellenlangen Einstellungen zu suchen.

Aus dem Nichts taucht ein Auto auf. Der Fahrer stoppt. Ob wir Probleme hätten, fragt er. Wir erleben solche Fürsorge nicht zum ersten Mal. Wer am Wegesrand liegen bleibt, braucht in Russland nicht lange auf Hilfe zu warten. Ohne Solidarität geht es bei den landesüblichen Entfernungen und oft extremen Witterungsverhältnissen nicht. Daran hat sich auch im Zeitalter des Mobilfunks nicht geändert. In Amerika ist Gleiches zu erleben. Die Natur erzieht die Menschen. Wir können Entwarnung geben. Im Gegenzug erfahren wir, dass wir in zwanzig Kilometer Entfernung Asphalt zu erwarten haben.

Unser Ziel ist die »Turbasa Ust Chopjorskaja«, die Ferienanlage an der Mündung der Chopjor. Einen schönen Namen trägt sie. »Donskije Sori« steht über dem Eingang, was so viel wie »Sterne über dem Don« heißt. Die Holzhäuser, die bis in das anliegende Wäldchen verstreut sind, wirken weniger himmlisch, sind aber akzeptabel für eine Nacht. Igor hat uns angemeldet. Platz ist für alle vorhanden, ein Boot mit Außenbordmotor ebenfalls. Wir wollen noch eine ausgedehnte Tour auf dem Don machen, nach Möglichkeit auch Abstecher in den einen oder anderen Nebenfluss riskieren. Dabei kommt uns das milde Licht am Ende des Tages gelegen. Hermann Schulz, Stefan Tolz, Michael Funk und ich gehen an Bord. Der junge Bootsführer heißt Sascha. Er verspricht, uns den Don von seinen schönsten Seiten zu zeigen.

Zunächst genießen wir die Attraktionen des Don völlig allein. Weder an den Ufern noch auf dem Wasser begegnet uns eine Menschenseele. Für einen großen Fluss in Europa wirkt die Landschaft wohltuend unberührt. Ab und an steigt ein Vogel vom Ufer oder aus den Wäldern auf und segelt scheinbar schwerelos über den stillen Fluss. Reiher, Segler, Habichte und Sumpfweihen zeigen keine Scheu vor uns. Selbst ein Orljonok, ein junger Adler, gibt uns die Ehre. Beschwingt wie ein Zecher nach einem Fläschchen Wodka zieht der Don seines Weges; mal in leichten, mal in großen Schwüngen, mal das hohe Ufer rechts, mal auf der linken Seite.

Allmählich kommt Betrieb auf. Ein Angler sitzt in sich versunken am Ufer. Etwas weiter flussabwärts hat es sich eine Familie auf einer Sandbank bequem gemacht. Ein Motorboot schießt aus einer Bucht hervor, und aus einem Zeltlager schallt Musik herüber. Doch dann sind wir wieder allein, bis auf dem linken Ufer ein Dorf auftaucht. Menschen sehen wir nicht, möglicherweise sind sie auf dem Feld. Wir haben schließlich Erntezeit. Was mich zunehmend irritiert, ist die völlige Abwesenheit von Schiffen auf dem großen Fluss. Hier hatte doch Peter der Große seine Armada zum Schwarzen Meer hinunterfahren lassen. Taugt der Don überhaupt nicht mehr zur Schifffahrt? Die Antwort lässt nicht lange auf sich warten. Soeben hatte Hermann Schulz mit Hingabe die Spiegelung des Himmels im Don aufgenommen, als unser flacher Kahn abrupt zum Stehen kommt. Der Außenbordmotor rotiert wie wild. Es hilft nichts. Wir sitzen fest. Genau an der Mündung der Medwediza. Sascha springt ins Wasser, Stefan springt ins Wasser, Hermann hinterher. Der Kahn kommt wieder frei, aber an eine Tour in die Medwediza ist nicht zu denken. Es fehlt die berühmte Handbreit Wasser unter dem Kiel. Die Flüsse hier sind völlig versandet. Selbst der stolze Don, den Fürst Igor vor über tausend Jahren als »welikij«, als groß besungen hatte, trägt keine Schiffe mehr. Schön für die Natur, schön für die Urlauber! In Europa hat kein Fluss von vergleichbarer Größe reineres Wasser als der Don.

Stefan und Hermann genießen die unvorhergesehene Abkühlung. Sie lassen sich das Stativ anreichen und filmen den Don mit seiner verträumten Umgebung vom Wasserspiegel aus. Mal schauen, was die Perspektive hergibt! Bis zur Flussmitte müssen die beiden Herrschaften anschließend waten, ehe wir sie zur Weiterfahrt an Bord nehmen können. Vorher würden wir uns unter ihrem Gewicht wieder festfahren. Wir tuckern zügig flussabwärts. Weitere Untiefen haben wir mit unserem Kahn nicht zu befürchten, meint Sascha. Das Städtchen Serafimowitsch macht frühzeitig auf sich aufmerksam. Die goldenen Kuppeln seiner Preobraschenskaja-Kirche leuchten uns schon von Weitem entgegen. Die eigenartige Architektur des Kirchturms erweckt unsere Neugier. Sie ähnelt eher einem Bündel Erbsenschoten als der herkömmlichen Zwiebel. Wir haben die Gelegenheit, uns das Bauwerk näher zu betrachten, denn unterhalb der Kirche geht unsere Fahrt zu Ende. Der Kleinbus wartet schon auf uns. Sascha macht seinerseits sofort kehrt, um mit seinem Boot vor Anbruch der Dunkelheit die Turbasa zu erreichen.

Vor der Kirche treffen wir eine junge Nonne. Ganz so weit sei sie noch nicht, korrigiert sie mich. Sie sei eine Posluschniza, eine Novizin. Was es mit diesem Stand auf sich hat, wissen wir seit unserem Besuch im Kloster Sadonsk. Schwester Georgia, so heißt unsere Gesprächspartnerin, ist freundlich, gibt aber nur zögerlich Auskunft. Die Preobraschenskaja- oder Verklärungskirche hat das für die damaligen Zeiten übliche Schicksal erlitten. Sie wurde vom Sowjetregime kurz nach der kommunistischen Machtübernahme ausgeräumt und anschließend zum Heim für vierhundert obdachlose Kinder umgewidmet. Eine Elektrostation fand auch noch Platz im ehemaligen Gotteshaus. Nach dem Zusammenbruch des roten Imperiums dauerte es auch hier mit dem Comeback der Kirche nicht lange. 2000 wurde ein Frauenkloster eröffnet, dem inzwischen fünfzig Nonnen und Novizinnen angehören. Zu weiteren Auskünften ist Schwester Georgia nicht bereit. Ich solle die wenigen Minuten bis zur Schließung heute Abend nutzen, um mir die Kirche von innen anzusehen. Dazu lasse ich mich nicht zweimal auffordern.

Am hohen Ufer ist mit Blick auf den Don ein kräftiger Steinbogen errichtet worden, in dem neun Glocken unterschiedlicher Größe hängen. Warum es neun sind, ist mir nicht klar. Der niedrige, etwa dreißig Meter lange Eingang zur Kirche soll Gottesdienstbesuchern normaler Körpergröße offenbar zu einer demütigen Haltung verhelfen. Tief gebeugt betrete ich das Gotteshaus. Die Abendmesse scheint sich dem Ende zu nähern. Eine Nonne liest aus einer Schrift. Den Text bekomme ich nicht mit. Ich bin offensichtlich der einzige männliche Besucher. Im Gegensatz zu Tina Bauermeister darf ich bleiben, während meine Kollegin zurückgewiesen wird. Ihr Haar ist nicht ausreichend bedeckt.

Die schweren Rundbögen, die das Gewölbe abstützen, verleihen der Kirche Höhlencharakter. Trotz der neuen Ikonen vermittelt sie eine weihevolle Atmosphäre. Am Verkaufsstand ist davon allerdings wenig zu merken. Hier rollt der Rubel. Obwohl die Kirche nicht mehr übermäßig gut besucht ist, gehen Kerzen und Heiligenbilder weiter zügig weg. Um meiner abgewiesenen Kollegin die Solidarität nicht zu versagen, wende ich mich bald dem Ausgang zu. Von einem Einkauf am Kirchenkiosk nehme ich Abstand, obwohl ich von den beiden Nonnen hinter dem Tresen aufmunternd angeschaut werde.

Die Nacht in der Turbasa gestaltet sich besser, als ich es erwartet hatte. Gut, die Toilettenspülung bleibt offensichtlich die Achillesferse des russischen Tourismus, doch die Reparatur lässt sich leicht bewerkstelligen. Mich beschäftigt etwas anderes. Einmal möchte ich mit Väterchen Don meine Kräfte messen. Ich wache früh auf. Heute könnte der Tag sein. Aus den Hütten der Turbasa dringen kräftige Schnarchtöne. Jetzt, um 5.30 Uhr bin ich mit Väterchen Don allein. Er nimmt mich freundlich auf. Ich genieße die Frische seines Wassers. Auf dem Rücken liegend schwimme ich in die Mitte des Flusses. Ein Milan begleitet mich. Ich fühle mich sehr geehrt. Ohne Flügelschlag schwebt er auf und ab. Als ich mich im Wasser aufrichte, stelle ich fest, dass mich der Fluss bereits hundert Meter weiter getragen hat. Meine Bemühungen, Boden gutzumachen, bringen nichts. Ich kraule auf der Stelle. Das Kräftemessen ist schnell verloren. Ich versuche, mich seitlich davonzumachen, aber der Don zieht mich sanft in die Mitte zurück. Erst als ich einen verzweifelten Sprint hinlege, lässt er mich gnädig los. Ziemlich ausgepumpt erreiche ich das Ufer, deutlich unterhalb meiner Einstiegsstelle, aber immer noch auf dem Territorium der Turbasa. Das Spielchen habe ich glatt verloren.

Norman Meyer und Michael Funk machen sich bereits am Kamerawagen zu schaffen. Wir wollen auf der anderen Don-Seite einen Ausritt in die Steppe unternehmen. Ich studiere die Karte. Die vermeintliche Steppe wird als Halbwüste bezeichnet. Unser erstes Tagesziel ist Nowogrigorjewsk, wo uns ein Schiff der Wolga-Don-Kanalgesellschaft aufnehmen soll. Der Don scheint hier anderen Sinnes zu werden. Nicht der Wolga schlendert er entgegen, sondern er setzt stolz wie ein Kosak auf seine Unabhängigkeit und biegt scharf nach Süden ab. Später kehrt er der Wolga völlig den Rücken und zieht nach Westen davon, das Schwarze Meer mit seiner Verbindung zu Europa dem geschlossenen Kaspischen Meer Asiens vorziehend.

Wir halten uns nicht lange mit dem Frühstück auf. Wer weiß,

was uns auf der Fahrt erwartet. Als Erstes nimmt unser Kameramann die endlose Parade der Sonnenblumenfelder aus der Dachluke unseres Teamwagens ab. An Serafimowitsch eilen wir vorbei. Offensichtlich haben die Orte hier die Namen behalten, die ihnen während der Sowjetzeit verpasst wurden. Serafimowitsch war jener Schriftsteller, der Michail Scholochow – wie wir uns erinnern – einen jungen Adler genannt hatte.

Wir wechseln auf die Ostseite. Wie auf der Karte vermerkt, ändert sich die Umgebung schlagartig: Satte schwarze Erde wird von trockenem Sandboden abgelöst. Nach wenigen Kilometern sieht die Landschaft tatsächlich wie die angekündigte Halbwüste aus. Wir lassen den Kleinbus zurück und versuchen mit unserem Teamwagen, einem Jeep, tiefer in die Einöde vorzudringen. Weit kommen wir nicht. Nach drei oder vier Kilometern verdichtet sich die Erkenntnis, dass es wüster kaum noch werden kann, dafür aber die Gefahr des Festfahrens deutlich wachsen dürfte. Wir lassen den Jeep auf einigermaßen gefestigtem Grund stehen und machen uns zu Fuß auf, um die Halbwüste zu einem Fernseherlebnis zu machen.

Begeistert ist unser Kameramann nicht. »Nichts Halbes und nichts Ganzes«, murmelt er, lässt aber nicht locker. Was sich im Sand festkrallt, findet seine Aufmerksamkeit, ob Grashalm, Blume oder Kraut. Als Ausdruck unendlicher Weite nimmt er auch noch eine Galerie Telegrafenmasten auf, die sich schließlich als immer kleiner werdende Punkte am Horizont verlieren. Glücklich sieht Hermann Schulz nicht aus. Der Halbwüste gelingt es nicht, seine Zuneigung zu gewinnen. Wir wühlen uns mit dem Jeep zurück zur Straße. Die enttäuschten Hinterbliebenen im Kleinbus lassen wir wissen, dass wir den Garten Eden nicht gesehen haben.

Dreißig Kilometer weiter finden wir, was wir suchen. Links und rechts Steppe, so weit das Auge reicht! Russische Schriftsteller haben der Steppe die schönsten Reize abgewonnen. Anton Tschechow hat ihr eine ganze Erzählung gewidmet. Etwas ungewöhnlich Breites, Schwungvolles und reckenhaft Kühnes entdeckte er in ihr. »Wer braucht einen so breiten Raum? Man könnte meinen, in Russland sind die weit ausschreitenden Riesen noch nicht ausgestorben.« Unsere Vorfahren im Westen taten sich mit der Steppe schwerer. Von dort sahen sie die mongolischen Horden heranpreschen. Später wurden aus dieser Schreckensvision die Panzer der Roten Armee. Für den französischen Reisenden Marquis de Custine begann die Steppe gleich hinter Petersburg. »Ganz Russland ist eine Steppe«, schrieb er im 18. Jahrhundert. Konrad Adenauer, der erste Bundeskanzler unserer Republik, ging noch weiter. Für ihn nahm die Steppe als Vorläufer Sibiriens bereits auf der rechten Rheinseite seiner Vaterstadt Köln ihren Anfang.

Wir aber sehen die Steppe mit den Augen des Schriftstellers Iwan Turgenjew. »Und dann kommen die Steppen. Welche Verwunderung, welch ein Vergnügen für den Menschen! Das ist Freiheit, das ist eine Gottesgnade.« Die Gottesgnade wollen wir uns näher anschauen. Hermann Schulz marschiert vorneweg. Mit Kappe, Sonnenbrille und umgehängter Kamera sieht er wie ein amerikanischer Colonel auf Erkundungstrip aus. Von Zeit zu Zeit bleibt er stehen, um durch das Objektiv die grenzenlose Umgebung abzutasten. Er macht einen zufriedenen Eindruck. Je weiter wir schreiten, desto mehr spüren wir die Erhabenheit der Landschaft. Der Lärm der Straße verliert sich. Zu hören ist nur noch das Zwitschern der Lerchen. Die Sonne gibt alles, was von ihr im Juli erwartet wird. Über 40 Grad sind es hier in der schutzlosen Steppe sicher. Wir spüren die Hitze nicht. Leichter Wind spendet uns unablässig angenehme Kühlung.

Bei Michail Scholochow war der Wind nicht ganz so still. Ansonsten hatte er wohl die Landschaft zur gleichen Jahreszeit vor Augen, als er sie im »Stillen Don« beschrieb. »Das Steppengras ist reif geworden. Die Steppe kleidete sich auf viele Werst in wogendes Silber. Böig kam der Wind gejagt, neigte das Gras zur Erde, richtete es wieder auf und trieb es in grauen, opal schimmernden Wellen bald dem Süden, bald dem Westen zu. Dort, wo der Luftstrom vorbeifloss, beugte sich das Steppengras wie zum Gebet.«

Bei Scholochow herrschte Glut. Die Sonne brannte erbarmungslos vom gebleichten, wolkenlosen Himmel. Meine Beobachtung ist das nicht. Den Geier, dessen riesengroßer Schatten lautlos über das Gras schwebt, sehe ich ebenso wenig, wie ich die Zieselmäuse pfeifen höre. Vom metallischen Heuschreckenzirpen bekomme ich auch nichts mit. Dafür erkenne ich in der Ferne eine Kuhherde, was uns zu einem ausgedehnten Marsch durch »die vom Steppengras bewachsenen Weiten unter dem Donhimmel« animiert. Den Jeep lassen wir nachkommen.

Die Bäuerin Nadja und ihr Mann Sergej zeigen sich nicht im Mindesten überrascht, dass ihnen das deutsche Fernsehen beim Melken auf freiem Feld zuschaut. 25 bis 30 Liter Milch liefere ihre Kuh am Tag, klären sie mich auf. Morgens, mittags und abends werde sie gemolken. Heute sei es sehr heiß, da würden es wohl fünf Liter weniger. Sie hätten noch eine zweite Kuh, die soeben zum ersten Mal gekalbt habe. Zwei Jahre sei sie alt. Nach dem Kalben werde sie nun auch mehr Milch liefern als vorher.

»Was machen Sie mit der Milch?«

»Wir separieren sie, machen Sahne, Quark und Rjag, unser Kosakengericht, ein Sauermilchgetränk. Einen Teil behalten wir für uns, den anderen bringen wir auf den Markt. Die Menschen kommen auch zu uns nach Hause, um Milch zu kaufen.«

Nadja plaudert munter drauflos. Zwischendurch spricht sie beruhigend auf ihre Kuh ein, nennt sie liebevoll »Kormiliza«, was so viel wie Ernährerin heißt. »Bleib locker, lass die Milch kommen!« Als die Ernährerin wieder etwas unruhig wird, weil wir ihr zu nahe kommen, schaltet sich Ehemann Sergej ein. »Hab keine Angst, keiner frisst dich auf.«

Nadja und Sergej wohnen in dem Kosakendorf Wetjutnewo. Ihr Sohn und ihre Schwiegertochter arbeiten in der Stadt. Die Großeltern passen auf die Enkelin auf. Anjetschka heiße sie und sei ihre Freude, fügt Nadja hinzu. Die Familie steht zusammen. Der 79-jährige Vater ihres Mannes lebe bei ihnen zu Hause und werde von ihnen gepflegt. Sergej ist Traktorist, hat gegenwärtig aber keine Arbeit. Zwischendurch hatte er eine Stelle als Wächter. Doch die gibt es nicht mehr. Er sei 52 Jahre alt. In seinem Alter finde man ganz schwer Arbeit, erst recht nicht, wenn man wie er eine Behinderung habe.

»Woher bekommen Sie das Geld zum Leben?«

»Vom Sozialamt. Es ist sehr wenig. Den Rest müssen wir irgendwie dazu verdienen. Dabei hilft uns das Vieh.«

»Für uns reicht es«, ergänzt Nadja. »Man muss allerdings gesund sein und eine kleine Nebenwirtschaft haben.«

»War es zur Sowjetzeit besser?«

»Schwer zu sagen. Wir konnten damals leben, wir können heute leben«, meint Nadja. »Manches ist besser geworden. Wir fühlen uns freier. Die Rente wurde kürzlich erhöht. Man vergisst also die Alten nicht. Bei der Genossenschaft können wir unsere Bestellungen aufgeben: Korn und was man sonst noch so braucht. Wir können uns nicht beklagen.«

Während unseres Gesprächs hat sich ein Reiter zu uns gesellt. Entspannt auf seinem Pferd sitzend hört er uns zu und behält gleichzeitig die Kuhherde im Auge. »Welche Pferderasse?«, frage ich.

»Das weiß nur das Pferd«, bekomme ich zur Antwort. »Ich weiß, dass es prima ist.« Wassilij heißt der russische Cowboy. Auf seinem Kopf trägt er keinen Stetson, sondern eine Baseballkappe mit dem Logo einer holländischen Brauerei. War ihm bislang nicht bewusst, sagt er mir. Interessiere ihn auch nicht.

Wassilij ist kein Kosak, er stammt auch nicht aus dieser Gegend. Seit 13 Jahren lebt er hier und fühlt sich ganz wohl. Als Tagelöhner verdient er sein Geld. Für die gesamte Kosakengemeinde hütet er die Kühe. Der Dorfrat schließt mit ihm einen Vertrag für sieben Monate ab. Im Winter gibt es keine bezahlte Arbeit für ihn. Er nimmt das stoisch. 51 Jahre ist Wassilij alt. Ich hätte ihn für entschieden älter gehalten. Das gilt auch für Nadja und Sergej. Das Leben verlangt den Menschen in Russland offensichtlich wesentlich mehr ab als uns im Westen.

»Wie viele Kühe haben Sie zu hüten?«

»Zwischen 135 und 140. Das schwankt. Der eine kauft, der andere verkauft. Der eine schlachtet, der andere gibt seine Kühe weg, weil er für die Haltung von Tieren zu alt geworden ist. Es gibt einen ständigen Wechsel.«

»Was hat sich im Vergleich zu früher geändert?«

»Früher hatten wir einen Kolchosvorsitzenden, jetzt haben wir einen Ataman. Früher gab es Wächter, heute haben das Kosaken übernommen. Sie tragen Uniformen. Keiner kommt seitdem mehr auf den Gedanken, Saatgut zu stehlen. Alles hat seine Ordnung. Die Felder werden bestellt, mit Weizen und anderen Kulturen. Alle haben Kühe, und ich passe auf die Tiere auf.«

»Wie hieß die Kolchose früher?«

»Lenin-Kolchose. Heute heißt der Betrieb ›Chutorskaja Kasatschja Obschtschina‹, abgekürzt ChKO.« Klingt kompliziert, ist aber einfach eine Kosakendorfgemeinde.

»Wie lebt es sich?«

»Es gibt Milch, es gibt Brot. Man kann leben. Der Lohn wird gezahlt. Saatgut, Viehfutter und alles, was man für die Eigenbewirtschaftung braucht, kann man bestellen. Jeder hat Genossenschaftsanteile. So leben wir vor uns hin, wie es in der Redewendung heißt: ›Shiwjom i chleb shujom‹, wir leben und kauen Brot.«

Für Brücken über den Don müssen beträchtliche Strecken zurückgelegt werden. Nowogrigorjewsk ist von unserer Seite nur mit der Fähre zu erreichen. Urtümlich sieht sie aus, aber sie funktioniert. Genug zu tun hat sie offenbar auch. Als wir eintreffen, stehen auf beiden Seiten Personenautos und Lastwagen Schlange. Die Ladeplattform wird von einem Bugsierdampfer über den Don hin- und hergeschoben. Um nicht das ganze Ensemble drehen zu müssen, wendet nur der Dampfer. Über einen seitlichen Ausleger packt er dann die Fähre und bugsiert sie auf die andere Seite.

»Habe ich noch nie gesehen!«, rufe ich anerkennend dem Kapitän zu.

»Gibt es nur hier!«, antwortet der wettergebräunte Koloss.

»Warum nur hier?«

»Russland!«

Für den letzten Schrei hält der Kapitän die Fähre offenbar nicht. Seit 52 Jahren versieht sie ihren Dienst. In Kostroma, am Oberlauf der Wolga, wurde sie gebaut. Ein paar dieser Exemplare sind in Sibirien im Einsatz, wie mir zugerufen wird. Verglichen mit den breiten Strömen und extremen Wetterbedingungen dort, schieben Fähre und Personal hier auf dem friedlichen Fluss eine ruhige Kugel. Seit 25 Jahren schippert der Kapitän mit seinem bulligen 150-PS-Dampfer auf dem Don hin und her. Ich hätte gerne mehr von ihm erfahren, aber er muss die nächste Fuhre auf die andere Seite schaffen. Im Übrigen werden wir erwartet.

Anatolij Leonidowitsch Parschin ist eine stattliche Erscheinung, nicht nur wegen seiner Leibesfülle. Mit Brille und Stop-

pelhaaren macht er den Eindruck eines Managers, der zuzu-
packen versteht. Gekleidet mit grauem T-Shirt und karierter
Freizeithose stimmt er uns auf die Don-Partie ein, die wir nun
mit ihm über hundert Kilometer bis zum Wolga-Don-Kanal antreten wollen. Zwei zwanzig Meter lange Schiffe hat er dafür
aufgeboten. Er wird uns mit seinem Kollegen begleiten. Anatolij Leonidowitsch geht auf Nummer sicher. In diesem Bereich
gebe es kaum Schiffsverkehr, erklärt er uns. Im Falle einer Ha-
varie könnten wir immer noch umsteigen.

Wir sind mit seiner Vorsicht einverstanden, denn unser neuer
Begleiter muss es wissen. Er ist für die Verkehrssicherheit auf
dem Don von der Sosna bei Lipezk bis zum Staudamm von
Wolgodonsk und auf dem Kanal zur Wolga zuständig. Alles zusammengenommen ist das eine Strecke von 1 710 Kilometern.
Ein großer Verantwortungsbereich! Ich bin beeindruckt, dass
sich der Chef einer so wichtigen Behörde persönlich Zeit für ein
ausländisches Kamerateam nimmt. Auch das ist Russland! Unser
Producer Igor Nedoresow hat die Verbindung hergestellt.
Anatolij Leonidowitsch ist nicht nur vorsichtig, sondern auch
fürsorglich. Wir werden auf das Achterdeck gebeten. Eine mit
Don-Wasser zubereitete Fischsuppe wird uns serviert. Anschließend gibt es gebratenes Rind- und Schweinefleisch. Bier und
Wodka runden die Vesper ab, für die uns allerdings nicht viel Zeit
gelassen wird. Wenn wir unser nächstes Ziel vor Einbruch der
Nacht erreichen wollen, müssen wir uns auf den Weg machen.

Wir teilen uns auf. Kamerateam und Regisseur wollen gleich
los und steigen deshalb auf die »Kasatschka«, die »Kosakin«,
um. So heißt unser Begleitschiff. Stolz wie ein Schwan gleitet sie
davon. Wir lassen uns noch ein wenig Zeit. Nur fünf Kilometer
weiter haben wir die »Kosakin« eingeholt. Sie ist auf Grund gelaufen, was wir mit dem üblichen Kollegenspott kommentieren.
Unser Kapitän scheint es zunächst gescheiter zu machen. Er
weicht zum hohen Ufer auf der linken Seite aus – und wird
ebenfalls jählings gestoppt. Verzweifelt rotiert die Schiffsschraube, doch unsere DT 16 – so die Bezeichnung unseres Ge-
fährts – kommt nicht vom Fleck, sie sitzt wie angeschraubt auf
dem Flussgrund fest. Auch die »Kosakin« schafft es trotz aller
Anstrengungen ihres 150-PS-Motors nicht, sich freizukämpfen.

Die Strategie von Anatolij Leonidowitsch, mit zwei Schiffen den Untiefen des Don zu trotzen, scheint nicht aufzugehen. Wir richten uns schon auf eine romantische Übernachtung auf dem Don ein. Die Luft ist lau. Moskitos haben sich bislang auch noch nicht blicken lassen. Doch immer, wenn du meinst, es geht nicht mehr, kommt von irgendwo ein Lichtlein her, sagt eine alte deutsche Spruchweisheit. Das Lichtlein nähert sich uns in Gestalt eines Schleppers, der sich mit geringem Tiefgang flussaufwärts arbeitet. Die Autorität von Anatolij Leonidowitsch bringt ihn augenblicklich zum Stehen. Per Sprechfunk wird der Kapitän des Schleppers von unserem Malheur in Kenntnis gesetzt. »Jasno!«, sagt er nur. »Klar!« Er hilft natürlich. Nachdem er festgestellt hatte, dass sich beide Boote im Grund festgefressen hatten, hätte er ohnehin seine Hilfe angeboten.

Mit voller Kraft reißt der Schlepper die »Kosakin« los. Danach wendet er sich uns zu. Die Trossen werden festgemacht. Ein energischer Ruck, und wir sind ebenfalls frei. Langsam tasten sich von da an unsere beiden Schiffe zu Tal. Im Führerhaus schaue ich dem Kapitän über die Schulter. Sein Blick wandert zwischen der Karte mit den Angaben zur Wassertiefe und dem Bildschirm mit den Echolot-Anzeigen hin und her. »Wie viel Tiefgang hat unser Schiff?«, frage ich.

»1,50 Meter!«, ist die knappe Antwort.

Das kann wieder eng werden, denke ich mir. Den Kapitän will ich nicht mit weiteren Fragen stören. Ständig rollt er das Ruder von der einen auf die andere Seite, um sein Schiff durch die Untiefen zu steuern. Ich betrachte meinerseits gebannt den Bildschirm. Ein spannendes Programm läuft da ab. Kurze Zeit wird die Wassertiefe mit zwei Metern gemeldet, dann sackt sie ab, fällt in ständigen Schwankungen über 1,90 auf bedrohliche 1,40 Meter. Mehrfach ruckelt es heftig, aber irgendwie beißt sich unser Schiff durch. Wir schlingern auf dem Fluss von einer Seite zur anderen. So aufregend hatte ich mir die Tour auf dem »stillen« Don nicht vorgestellt.

Die Stimmung entspannt sich. Wir befinden uns, wenigstens vorübergehend, in tieferem Fahrwasser. Das soll sich zehn Kilometer weiter ändern. Ein Matrose prüft hier und da mit einem Stab die Wassertiefe. »Passiert Ihnen so etwas öfter?«, frage ich.

»Normalerweise fahren wir hier gar nicht. Der Don ist auf dieser Strecke für unsere Schiffe zu seicht. Aber wir hatten Sie abholen wollen. Auf dem Hinweg sind wir durchgekommen, wenn auch manchmal knapp.«

»Früher verkehrten hier doch regelmäßig Schiffe, oder?«

»Das ist richtig. Da gab es Anlegeplätze. Die sind längst aufgegeben. Es fehlt das Geld, es gibt keine Finanzierung. Der Don wird nicht mehr gebraucht, deswegen versandet er immer mehr. Den Fluss auszubaggern bringt nichts mehr.«

Auch im Führerhaus ist die Anspannung gewichen. Als Wladimir, kurz Wlad genannt, stellt sich der Kapitän vor. Seit sieben Jahren fährt er auf diesem Schiff. Es sei in einem guten Zustand. Vor 22 Jahren sei es als Binnenschiff gebaut worden. Jetzt werde es für technische Dienste eingesetzt. Die Liebe zur Schifffahrt hat er von seinem Vater geerbt, der ebenfalls Kapitän war. Von seinem neunten Lebensjahr an ist Wlad auf Flussschiffen mitgefahren. Kapitän zu werden sei sein Traum von Kind an gewesen.

»Was ist Ihr Einsatzgebiet?«

»Ich fahre auf der Wolga, auf Kanälen, auf den großen Stauseen und auf dem Don. In dem Revier kenne ich mich gut aus. Ich bin alle Strecken kreuz und quer gefahren. Hier bin ich hingegen selten, heute erst das dritte Mal.«

»Ist es für Sie gleich, auf der Wolga oder auf dem Don zu fahren?«

»Hier ist es viel interessanter. Die Natur befindet sich in einem Urzustand. Dies zu beobachten, ist faszinierend. An der Wolga gibt es auch schöne Stellen, aber man bekommt sie kaum zu Gesicht. Dort sind lauter Stauseen und Wasserkraftwerke. Man fährt wie über Meere, vom Ufer sieht man kaum etwas. Hier ist dagegen alles nah und auch noch schön.«

»Hat Väterchen Don ausgedient?«

»Ganz so ist es nicht! Aber früher war er für Russland wichtiger als heute. Ohne den Don hätte Peter der Große nicht den Süden erobert. Man muss sich das vorstellen: Von Woronesch aus, Hunderte Kilometer von hier flussaufwärts, ist er mit einer großen Flotte nach Asow hinuntergesegelt, um die Türken zu besiegen. Das war vor dreihundert Jahren. Und heute? Sie erleben es ja selbst.«

Anatolij Leonidowitsch hält den Don immer noch für einen unverzichtbaren Transportweg zwischen der Ostsee, dem russischen Norden und dem Kaspischen Meer einerseits und dem Schwarzen Meer andererseits. Der Verkehr spiele sich allerdings nur auf dem Unterlauf ab, dort aber sehr intensiv. Öltanker und Containerschiffe seien in hoher Frequenz unterwegs.

»Warum werden der Oberlauf und der Mittelteil nicht genutzt?«

»Die Reeder möchten nicht in den Bau neuer und leichter Schiffe mit geringem Tiefgang investieren, so liegt ein großer Teil des Flusses brach. Die Kehrseite dieser Entwicklung ist aber erfreulich. Der Don hat nach dem Baikalsee das reinste Wasser in Russland.«

»Haben Sie auch an oder auf anderen Flüssen gearbeitet?«

»Ja, an der Lena in Sibirien. Das war sehr eindrucksvoll, besonders in der Tundra. Richtung Nordpol sind wir auch aufgebrochen. Das war gewaltig, aber richtig wohl fühlte ich mich erst, als ich wieder am Don war. Er strahlt viel mehr Charakter und Wärme aus als die sibirischen Flüsse oder auch die Wolga.«

Es gibt wieder Stress. Unser Schiff hat sich erneut festgefahren. Und kein Schlepper weit und breit. Nun will die »Kosakin« zur Hilfe eilen. Der Versuch, uns loszuschleppen, schlägt zunächst fehl. Wieder lässt Kapitän Wladimir die Schiffsschraube mit höchster Drehzahl rotieren. Als keile ein wild gewordenes Pferd aus, wird das Wasser unter dem Achterdeck aufgepeitscht. Doch der Kahn rührt sich keinen Zentimeter. Den Koch kümmert der dramatische Kampf ganz und gar nicht. Seine Fischsuppe mit Don-Wasser ist pünktlich zum Abend fertig und wird auf dem Achterdeck serviert. Dazu gibt es wie mittags Brot, Bier und Wodka.

Ganz konzentriert nehmen wir unser Mahl nicht ein, denn jetzt kommt es hammerhart. Die Besatzungen greifen zum Äußersten. »Klin klinom wyschibajut« heißt ihre rabiate Methode und bedeutet, einen fest sitzenden Keil mit einem anderen auszutreiben. Bier und Wodka fliegen vom Tisch, als die »Kosakin« mit vollem Anlauf unsere DT 16 rammt. Selbst Anatolij Leonidowitsch bleibt ob des Gewaltaktes die Spucke weg. Die »Kosakin« hat mit ihrer Attacke einen heftigen Wirkungstreffer erzielt. Nur nicht an der richtigen Stelle! Die Reling ist eingedrückt, aber das Schiff sitzt weiter fest. Das nächste Manöver dürfte auch nicht im Schulbuch des Rettungsdienstes stehen. Mit einer Art schwungvollen Hüftbewegung lässt der Kapitän der »Kosakin« sein Schiff gegen das Hinterteil unserer DT 16 knallen. Diesmal geht es ohne Schäden ab, aber auch ohne die erwünschte Wirkung. Unsere wie rasend kreisende Schiffsschraube dreht weiter auf der Stelle.

Nach einem ausgiebigen Kriegsrat wird noch einmal auf die konventionelle Methode gesetzt, die »Kosakin« vor die DT 16 zu spannen, um sie mit einem Ruck von der Sandbank zu ziehen. Diesmal klappt es. Die Karten weisen keine weiteren Untiefen aus. Nachdem er uns aus seinen Fängen gelassen hat, treibt der Don keinen weiteren Schabernack mit uns, sondern schiebt uns mit seiner Strömung kräftig zu Tal. So kommen wir in flottem Tempo voran. Die »Kosakin« eilt vor uns her. Wir haben den großen Fluss wieder für uns allein. Keine Industrie verschandelt seine Ufer, nur selten taucht ein Dörfchen auf. Wir gleiten durch eine belebende Stille. Von Zeit zu Zeit erhebt sich ein großer Vogel aus den Bäumen oder dem Gebüsch an den Ufern, nimmt unseren Konvoi in Augenschein und entschwindet im scharfen Abschwung auf die eine oder andere Seite. Anderen Vögeln sind wir diese Mühe nicht wert. Sie bleiben sitzen, auch wenn wir ihnen sehr nahe kommen, weil die Fahrrinne unmittelbar am Ufer vorbeiführt. Als Bedrohung betrachten sie uns nicht.

Anatolij Leonidowitsch sekundiert mir bei der Identifizierung der Vögel. »Strish«, »Zaplja«, »Jastreb«, »Bolotnyj Lun«, »Korschun«, »Orljonok« notiere ich mir. Segler, Reiher, Habicht, Sumpfweihe, Geier, junger Adler. Die Truppe ist mir noch von unserem Ausflug nach Serafimowitsch in Erinnerung. Ich erhebe keine Einwände. Nur den Korschun akzeptiere ich auch jetzt nicht als Geier. Anatolij Leonidowitsch übergeht meinen Widerspruch. Er macht mich auf eine Erscheinung aufmerksam, die von Fachleuten am Don mit Sorge beobachtet wird. Viele Bäume sind von einer Art Flechte befallen. Medwedka heißt der Parasit. Seit zehn Jahren tritt er am Don auf. Er umschlingt die Bäume, bis sie ersticken. Zunächst vertrocknet die Baumrinde, dann fällt sie ab. Nach spätestens vier Jahren ist der ganze Baum tot.

Dieses Schicksal droht hier nicht wenigen Bäumen, wie ich an der mattbraunen Farbe erkenne, die die Medwedka-Opfer nach dem Befall annehmen. Woher der Parasit kommt, weiß man bislang nicht, wie mir Anatolij Leonidowitsch sagt. Aber man weiß, dass auch andere Regionen darunter leiden, wie Kasachstan, Turkmenistan und neuerdings auch Kalmykien. Nur mit massivem Chemie-Einsatz ist Medwedka zu bändigen. Der Natur am Don, die bislang so gut davongekommen ist, möchte man die Radikalkur nur in Maßen zumuten. Wäre schade, wenn die Ahornbäume, Akazien, Erlen, Eschen, Pappeln, Ulmen und Weiden, die hier im munteren Mischmasch zusammenstehen, dahinsiechten. Eichen sehe ich auch, aber nur am Westufer. Auf der Ostseite ist der Boden zu sandig. So wirkt der Don als Baumgrenze. Die Tierwelt, so erfahre ich, ist auf beiden Seiten reich an Arten. Elche, Dachse, Füchse, Hasen, Wildschweine und Wölfe werden mir aufgezählt. Keine Spezies lässt sich blicken.

Was wir zu sehen bekommen, kommt mir vertraut vor. Scholochow hat den Don zu allen Jahreszeiten und in allen Stimmungslagen beschrieben, auch bei Nacht und Mondschein. »Aus stillen Tiefen ergießt sich der Don über Sandbänke. Dort kräuselt sich die Flut, um dann wieder im Gleichmaß dahinzuströmen. Auf dem sandigen harten Grund weiden die Herden der Fische. In der Nacht nähert sich der Stör auf Futtersuche den Sandbänken. In den grünen Schlammnischen des Ufers wälzt sich der Karpfen. Rapfen und Hechtbarsche jagen nach Weißfischchen. Der Wels schwimmt aus den Muscheln ins Licht des großen Mondes.«

Was sich unter Wasser abspielt, vermag ich nicht zu erkennen. Den Sterlett, aus dem die Zarenfischsuppe gemacht wird, soll es immer noch geben. Doch das grüne Wasser des Don gestattet mir keine Einblicke in sein Innenleben. Aber ich vertraue Scholochow in dieser Hinsicht. Er verstand eine Menge vom Angeln. Seine Beschreibung dürfte auch heute noch zutreffend sein. Nur den Stör würde er hier im Don vergeblich suchen. Der Mond ist aber da, in voller Schönheit und voller Größe. Wie ein goldener

Lampion hängt er am Himmel. Unverzerrt schwimmt er zugleich auf dem spiegelglatten Wasser. Ein Schwarm Vögel fliegt über ihn hinweg. »Gratschi«, meint Anatolij Leonidowitsch, »Saatkrähen.« Der Schriftsteller und Dichter Michail Lermontow hat den Mond in schönen Versen besungen, im Wiegenlied der Kosaken und in der Huldigung eines Engels. Wenn er uns heute Abend auf der Fahrt über den Don begleitet hätte, wäre die Welt sicher um ein großartiges Gedicht reicher.

Am Don fehlt es nicht an interessanten Nachtquartieren. Ein solches erwartet uns in der »Turbasa Tichij Don«, an der wir gegen Mitternacht von Bord gehen. Norman Meyer und Jewgenij Petrowitsch empfangen uns. Sie sind mit den Autos weit vor uns eingetroffen und haben die Registrierung für alle vorgenommen. Wir können uns gleich zur Nachtruhe begeben. Ich werde bereits erwartet. Um die Lampe über dem Eingang zu meinem Schlafcontainer tanzen Wolken von Mücken auf und ab. Die Hälfte dringt mit mir in den Mini-Vorraum ein. Zum Glück wird die Invasion durch eine verschlossene Tür gestoppt. Daraufhin versammelt sich die Armada wieder um die Lampe. Hinter der Tür arbeitet ein kleiner Japaner, ein Klimagerät, heroisch gegen die Bullenhitze an. Mit Erfolg! Ich kann schlafen.

Als ich am nächsten Morgen um sieben Uhr aus dem Fenster spähe, zeigt sich keine Menschenseele. Nur ein Hund streunt ziellos durch das Gelände. In der »Turbasa Tichij Don« beginnt sich das Leben nicht übermäßig früh zu regen. Das bietet mir die Gelegenheit, die Anlage etwas genauer zu betrachten. Die Quartiere ähneln aufgebockten Containern, über die sich Blechdächer wölben. Letztere verleihen der Anlage architektonisch eine besondere Note, sorgen aber tüchtig für Hitze, die sich über den Behausungen sammelt. Wer hier im Sommer Urlaub macht, wird sich über mangelnde Wärme nicht beklagen können. Auch wir haben keinen Grund, uns zu beschweren. Umgerechnet 61 Euro kostet die Übernachtung. Das ist erschwinglich. Die Bedienung behandelt uns freundlich, das Frühstück mit Kascha, Kefir, Bliny, Brot und Tee ist absolut in Ordnung.

»Seit wann gibt es die Turbasa?«

»Seit 64 Jahren!«, sagt die Geschäftsführerin. »120 Personen können wir aufnehmen. Im Sommer sind wir ausgebucht. Die meisten Gäste sind Urlauber. In den anderen Jahreszeiten kommen Jäger und Angler. Fisch gibt es reichlich im Don, und auch die Jäger kriegen viel vor die Flinte. Wildschwein, Rotwild, Hasen und was sonst noch.«

Die Sirene unseres Schiffs meldet sich. Um neun Uhr wollen wir losfahren, sonst schaffen wir es nicht bis zu unserem Tagesziel am Wolga-Don-Kanal. Die »Kosakin« hat sich bereits auf den Heimweg begeben. Ungemach ist nicht mehr zu befürchten. Mit fast 20 km/h rauschen wir den Fluss hinunter. Die Landschaftsbilder wiederholen sich. Es sieht aus, als stoße sich der Don von einem hohen Ufer zum anderen ab. Industrie macht ihm weiterhin nicht zu schaffen. Da sich die Felder selten bis an den Fluss ausdehnen, dürfte sich auch die Belastung mit Pestiziden in Grenzen halten.

Aber es gibt auch Probleme, wie wir aus einem vorherigen Gespräch mit dem Ökologen Igor Anatoljewitsch Subow wissen. Weil das Geld fehlt, werden die Ufer nicht ausreichend befestigt. So rutschen ganze Hänge in den Fluss, manchmal nehmen sie Hütten und Häuser mit. Der Don versandet nicht nur, sondern wächst auch mit blaugrünen Algen zu. Der Staat versucht, diese Unterwanderung mit chemischen Mitteln zu stoppen. Trübe sieht es mit der Kanalisation aus. Die Abwässer der Siedlungen werden direkt in den Fluss geleitet. Müll wird auch rücksichtslos in den Don gekippt. Da sei noch viel Aufklärungsarbeit zu leisten, so der Ökologe. Trotzdem sei die Wasserqualität des Don unter den europäischen Flüssen spitze. Dass der Fluss nicht von Großstädten belagert werde, erweise sich als Segen.

Ein Kirchlein mit eigenartiger Form zeigt sich am Horizont. »Golubinskaja«, sagt Anatolij Leonidowitsch. »Hier hat der deutsche General Friedrich Paulus für einige Wochen haltgemacht, bevor er seine Armee nach Stalingrad ins Verderben führte. Das Haus steht noch.« Wir lassen stoppen. Den Zweiten Weltkrieg können wir nicht außer Acht lassen, zumal sich hier die entscheidende Wende vollzogen hat. Unsere DT 16 legt an der Uferböschung an. Über eine Leiter begeben sich Stefan Tolz und Hermann Schulz auf Erkundungstour. Da sie nicht gleich zurückkehren, folge ich ihnen. Was ich erblicke, wirkt völlig verwahrlost. Ein Fabrikgebäude glotzt mich aus zerschlagenen Fensterscheiben an. Verrostetes Gerät steht herum. Wie es aussieht, wird hier kaum noch gearbeitet.

Um die Ecke treffe ich auf eine Gruppe älterer Männer. Sie sitzen in einer Laube und scheinen die Zeit totzuschlagen. Meine Ankunft überrascht sie nicht. Vor wenigen Minuten seien sie von zwei Deutschen über General Paulus ausgefragt worden. Ja, der Oberbefehlshaber der 6. Armee der deutschen Wehrmacht habe hier Station gemacht. Das Haus sei ein paar Kilometer entfernt, nicht weit von der Kirche. Im Ort scheint diese Episode des Zweiten Weltkrieges noch sehr lebendig zu sein. Als habe man sich auf meine Befragung vorbereitet, holen sie als Zeugnisse jener Zeit kleine Minen hervor. So etwas könne man noch jeden Tag finden. Die Sprengkörper seien nicht entschärft, lassen sie mich wissen. Mir kommt das unwahrscheinlich vor. Trotzdem wahre ich ein bisschen Abstand.

Über die Besatzungszeit sprechen sie bemerkenswert freundlich. Die Deutschen hätten sich ordentlich benommen. Bewusst erlebt haben sie die Zeit nicht. Sie liegt schließlich 66 Jahre zurück. Aber von Generation zu Generation wird die Geschichte weitererzählt, vermutlich mit immer neuen Ausschmückungen. Am Ende standen die Deutschen gut da. Mir soll es recht sein. Wir wenden uns dem Alltag zu. Das Urteil fällt nicht übermäßig freundlich aus. Ihre Sowchose sei aufgelöst worden. Viele Arbeitsplätze seien dadurch verloren gegangen. »Golubinskaja war früher besser dran.«

Stefan Tolz und Hermann Schulz kommen vorbei. Sie haben einen spektakulären Fund gemacht. Im ehemaligen Verwaltungsgebäude der nicht mehr existenten Sowchose »Kommunismus« stehe das Sofa von General Paulus. Die Nachricht elektrisiert mich. Sich über das Sofa des unglückseligen deutschen Generals der Geschichte des Zweiten Weltkrieges und seinen Folgen anzunähern hat einen besonderen Reiz. Die Ausrüstung wird in Stellung gebracht. Der Kamera bietet sich ein beklagenswertes Bild. Das Verwaltungsgebäude sieht heruntergekommen aus. Auf der großen Metalltafel verrosten die ehrgeizigen Pläne des Jahres 1990. Auf dem Vorplatz picken sich gut zwanzig Hühner unermüdlich durch das üppige Unkraut. Ein pflichtbewusster Hahn besteigt in bemerkenswert kurzen Abständen eine Henne nach der anderen, die nach der Prozedur unverzüglich ihre Arbeit wieder aufnehmen.

Stefan Tolz hat inzwischen Nina Iljinitschna herbeigeholt. Sie verwahrt den Schlüssel zu ihrem früheren Arbeitsplatz. Über ausgelatschte Treppen gelangen wir in den zweiten Stock. Die Ölfarbe blättert von den Flurwänden. Nina Iljinitschna führt uns in ein großes, leeres Zimmer. Mit Besitzerstolz weist sie auf die Längswand, wo sich ein rostbraunes Sofa breitmacht. Wir sind entzückt, allerdings auch ein bisschen skeptisch. »Das soll das Sofa von General Paulus sein?«, frage ich.

Nina Iljinitschna lässt sich ihre Zuversicht nicht nehmen. Die Sache mit dem Sofa hat sie durch das ganze Leben begleitet. Diesen Teil ihrer Biografie will sie wegen ein paar zweifelnder Fragen nicht hergeben. »Das ist das Sofa von General Paulus«, sagt sie mit freundlichem Lächeln. »Alle sagen das im Dorf. Auch die Alten, die es wissen müssen.«

»Das Polster sieht nicht sehr alt aus. Dürfen wir es näher betrachten?«

»Tun Sie das! Das Sofa ist natürlich im Laufe der Zeit aufgemöbelt worden.«

Wir betrachten das vermeintlich historische Möbel von allen Seiten, stellen es schließlich auf den Kopf, aber entdecken nicht den geringsten Hinweis auf den Hersteller. »Vermutlich bei der Reparatur beseitigt worden. Die Unsrigen arbeiten gründlich«, meint Nina Iljinitschna.

»Sie glauben also, das sei ein deutsches Möbelstück?«

»Das weiß ich nicht. Ich weiß nur, dass es so ein Sofa bei uns auf dem Land nicht gab. Vielleicht war es ein Beutestück, aber es ist das Sofa von General Paulus. Es ist aus dem Haus, in dem er Quartier bezogen hatte, herbeigeschafft worden.«

Wir setzen uns gemeinsam auf das Sofa. Nina Iljinitschna findet es einfach schön und bequem. Sie habe hier als Chefökonomin gearbeitet. Dies sei ihr Büro gewesen. Man habe es »Krasnyj Ugolok« genannt, die »rote Ecke« der Sowchose »Kommunismus«. »Jeden Morgen haben wir hier unsere ›Planjorka‹ durchgeführt, die Planung des jeweiligen Arbeitstages.

235

Dabei waren immer die drei Wassilijs. Wir nannten sie die drei Wassilki. Die Kornblumen heißen bei uns so.«

»Und die drei Wassilki saßen bei der ›Planjorka‹ auf dem Sofa?«

»Ja, das taten sie immer. Der Chefagronom Poljakow Wassilij Pawlowitsch, der stellvertretende Chef für die Garagen Frolow Wassilij Petrowitsch und der Partei-Aktivist Leschinow Wassilij Matwejewitsch.«

»Und sie fühlten sich wie Paulus?«

»Sie fühlten sich auf alle Fälle auf dem Sofa sehr wohl, und jedes Mal erinnerten sie sich, dass das Sofa von Paulus stammt. Das hat ihnen gefallen.«

»Was erzählte man sich über Paulus?«

»Hier soll er sich friedlich und gut benommen haben. Beleidigungen habe er nicht zugelassen. Wenn sich Einheimische beklagten, soll er sogar die betreffenden Soldaten bestraft haben. Bei uns haben die Deutschen nicht gewütet. Sie waren aber auch nicht unsere Gäste. Deswegen spricht man über sie so, wie das nach einem Krieg eben so ist.«

»Was soll jetzt mit dem Sofa passieren?«

»Wünschenswert wäre, wenn es erhalten bliebe. Vielleicht wäre es im Klub der Kulturbegegnungen gut aufgehoben. Dann könnten sich andere daran erinnern, wie es im Krieg war. Das kann nicht schaden.«

Wir machen uns auf den Weg zum ehemaligen Paulus-Quartier. Ein junger Mann nimmt uns in einem völlig maroden Niwa-Jeep mit. Nach unserem Eindruck könnte das Auto jeden Augenblick auseinanderfallen. Andererseits sind wir glücklich, unsere Ausrüstung nicht über eine lange Strecke schleppen zu müssen. Während wir kräftig durchgeschaukelt werden, fällt mir ein, was der Kosak Udowkin in Migulinskaja über die Atamane früherer Zeiten gesagt hat. Sie hätten ihre Dörfer und Wege in Schuss gehalten. Die alte Kosaken-Staniza Golubinskaja könnte einen solchen Ataman gut gebrauchen. Wir fallen hier von einem Schlagloch ins andere. Zum Glück hält der Niwa durch. An der Kirche stoppen wir. Sie sieht markant aus, ist leider aber nur noch eine Ruine. Nachdem sie in der Sowjetzeit geschlossen worden war, hatte sie im Krieg heftigen Beschuss zu ertragen. Die Spuren sind heute noch zu sehen. Dicht wie Hagelschlag müssen die Maschinengewehrsalven auf die Wände niedergegangen sein. Wie Gevatter Tod schaut das massakrierte Gotteshaus über das Land; den Menschen eine Mahnung, es nicht zu weit zu treiben.

Wir finden schließlich das Haus, in dem Paulus gewohnt hat. Stattlich und gepflegt sieht es aus. Vor seinem Eingang steht eine alte Frau. Über das Gartentor hinweg stelle ich mich vor und bitte um Auskunft über ihr Haus. Sie sei ein bisschen verwirrt, sagt sie darauf. Ihr Augenlicht mache nicht mehr mit, ein Mensch aus Deutschland wolle etwas von ihr, und ihren Mann höre sie im Haus schimpfen. Das sei etwas viel auf einmal.

»Ja, hier hat der deutsche General gewohnt«, erklärt sie dann, während aus dem Haus weiter wütende Töne zu vernehmen sind. »Das Haus stammt von den Großeltern meines Mannes. Ich selbst bin in Leningrad geboren und habe mit meinem Mann bei unseren Truppen in der DDR gedient. Als ich 1954 hierher kam und das Haus sah, habe ich gesagt: was für eine Schönheit, was für ein Prachtstück inmitten der ärmlichen Häuser und Lehmhütten nebenan.«

Inzwischen naht drohend und schimpfend ihr Mann. Er ist außer sich vor Zorn, vermutlich weil wir seine Frau und nicht ihn nach der Geschichte des Hauses gefragt haben. Er schere sich den Teufel um deutsche Generäle, ihm seien sowjetische Generäle wichtig, faucht er mich an. Seine Brüder seien im Krieg gefallen. Doch allmählich beruhigt er sich. Wir stellen das Filmen ein, er lädt mich im Gegenzug in den hinteren Teil seines Gartens ein. Ein schönes Fleckchen Erde! Von hier geht der Blick über den Don. Im Garten habe Paulus häufig mit seinen Generälen konferiert.

Langsam kehrt vollkommener Frieden zwischen uns ein. Valerij Valentinowitsch Alexejew bittet mich sogar in sein Haus. Er ist nun die Höflichkeit in Person. Dass er ein alter Militär ist, zeigt der Wandschmuck. Von allen Seiten schauen mich uniformierte und reich dekorierte Männer an. Es sind Fotos von Generälen der Roten Armee und ihm selbst. Ein Bett steht in der Ecke. Hier habe General Paulus geschlafen. Die Wand sei mit einer Hakenkreuzfahne dekoriert gewesen. Woher er die Kenntnis hat, sagt er nicht. Leider vergesse ich auch, nach dem Sofa zu fragen. Was von den Deutschen geblieben sei, habe er einem Militärmuseum gegeben. Behalten hat er nur eine Tasse, auf deren Boden neben dem Hakenkreuz der Name »Bavaria« und die Jahreszahl 1942 eingraviert sind. Gleich nach der Produktion muss das Service hierher geliefert worden sein, denn im Spätsommer 1942 hatte sich die deutsche Wehrmacht bis an den Don vorgekämpft, ehe sie auf Befehl von Hitler auf das siebzig Kilometer entfernte Stalingrad an der Wolga losmarschierte.

»Wer wohnte in dem Haus, als Paulus kam?«

»Meine Großmutter mit ihren fünf Töchtern, also mit meiner Mutter und noch vier Schwestern, und deren Kindern! Insgesamt zwölf Personen. Sie mussten in das kleine Haus gegenüber umziehen, wo praktisch alle in einem Zimmer lebten.«

»Und wie war Paulus?«

»Die verbliebenen Einwohner haben nicht viel von ihm gesehen. Sie sahen ihn morgens wegfahren und abends wiederkommen. In dem Buch ›Das Südkreuz‹ habe ich gelesen, dass er sich bekreuzigte, wenn er nach dem Aufstehen vom Fenster unseres Hauses auf die Kirche schaute. Damals standen noch keine Bäume dazwischen.«

»Und wohin fuhr er tagsüber?«

»Er wurde zum Flugplatz gebracht, den die Deutschen auf dem freien Feld nicht weit von der Kirche provisorisch errichtet hatten. Von dort flog er an die Front und kehrte nach ein paar Stunden wieder zurück.«

»Hat es hier, bevor Paulus einrückte, heftige Kämpfe gegeben? Was ist mit der Kirche geschehen?«

»Es gab Kämpfe, und es wurde bombardiert. Viel wurde zerstört. Als die Deutschen vom Hügel hinuntermarschierten, wurden gerade an der Kirche die Toten beigesetzt. Die Deutschen glaubten, Partisanen vor sich zu haben. Sie schossen wild drauflos. Einige Menschen wurden verwundet, einige wurden getötet, an und in der Kirche. So war das damals.«

Die Geschichte von Paulus hat er oft erzählen müssen. Immer wieder hätten Ausländer an seinem Zaun gestanden, sagt er mir. Einmal seien es sechzig oder siebzig gewesen, meist Kriegsveteranen. Deutsche, Österreicher, Italiener, aber auch Engländer und Franzosen. Was solle er andauernd über die Geschichten von damals erzählen, fragt er mich. Die Sache sei doch klar. Die Deutschen hätten den Krieg angefangen. »Meine Brüder waren 17 und 19 Jahre alt, als sie fielen. Meine vier Onkel waren an der Front, sie kehrten als Invaliden zurück und starben früh. Als ich in den Krieg zog, habe ich gerade 17 Jahre gezählt. Damals dachte ich, in zwei oder drei Jahren bin ich wieder zu Hause. Was ist daraus geworden? Vierzig Jahre war ich in der Armee. Nein, einen Krieg braucht keiner.«

»Was denken Sie über die Deutschen heute?«

»Nun, wie denke ich über die Deutschen? Wir müssen freundschaftlich miteinander umgehen. Man sollte im Westen nicht mehr infrage stellen, was einmal beschlossen wurde. Das muss aufhören. Es gab doch die Potsdamer Konferenz. Da ist alles festgelegt worden. So soll es bleiben. Krieg soll es nicht mehr geben. Alle Probleme muss man friedlich lösen.«

Man soll die russische Polizei nie unterschätzen. Auf unserer Reise haben wir sie bislang kaum wahrgenommen, wir haben sie tagelang nicht gesehen. Doch nun ist sie da. Ich weiß nicht, woher sie gekommen ist, vielleicht aus einem Schlagloch, aber sie lässt, während ich tief versunken über Krieg und Frieden nachdenke, markerschütternd ihre Sirene losheulen. Wir stoppen sofort. Mit aller Entschiedenheit wird unser Fahrer aus dem Auto gebeten. Ebenso energisch werde ich aufgefordert, im Fahrzeug sitzen zu bleiben. Die Sache scheint ernstere Formen anzunehmen, als ich zunächst vermutete. Trotz gegenteiliger Aufforderung steige ich aus. Unser Fahrer sitzt bereits hinten im Polizeiwagen. Ich zeige meine Akkreditierung, erzähle bewegend vom »Stillen Don« und unserem großartigen Filmprojekt und ziehe schließlich, als mein Plädoyer überhaupt nicht ankommt, durch Selbstbezichtigung wie Winkelried alle Speere auf mich. Ich sei an allem schuld, ich hätte den jungen Mann überredet, uns und unsere Ausrüstung durch das Dorf zu fahren. Vergeblich! In Gestalt des jungen Polizeioffiziers steht ein kleiner Putin vor mir. Mit höflicher Kälte werde ich aufgeklärt. »Sie in Deutschland müssen sich an die Gesetze halten, wir in Russland müssen uns an die Gesetze halten. Hier scheint das nicht der Fall sein.

Wir werden das aufklären. Bei uns wird gesetzlich gehandelt.«
Zu seiner abschließenden Feststellung ist mir zwar Gegenteiliges bekannt, aber dafür fehlen mir die Beweise. Der Polizeioffizier bittet mich, wieder einzusteigen. Er werde uns jetzt zum Schiff fahren. Auf ein Gespräch lässt er sich nicht mehr ein. Zum Abschied wünscht er uns viel Erfolg auf der Filmreise. Wir bedanken uns. Was aus dem jungen Mann geworden ist, werden wir nachforschen, teilen wir höflich mit.

Öltanker »Aphrodite« in der 13. Schleuse des Wolga-Don-Kanals bei Pjatimorsk

Lässt seine Kirche nicht im Dorf: Vater Genadij *(Bild oben)* und seine schwimmende Kirche.

An der Lieblingsaussicht Scholochows: Kosak Mischa auf Buchara

Kosakengesänge im Garten: das Gesangsensemble »Wecha« in Wjoschenskaja

Nachtstimmung am Don – auf dem Weg zur »Turbasa Tichij Don«

Die DT 16 vor den Kreidebergen am »stillen Don«

Begegnung in Golubinskaja: am Haus von General Paulus mit dem heutigen Besitzer Valerij Alexejew

Offizieller Fischfang auf dem Zimljansker Stausee: Die Fischer der Wolgodonsker Fischfabrik nutzen Netze mit 45-mm-Maschen.

Magere Ausbeute im Kasten: Brassen gehören zu den meistgefangenen Fischen im Zimljansker Stausee.

Auf der »Pferdeinsel« Wodnyj – Kameramann Hermann Schulz an der Tränke, an der die Wildpferde mit Frischwasser versorgt werden

An der Mündung des Don ins Assowsche Meer: Das Kamerateam dreht die Schlusseinstellung.

Regenpause: Ein Kosakenchor sucht Schutz im Museumskomplex von Starotscherkassk.

Fritz Pleitgen beim Gespräch mit Ataman Fjodor Fjodorowitsch (2.v.r.) in Starotscherkassk

Kosaken von heute? Der Autor mit »Motoziklisty« unterwegs in der Nähe von Nowotscherkassk

Anstoßen mit dem »Puschkin-Sekt«: Generaldirektor Jurij Fedtschenko und Fritz Pleitgen in den Reben bei Malaja Martynowka

Stalins Triumph

Mächtig wie Triumphbögen sehen die Schleusentore am Wolga-Don-Kanal aus. Wir sind beeindruckt. Und wie reagierte Josef Stalin, als er ihrer ansichtig wurde? »Malowato«, soll der Diktator gesagt haben. Zu Deutsch, er fand die prächtigen Bauwerke mickrig. Iwan Michajlowitsch Popow erzählt mir die Story. Er ist Chef der staatlichen Behörde, die für den Verkehr auf dem Wolga-Don-Kanal zuständig ist. Was Stalins Urteil angeht, sollte man Nachsicht üben. Der Diktator litt – wie das unter seinesgleichen üblich ist – unter extremem Größenwahn, bei gleichzeitig stark begrenztem ästhetischem Urteilsvermögen. Im Übrigen hatte er ein Vorhaben bewerkstelligen lassen, an dem Peter der Große trotz größten Einsatzes gescheitert war: die Herstellung einer Schiffsverbindung zwischen Wolga und Don. Im Hochgefühl des Vollbrachten kann ein Diktator mit seinem Urteil schon mal danebenliegen.

Für Iwan Michajlowitsch ist der Wolga-Don-Kanal ein Jahrhundertbauwerk. Chef der Riesenoperation sei General Iwan Sergejewitsch Schiktorow gewesen. Als Hauptarchitekt habe Sergej Jakowlewitsch Schuk fungiert, ein Mann mit starkem Willen und großen Erfahrungen. Mit seinem Moskauer Institut habe er bereits vorher einige Kanäle gebaut. Der heutige Kanalchef spricht voller Hochachtung von beiden. Sie seien zu Recht mit höchsten Auszeichnungen geehrt worden, mit dem Leninorden und als Helden der sozialistischen Arbeit.

In nur dreieinhalb Jahren sei die gigantische Arbeit geleistet worden. Am Suez- wie auch am Panamakanal sei wesentlich länger gearbeitet worden. »Aber dort waren die Bedingungen schwieriger, und die Technik war nicht so weit entwickelt wie beim Bau des Wolga-Don-Kanals«, erlaube ich mir einzuwerfen. Iwan Michajlowitsch lässt den Einwand nicht gelten. Im Sommer könne es in der Wolga-Don-Region über 50 Grad heiß werden, während im Winter Temperaturen oft unter 30 Grad minus zu ertragen seien, und das bei scharfem Wind. Einen solchen Temperaturunterschied gebe es weder in Mittelamerika noch in Nordafrika. Außerdem sollte ich nicht vergessen, dass der Kanal kurz nach dem Zweiten Weltkrieg gebaut worden sei, trotz der völligen Verwüstungen im Land und der Abermillionen Menschenopfer.

Mit der Arbeit begonnen wurde 1949. Sümpfe mussten durchquert und Felsen weggesprengt werden. Der harte Steppenboden machte das Ausschachten des Kanalbetts zu einer Tortur. 101 Kilometer waren freizuschaufeln. Da die Wolga tiefer liegt als der Don und zudem noch ein Buckel in der Landschaft zwischen den beiden Flüssen zu überwinden war, mussten insgesamt 13 Schleusen eingebaut werden, um die Höhenunterschiede auszugleichen. An allen Schleusen wurde mit dem Bau gleichzeitig begonnen. Die besten Techniker des Landes wurden für das Mammutvorhaben zusammengezogen. Gebaut wurde, so wird mir mitgeteilt, nach den neuesten Erkenntnissen der internationalen Technik.

Wie am Suez- und am Panamakanal wurden auch hier in der südrussischen Steppe Tausende Arbeitssklaven eingesetzt. Die schwerste körperliche Arbeit wurde nach den Worten von Iwan Michajlowitsch von Sträflingen geleistet. Die »Bevölkerung« im Archipel Gulag, wie der Schriftsteller Solschenizyn das gewaltige Lagersystem bezeichnet hat, hatte sich, abgesehen von den in Gefängnissen Eingesperrten, in den letzten Stalinjahren auf 2,5 Millionen häufig völlig unschuldiger Menschen erhöht. Der ehemalige Parteichef Nikita Chruschtschow, der die Entstalinisierung eingeleitet hatte, die allerdings nicht entschlossen fortgesetzt wurde, soll von 17 Millionen Menschen gesprochen haben, die zwischen 1937 und 1953 in die unmenschlichen Arbeitslager geworfen wurden. Die Zahl ist eher zu niedrig als zu hoch angesetzt.

Für Vorhaben wie den Bau des Wolga-Don-Kanals stand also, zynisch betrachtet, eine reiche Personalreserve zur Verfügung. Straflager gab es in den unwirtlichsten Gebieten in der Sowjetunion, aber auch in Südrussland; so bei der Stadt Kalatsch, wo der Kanal nur wenige Kilometer entfernt in den Don mündet. Über 12000 Menschen waren hier unter unwürdigen Bedingungen eingesperrt. Von ihnen wurden viele zum Kanalbau abkommandiert.

Die Bereitschaft, dieses ruhmlose Kapitel sowjetischer und auch russischer Geschichte aufzuklären, lässt immer mehr nach. Aber seit dem Zusammenbruch des Roten Imperiums sind zum Glück eine Menge Informationen an die Öffentlichkeit gelangt, die früher unter Verschluss gehalten wurden. So wurden wir vor unserer Reise auf einen Artikel der russischen Zeitung »Trud« aufmerksam gemacht. Darin wird ein Besuch im »Museum für die Geschichte des Wolga-Don-Kanals« geschildert. Dort sei ein Stein mit folgender Inschrift zu sehen: »Hier haben Sträflingsbrigaden gebaut, die aus allen Ecken des Landes kamen. Dieser Stein wurde von uns eingegraben, um daran zu erinnern.« Die Namen Smetanin und Pugowkin sind auf dem Stein eingeritzt. Die beiden Sträflinge waren offensichtlich zuversichtlich, dass sich das Terrorregime nicht ewig halten würde. Der Nachwelt wollten sie mit ihrem steinernen Zeugnis hinterlassen, was hier geschehen war.

In dem Zeitungsartikel kam auch die Museumsdirektorin Rimma Edelmann zu Wort. Sie schilderte, wie schwer es sei, verlässliche Informationen zu bekommen. Sie habe nicht ermitteln können, wie viele Menschen beim Kanalbau eingesetzt wurden. Rimma Edelmann ging von zweihunderttausend Sträflingen und hunderttausend deutschen Kriegsgefangenen aus. Wie »Trud« herausfand, habe einer der deutschen Kriegsgefangenen später in seinen Erinnerungen geschrieben: »Es war wohl im Mai 1952, als ich mit einigen deutschen Kameraden zur Vollendung des Wolga-Don-Kanals abkommandiert wurde. Hunderttausende waren da versammelt, um dieses ›babylonische Bauwerk‹ zu vollenden. Sie kamen aus allen Ecken der Sowjetunion. Arbeiter, Studenten, Intellektuelle, Taschendiebe und Mörder.«

Mörderisch waren die Arbeitsbedingungen. Extreme Witterung im Sommer und Winter, schlechte Kleidung, unzureichendes Gerät, kaum etwas zu essen. Wie viele der deutschen Kriegsgefangenen beim Kanalbau umkamen, kann ich vor Ort nicht erfahren. Am Ende stand ein Bauwerk, das in der heutigen Zeit sicher Bewunderung auf allen Kontinenten ausgelöst hätte. Damals fand die Eröffnungsfeier nur im engsten Kreis statt. Es herrschte politische Eiszeit zwischen Ost und West. Berlinkrise und Koreakrieg hatten weltweit Furcht vor einem dritten Weltkrieg ausgelöst. Der Eiserne Vorhang war quer durch Europa heruntergegangen. Besuche von der Gegenseite waren hüben wie drüben unerwünscht.

Heute werden wir sehr freundlich durch die Schleuse Nummer 13 geführt. Wir sind in Pjatimorsk. Der Ort hat den anspruchsvollen Namen »Fünf Meere« erhalten, weil der Wolga-Don-Kanal fünf Meere zusammenbringt: Nord- und Ostsee, Kaspisches, Asowsches und Schwarzes Meer. Die Schleuse macht einen überaus gepflegten Eindruck. Stefan Tolz hatte sie bei der Besichtigungsreise ausgesucht. Eine Frau steckt dahinter. Anna Jakowlewna Orinskaja heißt sie und ist Schichtleiterin. Unser Regisseur hatte fasziniert beobachtet, wie die zierliche Frau hoch oben im Triumphbogen thront und von dort die großen Kähne herauf- oder hinunterschleust. Als wir ankommen, schwimmt soeben der Öltanker »Aphrodite« aus der Kammer Richtung Don und Zimljansker Stausee. Zwölf Stunden hat das Schiff für die Passage durch den Kanal benötigt. Größere Schiffe brauchen etwas mehr, erfahre ich vom obersten Chef des Kanals.

»Ruhm unserer großen Heimat« ist am Triumphbogen zu lesen. Die Wände sind mit heroischen Szenen aus der Revolutions- und Kriegszeit verziert. Die Wege rechts und links der Kammer sind mit Kandelabern ausgestattet. Sowjetsterne erinnern an die Zeit, in der das Jahrhundertbauwerk geschaffen wurde: an die Ära der Union der Sozialistischen Sowjetrepubliken. Die Welt wollte sie nach ihrem Vorbild verändern. Nach 72 Jahren verzog sie sich wie ein Spuk. Aber der Wolga-Don-Kanal kündet weiter von ihrem Ruhm.

Iwan Michajlowitsch führt uns in ein Haus neben dem Triumphbogen. Wohltuende Kühle empfängt uns. Hier wie draußen herrschen peinliche Sauberkeit und Ordnung. Als wir eintreten, setzt sich ein gewaltiges Rad in Gang. Eine dicke Trosse läuft darüber. Mit ihrer Hilfe werden die Tore geöffnet und geschlossen. Die Technik arbeite absolut zuverlässig, erklärt der Kanalchef, allerdings werde sie auch penibel gewartet. Seit 56 Jahren versehe sie nun ihren Dienst. Wie die Auslastung des Kanals sei, möchte ich wissen. »Durchschnittlich im Vergleich zu anderen

Transportwegen«, meint Iwan Michajlowitsch. Aber zuletzt habe der Verkehr zugenommen. Es gebe sogar Pläne der Regierung, einen zweiten, parallel laufenden Kanal zu bauen. Vor allem rechne man mit mehr Schiffen aus dem Ausland.

In der Tat hatte Russlands Expräsident Wladimir Putin die Anrainerstaaten des Kaspischen Meers mit der Nachricht geködert, einen zweiten Wolga-Don-Kanal zu bauen, um eine weitere leistungsstarke Verbindung zum Westen zu schaffen. »Das würde die geopolitische Bedeutung der kaspischen Staaten stärken«, meinte Putin. Hinzuzufügen ist, dass durch das Bauwerk auch Russlands strategische Position gestärkt würde. Doch diesen Hinweis verkniff sich Putin in der Tradition russischer Selbstlosigkeit.

Der Bugsierdampfer »Mechanik Krassotkin« schiebt gerade vorsichtig einen ungelenken Frachtkahn in die Kammer, als wir wieder ins Freie treten. Der Wolga-Don-Kanal scheint ein reines Binnengewässer zu sein, denn auch die anderen Schiffe, die auf ihre Abfertigung warten, tragen Namen in kyrillischer Schrift. Internationale Kundschaft wird sich hierher kaum verirren. Dafür ist der Kanal zu abgelegen, auch wenn er, wie Iwan Michajlowitsch gerne betont, die bereits erwähnten fünf Meere miteinander verbindet. Die Tonnageleistung bleibt mit 17 Millionen im Jahr weit hinter den 100 Millionen des Nord-Ostsee-Kanals zurück, der etwa gleich lang ist.

Das Wasser strömt mit Macht in die Kammer. 150 Meter lang und 18 Meter breit ist das Becken. Es kann Schiffe bis zu 5000 Tonnen mit einem Tiefgang bis zu 3,50 Meter aufnehmen. 15 bis 17 Minuten dauert ein Schleusengang, dann öffnet sich langsam die Pforte zum nächsten Stockwerk des Kanals. Gestern Nacht hatte es einen Sturm gegeben. Die Schiffe waren liegen geblieben. Deshalb hat sich ein kleiner Stau gebildet. Ein Mann mit Gewehr geht Patrouille. Als Bauwerke von strategischer Bedeutung seien die Schleusen vor Terroranschlägen zu schützen, wird mir erklärt.

Nun zieht es uns zu Anna Jakowlewna. Huldvoll winkt sie uns aus dem Fenster ihres Steuerhauses hoch oben im Triumphbogen zu. Von hier hat sie einen guten Überblick über die gesamte Anlage. Bis weithin kann sie erkennen, wie nahe ihr die

245

Kundschaft gerückt ist. Sie sitzt im »Zentralnyj Punkt Uprawljenija Schljusa«, in der Schleusenzentrale. Entspannt nimmt sie uns in Empfang. Stefan Tolz begrüßt sie herzlich wie einen zurückgekehrten Sohn. Die beiden verstehen sich prächtig. Das erleichtert die Aufnahmen.

Anna Jakowlewna nähert sich, wie sie erklärt, der Pensionsgrenze. Wenn sie lacht, was sie gerne tut, dann blitzen ihre Goldzähne. Klein, schlank, mit rot getönten Haaren sieht sie fesch aus in ihrer Dienstuniform. Weiße Bluse, dunkelblauer Schlips, dunkelblauer Rock, weiße Schuhe. Souverän bedient sie zwei große Pulte. Wie alt die Ausrüstung sei, möchte ich wissen. »56 Jahre«, antwortet die Schichtleiterin. »Seit dem 27. Juli 1952, als der Kanal eröffnet wurde, ist sie in Betrieb und arbeitet nach wie vor ausgezeichnet. Natürlich gibt es Erneuerungen in der Elektrik und Mechanik, aber im Prinzip arbeiten wir mit der Ausrüstung des allerersten Tages.«

Meine Bitte, mir das System zu erklären, lässt sich Anna Jakowlewna nicht zweimal vortragen. Sie beschreibt mir, wie sie mit getrennten Schlüsseln Schleusentore schließt und öffnet, wie sie Umlaufkanäle aktiviert und wie Schiebetore funktionieren. Sie zeigt mir, was mechanisch in Gang gesetzt und was über das »bjeskontaktno-logitscheskij pult« per Fernbedienung gesteuert wird. Da ich ihrem Redetempo nicht gewachsen bin, stelle ich nach einiger Zeit das Mitschreiben ein, um nicht am Ende alles durcheinanderzubringen, was sie mir nicht verargt. Ohne ihre Erklärungen einzustellen, fertigt die Schichtleiterin den Öltanker »Tajmen« ab. Mit dem Kapitän wechselt sie noch ein paar nette Worte, dann darf er abmarschieren.

»Wahrscheinlich kennen Sie hier alle Kapitäne!«

»Ja, das stimmt. Ich kenne aber nicht nur die Kapitäne, ich kenne hier auch jede Schraube. Wenn etwas nicht in Ordnung ist, bekomme ich es gleich mit. Irgendein Geräusch, irgendein Klappern reicht für mich, um sofort zu wissen, wo etwas nicht stimmt. Über die vielen Berufsjahre hat sich diese Witterung oder Spürnase entwickelt.«

»Hat es kritische Momente gegeben?«

»Selbstverständlich, im Laufe eines Jahres passiert alles Mögliche.«

»Welche Fehler darf man nicht machen?«

»Man darf überhaupt keinen Fehler machen. Man muss immer mit höchster Konzentration arbeiten. Beim Schließen der Tore muss genau hingeschaut werden, sonst kann man ein Schiff aufschneiden und, wenn es kleiner ist, sogar durchschneiden. Schiffe dürfen nur mit minimaler Geschwindigkeit einlaufen, sie müssen in der Kammer mit Haltetauen rechtzeitig gestoppt werden. Wenn das nicht geschieht, kann ein großes Schiff das Tor durchbrechen. Alles schon passiert.«

»Ist die Arbeit in der Schleuse im Winter schwieriger als im Sommer?«

»Im Winter wird nicht gefahren. Da ist der Kanal zugefroren. Dann finden die notwendigen Überprüfungen und Reparaturen statt.«

»Arbeiten alle Schleusen nach dem gleichen Prinzip?«

»Ja, alle arbeiten nach dem gleichen Schema. Aber es wird daran gearbeitet, die Anlage zu modernisieren. An der Schleuse Nummer 1 wird bereits experimentiert. Vielleicht kommt die Neuerung bald zu unserer Schleuse Nummer 13.«

Das deutsche Wort »Schleuse« hat als »Schljus« Einzug in die russische Sprache gehalten, wie andere Begriffe aus der Schifffahrt. »Wachta« zählt auch dazu, abgeleitet von der deutschen »Wache«; hier an der Schleuse bedeutet es »Schicht«. Peter der Große gehörte zu den größten Importeuren westlicher Technikbegriffe in die russische Sprache. Für Anna Jakowlewna gehören sie zum alltäglichen Vokabular. Für sie war schon als kleines Kind klar, dass sie einen Beruf erlernen wollte, der mit Wasser und Schiffen zu tun hat. Es konnte auch gar nicht anders sein. Geboren und aufgewachsen in dem kleinen Dorf Kumowka am Don, nicht weit entfernt vom Kanal, hatte sie Wasser und Schiffe seit ihrer frühesten Kindheit ständig vor Augen gehabt. Zudem seien alle Erwachsenen in ihrer Familie in der Wasserwirtschaft tätig. Diese Tradition setze sich mit der jüngsten Generation fort. Ihr Sohn arbeite wie sie am Kanal.

Leicht sei ihre Arbeit nicht, sagt Anna Jakowlewna. »Am Kanal wird rund um die Uhr gearbeitet. Eine Schicht dauert zwölf Stunden. Einmal tagsüber, einmal nachts. Ich liebe diesen Beruf.

In der Industrie oder in der Landwirtschaft zu arbeiten kann ich mir nicht vorstellen.«

»Sind Sie die einzige Frau in leitender Stellung?«

»Nein, es gibt noch andere. Dreißig Prozent der hier Beschäftigten sind Frauen. Insgesamt arbeiten an jeder Schleuse fünfzig Menschen.«

Anna Jakowlewna holt eine Karte hervor, um mir das System des Wolga-Don-Kanals zu erklären. »Wenn die Schiffe von der Wolga kommen, müssen wir sie erst über neun Schleusen anheben, um einen Höhenzug zu überwinden. Ab der zehnten Schleuse geht es über vier Stufen den Abhang zum Don hinunter. Wenn das Schiff unsere Schleuse, die Nummer 13, verlässt, dann läuft es in den Zimljansker Stausee.«

Die Richtung passt uns. Zum Zimljansker Stausee wollen wir auch bald; genau gesagt nach Wolgodonsk, wo ein Riesendamm den »stillen Don« in ein Meer verwandelt. Doch vorher wollen wir uns in der Umgebung umsehen, die auch mit unserer jüngeren Geschichte zu tun hat. Hier bei Kalatsch am Don haben sowjetische Divisionen den Ring hinter der nach Stalingrad vorgedrungenen 6. Armee von General Paulus geschlossen. Das war am 23. November 1942. Damit war das Schicksal von Hunderttausenden deutschen Soldaten besiegelt. Es gab für sie kein rettendes Zurück mehr. Ihre Einheiten wurden aufgerieben, die Reste mussten schließlich kapitulieren. Nur wenige Tausend überlebten die Gefangenschaft.

Von der Schleuse Nummer 13 sind es nur wenige Hundert Meter bis zu einem mächtigen, hoch aufragenden Kriegerdenkmal. Es stellt die Leiden und den Triumph des Volkes der Sowjetunion und seiner Armee im Kampf gegen die Truppen des faschistischen Deutschlands dar. Das »faschistische Deutschland« – auf die Unterscheidung ist in der Sowjetunion immer Wert gelegt worden. Deutschland mit seiner Geschichte und Kultur sollte nicht mit dem von den Nazis beherrschten Deutschland gleichgesetzt werden. Ausgerechnet der sonst skrupellose Diktator Stalin hatte die feinfühlige Diktion herausgegeben. »Die Hitler kommen und gehen, das deutsche Volk bleibt«, soll er gesagt haben.

Vermutlich hat bei Stalin auch das Kalkül eine Rolle gespielt, mit Deutschland nach dem Krieg gegen die Westalliierten ins Geschäft zu kommen. Dem Ansehen der Deutschen hat das offizielle Politvokabular sicher nicht geschadet. Auch hier am Denkmal, das Erinnerungen an die von Deutschen verübten Verbrechen in Südrussland wecken könnte, werden wir als Fernsehleute aus Deutschland mit Sympathie begrüßt. Es herrscht Gedränge. Hochzeitspaare treffen ein. Wie zu Sowjetzeiten gehört für die frisch Vermählten und ihr Gefolge der Besuch des Ehrenmals zur Feier des Tages dazu. Über die Geschichte machen sich die jungen Leute offensichtlich keine Gedanken, wenn sie fröhlich vor dem wuchtigen Denkmal posieren. Iwan Michajlowitsch hat uns hierher begleitet. Er erklärt mir, welche Bedeutung der Zusammenschluss der Sowjettruppen in diesem Raum für den Ausgang des Zweiten Weltkriegs gehabt habe. Das sei in der Sowjetunion früh gewürdigt worden, denn bereits 1956 habe man dieses Denkmal errichtet. Zwölf Jahre vor dem weltbekannten »Mutter Heimat«-Monument auf dem Mamaj-Hügel in Stalingrad!

Indessen ist eine weitere Hochzeitsgesellschaft eingetroffen. Sie entdeckt Olga. Ihren Namen habe ich mir vorsorglich notiert, denn die stämmige Frau hat eine Attraktion zu bieten. Wer 500 Rubel (umgerechnet 13 Euro) zahlt, darf zur Sicherung des eigenen Glücks und des Friedens im Allgemeinen zwei weiße Tauben aufsteigen lassen, die Olga mit sich im Korb führt. Das junge Paar will von der Symbolik Gebrauch machen. Auf Kommando wirft es die Tauben in die Luft. Alle schauen hoch. Keine Taube zu sehen! Die beiden Glücksbringer haben sich im Tiefflug davongemacht. Dem Geschäft schadet ihr niveauloses Verhalten nicht. Das nächste Hochzeitspaar will ebenfalls zwei Tauben steigen lassen. Olga kann liefern.

Auf die Geschäftsidee ist Olga erst vor Kurzem gekommen. Ihr Mann züchte weiße Tauben. Siebzig Tiere habe er inzwischen. Gut trainiert seien sie. Selbst wenn sie weit weg aufgelassen würden, hätten sie immer zum heimatlichen Schlag zurückgefunden. Deshalb sei sie auf den Gedanken gekommen, diese Fähigkeit wirtschaftlich zu nutzen. »Weiße Tauben und Hochzeit passen gut zusammen«, sagt sie. Davon habe sie gelesen. Das habe sie zusätzlich animiert. Schon der erste Einsatz sei erfolgreich verlaufen. Statt nur ihr Futter wegzupicken, könnten die Tauben nun selbst für ihren Unterhalt sorgen. An guten Tagen würde daraus sogar ein Geschäft. Wie ich erlebe, ist die Marktwirtschaft auch in Pjatimorsk voll angekommen.

Was ist aus dem jungen Mann geworden, den die Polizei in Golubinskaja hochgenommen hatte? Wir hatten einen unserer Gesprächspartner gebeten, sich des Falls anzunehmen. Nun berichtet er, die Sache sei glimpflich ausgegangen. Der junge Mann habe keine Dokumente bei sich gehabt. Es sei unklar gewesen, ob er das Auto, das ihm nicht gehörte, überhaupt führen durfte. Deshalb habe er eine Nacht in Polizeigewahrsam verbracht und müsse nun 3 000 Rubel, umgerechnet 80 Euro, zahlen. Am Morgen sei er auf richterlichen Beschluss freigelassen worden, weil die Polizei, die ihm auch noch Alkohol am Steuer habe anhängen wollen, einen Verfahrensfehler begangen habe. Wir sind erleichtert über den Ausgang, übermitteln die 3 000 Rubel für seine Transportdienste und hoffen, dass dem jungen Mann weitere Scherereien erspart bleiben.

Kumowka heißt der Ort, aus dem Anna Jakowlewna, unsere Schichtleiterin der Schleuse Nummer 13, stammt. Uns wird das Glück zuteil, das Dorf persönlich kennenzulernen. Wir suchen einen erhöhten Platz, um von dort den Don beim Zusammentreffen mit dem Kanal zu filmen. So geraten wir unerwartet nach Kumowka. Entzücken löst der Anblick des Ortes bei uns nicht auf Anhieb aus. Die Wege stellen die Achsen unserer Autos auf eine harte Probe. Für unsere Filmzwecke ist die Lage des Dorfes hingegen exzellent.

Vom Hügel hinter Kumowka haben wir einen wunderbaren Überblick über die Flusslandschaft. Während wir zu Fuß nach der bestmöglichen Kameraposition suchen, überrascht uns ein Dorfbewohner mit dem extravaganten Angebot, für umgerechnet 1 600 Euro 25 Hektar Steppe zu erwerben. Eine verlockende Aussicht, zumal der Don gerade jetzt im Abendsonnenlicht einen glänzenden Eindruck macht! Gut, die Gegend ist nicht gerade stadtnah, aber wer weiß, wie es hier in zehn Jahren aussieht. Gibt es nicht interessante Beispiele in Fernost, witzeln wir untereinander. Herrliche Postkarten könnten wir von hier verschicken. Der Mann ist tief enttäuscht, als wir ihn wissen lassen, dass wir mit einem Film und nicht mit einem Großgrundbesitz nach Hause kommen wollen. Kumowka würde uns aber als verpasste Gelegenheit in ewiger Erinnerung bleiben.

Wir schauen über den langen Hang hinweg auf den Don, der sich hier in zwei Arme aufteilt. Gegenüber tritt der Kanal in den Fluss ein. Der Geruch von »gorkaja polyn«, von Wermut, liegt über der Steppe. Vom Dorf weht ab und an das Lärmen der Kinder herüber. Sonst ist es ruhig. Um das Bild betörender Friedlichkeit zu beschreiben, müsste man die Gabe eines Dichters haben, geht es mir durch den Kopf. Alexander Puschkin hatte so etwas drauf. Als er 1829 von einer Reise in den Kaukasus zurückkehrte, kam er am Don vorbei und legte gleich ein schönes Gedicht hin:

»Seht, da glänzt er durch die Steppen!
Sei gegrüßt mir, stiller Fluss!
Deine fernen Söhne bieten
dir durch mich der Liebe Gruß.

Jeder Strom kennt dich als Bruder.
Don, du viel gerühmter Fluss,
der Araxes und Euphrates
senden dir der Freundschaft Gruß.«

Fast hätten wir in Kumowka eine Axinja gefunden. Wie die Heldin im »Stillen Don« trägt ein hübsches Mädchen zwei Eimer Wasser nach Hause. Doch sie ist zu jung und zu brünett, um Scholochows Romanfigur zu entsprechen. 16 Jahre zählt sie. Als kleines Kind ist sie mit ihren Eltern aus Tadschikistan gekommen. Mit ihnen ließen sich 13 andere Familien aus dem zentralasiatischen Land in Kumowka nieder. Sie gehören zu den sieben Millionen Menschen, die nach dem Zusammenbruch der Sowjetunion flüchten mussten und ihre Heimat verloren, weil bei ihnen zu Hause fürchterliche Kriege ausbrachen. Das war und ist die Kehrseite der Freiheit, wenn sie überhaupt für die einfachen Menschen eingetreten ist.

Mit ihrer Anmut wird die junge tadschikische Schönheit mit Sicherheit den Weg in unseren Film machen. Wir sind umzingelt von reizvollen Motiven. Die Erwachsenen sitzen auf den Bänken vor ihren kleinen Häuschen. Angeregt plaudernd schauen sie den Kindern zu, die vor ihnen ausgelassen einem Ball nachjagen, auf Fahrrädern kleine Kunststücke probieren oder in den aufgebockten Booten spielen. Ein Fohlen erhebt sich aus dem Gras. Angekettete Hunde führen auf den Hinterbeinen Veitstänze auf, weil sie nicht dabei sein können, während Kühe gleichmütig ihres Weges trotten. Bei diesen Bildern wird verständlich, warum unsere Schleusendirigentin Anna Jakowlewna an Kumowka hängt.

Aber spannungsfrei ist das Leben im Dorf nicht. Die Hinzugekommenen seien den alteingesessenen Dorfbewohnern immer noch nicht willkommen, erzählt mir eine Tschetschenin. Als in ihrem Land der Krieg wütete, sei sie mit ihrem Mann hierhergekommen. Beide hätten als Stuckateure gearbeitet. Vor zehn Jahren sei ihr Mann wegen eines Operationsfehlers im Krankenhaus gestorben. Vom Staat habe sie wenig zu erwarten. Im Dorf spüre sie die Ressentiments ihr gegenüber. Wenn es die Verhältnisse erlauben, möchte sie mit ihrem Sohn nach Tschetschenien zurückkehren.

Die Kirche des heiligen Innokentij hat ein Problem. Sie ist nicht betriebssicher. Auf dem Weg zu den Gläubigen droht sie abzusaufen. Deshalb arbeitet sie seit einiger Zeit nur stationär. In einer Bucht des Don unweit des Kanals hat sie angelegt. Sie ist eine Kirche auf dem Schiff. Seit elf Jahren fährt sie, von einem Schlepper gezogen, den Fluss hinauf und hinunter, um die Gemeinden aufzusuchen, die kein eigenes Gotteshaus besitzen. Fast bis nach Rostow ist die Kirche des heiligen Innokentij vorgestoßen, überall von der Bevölkerung mit Begeisterung begrüßt. Schleusen hat sie passiert und große Stauseen durchquert, wozu einige Kühnheit und noch mehr Gottvertrauen gehören, denn das Kirchlein steht auf einem kleinen Ponton, der bei Wellengang beträchtlich ins Schwanken gerät. Jahrelang hat sie alle Herausforderungen des Wetters gemeistert, bis ein Schaden auftrat, der sie leicht zum Kentern bringen könnte.

Nun liegt sie fest, weil das Geld für die Reparatur fehlt, was wir mit Kummer vernehmen, denn wir wollten das schwimmende Gotteshaus in voller Fahrt vorstellen. Vater Gennadij,

Priester der Kirche des heiligen Innokentij, versteht unsere Enttäuschung. Er will uns helfen und dafür ein Risiko eingehen. Der Ponton könne in der Bucht ein wenig hin- und hergezogen werden, damit die Kirche in der Bewegung gezeigt wird. Wir akzeptieren seinen Vorschlag und hoffen natürlich auf mehr. Ein Schlepper wird bestellt. Sergej Jurjewitsch, der Kapitän, versteht sein Geschäft. In der engen Bucht steuert er seinen »Bugsir P 44« zentimetergenau an den Kirchenponton heran, um das Ensemble auf den Haken zu nehmen. Dann zeigt er uns, was der 460-PS-Motor seines Schleppers draufhat. Vater Gennadij lässt ein triumphales Geläut ertönen, als wir in hohem Tempo die Bucht verlassen.

Am Strand laufen die Menschen zusammen. Sie bekreuzigen sich, als die Schiffskirche an ihnen vorbeirauscht. Auch ich schicke ein Stoßgebet zum Himmel, denn der Kapitän des Schleppers kennt kein Halten mehr. Von wegen ein paar Meter in der Bucht bewegen! Sergej Jurjewitsch zieht uns auf den Don hinaus, der sich hier in der Nähe des Kanals zu einem See ausweitet. Unermüdlich bedient Vater Gennadij die sieben Glocken, die in einem Bogen am Heck des Pontons hängen. Auch die Titanic ist mit Musik untergegangen, schießt es mir durch den Kopf, aber der heilige Innokentij steht uns bei. Seine Kirche gleitet unangefochten wie eine stolze Fregatte über die Wasser des Don. Ich bitte den Priester das Läuten einzustellen, um ihm ein paar Fragen stellen zu können.

»Wohin geht die Reise?«

»Wenn wir jetzt weiterführen, kämen wir gleich in den Stausee. Nach vierzig Kilometern wären wir in der Staniza Donskaja. Dann käme Tscheljabitschewo. Dort würden wir anhalten. Heute können wir nicht so weit fahren. Wir müssen zurück. Unser Patron, der heilige Innokentij, betet für uns, dass wir nicht untergehen.«

Die Mitteilung beruhigt mich nur in Maßen, denn Innokentij war, als er noch auf Erden wandelte, ein rechter Abenteurer, der nicht selten Grenzen austestete. Er gab seine gediegene Existenz als Moskauer Metropolit auf, um sich als Missionar zu Fuß und zu Pferde auf den Weg in die wildesten Gegenden zu machen. Dabei wurde er nicht überall willkommen geheißen, was damals nicht unüblich war. Da er aber kein Angsthase war, gelang es ihm, auch gegen entschiedenen Widerstand einheimischer Stammesfürsten Kirchen in Sibirien, Fernost und Alaska zu gründen. Das war in der zweiten Hälfte des 19. Jahrhunderts. Heute mutet uns der wagemutige Heilige gottlob keine riskanten Abenteuer zu. Er vermittelt dem Kapitän des Schleppers die Eingebung, in weitem Bogen umzukehren, worauf ich mein Gespräch mit Vater Gennadij erleichtert fortsetzen kann.

»Gibt es das schon lange, auf Schiffen zu den Gemeinden zu fahren?«

»Eine alte Tradition ist das nicht. Aber es ist Tradition der Kirche, überall präsent zu sein. Solange es am Don Gemeinden ohne Gotteshäuser gibt, werden wir dorthin fahren.«

»Kommen dann auch die Einwohner zu Ihrem Gottesdienst?«

»Sie erwarten uns ungeduldig. Am liebsten würden sie uns für immer an ihrem Ort halten. Aber wir müssen weiter, denn andere warten ja auch auf uns.«

»Ihre Kirche ist klein. Bieten Sie Gottesdienste an, wie sie in anderen Kirchen stattfinden?«

»Wir feiern jeden Sonntag in der Kirche des heiligen Innokentij unseren Gottesdienst, wie es sich gehört. Liturgie, Eucharistie, Bekenntnis, Reue.«

»Wann hat es die ersten Schiffskirchen gegeben?«

»Vor der Revolution hat eine Reederei in Astrachan ein Schiff zur Verfügung gestellt, von dem aus die Fischer auf dem Kaspischen Meer betreut wurden. Sie waren manchmal monatelang nicht zu Hause. Aber ein gläubiger Mensch kann nicht lange ohne Gottesdienst sein. Die Fischer waren deshalb glücklich, wenn die Kirche vorbeikam. In St. Petersburg sollte ein ähnliches Schiff gebaut werden, aber dann brach der Erste Weltkrieg aus, und danach kam die Revolution. Die Kommunisten machten aus der Schiffskirche ein Café auf dem Wasser.«

»Und was ist mit den jungen Leuten?«

»Sie kommen. Sie wollen ihre Seelen reinigen.«

»Wie lange im Jahr sind Sie mit der Schiffskirche unterwegs?«

»Von April bis November. Wir werden unterstützt. Die Behörde des Wolga-Don-Kanals hilft uns, sonst könnten wir gar nicht existieren. Sie versorgt uns mit Elektrizität, und sie stellt uns Schlepper zur Verfügung.«

»Was bedeutet Ihnen der Don?«

»Der Don ist ein einmaliger Fluss. Er ist schön und er ist sauber, denn er befindet sich fast noch in jungfräulichem Zustand. An seinen Ufern gibt es kaum Industrie. Dagegen ist unser ›Mütterchen Wolga‹ in einem schlimmen Zustand, voller Dreck durch die Abwasser der Betriebe und großen Städte. So entwickeln sich in dem Fluss mutierte Fische, die wie Monster aussehen.«

Auf dem Weg zurück in die Bucht lasse ich mir von Vater Gennadij erzählen, wie er zum Priester geworden ist. Er stammt aus der Gegend von Tambow, zwischen Don und Wolga in Mittelrussland gelegen. Erlernt hat er das Bauhandwerk, was seinen großen, schweren Händen heute noch anzusehen ist. Später hat er Bauwesen in Moskau studiert. Er diente in der Schwarzmeerflotte und kehrte nach seiner Militärzeit nach Moskau zurück. Seine Frau ist eine Wolgadeutsche, deren Eltern nach Deutschland übersiedelten. Sie hinterließen ein Haus in Wolgograd, in das Gennadij mit seiner Frau einzog. Das Ehepaar hat zwei Söhne. Mittlerweile ist er 46 Jahre alt. Er sei schon immer ein sehr gläubiger Mensch gewesen. Ob es ein besonderes Erlebnis gab, das ihn veranlasste, in den Stand des Priesters einzutreten, verrät mir der frühere Bauingenieur nicht.

1992 entschied er sich, das Geistliche Seminar in Belgorod zu besuchen. Seit 1998 ist er Priester. Ihm wurde eine Gemeinde bei Wolgograd zugewiesen. Dort, so wurde ihm aufgetragen, baute er ein Kinderheim auf und richtete eine Küche für Arme ein. Wenig später kam auch noch die Schiffskirche des heiligen Innokentij dazu. Sie ist kein Unikum, denn es wurden noch zwei weitere gebaut, die aber aus unterschiedlichen Gründen nicht so recht in Gang kamen. Indes war Vater Gennadij erfolgreicher. Zunächst schipperte er auf dem Don mit seinem Kirchlein überwiegend nach Norden. Man müsse sich Zeit für die Menschen nehmen, sagt er. Manchmal bleibe er zwei Wochen in einem Dorf oder in einer Staniza. Er halte nicht nur Gottesdienste ab, sondern gebe auch jungen Ehepaaren und Kindern den kirchlichen Segen mit auf den Lebensweg. Zwei Trauungen und drei Taufen führe er jeden Sonntag durch.

Als im nördlichen Bereich seines Sprengels mehr und mehr Gotteshäuser wiedereröffnet wurden, verlegte Vater Gennadij seine Wandertätigkeit, dem Flusslauf folgend, nach Westen. Doch nach elf Jahren begann der Rost am Schiff zu nagen, wie er sagt, und der heilige Innokentij musste immer öfter angefleht werden, um die Kirche über Wasser zu halten, bis es gar nicht mehr ging. Zum Glück lässt der Schutzpatron auch uns nicht im Stich, denn wir sind inzwischen wieder in unsere Bucht eingelaufen, wie ich zu meiner Beruhigung feststelle. Wir haben sehr schöne Bilder im Kasten. Kapitän Sergej Jurjewitsch parkt sein sperriges Anhängsel in der Bucht gekonnt ein. Wir verabreden uns für den nächsten Morgen.

Dann sollen vier Taufen stattfinden.

Wir erscheinen sehr früh zum Gottesdienst. Auf der Plattform schaut ein Angler etwas missmutig hoch, als wir ihn durch unsere Ankunft stören. Angeln soll hier eigentlich unterbleiben, wie ein Schild mahnt. Darauf angesprochen meint der Angler, dass es in der Bucht keinen besseren Platz zum Angeln gebe. Wir müssen ihm da recht geben. Vater Gennadij, der inzwischen eingetroffen ist, findet das im Übrigen auch. Das Kirchlein fasst vielleicht dreißig Gottesdienstbesucher. Vierzig sind mindestens im Raum, fast nur Frauen. Die Hitze staut sich. Unsere Lampen sorgen für zusätzliche Wärme. Schwerer Weihrauchgeruch breitet sich aus. Nach kurzer Zeit brauche ich frische Luft, während Vater Gennadij und seine Gemeinde das Gottesdienstprogramm unerschütterlich durchziehen.

Männer sind auch da, wie ich beim Verlassen der Kirche feststelle. Sie verfolgen den Gottesdienst durch die offene Tür. Ab und zu gehen sie über den kleinen Steg an Land, um sich eine Zigarette zu gönnen. Inzwischen treffen die Paare mit den Täuflingen ein. »Was kostet eine Taufe?«, frage ich. »500 Rubel«, erhalte ich zur Antwort. Keine 14 Euro, wie ich schnell nachrechne. Für eine Trauung muss das Vierfache gezahlt werden. Reich kann die Kirche mit solchen Beträgen nicht werden, aber sicher wird dem Priester bei familiären Anlässen dieser Art der eine oder andere Extrabetrag noch zugesteckt. Der Verkauf von Kerzen und Heiligenbildern läuft auch hier nicht schlecht. Fünf Rubel kostet eine dünne Kerze, 25 Rubel eine etwas dickere. Für ein kleines Heiligenbild werden ebenfalls 25 Rubel verlangt, für ein größeres sind 70 Rubel zu zahlen. Dies zur ökonomischen Seite des Gottesdienstes!

Vater Gennadij tritt vor die Tür. Auf die Taufen freue er sich, sagt er uns. Zur Sowjetzeit hätten die Menschen ihre Kinder auch taufen lassen, aber das sei mehr oder weniger heimlich geschehen, weil das Regime dagegen gewesen sei. Wer sein Kind taufen ließ, musste mit Repressalien rechnen. Er konnte von der langen Warteliste für Wohnungen gestrichen werden oder seine Lohnprämie verlieren. Aber die Großmütter, die Babuschki, seien nicht abzuschrecken gewesen. Den Drohungen zum Trotz hätten sie ihre Enkel taufen lassen. So hätten auch die Kinder vieler Funktionäre den kirchlichen Segen bekommen. »Gott sei Dank ist dieser Druck vorbei. Die Menschen haben heute keine Angst mehr. Sie lassen nicht nur ihre Kinder öffentlich taufen, sondern auch sich selbst. Heute ist wieder ein solcher Tag. Zwei Babys werden getauft und zwei Erwachsene.«

»Sind die Menschen wieder religiöser geworden, seitdem der politische Druck weg ist?«

»Ganz sicher! Die Kirche bietet ihnen weit mehr als früher. Früher durfte sie nur im Gotteshaus sprechen, heute dürfen wir auch in Kindergärten, Schulen und Jugendheimen auftreten. Selbst in der Armee dürfen wir predigen. Die Garnisonen haben ihre eigenen Priester. Sie können den Soldaten beistehen und ihnen das Wort Gottes nahebringen. Daran war früher überhaupt nicht zu denken.«

»Wie viel Spielraum hatten Sie denn früher beim Gottesdienst?«

»Fast gar keinen! Man durfte nur aus der Bibel vorlesen oder das Evangelium nacherzählen. Das war die Predigt. Wer davon abwich, hatte gleich die Aufpasser am Hals. Heute macht es Freude, sich auf die Predigt vorzubereiten. Wir können die Bibel interpretieren, wir können dabei auf aktuelle Ereignisse eingehen, wir können uns mit Gottes Wort um die alltäglichen Sorgen der Menschen kümmern. So können wir ihre Seelen erreichen. Das macht uns heute für die Menschen wertvoller, als wir es früher sein konnten.«

Vater Gennadij gibt sich leutselig. »Haben Sie die Prüfung bei der Militärakademie geschafft?«, fragt er einen jungen Mann, der sein kleines Töchterchen Darja, das gleich getauft werden soll, im Arm hält. »Bestens geklappt! Bin aufgenommen worden!«, lautet militärisch knapp die Antwort. »Molodjez!«, ruft der Priester aus, was so viel wie »Prachtkerl« heißen soll. Die Mutter des kleinen Jegor will sich ebenfalls gleich taufen lassen. Der vierte Täufling ist ein zwanzigjähriger Bauarbeiter.

Zum Taufakt versammeln sich alle auf der Plattform vor der Kirche. Vater Gennadij gießt geweihtes Wasser in den Don. Dann steigt er in vollem Ornat über eine Leiter in den Fluss und lässt sich den fünf Monate alten Jegor reichen. Dreimal taucht er den Säugling ein, was der kleine Mann stoisch über sich ergehen lässt. Die etwas ältere Darja hingegen verleiht ihrer Empörung über die Taufprozedur mit lautem Gebrüll deutlich Ausdruck. Sie lässt sich auch nicht beruhigen, als nacheinander die beiden Erwachsenen ins Wasser steigen und getauft werden. Während der Priester die Getauften und ihre Angehörigen mit dem Segen Gottes nach Hause schickt, krächzt es frivol aus einem Autoradio im nahen Park: »Ich bin besoffen, ich gehe zu einer Frau, meine Seele ist breit, mehr brauche ich nicht.« Für einen Sonntagmorgen ist das eine klare Ansage.

Die Fahrt nach Wolgodonsk werde ich vermutlich nicht als markantes Erlebnis in Erinnerung behalten. Wir entfernen uns ziemlich weit vom Don, der auf diesem Abschnitt über eine Strecke von 322 Kilometern zu einem Meer aufgestaut wird. Zum ersten Mal seit Beginn unserer Reise ist der Himmel nicht strahlend blau, sondern bleiern grau. Das fahle Licht unterstreicht die Eintönigkeit der Landschaft. Unterwegs entdecken wir kein einziges Motiv, das uns zum Anhalten veranlasst. Zum Anhalten zwingt uns indes die russische Polizei. Sie ist, wie wir erneut erleben, nicht zu unterschätzen. Auf einer Landstraße, auf der wir uns allein auf weiter Flur wähnen, taucht sie plötzlich aus dem Gebüsch auf. Jewgenij Petrowitsch wird zwecks Überprüfung aus dem Fahrzeug gebeten. Nach längerem Palaver kehrt er zurück. Seine Miene lässt uns nicht erraten, wie das

Gespräch mit der Ordnungsmacht verlaufen ist. »Weswegen wurden wir angehalten?«, wollen wir wissen.

»Wir sind 97 km/h statt 80 gefahren.«

»Und was kostet der Spaß?«

»Mit Quittung 300 Rubel! Mein Angebot war 100 Rubel ohne Quittung.«

»Wie ist es ausgegangen?«

»Raten Sie mal!«

Für eine Stadt aus der Retorte sieht Wolgodonsk ganz freundlich aus. Mir fällt auf, dass auf jeder freien Fläche Blumen angepflanzt sind. In anderen Städten hatte ich das auch schon beobachtet. Dies ist ein sensationeller Wandel gegenüber früheren Zeiten. Unbeaufsichtigt wären die Blumen noch vor wenigen Jahren sofort geklaut worden. Heutzutage ist das offensichtlich nicht zu befürchten. Die Blumenarrangements sehen gepflegt und unangetastet aus. Wolgodonsk wurde 1950 als Arbeitersiedlung gegründet. Die heutige Großstadt mit 170000 Einwohnern ist der Gegenpol zum Wolga-Don-Kanal. Während mit dem künstlichen Wasserweg die Verbindung zwischen Wolga und Don hergestellt wurde, sollten hier durch einen Damm die Wasser des Don zu einem riesigen Reservoir aufgestaut werden. So unterschiedlich die beiden Bauwerke sind, sie gehören zu ein- und demselben Programm. Beide begannen zur gleichen Zeit, beide wurden nach dreijähriger Bauzeit 1952 beendet.

Nach den Blumen drängt sich uns als nächste, wenn auch nicht ganz so liebenswürdige Attraktion das Kernkraftwerk Wolgodonsk auf. Wir haben uns verfahren und stehen unversehens vor den Toren der mächtigen Anlage. Sie hatte lange gebraucht, um fertiggestellt zu werden. Nach zwanzigjähriger Bauzeit ging sie erst 2001 ans Netz. Mit ihrem Standort direkt am Stausee nimmt sie einen herausragenden Platz ein. Die nächste Überraschung erlebe ich in einer Shopping Mall. Was ich an Angeboten und Geschäften sehe, ist wie im Westen. Nur die kyrillischen Beschriftungen verraten, dass ich mich in Russland aufhalte. Doch diese Beobachtung habe ich auch in anderen Städten schon gemacht.

Was ist nun überraschend? Mitten im Schaufenster eines Buch-

und Zeitschriftenladens lächelt mich vom Titelblatt eines Magazins ein junger, sympathisch wirkender Adolf Hitler an. Die Überschrift ist neutral gehalten: »Die 100 herausragenden Personen des letzten Jahrhunderts«. Ein solches Angebot wäre zur Sowjetzeit undenkbar gewesen. Aber wen interessiert der Wandel? Offensichtlich nur mich mit meiner beruflichen Vergangenheit, die ich im gleichen Land, aber in einer anderen Welt verbracht habe! Ich nehme mir vor, mich vor weiteren Vergleichen zu hüten. Mit meinem unverhohlenen Interesse an dem Titelbild habe ich ohnehin schon die Verkäuferin des adretten Ladens »Bukwojed«, sinngemäß »Leseratte«, verschreckt. Als ich mir Notizen mache, holt sie schnell das Magazin aus dem Fenster. Sie hält mich hoffentlich nicht für einen Späher des Geheimdienstes FSB, des früheren KGB.

Feiner Fisch und Puschkins Wein

Eigentlich hätten wir ihn schon um ein Uhr morgens abholen sollen, aber dann überlegt es sich Kapitän Alexej Iwanowitsch Sidorow anders. Er möchte uns noch ein bisschen Schlaf gönnen. Wir brauchten erst um vier Uhr bei ihm vorbeizukommen. Statt gleich auf das Schiff zu steigen, könnten wir auch mit dem Auto hinterherfahren. Das spare uns Zeit. Er werde schon eine Stelle finden, wo wir an Bord genommen werden könnten. Alexej Iwanowitsch fährt als Kapitän für das Wolgodonsker Fischkombinat. Zum Unternehmen gehören acht Fischkutter, acht kleinere Boote und drei größere Schiffe, die den Fisch aufnehmen und zur Verarbeitung zum Kombinat bringen. Gefangen wird der Fisch auf dem Zimljansker Stausee, der sich zu einem Binnenmeer ausgewachsen hat. Wir wollen uns das heute anschauen. Alexej Iwanowitsch wird dafür Sorge tragen.

Als der Kapitän pünktlich um vier Uhr zu uns in den Kleinbus steigt, ist es noch stockfinster. Viel mehr als seine rostige Stimme und seinen trockenen Raucherhusten bekomme ich von ihm nicht mit. Er hat auf dem Beifahrersitz Platz genommen, um uns durch die Dunkelheit zu der Bucht zu führen, in der das Schiff auf uns wartet. Heute könnten wir wieder von einem heißen Tag ausgehen. Der See sei allerdings unberechenbar. Das Wetter schlage vor allem im Herbst und Frühling sehr schnell um. Innerhalb weniger Minuten könnten sich zwei Meter hohe Wellen aufbauen. Aber jetzt sei die Lage stabil. Wäre auch schade, wenn wir über Bord gingen, meint er humorvoll nach Seemannsart. Unter Wasser könnten wir allerdings eine Menge erleben. Auf dem Grund gebe es jede Menge Dörfer, die überflutet worden seien. An der tiefsten Stelle ginge es im See auf 30 Meter hinunter, die durchschnittliche Tiefe betrage 18 Meter.

Nach diesen Basisinformationen kehrt Ruhe im Bus ein. In kurzen Abständen blitzt auf dem Beifahrersitz das Feuerzeug auf. Alexej Iwanowitsch scheint von der Anti-Raucher-Kampagne noch nicht erfasst worden zu sein. Auf seine Anweisung hin haben wir die Landstraße verlassen. Auf Feldwegen geht die Fahrt weiter. Der Zustand entspricht dem landesüblichen Standard. An Schlaf ist nicht zu denken. Der Mond hat seit unserer Nachtpartie auf dem Don einiges an Volumen verloren. Immerhin lässt er uns erkennen, dass wir hin und wieder Gehöfte passieren. Als wir einen kleinen Anstieg mit Bravour genommen haben, werden wir mit dem Ausblick auf den Stausee belohnt. Wir sind angekommen und stehen inmitten einer Kuhherde.

Es herrscht eine Stimmung, wie man sie aus Spionagefilmen kennt. Die Dämmerung bricht an. Es ist absolut still. Weiter draußen in der Bucht liegt ein Schiff, dessen Positionslichter matt aufblinken. Ein kleines Boot bewegt sich auf den Strand zu. Es soll uns aufnehmen. Mir als dem Ältesten wird der Vortritt gelassen. Igor Nedoresow begleitet mich. Mehr als zwei Personen können zusätzlich nicht aufgenommen werden. Das Kamerastativ wird mir noch anvertraut, dann geht es los. Unser Fährmann dreht den Außenbordmotor bis zum Anschlag auf. Wir springen in mächtigen Sätzen über die Wellen. Mit Mühe kann ich das Stativ halten. Gottlob ist die wilde Jagd schnell vorbei. Vom Schiff wird eine Leiter heruntergelassen. Ruck, zuck sind wir an Bord.

Der Kapitän nimmt mich in Empfang. Mit seiner kräftigen Gestalt hat er die richtige Statur, um Wind und Wetter zu trotzen. Als Alexander Innokentijewitsch Alimdijew stellt er sich vor. Nach und nach rückt der Rest der Truppe an. Als Letzter kommt, wie es sich für einen Kapitän gehört, Alexej Iwanowitsch an Bord, herzlich von seinem Kollegen begrüßt. Beide tragen schwere goldene Halsketten mit Kreuzen. »Wir sind gläubige Menschen«, erklärt mir Alexander Innokentijewitsch, als ich danach frage. Dem Leben zugetan sind sie auch, denn zur Begrüßung gibt es einen Wodka. Um 5.30 Uhr ist die Zeit reif dafür.

Wie überall in der Welt sind auch die Fischer in Russland unkomplizierte Menschen. Sie kapieren gleich, worauf es ankommt. Nach wenigen Minuten haben wir den Drehplan abgesprochen. Wir können uns an Bord frei bewegen. Ich nehme schnell die Basisinformationen auf. PTS 60 ist die Kennung unseres Schiffes. PTS steht für »Prijomnoje Transportnoje Sudno«; umständlich übersetzt bedeutet dies »Annahme-Transport-Küstenschiff«. Die ansonsten elegante und geschmeidige russische Sprache tut sich bei technischen Begriffen oft schwer. 27 Meter ist unser PTS lang und mit Kühlräumen ausgestattet, um den angelieferten Fisch frisch an Land zu bringen.

In der Ferne sehen wir einen Fischkutter. Dazwischen sind aber auch noch kleinere Boote zu erkennen. »Fangen diese Leute Fisch für die eigene Versorgung, oder verkaufen sie, was sie gefangen haben?«, frage ich. »Tonkij wopros«, antwortet Kapitän Sidorow. Dies sei eine heikle Frage. Hier auf dem Zimljansker Stausee fehle für den Fischfang die rechte Ordnung. Mehr will er nicht sagen. Ich nehme mir vor, der Sache zu einem späteren Zeitpunkt nachzugehen.

Wir haben uns inzwischen einem Kutter genähert. Die Fischer sind gerade dabei, ein großes Netz einzuholen. Hart müssen sie arbeiten, aber die Ausbeute ist mager. Nur ab und zu hängt ein größerer Fisch im Netz. Für uns ist hingegen die Ausbeute ergiebig. Im strahlend goldenen Licht der allerersten Morgensonne bieten sich unserer Kamera traumhaft schöne Bilder. In gleichmäßigem Rhythmus ziehen die Fischer die Netze an Bord. »Welche Fische werden gefangen?«, frage ich Kapitän Sidorow.

»Vor allem Brassen und Karauschen!«

»Wie groß ist die Besatzung?«

»Sechs Mann inklusive Kapitän arbeiten auf einem Kutter«, lässt mich Alexej Iwanowitsch wissen. Geduldig gibt er auf meine Fragen Auskunft, zwischendurch Stärkung bei einer Zigarette suchend.

Aus seinem offenen Hemd schauen zwei hübsche junge Frauen. »Meine erste Frau und meine jetzige Frau«, erklärt er mir, als ich ihn darauf anspreche. Eine originelle Idee! Die beiden Damen schauen sich freundlich an. Der Kapitän hat zwar die Frauen gewechselt, dem Tätowierer ist er offensichtlich treu geblieben. Mit Recht, denn der Mann scheint sein Handwerk zu verstehen. Auf der rechten Brustseite hat er die erste Frau, eine kurzhaarige Blondine, sehr gelungen porträtiert. Auf der linken Brustseite hat er gleichermaßen kunstvoll die zweite Frau, eine Brünette mit langem Haar, dargestellt. »Beide kommen auch im Leben gut miteinander aus«, versichert Alexej Iwanowitsch. Die Frage, auf welchem Körperteil eine dritte Frau Platz finden könnte, lässt er unbeantwortet.

Die Netze sind eingeholt. Unser PTS fährt an den Kutter heran. Mit einem Schritt haben das Team und ich das Schiff gewechselt. Wir sollen in Ruhe unsere Aufnahmen machen, ruft uns Kapitän Sidorow hinterher. In ein paar Stunden würden wir wieder eingesammelt. Auch an Bord des Kutters sind wir offensichtlich willkommen. Wir erklären kurz unser Anliegen und erzählen von unserer Absicht, dem Publikum in Deutschland den »stillen Don« in einem Film vorzustellen.

Allerdings befänden wir uns nicht auf dem Don, sagt der Kapitän, sondern auf dem Zimljanker Stausee. »Der Don läuft dahinten lang, unterhalb der Getreidefelder. Nach der Flutung ist hier ein Meer entstanden. Aber auf der Karte ist gut zu sehen, wo der Flusslauf ist.«

»Seit wann fahren Sie hier als Kapitän?«

»Seit 1986! Viel geändert hat sich nicht. Die Vorgesetzten sind dieselben wie in der Sowjetzeit. Sind ja auch gute Leute. Im Prinzip arbeiten wir wie früher.«

»Wann hat Ihre Schicht begonnen?«

»Diese hat am 16. Juli begonnen und dauert bis etwa Neujahr. Vorher waren wir vom März bis Ende Mai draußen. In den ersten Monaten des Jahres friert der Stausee meist zu.«

»Sind Sie während der ganzen Schicht auf dem See?«

»Nein, das wäre zu lange. Zwischendurch sind wir auch mal kurz zu Hause.«

Der Fang sei in diesem Sommer nicht besonders gut. Eine Erklärung habe er dafür nicht auf Lager, sagt der Kapitän. Heute sei es besonders mau. Gestern und vorgestern habe man erheblich mehr gefangen. Vermutlich müsse man die Netze noch einmal auswerfen. Fischfang sei wie ein Lotteriespiel. Mal erwische man die richtige Stelle, mal nicht. Heute offensichtlich nicht! Der Stausee sei in die Gebiete Rostow und Wolgograd eingeteilt. Er dürfe mit seinem Kutter nur im Gebiet Rostow arbeiten.

»Mögen die Fischer hier noch ihren Beruf?«

»Diese Männer mögen ihre Arbeit ganz sicher. Aber die jungen Leute interessieren sich nicht mehr dafür. Denen ist die Fischerei zu anstrengend, zu entbehrungsreich. Die lange Zeit auf dem Wasser, wer will das schon?«

Der Verdienst jedes Einzelnen an Bord hängt davon ab, wie viel Fisch sie an Bord holen. Entlohnt wird die Besatzung nach Kilogramm. So kann sie sich an guten wie an schlechten Tagen ausrechnen, was am Ende des Monats als ihr Lohn herauskommt. Etwa 12 000 Rubel verdient ein Fischer im Durchschnitt monatlich, sagen sie uns. Umgerechnet sind das 330 Euro. Wahrlich keine Spitzenlöhne. Zu sowjetischen Zeiten seien sie besser dran gewesen, fügen sie hinzu. Da hätten sie zwar nur 350 Rubel verdient, aber die Preise seien viel niedriger gewesen. Aber klagen wollen sie nicht. Sie ärgern sich nur darüber, dass die Schwarzfischer angeblich auf das Zehnfache ihres Lohnes kommen.

Wir schauen in die Fischkästen. Sie sind besser gefüllt, als ich dachte. Offensichtlich hat die Mannschaft vor unserer Ankunft doch einiges gefangen. Jetzt hat sie erneut ein Netz in Arbeit. Wieder sieht der Fang nicht üppig aus. Zur Markierung und für den Auftrieb sind oben an den Netzen Plastikflaschen angebracht. Das Gegengewicht bilden Steine am unteren Netzrand. Die Fischer fühlen sich, wie sie mir sagen, nicht durch meine Fragen belästigt, wenn sie ihre Netze einholen.

»Gefällt Ihnen Ihre Arbeit noch?«

»Klar! Das ist eine Sache der Leidenschaft«, sagt der Mann ganz vorne an der Reling. Sein Kollege hinter ihm relativiert die enthusiastische Aussage ein wenig. »Wenn der Fang gut ist, arbeitet man gerne. Wenn nichts im Netz ist, macht es keinen Spaß.«

Ein Dritter sieht das genauso. »Interessant ist nur ein guter Fang und vielleicht noch die frische Luft.«

»Wie hält man die schwere Arbeit aus?«

»Ganz einfach. Tagsüber arbeiten, abends trinken!«

»Warum gehen heute nur wenige Fische ins Netz?«

Auf diese Frage bekomme ich gleich mehrere Antworten. Möglicherweise liege es am atmosphärischen Druck, meint einer von ihnen. Vielleicht sei die Helligkeit schuld, spottet ein anderer. Dadurch könne der Fisch die Netze zu früh sehen und rechtzeitig ausweichen. Es gibt sicher viele Gründe, stellt ein

Dritter fest, aber niemand kennt sie alle. »Wären wir wie Fische, dann würden wir die Stellen kennen, wo sich die Fische aufhalten. Gottlob kennen wir sie nicht, sonst wäre der ganze Stausee schon abgefischt.«

»Welcher Fisch ist der größte hier im Stausee?«

»Der Wels! Der wiegt bis zu 200 Kilogramm. 20 bis 120 Kilogramm sind immer wieder drin. Das hängt von der Sorte Fisch ab. Kommen Sie im Herbst! Da können wir Ihnen den Tolstolobik bieten. Der bringt eine Menge.« – »Fettstirn«? Von dem Fisch habe ich noch nie gehört.

Stefan Tolz kommt mit einem Fischer ins Gespräch, der bislang mit verdrossener Miene zugehört hatte. Nun taut er auf. Aus seinem Herzen macht er keine Mördergrube. Dem Zimljansker Stausee sei durch Missmanagement in den letzten Jahren der Rang abgelaufen worden. Früher habe der Stausee unangefochten auf Platz eins gestanden, was die Fischerträge angehe. Damals seien 80 Kilogramm pro Hektar gefangen worden. Heute seien es nur noch 15. Das gehe nicht mehr lange gut.

»Woran liegt es?«

»Es gibt zu viele selbstsüchtige Menschen. Sie fangen, was sie kriegen können. An die Aufzucht denken die überhaupt nicht. Dieser Stausee ist künstlich angelegt worden. Es wurden Regeln entwickelt, um einen reichen Fischbestand aufzubauen. Das Wolgograder Institut für Fischerei hat Vorschriften und Fangquoten erlassen, an die man sich lange gehalten hat.«

»Und wie ist das heute?«

»Heute haben wir die Freiheit. Da hält sich niemand an Regeln. Es wird einfach drauflosgefischt. Die Fische haben keine Zeit mehr, richtig aufzuwachsen. Sie können sich nicht mehr vermehren, weil sie früh weggefangen werden. So hat sich der Fischbestand in den letzten fünf Jahren um die Hälfte verringert.«

Unser zorniger Fischer hält uns zum Beweis seiner Worte ein paar Fische in die Kamera. »Solche Größen fangen wir nur noch. Die anderen da draußen halten sich nicht an die Regeln. Ein Fisch braucht sechs, sieben und noch mehr Jahre, um richtig groß zu werden. Doch diese Zeit wird ihm nicht mehr gegeben.«

»Warum sind Sie Fischer geworden?«

»Der Beruf gefällt mir. Mein ganzes Leben habe ich auf dem Wasser verbracht. Lange bin ich auf einem Transportschiff gefahren. Dann bin ich hierhergezogen, und nun arbeite ich schon seit zwanzig Jahren als Fischer auf dem Zimljansker Stausee.«

Wir brauchen endlich ein ordentliches Frühstück. Vom Hotel haben wir uns Marschverpflegung mitgeben lassen. Auf dem Achterdeck genießen wir das karge Mahl. Ein Fischer gesellt sich zu uns. Er ärgert sich über die »Brakonjer«, wie er sie nennt, über die Wilderer da draußen kaputt. Er will uns zeigen, wie die Brakonjer arbeiten.

Er holt dafür ein Netz hervor. »Schauen Sie! Auf diesem Stausee sind nur Netze mit einer Maschenweite von 45 Millimeter erlaubt. Wir halten uns daran. Aber wir gehören mit unserem Verhalten zu den Einzelfällen. Bei unseren Netzen bleiben die kleinen Fische nicht hängen.«

»Wie gehen die Brakonjer vor?«

»Sie gehen mit 30-Millimeter-Netzen auf Fischfang und werfen sie über Dutzende von Kilometern aus. Was meinen Sie, wie viele Tonnen Jungfische, zum Beispiel junge Brassen, in deren Netzen hängen bleiben? Die fischen unsere ganze Zukunft weg. Wir fangen immer weniger und am Schluss gar nichts mehr.«

»Was wird offiziell gegen die Wilderer gemacht?«

»Gar nichts! Es wird unter der Hand gezahlt und bestochen, was das Zeug hält. Die Korruption blüht bei uns und damit die Wilderei auf dem Wasser auch.«

»Was passiert, wenn es so weitergeht?«

»Wenn nichts unternommen wird, dann wird hier eine Fischart nach der anderen verschwinden. Ich arbeite auf diesem Stausee seit sieben Jahren. In dieser ganzen Zeit beobachte ich das unaufhaltsame Verschwinden der Fische. Vermutlich werden wir nach zehn oder 15 Jahren nur noch eine Fischart haben, die Karausche.«

»War es denn früher tatsächlich so viel besser?«

»Ja, das kann man so sagen. Früher fingen wir anderthalb Tonnen am Tag. Heute sind wir überglücklich, wenn fünfhundert Kilogramm im Netz hängen bleiben. Die gleiche Freude für dreimal weniger Ertrag, das ist doch nicht normal.«

Über Funk werden wir informiert, dass unser Restteam samt

Kapitän Sidorow wieder in der Bucht abgesetzt wurde. Unser Kutter stellt den Fischfang vorübergehend ein, um uns zusammenzuführen. Der Fährmann von heute morgen prescht uns entgegen. Wieder spielt er alle Pferdestärken seines Außenbordmotors aus, den er erst im letzten Augenblick hochklappt. So schießen wir mit Schwung auf den Strand, von den Kühen teilnahmsvoll betrachtet.

Ein besonderes Vergnügen steht uns bevor. Der Besuch des Fischkombinats in Wolgodonsk! Unser Producer, Igor Nedoresow, betrachtet es als eine seiner größten Leistungen auf dieser Reise, die Genehmigung zu Filmaufnahmen im Betrieb erworben zu haben. Die Direktorin sei ein harter Brocken. Seinen ganzen Charme und Verstand habe er investieren müssen, um sie für unser Vorhaben zu gewinnen, wozu auch der Trip zu den Fischern zählt.

Vera Dmitrijewna – blond, nicht besonders groß, gut fünfzig Jahre alt – empfängt uns auf dem Hof des Kombinats mit energischer Leutseligkeit. Seit zwölf Jahren ist sie Chefin des Unternehmens. Im heutigen Russland seien Frauen auf Spitzenplätzen in der Wirtschaft alles andere als Ausnahmen, erklärt sie mir. Zur Sowjetzeit hätten sie wenig zu melden gehabt, aber jetzt seien sie da. Was sie sagt, wird durch eine internationale Wirtschaftsprüfungsgesellschaft bestätigt. Sie fand in einer Untersuchung heraus, dass in keinem Land der Welt so viele Frauen Führungspositionen einnehmen wie in Russland. Im Vergleich dazu liegt Deutschland weit hinten. In ihrem Betrieb seien ebenso viele Frauen wie Männer beschäftigt, fügt Vera Dmitrijewna hinzu. Die Übernahme der Chefposition sei ihr nicht sonderlich schwergefallen. Als ehemalige Hauptbuchhalterin könne sie mit Zahlen gut umgehen. Das sei für die Führung eines solchen Unternehmens eine wichtige Voraussetzung.

Vera Dmitrijewna hat sich einen knappen Kommandoton zugelegt, der Dynamik und Entschiedenheit vermitteln soll. »Ich bin seit meiner Kindheit eine Führernatur«, sagt sie. »Mir fällt es nicht schwer, an der Spitze zu stehen.«

»Hören auch die Männer auf Ihre Anordnungen?«

»Unbedingt! Bei mir muss kurz und schnell reagiert werden. Palavern ist nicht meine Sache.«

»Sind Sie eine strenge Vorgesetzte?«

»Ich bin prinzipientreu. Wenn ich eine Aufgabe erteile, erwarte ich, dass sie erfüllt wird. Wenn das nicht passiert, werde ich auch mal laut. Aber ich bestrafe nicht, schon gar nicht mit Gehaltsabschlägen.«

»Wie sehen Sie die Zukunft Ihres Kombinats?«

»Glänzend, solange ich an der Spitze stehe.«

Wir befinden uns inzwischen in ihrem Büro. Es ist spartanisch eingerichtet. Die Porträts von Präsident Medwedew und Ministerpräsident Putin nehmen auf der Wand an ihrer linken Seite Ehrenlätze ein. Während Vera Dmitrijewna übers Festnetz telefoniert, nimmt sie auch noch ein Gespräch auf dem Handy entgegen. Da sie dabei auf die Porträts schaut, sieht es so aus, als telefoniere sie mit Russlands Granden gleichzeitig. Zuzutrauen wäre ihr das. Was sie von den beiden halte, frage ich sie. Darauf erhalte ich die erschöpfende Auskunft: »Gebe Gott, dass sie in Russland Ordnung schaffen und diese Ordnung auch zu uns kommt.«

167 Beschäftigte zählt das »Wolgodonskij Rybnyj Kombinat«, das Fischkombinat Wolgodonsk. 54 davon sind Fischer. Die Frauen arbeiten vorwiegend in der Administration und der Verarbeitung. Den Fisch bezieht das Kombinat vor allem von seiner eigenen Flotte im Stausee, aber auch aus Norwegen. »Warum?«, frage ich. Hier gebe es keine Fische wie Hering, Buckellachs, Lachs, Forelle oder Aal, sagt die Chefin. Diese Fische brauche sie aber in ihrem Angebot.

»Was liefern Sie?«

»Salzfisch, getrockneten, geräucherten, teilkonservierten, vakuumverpackten und tiefgefrorenen Fisch!«

»Wie unterscheiden sich Ihre Produkte von denen Ihrer Konkurrenz?«

»Durch die Qualität! Der Fisch vom Zimljansker Stausee ist der beste. Der Fisch aus Astrachan oder vom Baltikum ist dagegen trocken und schmeckt nicht. Unser Fisch ist hingegen fettig und schmackhaft. Das liegt an der guten Nahrung im Stausee.«

»Wächst Ihr Produktionsvolumen?«

»Im Vergleich zum Vorjahr um 118 Prozent!«

Hoffentlich hat sie sich da nicht verrechnet. Vera Dmitrijewna fährt nur selten ins Ausland, aber wenn sie mal dort weilt, dann schaut sie sich in der Branche um. Was ihr gefällt, versucht sie im eigenen Betrieb einzuführen. Andererseits hat sich noch kein ausländischer Kollege in ihren Betrieb verirrt. »Wir sind Provinz und nicht Moskau oder St. Petersburg«, sagt sie dazu trocken.

Die Kombinatschefin wirkt gesundheitlich topfit. Ob sie Sport treibe, frage ich sie. Das brauche sie nicht. Sie renne die vier Stockwerke zu ihrem Büro Dutzende Male am Tag rauf und runter. Das sei das beste Fitnesstraining. »Ich habe mal 92 Kilogramm gewogen, und das bei meiner Größe! Dank der Rennerei im Betrieb habe ich schnell wieder eine ordentliche Figur bekommen.«

»Wie schaffen Sie es, Familie und Betrieb unter einen Hut zu bringen?«

»Ich habe eine 25-jährige Tochter. Sie lebt in Rostow. Ich habe einen 22-jährigen Sohn und einen vierjährigen Enkel. In der Familie läuft es ebenso konkret ab wie im Betrieb. Mit meinen Kindern spreche ich alles kurz und schnell am Telefon ab. Auch da gilt: Wenn eine Aufgabe erteilt ist, muss sie erfüllt werden. Ich ordne nichts zweimal an.« Vom Vater der Kinder ist nicht die Rede.

Es wird Zeit, sich im Betrieb umzuschauen. Wir drehen zunächst in der Räucherei. Zwölf bis sechzehn Stunden wird den Fischen tüchtig eingeheizt. Brasse, Karausche, Zander, Wels werden hier geräuchert. Vom Geruch allein läuft mir das Wasser im Mund zusammen. Anschließend klettern wir auf das Dach. Hier wird der Trockenfisch in den richtigen Aggregatzustand überführt. In Russland ist »suschonnaja ryba« eine beliebte Zwischenmahlzeit mit Wodka und Bier! Das Rezept ist simpel. Erst liegt der Fisch eine Woche in Salz, dann zwei Tage in Wasser, schließlich hängt er drei bis fünf Tage zum Trocknen aus.

Die Bedingungen zum Trocknen der Fische seien hier ideal, erklärt Iwan Iwanowitsch Koroljow, der Leiter der Verarbeitung. Neben der trockenen Hitze sei eine stetige leichte Brise für den Prozess sehr förderlich. Deshalb sorgen Ventilatoren permanent für Durchzug. Die Fische kann der Aufwand nicht mehr kümmern. Sie hängen ausgedörrt und dicht an dicht aufgereiht in einer Art Käfig, durch den von allen Seiten der Wind wehen kann. Durch Salz am Boden wird der Luft zusätzlich Feuchtigkeit entzogen.

Für die Verarbeitung haben wir leider keine Zeit mehr. Auf dem Weg zum Hafen kommen wir an einem Schuppen vorbei, aus dem uns erfrischende Kälte entgegenschlägt. Drinnen hacken zwei Männer mit aller Wucht Blöcke aus dem Eis, das sie im Winter aus dem Stausee geschlagen haben. Anschließend kutschieren sie ihr Gehacktes auf einem kleinen Gabelstapler zum Hafen, wo ein Transportschiff mit Frischeis versorgt werden muss. Ein PTS ist soeben eingelaufen. Die Mannschaft macht keinen enthusiastischen Eindruck. »Wie war der Fang heute?«, frage ich. »Mäßig!«, lautet die knappe Antwort. Sieben Tonnen haben sie von den Kuttern eingesammelt. Mir erscheint das viel. Die Männer erinnern sich lieber daran, dass sie vor ein paar Tagen mit 15 Tonnen in den Kombinatshafen eingelaufen sind.

Vera Dmitrijewna taucht auch gleich auf. Sie schäkert mit den Männern von dem Transportschiff. Offensichtlich schlägt sie den richtigen Ton an. Unter ihrer Aufsicht wird zügig entladen, ganz nach ihrer Devise »kurz und schnell«. Der Abschied fällt fast herzlich aus. Danach sprintet sie im Rekordtempo die vier Stockwerke zu ihrem Büro hoch. Als wir nur zwei Minuten später in unsere Autos steigen, krächzt es aus dem Lautsprecher: »Der Diensthabende der Elektrik sofort zur Generaldirektorin!«

Der Staudamm von Zimljansk ist nicht nur ein Bauwerk von strategischer Bedeutung, sondern auch von beträchtlicher Länge. Über 13 Kilometer erstreckt sich der Damm zwischen Wolgodonsk und Zimljansk. Von der parallel laufenden Straße aus ist der vierzig Meter hohe Wall gut zu erkennen, aber schwer zu erreichen. Zweimal fahren wir die 13 Kilometer vergeblich auf und ab. Über Telefon bitten wir um Orientierung. Ein Kommando wird uns entgegengeschickt. Es bringt uns über eine verdeckte Stichstraße schließlich zum Ziel. Um es unerwünschten Besuchern schwer zu machen, sich Zutritt zu verschaffen, liegen Betonklötze quer über den Weg. Terroristen werden vermutlich gar nicht so weit kommen, weil sie wie wir den Weg nicht finden.

Nach Übermittlung aller unserer Daten und Genehmigung durch verschiedene Sicherheitsdienste sind wir erwünscht. Unsere Pässe werden nur einer kurzen Visitation unterzogen, dann dürfen wir im Slalom passieren, unsere Autos sogar ohne Inspektion. Welch ein Vertrauensbeweis! Der technische Direktor des Wasserkraftwerks, Alexander Viktorowitsch Bondarez, empfängt uns höchstpersönlich, und auch die alerte Pressechefin des Gesamtunternehmens aus Rostow ist gekommen. Elegant schützt sie sich mit einem hellen Strohhut gegen die Hitze. Es verdient Erwähnung, dass wir wieder einmal bei knapp vierzig Grad im Schatten angelangt sind.

Den Schatten unter den Bäumen können wir nicht lange genießen. Wegen unserer Irrfahrt sind wir zeitlich in Verzug geraten. Deshalb beginnen wir gleich mit den Aufnahmen. Die Aufbauten verraten die Handschrift der Stalin-Ära. Die Architekten wussten, was dem Diktator gefiel. Mächtig musste es in jedem Fall sein. Um dem Publikum die Proportionen vor Augen zu führen, betrete ich für die Kamera die Turbinenhalle des Wasserkraftwerks. Hier ist alles riesig: das Eingangstor, die Turbinen und vor allem die Halle. 117 Meter ist sie lang und 41 Meter hoch. Mickrig komme ich mir in dieser Umgebung vor. Die Kamera sieht das auch so.

Ein alter Bekannter grüßt vom Ende der Halle. Obwohl das Wasserkraftwerk inzwischen zum kapitalistischen Konzern Lukoil gehört, trägt es weiter den Namen des Bolschewiken Lenin. Der Gründervater der kommunistischen Sowjetunion hat, wie ich feststelle, offensichtlich auch in der Zeit der russischen Marktwirtschaft seine Position behauptet, jedenfalls hier in der Turbinenhalle. Vielleicht liegt es daran, sage ich mir, dass Lenin auf dem riesigen Porträt wie ein selbstsicherer Unternehmer der Jahrhundertwende aussieht. Auch sonst hat kein Bildersturm nach dem Zusammenbruch des kommunistischen Regimes stattgefunden. Ob Tore, Wände oder Türme, der Sowjetstern hält unangefochten seine privilegierte Stellung.

Wir steigen die Treppe zur Dammkrone hinauf. Vom technischen Direktor möchte ich wissen, ob der lange Staudamm ausreichend gegen Terroranschläge gesichert sei. Davon könne ich ausgehen, sagt mir Alexander Viktorowitsch. Dem stabilen

Bauwerk könne auch ein Bombenanschlag wenig anhaben. »Unser Wasserkraftwerk ist so fest gebaut wie ein Atomkraftwerk. Die Materialien sind von hier, Steine und Sand. Alles solide. Die Platten der Schrägflächen sind äußerst stabil. Sie halten locker den gewaltigen Druck des Stausees aus.«

»Weswegen wurde der Staudamm überhaupt gebaut?«

»Erstens für den Schiffsverkehr, zweitens zur Stromversorgung, drittens zur Bewässerung der Felder und viertens zur Haltung von Fischbeständen. In dieser Reihenfolge!«

»Wie ist die Leistung des Wasserkraftwerks im Vergleich zu ähnlichen Anlagen in der Welt zu betrachten?«

»Es produziert 550 Millionen Kilowattstunden im Jahr. Das ist durchschnittlich, dafür haben wir eine der längsten Staumauern der Welt.«

Was dem Staudamm fehlt, ist ein Denkmal. Es sollte zu Ehren aller beteiligten Arbeiter, insbesondere der Sträflinge, errichtet werden, auf deren Knochen dieses imposante Bauwerk entstanden ist. Sie mussten schuften, bis sie umfielen. Wie beim Wolga-Don-Kanal bediente sich auch hier die Bauleitung aus dem üppig gefüllten Arsenal der Arbeitslager. Die reichhaltige Erfahrung mit dem Einsatz von Sträflingen in den vergangenen Jahren wurde voll ausgespielt. Die Organisation klappte wie am Schnürchen. Rechtzeitig vor Baubeginn wurde ein Lager am künftigen Staudamm eingerichtet. Das war Anfang 1949. Im ersten Jahr waren es 13 500 Sträflinge. Der Bedarf stieg rapide, konnte aber problemlos gedeckt werden, denn Stalins Gulag war schier unerschöpflich. Am Ende zählte das Lager am Zimljansker Staudamm 47 285 Insassen. Die Erfassungs- und Verteilungsabteilung des Gulag arbeitete genau. Sie vermeldet die Schließung des Lagers am 4. August 1952. Damit war die Leidenszeit für die Sträflinge nicht beendet. Sie fanden sofort weitere Verwendung. An Knochenarbeit großen Stils fehlte es damals nicht, auch als Folge des Krieges.

Von der Staumauer oben haben wir einen freien Blick auf den Stausee. Voraus ist kein Ufer mehr zu erkennen. Das sei auch unmöglich, verrät mir der technische Direktor, denn der Stausee sei 309 Kilometer lang. Seine Breite betrage 38 Kilometer. Die gesamte Wasserfläche dehne sich über 2 700 Quadratkilometer aus. Nun bin ich wirklich beeindruckt. In dem See vor mir könnte das ganze Saarland verschwinden.

Verschwunden sind in dem See eine Menge Dörfer, wie wir schon von Kapitän Sidorow erfahren haben. Ich war davon ausgegangen, dass ein Binnenmeer von diesem Ausmaß Jahre braucht, um vollzulaufen. Nun höre ich von Alexander Viktorowitsch, dass der Zimljansker Stausee schon nach sechs Monaten bis zum Rand gefüllt war. Kein Wunder, dass selbst Meister des Wortes aus dem Häuschen gerieten. Der Schriftsteller Konstantin Paustowskij soll sich 1952 auf Wunsch von Stalin an den Wolga-Don-Kanal und den Zimljansker Stausee begeben haben. Der Wunsch des Diktators beflügelte ihn nicht. Paustowskij tat sich schwer, wie auch seiner längst vergessenen Erzählung »Geburt eines Meeres« anzumerken ist. »Keine Sprache ist bildhafter, genauer und magischer als die russische. Aber wir, die mit der Sprache umgehen, merken immer häufiger, dass uns die Worte fehlen, die unserer Zeit gerecht werden, die das grandiose Spektrum unserer Aufgaben und Werke ausdrücken lassen.«

Richtig gute Literatur haben die sozialistischen Wunderwerke nicht hervorgerufen. Mit dieser bitteren Erkenntnis dürfte Josef Stalin wenige Monate später ins Grab gesunken sein. In dieser Hinsicht waren die Zaren besser dran. Einige von ihnen waren zwar üble Despoten, aber keine Massenmörder wie Stalin, der jede abweichende Meinung erstickte. Wenn sie wie Nikolai I. hochklassige Schriftsteller und Dichter losschickten, brachten die Edelfedern Lesestoff zurück, der die Menschheit noch Jahrhunderte später in Entzücken versetzte. Michail Lermontow und Alexander Puschkin sind solche Beispiele. Beide waren wegen ihres despektierlichen Auftretens gegenüber der Obrigkeit in Russland seinerzeit in den unbequemen Süden verbannt worden. Beide wussten ihre Strafversetzungen literarisch zu nutzen, wovon nicht nur die Nachwelt, sondern auch die jeweilige Gegend bis heute profitiert. So machte Alexander Puschkin einen Perlwein aus dieser Region zu einer literarischen Größe, den roten Zimljansker. Ihm gibt er mehrfach die Ehre. So auch zum Schluss seines Gedichts auf den Don:

»Treuer Don, auch du begrüße
deine Reiter frei und kühn.
Lass den Schaumsaft Deiner Reben
Funken in den Bechern sprühn!«

Fast wäre der edle Zimljansker untergegangen, als mit dem Bau
des Damms seine angestammten Weinhänge am rechten Ufer
des Don von den Wassern des Stausees überflutet wurden.
Doch es wurden neue Anbauflächen gefunden, die die alte
Qualität sichern. Der rote Zimljansker ist heute wie zu Puschkins Zeiten für festliche Anlässe von Format unverzichtbar.
Die gesellschaftliche, kulturelle und wirtschaftliche Bedeutung
des Weins vom Don in Vergangenheit, Gegenwart und sicher
auch in Zukunft macht einen Besuch unumgänglich. Wir sind
angemeldet. Nach wenigen Kilometern sind wir an Ort und
Stelle. Jurij Iwanowitsch Fedtschenko empfängt uns mit nach-
sichtiger Freundlichkeit. Wir haben uns deutlich verspätet.
Jurij Iwanowitsch ist der Direktor der offenen Aktiengesellschaft »Zimljansker Weine«.

Die Kastanienbäume vor der Fabrik spenden auf angenehme
Weise Schatten. Wir möchten am liebsten gleich mit den Aufnahmen beginnen, doch der Chef der Weine legt Wert darauf,
dass wir uns erst einmal Grundkenntnisse über sein Unternehmen verschaffen. Wir lassen uns in seinem Büro nieder und bekommen neben Tee einen geschichtlichen Überblick serviert.
Jurij Iwanowitsch entledigt sich seiner Schlägermütze, sein
braun gebranntes, kahles Haupt zeigt uns, dass er seine Tätigkeit nicht nur im Büro versieht. Wein werde bereits seit über
2 500 Jahren am Don angebaut, als sich hier griechische Siedler
niederließen, erfahren wir. Den Grundstein für den Zimljansker
Wein der Neuzeit hätten die Kosaken gelegt. »Sie gründeten an
der Mündung des Flüsschens Zimlja, dreißig Kilometer östlich
von unserem gegenwärtigen Standort, am rechten Ufer des Don
die Staniza Zimljanskaja.« In dem Kosakendorf soll Anfang des
18. Jahrhunderts Peter der Große eine Ruhepause eingelegt und
vom Hang auf den Don hinunterblickend ausgerufen haben:
»Hier ist es doch wie am Rhein. Lasst uns wie am Rhein Wein
anbauen!«

275

Das Zarenwort fiel zu einem günstigen Zeitpunkt. Die Kosaken waren in jenen Jahren besonders häufig zu Verteidigungs- und anderen kriegerischen Zwecken unterwegs, auch in Weinanbaugebieten am Kaspischen Meer und Kaukasus. Sie brachten von dort Reben mit, die wiederum ihren Ursprung im südlichen und westlichen Europa hatten. Ein deutscher Botaniker namens Samuel Gottlieb Gmelin, der im Auftrag der Akademie der Wissenschaften bis an die Mündungen des Don und der Wolga reiste, notierte im Jahre 1768 folgende Beobachtungen: »In Nagatinskaja wurde der rote und besondere Donwein verkauft, der aus Zimlja stammt. Von hier bis Tscherkassk wird Wein angebaut. Die Weinreben hat man über das Schwarze Meer aus Griechenland eingeführt. Meines Erachtens gibt es keinen geeigneteren Ort für den Weinanbau als das westliche Donufer.«

Wenn man den Legenden glauben darf, dann war nicht nur die Gegend, sondern auch die Rezeptur der Weinherstellung für die Qualität des Zimljansker ausschlaggebend. Sie soll von den Kosaken mit Waffengewalt vor neugierigen Westlern geheim gehalten worden sein.

»Warum ist der rote Zimljansker so populär?«, frage ich den Direktor.

»Weißen Champagner oder Perlwein gibt es überall in der Welt. Unser Zimljansker leuchtet wunderschön und ist unvergleichbar mit anderen. Er ist ein Unikum. Es gibt auf der Erde keine andere Gegend mit einem solchen Boden und einem solchen Klima, in der ein Wein dieser Klasse und dieses Geschmacks wachsen kann.«

»Hat es Versuche gegeben, Ihren Wein zu kopieren?«

»Ja, auch hier in Russland, weiter südlich, auf der Krim oder an der Kuban, Gegenden mit viel Sonne. Sogar mit unseren Weintraubensorten ist es nicht gelungen, eine solche Vollmundigkeit, eine solche Qualität wie bei uns herzustellen.«

»Was macht denn die Qualität Ihres Weines aus?«

»Für unseren Wein sind die Dorn- und Kirschfarbtöne charakteristisch. So klar und deutlich gibt es sie sonst nirgendwo. Außerdem ist unser Wein sehr mild. Er lässt die Zunge trotz der großen Menge an Polyphenolen und Annotationen nicht vor

Herbheit zusammenziehen. Er ist zwar halb süß und trotzdem ohne Nachwirkung leicht bekömmlich.«

Die Antwort hat mich überfordert. Was um Himmels willen sind Polyphenole und in diesem Zusammenhang Annotationen? Der Direktor versucht nachsichtig, mir die Begriffe zu erklären. Polyphenole seien aromatische Verbindungen, sie kämen in Pflanzen als bioaktive Substanzen wie Farb- und Geschmacksstoffe und Gerbsäure vor. Mir wird die Erklärung zu kompliziert. Ich möchte nur wissen, ob die Polyphenole Gutes bewirken.

»Die Polyphenole des Rotweins sind gut für den Kreislauf. Sie senken den Cholesterinspiegel und schützen vor Ablagerungen in den Blutgefäßen.«

Nach dieser Antwort bin ich noch mehr vom roten Zimljansker eingenommen, zumal seine Traube laut Auskunft des Direktors ein optimaler Polyphenol-Lieferant sein soll. Bei diesem Wein ist der Trinkspruch »Na sdorowje!«, »Auf die Gesundheit!«, alles andere als eine leere Formel. Was Annotationen hier zu suchen haben, vergesse ich zu fragen. Vielleicht meint er Beifügungen von Aromastoffen. Sei's drum! Mich interessiert jetzt mehr die Geschichte der Region und ihres Weins, worauf Jurij Iwanowitsch gerne eingeht. 1932 sei eine Sowchose gegründet worden, um in großem Stil Wein am Don anzubauen. Die Trauben seien in einer nahe liegenden Staniza gepresst und als Halbfertigprodukte nach Rostow und Nowotscherkassk geliefert worden, wo seinerzeit der Wein hergestellt wurde. Das alles habe sich wegen des Krieges und der bevorstehenden Überflutung durch den Stausee geändert. Die einstige Staniza Zimljanskaja sei an das Nordende des Staudamms verlegt worden. Sie habe 1961 unter dem Namen Zimljansk das Stadtrecht erhalten. Ein Jahr später sei die Weinfabrik gegründet worden.

»Was sind die Vorteile dieses Standorts?«

»Der Boden und das günstige Klima. Viel Sonne im Sommer und ständig eine leichte Brise. Unsere Traube enthält bis zu 24 Prozent Zucker. Der Zimljansker Wein schmeckt richtig vollmundig.«

Weinhersteller wissen mit einem besonderen Vokabular ihre Produkte zu preisen. Direktor Fedtschenko verweist auf renommierte Gutachter in der Vergangenheit. Neben Alexander Puschkin nennt er Michail Kutusow. Der russische Marschall, der Napoleon aus Russland vertrieb, sei ein großer Liebhaber des roten Zimljanskers gewesen. Auch im Westen habe dieser Wein viel Anerkennung gefunden. Bei der Brüsseler Weltausstellung sei er mit dem »Grand Prix« ausgezeichnet worden.

»Haben Sie Kontakte zum Ausland, gibt es über die Grenzen hinweg Erfahrungsaustausch?«

»Erfahrungsaustausch gibt es innerhalb Russlands, aber wenig mit dem Ausland. Ich war in Frankreich, Italien und Spanien, habe auch Winzer in Deutschland besucht. Umgekehrt hat es kaum Besuche gegeben.«

Dafür ist sehr viel Prominenz aus Russland in Zimljansk eingekehrt. Filmgrößen, renommierte Schriftsteller, Kosmonauten und Fußballstars haben sich hier verewigt. Die Moskauer Lyrikerin Rimma Kasakowa hat den denkwürdigen Spruch hinterlassen: »Die Moskauer Romanisten grüßen die hiesigen Champanisten. Es lebe das Bündnis zwischen Flasche und Feder.«

Wir brechen zu einem Rundgang auf. Jurij Iwanowitsch lässt uns wissen, dass die Technik seiner Fabrik schon ziemlich alt sei. Der Augenschein bestätigt seine Angaben. Nach Auskunft des Direktors werde jetzt die Umrüstung auf moderne Technik intensiv in Angriff genommen. Dabei arbeite man besonders eng mit deutschen Firmen zusammen. Die Entwicklung des Unternehmens »Zimljansker Weine« sei erfreulich. In den letzten drei Jahren sei der Umsatz um 75 Prozent erhöht worden. Ob sich der Konflikt mit Georgien für seinen Betrieb günstig auswirke, möchte ich vom Direktor wissen. Jurij Iwanowitsch will das nicht ausschließen. Georgischer Wein käme nun nicht mehr auf den russischen Markt. Dadurch erhöhe sich natürlich die Nachfrage nach russischen Produkten. Dieser Entwicklung seien die inländischen Hersteller gewachsen, denn im Vergleich zur Sowjetzeit gebe es jetzt weit mehr russische Weinproduzenten als früher. Die Binnenkonkurrenz sei dadurch schärfer geworden. Dies habe sehr schnell zu einer Verbesserung und Ausweitung des Angebots geführt, wozu auch die Öffnung des Markts für ausländische Erzeugnisse beitrage.

»Wohin gehen denn Ihre Weine?«

»Ins Ausland kaum! Weniger jedenfalls als früher. Vor vierzig Jahren wurde der rote Zimljansker auch in die damalige Bundesrepublik Deutschland verkauft. Aber dann hat ein harter Winter die Hälfte unserer Rebstöcke vernichtet, und wir konnten nicht mehr liefern. Dieser Export müsste wieder aufgebaut werden. Jetzt geht unser Wein ganz überwiegend in alle Teile Russlands. Dreißig Prozent davon nimmt allein Moskau.«

»Wie viele Hektar bewirtschaften Sie?«

»Unser Betrieb besitzt etwa 2 000 Hektar. Davon sind 900 Hektar mit Rebstöcken bepflanzt. Die Bewirtschaftung ist sehr personalintensiv. Wir haben 250 Mitarbeiter in der Fabrik und 80 auf den Plantagen. Erweiterungen nehmen wir nur behutsam vor. Das Land ist da, das Personal reicht nicht aus. Aber wir wachsen.«

Im Hof stehen gut und gerne dreißig Tanks. Sie fassen je 25 000 Liter. Außerdem sind hier jede Menge Weinfässer betagten Zustands gelagert. Das Kamerateam setzt sich zu einer Extratour ab, während ich von Weinkeller zu Weinkeller geleitet werde, alle mit Riesentanks bestückt. Schließlich landen wir in einem großen Raum, in dem die Flaschen auf Laufbändern wohl aufgereiht hereinrappeln, etikettiert und verpackt werden. Nur Frauen sind hier beschäftigt, alle seit Jahren dabei und trotz der nervtötenden Eintönigkeit ihrer Tätigkeit offensichtlich konzentriert bei der Sache.

Der Raum, in dem der Puschkin-Schaumwein abgefüllt wird, ist bereits verlassen. Die Schicht ist gerade zu Ende gegangen. Auf dem Boden spazieren Kakerlaken in aller Gemütlichkeit herum. Die wohltemperierte Umgebung scheint ihnen zu bekommen. Unser Team treffe ich in einem Flaschenlager wieder. Sie filmen zwei stämmige Frauen, die geräuschvoll die Champagner-Flaschen durchrütteln.

»Was machen Sie da?«

»Wir treiben den Bodensatz nach unten Richtung Korken, damit der Wein durchsichtig und hell wird.«

»Hilft das auch dem Geschmack?«

»Ja, der Geschmack wird besser. Der Wein wird reiner, er wird weniger Hefe enthalten.«

»Was ist in den Flaschen?«

»Das ist Perlwein, über den schon Puschkin geschrieben hat.«

»Und wie schmeckt er?«

»Die Leute mögen ihn sehr gern, unseren Kosaken-Champagner.«

Es wird Zeit, die Probe aufs Exempel zu machen. Direktor Fedtschenko geleitet mich zur »Degustazija«, zur Weinprobe, in ein großes, spartanisch eingerichtetes Gemach. Wir nehmen an einer Theke Platz. Vor uns ist eine Batterie von Flaschen aufgefahren worden. Als Jurij Iwanowitsch meinen besorgten Blick sieht, beruhigt er mich. »Wir nehmen von jeder Flasche nur einen Schluck.« In einen blütenweißen Kittel gekleidet, zu dem ihr rot gefärbtes Haar reizvoll kontrastiert, waltet Langina Dorofejewna feierlich ihres Amtes. Reiferen Alters strahlt sie mit ihrer stattlichen Figur eine Autorität aus, die keinen Widerspruch duldet. Sie schenkt uns wortlos aus der ersten Flasche ein, was mich zaghaft fragen lässt, welchen Wein ich nun kosten darf.

»Dies ist Perlwein, den wir ›Rosé-Perlwein vom Don‹ nennen. Ein Weinverschnitt aus Zimljansker Weinstoffen und Weißweinsorten.«

Meine Weinkenntnisse halten sich unglücklicherweise in Grenzen. Vor allem fehlt mir der spezielle Wortschatz, den Weinkenner so eindrucksvoll auszuspielen verstehen. Ich kann eigentlich nur Auskunft darüber geben, ob mir ein Wein schmeckt oder nicht. Bei besonders positiven Erlebnissen merke ich mir Marke und Herkunft, um bei passender Gelegenheit mitreden zu können. Der Rosé hier vom Don ist nicht mein Fall, aber das ist Rosé auch im Allgemeinen nicht. Zu meiner Erleichterung werde ich nicht nach meinem Urteil gefragt.

»Das ist der ›Festliche Zimljansker Perlwein‹, kündigt Langina Dorofejewna die nächste Kostprobe an. Auf meinen fragenden Blick fügt Direktor Fedtschenko hinzu: »Das ist roter Perlwein. Der Rohstoffmischung dieses Weins werden außer Zimljansker Traubensorten auch noch andere rote Weinstoffe beigefügt, etwas vom Capivari und etwas vom Cabernet.«

Diese Probe gefällt mir schon besser. Möglicherweise bin ich aber auch vom Namen »Festlicher Zimljansker Perlwein« beeindruckt. Ich fühle mich auf alle Fälle veranlasst, mit einem dosiert positiven Urteil herauszukommen, was höflich entgegengenommen wird. Während ich mir mit Brot und Käse einen neutralen Geschmack anzueignen versuche, wird bereits der nächste Wein eingeschenkt.

»Das ist ein halb süßer roter Perlwein, ziemlich mild und vollmundig. Lassen Sie uns davon kosten, und sagen Sie mir dann Ihr Urteil.« Um nicht falschzuliegen, erkundige ich mich vorsichtshalber, ob dies der Puschkin-Champagner sei.

»Nein, das ist der Wein, den wir erst vor einem Jahr kreiert haben. In diesem Jahr kommt er erstmals heraus.« Ich fühle mich sehr geehrt, über eine Neuerscheinung ein Urteil abgeben zu dürfen, und will deshalb mit meiner Meinung nicht kneifen. »Mir scheint«, so sage ich, »dieser Wein ist etwas für Frauen.«

Der Direktor scheint an meinem Urteilsvermögen zu zweifeln. »Dieser Wein hat das Potenzial zu mehr. Wir hoffen, dass er allgemein populär wird.«

Nach dieser milden Zurechtweisung kommen wir zum Höhepunkt. Der rote Zimljansker wird kredenzt. Jurij Iwanowitsch sieht den Augenblick gekommen, aus Puschkins großem Werk »Eugen Onegin« zu zitieren:

> »Nicht nur Eugen allein erspähte
> Tatjanens Scham. Doch eben kam,
> allseits begrüßt, die Fleischpastete,
> die Aug und Mund in Anspruch nahm;
> nur leider stark versalzen schmeckte.
> Auch ging, was lauten Jubel weckte,
> jetzt zwischen Braten und Dessert
> Champagnerwein vom Don einher.«

Auch ich kann nicht anders, als mich still dem lauten Jubel anzuschließen, obwohl ich eigentlich halb süßen Schaumwein nicht ausstehen kann. Aber Puschkins roter Zimljansker überzeugt mich, was der Direktor sicher nicht anders erwartet hat. »Das ist unser bekanntester Wein. Er hat die meisten Medaillen gewonnen. Sechs Grand Prix auf internationalen Wettbewerben. Zu Recht, denn er gleicht keinem anderen Schaumwein. Er wird immer gefragt sein. Er besitzt so ein edles, fruchtiges Aroma, so angenehme Farbtöne und einen wunderbar samtenen Geschmack. Probieren Sie selbst!«

Ich hatte schon längst probiert und war zum gleichen Urteil gekommen, nur nicht mit dem ausgefeilten Vokabular. Um von meiner fragilen Kenntnislage abzulenken, frage ich den Direktor: »Ist dies Ihr Lieblingswein?«

»Er gehört auf alle Fälle zu meinen Favoriten. Der Geschmack hängt von der jeweiligen Situation ab. So trinke ich gelegentlich weißen Brut. Der Zimljansker schmeckt zwar mild und samten, aber er ist etwas schwer. Man verträgt nicht viel davon.«

»Der georgische Wein ist auch nicht schlecht. Trinken Sie den gelegentlich?«

»Nein, ich bin Patriot. Ich trinke unsere Weine.«

»Wird Wein in Russland populärer?«

»Der Sektverbrauch steigt in jedem Fall. Das liegt sicher am wachsenden Wohlstand.«

»Schwenken die Menschen in Russland von Wodka und Bier auf Wein um?«

»Bei Wodka bin ich mir nicht so sicher. Bier war bei uns früher ein Defizitprodukt. Das Brauen wird jetzt erst entwickelt. Der Trend zum Wein wächst. Man will nicht nur Hartes, um gegen Frust und Müdigkeit anzugehen, sondern man möchte mit edlen Getränken angenehme Gefühle erzeugen. Deswegen wird in Russland mehr Wein als früher getrunken.«

»Wie reagiert Ihr Unternehmen darauf?«

»Wir bieten seit drei Jahren leichte Rosé- und Weißweine an, mit Erfolg. Wir bringen Don-Weine wie Rkazeteli, trockenen Zimljansker, Cabernet, Capivari halb süß, Chateau Aligoté und Chateau Zimljansk auf den Markt. Alles Weine, die in Eichenfässern gelagert werden.«

Nach dem Puschkin-Perlwein genießen wir noch einige weitere Kostproben, aber keine erreicht das Format des roten Zimljansker. Elegant kommt er daher mit seinem schwarzen Etikett und seinen Medaillen. Nicht nur Polyphenole, sondern auch noch die Vitamine B1 und B2 bietet er dem Genießer. Ich nehme mir vor, einen solchen Wein allerorten zu empfehlen.

Jurij Iwanowitsch ist ein gebildeter Mann. Er wünscht sich eine kultivierte Gesellschaft. Der weitverbreitete Alkoholismus

in Russland ist ihm ein Horror. Mit staatlichen Eingriffen wird
da wenig zu machen sein, meint er. Aber vielleicht gelinge mit
dem steigenden Wohlstand die Unterwanderung der zügellosen
Alkoholsucht mithilfe leichter Weine statt harter Wässerchen.
Das wäre allerdings eine große Wende in der Geschichte Russlands.

»Wo hat der Wein vom Don seine neue Heimat gefunden?«,
frage ich. »In der Steppe bei der Ortschaft Malaja Martynowka«,
erfahre ich vom Direktor. Stefan Tolz und Igor Nedoresow kennen das Dorf und das Weingut von ihrer Erkundungsfahrt, die
sie zur Vorbereitung des Films einen Monat vorher unternommen hatten. Eine schöne Tour über den Don hinweg Richtung
Süden stellen sie in Aussicht.

Ein mildes Sonnenlicht liegt über der Steppe, als wir uns Malaja Martynowka nähern. Wenn wir aussteigen, um Aufnahmen
zu machen, fällt uns vor allem die Stille auf. Iwan Turgenjew hat
solche Stimmungen beschrieben: »Um mich her die Weite Russlands. In gleichmäßigem Blau schimmert der Himmel. Die einzige Wolke, die über ihn gleitet, zerrinnt wie tauender Schnee.
Die Luft riecht wie frisch gemolkene Milch. In der Ferne begegnen sich Himmel und Erde. Diese Ruhe und Zufriedenheit,
diese Fülle und Freiheit, diese Stille, dieser Segen.«

In Malaja Martynowka lerne ich eine weitere wichtige Abkür-
zung aus der russischen Marktwirtschaft kennen. Dreimal »O«
steht für »Obschtschestwo Ogranitschennoj Otwetstwennosti«
und bedeutet ganz einfach Gesellschaft mit beschränkter Haf-
tung. Direktor dieses landwirtschaftlichen Betriebes ist Nikolaj
Nefotjewitsch Chimitschew. Sein Chefagronom heißt ganz einfach Scherenbek Schechmandarajewitsch Kurbanow. Er ist erstaunt, als ich ihn wissen lasse, dass er mit seinem Namen allen
Zungenbrechern die Krone aufsetzt. In Dagestan am Nordkaukasus, wo er herkommt, sei sein Name absolut normal, sagt er
mir. Jedes Kleinkind könne ihn aussprechen. »Wir haben diese
Begabung nicht«, muss ich Scherenbek Schechmandarajewitsch
bekennen. Um mich nicht zu blamieren, spreche ich ihn fortan
nur noch mit seinem Vornamen an.

Nikolaj Nefotjewitsch klärt mich über die Betriebsverhält-
nisse auf. Seine OOO bildet zusammen mit der Zimljansker

Weinfabrik eine OAO, eine Aktiengesellschaft. Er selbst stammt aus einer Kosakenfamilie. Mit seinem kantigen Kopf könnte er direkt von den skandinavischen Warägern abstammen, die vor 1100 Jahren den Dnepr herunterkamen und die Kiewer Rus begründeten. 72 Jahre ist er alt und denkt noch lange nicht ans Aufhören. Drahtig, wie er aussieht, kann er seinen Posten noch einige Jahre ausüben. 1977 sei er gekommen, um hier den Weinanbau zu übernehmen; geschickt von Partei und Regierung. Partija und Prawitelstwo – so war das damals, wenn leitende Stellen besetzt wurden.

Nikolaj Nefotjewitsch sieht keinen Grund, dem damaligen System gram zu sein. Ein Parteichef liegt ihm allerdings im Magen. Es ist Michail Gorbatschow. »Hast du mal was von diesem Funktionär gehört?«, fragt er mich. Ich komme gar nicht dazu, Gorbatschows großes Verdienst um Deutschlands Wiedervereinigung zu preisen, denn der Direktor kann sich gar nicht einkriegen vor Zorn auf die ökonomische Beschränktheit des letzten Sowjetführers. Mit seiner Perestroika und überdrehten Kampagne gegen den Alkoholismus hätte er den Weinanbau fast ganz kaputt gemacht. Bevor Gorbatschow mit seinen Sperenzchen begonnen habe, seien hunderttausend Tonnen Weintrauben in der Region eingefahren worden. Davon sei am Ende der Kampagne nur ein Bruchteil übrig geblieben. Die Felder seien verwildert gewesen, weil sie auch nicht anderweitig genutzt wurden. Sein Betrieb hätte aber in der schweren Zeit mit dem Weinanbau weitergemacht.

Bei Chruschtschow sei das anders gewesen. »Hast du schon mal von ihm gehört?«, fragt er mich auch jetzt wieder, um gleich fortzufahren: »Als Chruschtschow am Ruder war, hat er ausgerufen: ›Lasst uns das Land am Don in Gärten und Weingärten verwandeln!‹ Dadurch ist wertvolles Land gewonnen worden. Wir leben heute noch davon. Vorher war hier nur Steppe, wilde Steppe.«

Wir fahren ins Feld hinaus, um die Arbeit an den Rebstöcken zu zeigen. Unterwegs erklärt mir Scherenbek die Vorzüge des Bodens. Ein Fachinstitut habe Untersuchungen durchgeführt und herausgefunden, dass der Boden für Weinanbau ideal sei. Das Grundwasser sei nicht zu nahe und der Salzgehalt niedrig.

Die Mischung stimme. Ein wenig Sand, ansonsten Lehm und andere Erde. Der Boden bleibe immer warm.

»Und das Klima?«, frage ich dazwischen.

»Das Klima hilft. Im Sommer ist es heiß und trocken. Gerade so, wie es die Weintraube braucht, um Zucker zu sammeln. Aber im Winter wird es kalt. Das sind harte kontinentale Winter. Deshalb müssen wir die Weinstöcke abdecken.«

»Alle?«

»Nur die Hälfte. Wir arbeiten mit dem Institut für Weinanbau in Nowotscherkassk zusammen, um neue Sorten zu entwickeln, die kalte Winter besser überstehen.«

Im Feld sehen wir nur Frauen, die in gebückter Haltung an den Rebstöcken herumdoktern. Sie schneiden überflüssige Zweige ab, die sie »Ärmel« nennen, und entfernen störende Triebe. Die übrig bleibenden Zweige werden so getrimmt, dass sie richtig ausgerichtet sind. Nur so könne sich der Strauch gut entwickeln, sagt uns Galina Alexejewna, als Stefan Tolz danach fragt.

»Und was passiert im Winter?«

»Im Winter wird der Strauch abgedeckt. Er schläft dann unter der Erde, bis er im Frühjahr wieder aufgedeckt wird. Die Richtung muss in jedem Fall stimmen. Zehn Reihen werden nach Osten, zehn Reihen entgegengesetzt nach Westen ausgerichtet.«

»Welche Weinstöcke bearbeiten Sie hier?«

»Cabernet, ein sehr guter Wein. Er wird sehr geschätzt. Deshalb werden viele Flächen hier mit Cabernet bebaut.«

»Weswegen arbeiten hier nur Frauen?«

»Das ist eine kraftraubende Tätigkeit. Hier sind Geduld und Zähigkeit gefragt. Jeder überflüssige Trieb muss entfernt werden. Das verlangt Feinarbeit.«

»Und Männer können so etwas nicht?«

»Doch! Sie arbeiten auch hart. Sie stellen die Spaliere auf, schlagen die Pfähle ein, spannen die Drähte. Ansonsten fahren sie die Traktoren und Erntemaschinen. Was wir machen, zählt zu den leichteren Arbeiten.«

Entsprechend fallen die Löhne aus. Die Frauen können es bis zu 13 000 Rubel im Monat bringen. Umgerechnet sind das 360 Euro. Die Männer verdienen das Dreifache, was für russische

Arbeiter Spitzengehälter sind, erst recht im Vergleich zu den Fischern.

Scherenbek erläutert mir noch einmal, dass der harte Winter andere Rebsorten erfordere als beispielsweise in Frankreich oder Italien. Dort brauchten die Wurzeln nur 25 Zentimeter ins Erdreich zu treiben, hier aber bei zwanzig bis dreißig Grad minus müssten sie fünfzig Zentimeter tief reichen. Dafür verwende man eine Sorte aus Serbien. Vor dem Winter würden sie mithilfe von großen Pflügen mit Erde zugeschüttet. Nach spätestens zwanzig Jahren sei ein Wechsel erforderlich. Der Chefagronom zeigt auf ein Feld vor uns, auf dem im letzten Jahr noch Rebstöcke gestanden hätten. »Jetzt warten hier Weizen und Sonnenblumen auf die Ernte.«

Der Direktor ist zu uns gestoßen. Wir wollen mit ihm und seinem Chefagronom zwischen den Rebstöcken ein Interview machen. Eine Bearbeitungsmaschine aus Deutschland dient als Dekoration im Hintergrund. Bevor wir loslegen, machen mir beide klar, dass hier der beste Wein in Russland und auch der Ukraine wachse. Weder der Wein von der Kuban im Kaukasusvorland noch der von der Krim komme an ihren Wein heran. Er sei einfach von der Natur gesegnet. Die Weintrauben hier seien nicht nur die besten, sondern auch die gesündesten, denn bei ihnen würden ganz selten Mittel gegen Erkrankungen von Wurzeln und Blättern eingesetzt.

»Haben Ihre Weinstöcke nie unter Erkrankungen zu leiden gehabt?«

»Eigentlich nie! Nur einmal, das war im Jahr 2000, hatten wir hier ein Virus. Oidium hieß es. Aber davor und danach gab es keine Erkrankungen.«

»Fühlen Sie sich, was den Wein angeht, mit der Kosakentradition im Einklang?«

»Ja, sehr! Die Kosaken haben den Wein hierhergebracht. Große Namen sind damit verbunden. Peter der Große, der mit den Kosaken verkehrte und ihnen zum Weinanbau riet. Oder Matwej Platow, der 1814 Paris eroberte und danach Rebstöcke aus Frankreich mitbrachte.«

»Und ist der Zimljansker immer noch Kosakenwein?«

»Na klar, genauso haben die Kosaken ihren Wein gemacht.«

»Waren die Weine damals besser, als sie noch am Don-Ufer wuchsen?«

»Schwer zu sagen! Wir können die Weine nicht mehr miteinander vergleichen. Unsere Kosaken stellten damals Tafelweine her, rot und weiß. Bulannyj, Swjetlosolotistyi, Puchljakowskij und wie sie alle hießen. Sehr individuell, mit sehr viel Liebe. Entsprechend gut werden sie geschmeckt haben. Später in der Sowjetzeit wurde zu sehr auf die technische Produktion gesetzt. Es ging nur um Masse, die Qualität zählte wenig. So war die Staatspolitik damals. Heute wird auf Qualität geachtet. Wir machen das mit Erfolg.«

»Was kosten denn die Weine aus Ihren Trauben?«

»Ordentliche Weine kriegt man für 100 oder 150 Rubel. Für Spitzenweine muss man schon bis zu 550 Rubel hinlegen. Wie viel ist das in Euro?«

»Drei, vier und fünfzehn Euro!«

In seiner Erzählung »Die Kosaken« schreibt Lew Tolstoi, dass alle Kosaken ihren eigenen Wein besitzen. Das Trinken sei bei ihnen keine allgemeine Sucht, sondern eher eine Sitte, die einzuhalten sei, um nicht als Abtrünniger verschrien zu werden. Unser Direktor macht nicht den Eindruck, zu den Abtrünnigen zu zählen. Er holt aus seinem Wagen eine Flasche Wein. Zwei Gläser hat er auch dabei. Er hat sie in Handschuhe gesteckt, um sie nicht verstauben zu lassen. »Wir machen das wie die Kosaken. Wir stellen unseren eigenen Wein her. Das ist immer noch der beste. Wir alle können das. Ich habe zu Hause die notwendigen Behälter, eine Weinpresse und ein Gerät zum Zerkleinern. Mein ganzes Erwachsenenleben habe ich das gemacht. Wenn ich diesen Wein abends trinke, bin ich wirklich zufrieden.« Es ist noch nicht Abend, es ist gerade Mittag, aber der Wein aus dem Hause Chimitschew schmeckt auch um diese Tageszeit exzellent. Puschkins Eugen Onegin hätte seine Freude daran gehabt.

Auf der Pferdeinsel

Auf den ersten Blick erinnert Alexander Davidowitsch Lipkowitsch an Alfred Tetzlaff. Doch dieser Eindruck verfliegt schnell, wenn man mit ihm spricht. Anders als der bigotte Typ aus der Fernsehserie »Ein Herz und eine Seele« entpuppt sich Alexander Davidowitsch als ein aufgeschlossener, fürsorglicher Mensch, der mit bewundernswertem Engagement für den Schutz der Natur kämpft. Nicht jedermann ist darüber beglückt. Seine Forderungen berühren nicht selten wirtschaftliche Interessen, was heftige Ablehnung zur Folge haben kann. Doch der kleine Mann mit dem Kugelbauch lässt sich davon nicht beirren. Er fühlt sich auch nicht allein. »Der Staat könnte mehr tun, aber das Interesse am Erhalt der Natur wächst«, stellt er knapp fest.

In Sachen Naturschutz kann Alexander Davidowitsch erstklassige Gutachter aufbieten. Lew Tolstoi betrachtete die Verbundenheit von Mensch und Natur als Grundbedingung des Glücks. Fjodor Dostojewski stand ihm in seinem Bekenntnis zur Natur nicht nach. »Schaut euch um, seht die Geschenke Gottes, den klaren Himmel, die frische Luft, das saftige Gras, die Vögel. Die Natur ist wunderschön und ohne Sünde. Nur wir sind gottlos und dumm. Wir verstehen einfach nicht, dass das Leben an sich ein Paradies ist. Wir müssten es nur verstehen, dann würden wir uns umarmen und weinen.«

Alexander Davidowitsch ist in Orlowskj, einer Kleinstadt südlich vom Don, zu uns gestoßen. Von hier strebt das »Väterchen« entschlossen Richtung Westen dem Schwarzen Meer zu. Wir wollen zur Wildpferde-Insel Wodnyj, von der unser Erkundungsteam gehört hatte. Der Tipp stammte von Alexander Davidowitsch. Er ist stellvertretender Direktor des Rostower Zoos und zugleich stellvertretender wissenschaftlicher Leiter des Naturschutzgebietes am Manytsch Gudilo, wo sich auch besagte Pferdeinsel befindet. Die Gegend ist in mehrfacher Hinsicht hochinteressant.

Das Manytsch Gudilo ist eines der ältesten Feuchtgebiete der

Welt; eine riesige Ansammlung von Sümpfen und seichten Seen, die durch unterirdische Quellen gespeist werden. Hier dehnte sich einst der Ozean Tetis aus, zu dem auch das Kaspische und das Schwarze Meer gehörten. Deshalb ist das Wasser im Feuchtgebiet salzig, was ihm den alttürkischen Namen »Manytsch« einbrachte und mit »bitter« oder »salzig« übersetzt werden kann. Leider ist der Mensch dabei, das exotische Feuchtgebiet mit seiner speziellen Vogelwelt und Vegetation zu zerstören. Vor knapp hundert Jahren konnte es noch mit Booten befahren werden. Nun trocknet es aus. Die Landwirtschaft säuft dem Feuchtgebiet in rauen Mengen das Wasser weg. Einige Inseln sind bereits Festland geworden.

Aber zu welchem Kontinent gehört nun das Manytsch Gudilo? Zu Europa oder zu Asien? Über die Grenze zwischen den beiden Erdteilen war seit Jahrhunderten diskutiert worden, bis sich ein schwedischer Offizier deutscher Herkunft im Auftrag des russischen Zaren aufmachte, um für klare Verhältnisse zu sorgen. Da sein Schicksal für das damalige Europa nicht untypisch war, soll hier kurz darauf eingegangen werden.

Der Mann, um den es hier geht, wurde als Philip Johan Tabbert 1676 in Stralsund geboren, das seinerzeit zu Schweden gehörte. Als 18-Jähriger trat er in die schwedische Armee ein. Als Offizier machte er schnell Karriere. Die Umstände kamen ihm entgegen. Während die High Society heute ihre Energien im internationalen Gesellschaftsleben verpulvert, führte sie damals Kriege. So boten sich ehrgeizigen Offizieren reichlich Möglichkeiten, sich im Gefecht auszuzeichnen, wenn sie es überlebten. Die schwedische Krone war von den Fähigkeiten des jungen Tabbert so angetan, dass sie ihn in den Adelsrang erhob. Von nun an hieß er von Strahlenberg. Das war 1707.

Zwei Jahre später lernte er die Kehrseite des Militärwesens kennen. In der Schlacht bei Poltawa erlebte er nicht nur die Schmach der Niederlage, sondern auch noch die der Gefangenschaft. Dabei war sein König als Favorit angetreten. Als 18-Jähriger hatte es Karl XII. im Großen Nordischen Krieg mit drei Feinden gleichzeitig aufgenommen, mit Dänemark, Sachsen-Polen und Polen, und sie auch besiegt. Nun wollte er Peter den Großen in die Schranken weisen. Das ging gründlich daneben.

Die Schweden waren nach Poltawa ihre führende Stellung in Europa los, stattdessen startete Russland seine Karriere als ernst zu nehmende Großmacht des Kontinents.

Auch für Philip Johan von Strahlenberg begann eine neue Zeit. Als Kriegsgefangener wurde er hinter den Ural verbannt, und zwar nach Tobolsk. Die älteste russische Stadt Sibiriens war 1586 von Jermaks Kosaken gegründet worden. Zu Strahlenbergs Zeiten herrschten unter Kriegsgegnern offenbar noch ritterliche Verhältnisse, allerdings nur auf Offiziersebene. Als gefangener Ausländer durfte er zehn Jahre lang nahezu frei geografische und anthropologische Forschungen über Sibirien durchführen. Für damalige Verhältnisse so etwas wie die heutige Green Card! Der Großmut zahlte sich für das zaristische Russland aus. Strahlenbergs Untersuchungen förderten wichtige Erkenntnisse über Sprache und Schrift der Tataren, Jakuten, Tschuwaschen, Usbeken, Baschkiren, Kirgisen und Mongolen zutage. Dem Zaren brach es offenbar keinen Zacken aus der Krone, den Kriegsgefangenen auch noch mit der Aufgabe zu betrauen, die Grenze zwischen Europa und Asien zu ermitteln. Die Antwort war nicht einfach zu finden, denn die beiden Kontinente hängen zusammen. Aber wo?

Die Griechen hatten noch klare Vorstellungen. Für sie hörte Europa am Bosporus und am Don auf. Diese Auffassung hielt sich bis zum Mittelalter. Dann war den Europäern dieses Territorium nicht genug, den aufstrebenden Russen schon gar nicht. Insbesondere Peter der Große wollte zu Europa gehören. So ließ er im Osten klare Verhältnisse schaffen. Sein Geograf Wassilij Nikititsch Tatischtschew erklärte den Ural zur Grenze zwischen Europa und Asien, und zwar die Wasserscheide des Gebirges und den gleichnamigen Fluss.

Der Disput über die Südgrenze ging derweil weiter, bis Philip Johan von Strahlenberg ins Spiel gebracht wurde. Er bestätigte den Ural als Ostgrenze Europas und legte sich zugleich auf die sumpfige Manytsch-Niederung zwischen Kaspischem und Schwarzem Meer als Südgrenze zwischen Europa und Asien fest. Das Zarenhaus war zufrieden. Hauptsache, die Grenze verlief innerhalb Russlands! Internationalen Ärger konnte es deshalb nicht geben. Der Fall schien erledigt. St. Petersburg stimmte 1730 der Grenzfestlegung durch Philip Johan von Strahlenberg zu.

Aber die Diskussion schlief nicht ein. Eine Grenze, die man nicht sieht, gibt nicht viel her. Deshalb wurde immer wieder der Große Kaukasus als die Grenze zwischen den beiden Kontinenten propagiert. Für Europa wäre das ein netter Zugewinn gewesen. Landschaftlich reizvolle Regionen wären dazugekommen. Auch in der Höhe hätte der alte Kontinent zugelegt. Der Elbrus wäre mit 5 595 Metern zu Europas höchstem Berg geworden. Ein deutliches Plus gegenüber den bescheidenen 4 810 Metern des gegenwärtigen Titelhalters Montblanc!

Doch es gibt noch eine dritte Variante, sie geht von religionsgeschichtlichen Kriterien aus und gewinnt zunehmend an Bedeutung. Danach sollte die Grenze zwischen dem muslimischen Orient und dem christlichen Okzident gezogen werden. Georgien und Armenien gehörten demnach zu Europa. Diese Aufteilung entspricht insbesondere den Vorstellungen der Georgier, die sich seit dem Konflikt mit Russland voll und ganz in die Obhut der Europäischen Union und der Nato begeben möchten. Die Europäische Fußballunion ist in der interkontinentalen Grenzfrage schon wesentlich weiter als Politik und Geografen. Sie lässt Georgien und Armenien um die Europameisterschaft mitspielen. Allerdings ist das muslimische Aserbaidschan aus der umstrittenen Region auch dabei. Im Grunde ist das Theater um Europa und Asien kleinkariert. Da beide Kontinente eine Landmasse bilden, werden sie in entfernteren Breiten unserer Erde zutreffenderweise als »Eurasien« bezeichnet.

Das Naturreservat am Manytsch Gudilo ist ein weitgehend unberührtes Steppengebiet. 459 Pflanzensorten, 217 Vogelarten, 17 Fischarten und 3 Amphibien seien hier zu Hause, lässt mich Alexander Davidowitsch wissen. Pelikane, Kraniche, Enten, Wildgänse, Groß- und Zwergtrappen könnten wir hier antreffen, wenn wir genügend Zeit mitbrächten. Für weitere Vogelarten reicht mein Vokabular nicht aus. Auch auf dem Land vermehrt sich unter der Obhut der Naturschützer eine interessante Population. Neben den Steppenantilopen wurden hier Kamele, Kängurus, Lamas, Vogel Strauß und Yaks angesiedelt. Heute interessieren uns nur die Wildpferde.

»Wie sind die Wildpferde auf die Insel gekommen?«

»Auf der Insel weideten viele Jahre Kühe und Pferde einer Kolchose, bis der Betrieb reorganisiert wurde. Das Weideland war zu schwer zu erreichen. Die Kühe wurden deshalb abtransportiert, die Pferde auch. Aber nicht alle wurden eingefangen. So blieben einige hier in völliger Freiheit. Das war vor über 50 Jahren. Die Pferde vermehrten sich und bilden jetzt eine große Herde.«

»Welcher Rasse gehören sie an?«

»Es sind typische Donpferde; braun, kräftig, widerstandsfähig, sehr ausdauernd. Hier gab es früher viele Gestüte. Die Don-Pferde waren sehr begehrt. Vor allem von der Armee. Aber nach dem Zweiten Weltkrieg wurden die Pferde nicht mehr gebraucht, sie waren plötzlich nicht mehr viel wert.«

»Wie viele Pferde leben auf der Insel?«

»Zurzeit sind es dreihundert. Vor einem Jahr waren es noch mehr als vierhundert. Aber der Winter war hart. Da sind über hundert Pferde verendet.«

»Was tun Sie zum Erhalt?«

»Fast nichts! Die Pferde sollen frei leben. Wir haben nur eine Leitung zur Insel gelegt, damit die Pferde frisches Trinkwasser bekommen. Das Flusswasser ist zu salzig.«

»Bekommen wir die Pferde zu sehen?«

»Ganz sicher! Sie kommen jeden Tag gegen elf Uhr zur Tränke, halten sich eine gute Stunde dort auf und ziehen dann wieder ab.«

Wir überqueren eine leichte Welle in der Steppenlandschaft. Vor uns wieder endlose Weite, unterbrochen von einem Gewässer ansehnlicher Breite. Auf unserer Seite dehnt sich eine große Kuhherde in der Steppe aus, hinter dem Gewässer stehen Hunderte Pferde auf einem leichten Hang zusammen.

»Hoffentlich rennen die Tiere nicht weg, wenn sie uns sehen«, äußere ich vorsichtig.

»Keine Sorge, die warten auf uns«, beruhigt mich Alexander Davidowitsch. »Vermutlich sind sie gerade erst gekommen.«

Das erste Kommando setzt über. Das Kamerateam und ich arbeiten uns mühsam mit dem sperrigen Nachen an die Insel heran. Die Entfernung dürfte weniger als einen Kilometer betragen.

Dennoch brauchen wir ziemlich lange. Alexander Davidowitsch schwimmt nebenher. Er könnte auch gehen, denn der Fluss ist über den größten Teil der Strecke seicht. Aber ganz harmlos ist das Gewässer nicht. Als ich ein Stück vor dem Ufer ahnungslos aus dem Kahn springe, sinke ich bis zu den Oberschenkeln im Schlamm ein. Nun verstehe ich, warum die Manytsch-Niederung als Sumpflandschaft beschrieben wird. Ohne den Halt am Kahn käme ich hier nicht von der Stelle. Nur unter Aufbietung aller Kräfte ziehe ich mich aus dem Schlamm heraus. Alexander Davidowitsch macht es schlauer. Er schwimmt bis an das Ufer heran, um dann relativ festen Boden unter den Füßen zu haben.

Die Pferde haben unsere Landung mit Interesse verfolgt. Besonders scheu wirken sie nicht. Sie sind Besuch gewohnt, wie uns Alexander Davidowitsch erklärt. Die Naturschützer kämen von Zeit zu Zeit vorbei.

Die Pferde stehen dicht gedrängt an der Tränke. Alle kommen sie zum Zuge, ob Hengste, Stuten oder Fohlen. Es geht ganz ordentlich zu. So sieht es jedenfalls für uns aus.

»Leben die Pferde friedlich miteinander?«

»Nicht immer. Die Tränke hier ist oft eine Konfliktzone. Heute offensichtlich nicht! Auch Pferde haben ihre Probleme und schlechte Laune. Zwischen den Hengsten herrscht eine harte Konkurrenz um die Stuten. Wie alle Huftiere haben sie eine Partnerbeziehung, die man als kleinen Harem oder Polygamie bezeichnen könnte.«

»Wie viele Stuten gehören zum Harem eines Hengstes?«

»Fünf bis acht. Um die Stuten gibt es gelegentlich grausame Kämpfe unter den Hengsten. Sie beißen und treten einander. Dabei kann es Verletzungen geben, die zum Tod führen.«

Ein Beispiel haben wir vor Augen. Der frische Kadaver eines Hengstes liegt vor uns im seichten Wasser des Flusses.

»Vermutlich von einem anderen Hengst totgetreten«, meint Alexander Davidowitsch.

»Und wie gehen die Hengste mit den Stuten um?«

»Ein Hengst behütet seine Stuten. Wenn allerdings eine Stute in den Harem eines anderen Hengstes überlaufen will, zeigt sich der Verlassene alles andere als begeistert. Dann will er die alten Verhältnisse wiederherstellen. Der wechselwilligen Stute kann es dabei schlecht ergehen. Aber nicht jeder Kampf geht auf Leben und Tod. Meist haben die Kämpfe rituellen Charakter, wenn die Hengste aufeinanderprallen.«

»Gibt es Solidarität unter den Pferden?«

»Eigentlich nicht! Aber es gibt auch Ausnahmen. So haben wir beobachtet, wie ein junger, starker Hengst einen alten, kranken Hengst begleitete. Er wich nicht von seiner Seite. Kein anderer Hengst durfte dem alten nahe kommen. Das war eine echte Männerfreundschaft. So etwas gibt es wohl auch unter Hengsten.«

An der Tränke lassen uns die Pferde auf zwei, drei Meter herankommen, dann weichen sie zurück. Auf Anhieb sind sie nicht als wilde Tiere zu erkennen, höchstens an den verfilzten und manchmal verknoteten Mähnen. Einige Pferde machen einen geschwächten Eindruck. Größere Fohlen liegen ermattet am Boden.

»Gibt es auf der Insel genügend Futter?«, frage ich.

»Das ist das Problem. Im Prinzip gibt es nicht genug, wobei es von Jahr zu Jahr unterschiedlich ist. Wächst im Frühjahr das Gras gut, dann kann die Insel viele Pferde ernähren. In einem heißen Sommer wie jetzt verkleinert sich das Angebot so drastisch, dass nicht mehr genügend Futter vorhanden ist.«

»Was ist die Folge?«

»Es kann wie im letzten Winter kommen. Der Sommer war letztes Jahr sehr heiß. Im Herbst war nicht mehr genügend Futter auf der Insel. So gingen die Pferde geschwächt in den Winter. Die starken Hengste haben überlebt, aber viele Stuten, die ein Fohlen erwarteten, sind verendet. Deshalb ist die Insel jetzt mit Skeletten übersät.«

»Was passiert, wenn viele Stuten sterben und die Hengste überleben?«

»Dann wird der Kampf um die Stuten noch heftiger als sonst. Dann gehen die Hengste aufeinander los, und nicht wenige bleiben auf der Strecke.«

Wir wandern im Gespräch über die Insel, während das Kamerateam Aufnahmen von den Pferden macht, die einzeln oder in Gruppen aufmerksam unser Tun beobachten. Einige entfernen sich bereits von der Tränke. Natürlich wollen wir die wilden Pferde mal in voller Aktion erleben. »Kein Problem!«, sagt Alexander Davidowitsch. Er klatscht in die Hände. Das reicht, um die ganze Herde in Gang zu setzen. Die Fohlen nehmen in langen Schritten Reißaus. Stuten und Hengste folgen im Galopp. Lange dauert die wilde Jagd nicht. Nach zweihundert Metern halten sie an und schauen indigniert auf uns Störenfriede.

Es ist nun zwölf Uhr mittags. Die Sonne hat ihre volle Wirkung erreicht. Schatten gibt es auf der Insel nirgends. Ich halte das Thermometer, das ich von unserem Fahrer ausgeliehen habe, in die Sonne. 57 Grad! Wir wundern uns. So heiß kommt es uns nicht vor. Die Luft ist trocken, es weht eine leichte Brise. Unter diesen Bedingungen ist die Temperatur gut auszuhalten. Für Alexander Davidowitsch sind das normale Verhältnisse. Kontinentale Sommer müssen nach seinem Urteil heiß werden.

»Wie groß sind die Temperaturunterschiede zwischen Sommer und Winter?«

»Beträchtlich! Im Sommer haben wir im Schatten um die 40 Grad plus. Im Winter geht es runter bis auf 30 Grad minus. Das dauert zwar nur zwei Wochen, aber es beißt dann bei Wind ganz schön. Im Durchschnitt herrschen hier zwischen zehn bis 15 Grad minus im Winter. Es gibt aber auch mal frühes Tauwetter, wie in diesem Winter.«

»Fällt hier viel Schnee?«

»Schnee haben wir in jedem Winter. Hin und wieder fällt sehr viel Schnee. Bei Wind kann es zu heftigem Schneetreiben und größeren Schneeverwehungen kommen.«

»Halten die Pferde das aus? Wie kommen sie an das Gras?«

»Sie halten das aus und sie kommen auch an das Gras. Mit ihren Hufen scharren sie sich durch die Schneedecke.«

»Wenn im letzten Winter viele Pferde gestorben sind, reicht jetzt der Platz für alle.«

»Das hängt wiederum vom Wetter ab. Sorgt es für gutes Wachstum, dann gibt es keine Probleme. Zurzeit denken wir darüber nach, wie viele Pferde die Insel ernähren kann. Wissenschaftler aus verschiedenen Instituten haben ermittelt, dass auf dieser Insel etwa 150 Pferde frei leben können. Was machen wir mit den übrigen Pferden? Fangen wir sie ein, um sie an Privatwirtschaften weiterzugeben? Das wird sehr schwer, denn es sind ja wilde Pferde.«

295

»Was ist die Alternative?«

»Wir müssten die überzähligen Pferde zum Abschuss freigeben. Die Entscheidung fällt schwer. Die Bevölkerung würde empört reagieren. Deshalb ist in dieser Hinsicht das letzte Wort noch nicht gefallen.«

»Welche Tiere leben außer den Pferden auf der Insel?«

»Füchse, Hasen, im Winter kommen Wölfe über die Eisfläche. Schlangen gibt es hier reichlich. Darunter auch sehr giftige, wie die Steppenotter. Es gibt auch andere Natternarten. Vögel haben wir hier jede Menge. Kraniche, Zwergtrappen und viele andere mehr.«

Bei der Erwähnung der giftigen Schlangen hat sich mein Schritt unwillkürlich beschleunigt. Den Pferden kommen wir trotzdem nicht näher. Sie verziehen sich immer mehr an das Ende der Insel. Alexander Davidowitsch zeigt auf einen weißen Fleck: Mitten auf einer kahlen Fläche in der Steppe liegt ein Pferdeskelett. Wir kommen näher und sehen noch ein weiteres Skelett. Es müssen junge Pferde gewesen sein. Die Gebisse zeigen gesunde Zähne.

»Im Frühjahr ist das hier Matschboden. Eine gefährliche Falle für entkräftete Tiere. Wenn sie fallen, dann kommen sie hier nicht mehr hoch, weil sie keinen festen Stand finden. Deshalb findet man an solchen Stellen besonders viele Skelette. Sie sind über die ganze Insel verstreut. Die Tiere würden aber auch sonst nicht überleben.«

Wir schlagen den Rückweg ein. Die Pferde sind längst völlig aus unserem Gesichtsfeld entschwunden. Die Steppe verströmt den vertrauten Duft von Wermut. Diesmal gehe ich kein Risiko ein. Ich wate nur wenige Meter ins Wasser und schwinge mich in den Kahn, bevor ich tiefer einsinke. Alexander Davidowitsch lässt es sich wieder nicht nehmen, den Flussarm im kraftvollen Freistil zu durchqueren. Er sei in der Jugend ein guter Wettkampfschwimmer gewesen, sagt er. Die Fähigkeit hat er sich bewahrt, wobei ihm seine Figur heute mehr Auftrieb verleihen dürfte als früher.

Bevor wir uns trennen, frage ich unseren Naturschützer, ob er genügend Unterstützung vom Staat erhalte.

»Das könnte besser sein«, sagt Alexander Davidowitsch. »Unsere Regierung redet viel, handelt aber nicht ausreichend.«

»Woran fehlt es?«

»Ganz banal, es fehlt an Geld. Es müsste mehr investiert werden. Wenn wir die Menschen für den Naturschutz interessieren wollen, dann müssen wir ihnen auch etwas zeigen. Sie sollen sich doch der schönen Steppe erfreuen. Wir müssen die Infrastruktur verbessern. Dann kann man auch die Pferde unter besseren Bedingungen halten. Es muss eine Anlegestelle geben. Wir können doch nicht immer den Fluss so durchqueren, wie wir das heute getan haben. Unsere Inspektoren müssen auch gerecht entlohnt werden.«

»Wie viele Menschen arbeiten hier?«

»Vierzig! Unser Naturschutzgebiet besteht nicht nur aus der Insel, auf der wir gerade waren. Dieses Areal heißt Inselschutzpark. Hier geht es neben den Pferden um den Schutz von Nestern seltener Vögel. Außerdem betreuen wir noch eine Insel, die massenhaft von Vögeln aufgesucht wird. Schließlich haben wir noch drei Steppenareale, die von unseren Inspektoren überwacht werden.«

»Wie ist das Interesse junger Leute?«

»Das Interesse ist vorhanden. Es wächst in dem Maße, wie Presse und Rundfunk darüber berichten. Nach jedem Bericht erhalten wir viele Anrufe. Die Menschen lieben wilde Pferde, sie möchten sie sehen und fotografieren. Aber auch die Wissenschaftler interessieren sich zunehmend für uns. Sie kommen aus den entferntesten Orten Russlands, aber auch aus anderen Ländern. Gegenwärtig läuft bei uns ein holländisches Projekt zur Wiederbelebung der Steppe. Insgesamt bin ich mit der Entwicklung nicht unzufrieden. Die Aufmerksamkeit für den Erhalt und die Pflege der Natur wächst von Jahr zu Jahr.«

Zurück zu den Kosaken

Was macht Väterchen Don? Wie schlägt er sich auf den letzten zweihundert Kilometern? Bei Konstantinowsk überqueren wir den Fluss. Von einem hoch gelegenen Punkt wollen wir den Don nicht als Idylle, sondern als Schifffahrtsweg filmen. So gelangen wir in das kleine Weindorf Wedernikowo und über rumpelige Feldwege an das hohe Ufer des Flusses. Wir haben Glück. Zwei Containerschiffe und ein Öltanker fahren uns in die Kamera. Im Vordergrund drängt sich ein mächtiges Kreuz ins Bild. Es sei für alle Kosaken errichtet worden, die im Laufe der Jahrhunderte gefallen seien, erklärt uns ein Dorfbewohner, der sich interessiert unsere Dreharbeiten anschaut. »Egal für welche Seite?«, frage ich nach.

»Egal für welche Seite!«, bestätigt der Mann. »Sie sind für die Sache der Kosaken gestorben.«

So zufrieden wir mit dem Bildmotiv sind, so unglücklich sind wir über das Licht. Es ist diffus, der Himmel zeigt keine Konturen. Die Landschaft auf der Gegenseite gibt überhaupt nichts her. Sie ist nur weit, aber ohne Charakter, einfach horizontlose Steppe. »Graue Sauce«, meint unser Kameramann in vertrauter Deutlichkeit. Der Mann aus dem Dorf bekommt unseren Missmut nicht mit. Er will uns auf eine Landmarke von historischer Bedeutung aufmerksam machen. »Da drüben im Wäldchen haben sie Stenka Rasin gefangen genommen«, sagt er mit heiligem Ernst. Wir sind skeptisch, wollen aber dem Hinweis nachgehen. Schließlich war Stenka Rasin eine ebenso schillernde wie wichtige Figur in der russischen Geschichte.

Mitte des 17. Jahrhunderts hat der Kosak vom Don gelebt. Er war ein ungebärdiger Geselle, der sich zunächst mit seiner wilden Kosakentruppe in Raubzügen an der unteren Wolga und am Kaspischen Meer übte, um dann zu einem politischen Kreuzzug gegen das damalige Establishment anzutreten. Rasin fand schnell Zulauf. Unterdrückte und Verfolgte gab es genug in Russland. Ob Leibeigene, Altgläubige und andere Minderheiten, sie

298

alle kämpften mit Leidenschaft und Brutalität an seiner Seite. Kurze Zeit beherrschten sie Südrussland, nachdem sie Städte wie Astrachan, Samara, Saratow und Zarizyn (heute Wolgograd) im Sturm genommen hatten. Stenka Rasin wurde damals schon zur Legende. Selbst den Zarenthron hatte er im Auge. In den Wirren der Nachfolgekämpfe präsentierte er einen angeblichen Zarensohn als rechtmäßigen Erben. Am Ende wurde er doch noch von einer Fürstenarmee besiegt, durch Verrat seiner eigenen Kosaken gefangen genommen und in Moskau auf dem Roten Platz geviertelt.

Ein gleiches Schicksal sollte hundert Jahre später ein anderer Kosak vom Don erleiden, Jemeljan Iwanowitsch Pugatschow. Er führte einen gewaltigen Bauernaufstand an, der Katharina die Große in große Bedrängnis brachte. Als Pugatschows Heer, das ebenfalls weite Gebiete unter seine Kontrolle gebracht hatte, schließlich geschlagen und er selbst gefangen genommen worden war, ebenfalls durch Verrat, ließ die Zarin keine Gnade walten und ihn öffentlich töten, durch Vierteilung auf dem Moskauer Bolotnaja-Platz. Geschichte wiederholt sich, aber nicht immer als Farce.

Trotz ihrer Niederlagen sind beide Kosakenführer im Volk als Helden in Erinnerung geblieben. Alexander Puschkin verewigte Pugatschow in seiner großen Erzählung »Die Hauptmannstochter«, und auf Rasin wurden Lieder geschrieben, die bis heute gesungen werden. Das populärste Volkslied ist zugleich ein Psychogramm der Kosakenmentalität. Es beschreibt, wie Rasin auf einem Wolgaschiff seine Hochzeitsfeier mit einer schönen Perserin genoss. Doch schnell überkam ihn Verdruss, als er vernahm, dass ihm seine Kosaken die Liaison mit der Fremden übel nahmen und sich über ihn lustig machten. Er sei durch die Perserin selbst zum Weib geworden. Diese Schmach wollte sich der stolze Kosak nicht nachsagen lassen. In seinem Zorn packt er im Lied seine junge Frau mit den Worten:

»Wolga, Wolga, liebe Mutter,
Wolga, du russischer Strom,
du hast noch kein Geschenk gesehen
von einem Donkosaken.«

Alsdann wirft er sein schönes Weib in den Strom, »auf dass keine Zwietracht herrsche unter freien Männern«. Als seine Kosaken etwas konsterniert reagieren, muntert er sie dem Lied zufolge mit den Worten auf: »Lasst die Köpfe nicht hängen, singen wir etwas Verwegenes zum Gedenken an ihre Seele.« Ein wahrer Christenmensch! Um seine Ehre zu wahren, ist der Kosak zu allem entschlossen.

Nowotscherkassk wird in aller Welt als Hauptstadt der Kosaken anerkannt, von den Kosaken auf jeden Fall. Die Stadt wurde auf Geheiß von Matwej Iwanowitsch Platow, dem späteren Paris-Eroberer, 1805 gegründet. Der Ataman fühlte sich »ostotschertelo«, zu Deutsch von hundert Teufeln geplagt, weil die frühere Hauptstadt Starotscherkassk ständig vom Hochwasser des Don überflutet wurde. Er schaute sich um und entdeckte dreißig Kilometer nördlich einen Hügel, der selbst von Jahrtausend-Hochwassern nie bedroht werden konnte. Dorthin ließ er die Hauptstadt verlegen. Da ein Atamanwort Gesetz ist, folgten ihm die sonst aufsässigen Kosaken, ohne zu murren, obwohl sie Abschied von ihrem herzallerliebsten Väterchen Don nehmen mussten. Angesichts dieser Geschichte ist es uns eine Verpflichtung, der Kosakenhauptstadt einen Besuch abzustatten.

Auf die gleiche Idee ist eine Gruppe von zwanzig Bikern gekommen, die wir auf dem Weg nach Nowotscherkassk treffen. In ihrer martialischen Bekleidung geben sie auf ihren schweren Motorrädern ein imponierendes Bild ab. Gerne sind sie bereit, sich filmen zu lassen, aber die Bezeichnung »Biker« akzeptieren sie für sich nicht. Sie seien »Motoziklisty«.

»Was ist der Unterschied?«, frage ich arglos.

»Wir sind Motorradbastler, wir sind keine Biker wie in Amerika. Das waren ja zuerst Veteranen aus dem Vietnamkrieg. Mit großen Maschinen und Drogen fuhren sie sich den Frust oder die Depression von der Seele. Wir nehmen keine Drogen und wir konnten uns in der Sowjetunion solche teuren Maschinen nicht leisten.«

»Was hatten Sie denn?«

»Wir hatten die ›Ural‹. Die war hässlich, die war unbequem, die war so hoch, dass ich immer dachte, ich falle gleich runter.

Die musste man komplett umbauen, vom Fahrgestell angefangen. Bei uns gibt es keinen Einzigen, der seine Maschine nicht selbst zusammengebaut hat.«

Sie kommen aus Asow, Nowotscherkassk, Rostow, Semikarakory und Taganrog. Sie treffen sich manchmal einmal, manchmal zweimal im Monat. Meist kennen sie sich nur beim Spitznamen. Was sie privat machen, spielt keine Rolle. Alle Berufe kommen zusammen, bis hin zum Fabrikdirektor. Aber, so sagen sie, in ihren Lederklamotten seien sie alle gleich. Gelegentlich gehen sie gemeinsam auf Tour. Mädchen sind auch dabei. Hübsche, selbstbewusste junge Frauen. Unter ihnen hätte Scholochow mehrere Axinjas gefunden. Wir haben die Gruppe bei einem Stopp erwischt. Alle rauchen, auch die Frauen. Das gehört wohl zum Ritual. Die meisten tragen wilde Tätowierungen. Auch die Mädchen schrecken nicht davor zurück, allerdings bevorzugen sie dezente Motive.

»Fühlen Sie sich als Nachfahren der Kosaken?«

»Wir stammen alle aus Kosakenfamilien, aber wir sind keine wilden Reiter auf Motorrädern. Wir lieben die Technik, wir lieben das Öl an unseren Händen, wir lieben das Gefühl der Gemeinschaft, wir lieben das Gefühl der Freiheit, überall hinfahren zu können.«

»Sind Sie stolz auf Russland?«

»Ja, sehr! Wir sind Patrioten, aber keine Nationalisten. Mit Skinheads wollen wir nichts zu tun haben.«

»Was halten Sie vom Ausland, von Europa und Amerika?«

»Wir halten viel von Europa und Amerika, von deren Kultur und Lebensstil. Aber wir halten gar nichts von der Politik Washingtons. Wir mögen nicht deren Weltherrschergehabe, deren Okkupantenmentalität. Dagegen werden wir uns wehren.«

»Was ist mit den Deutschen?«

»Deutschland ist uns nahe. Von der deutschen Technik hätten wir gerne mehr, die deutsche Kultur bedeutet uns seit Jahrhunderten sehr viel.« Und dann zählen die verwegenen Kerle deutsche Geistes- und Musikgrößen auf. Bach, Beethoven, Kant, Nietzsche, Schopenhauer. Fast hätten sie uns auch noch Chopin zugerechnet. Aber dann fiel ihnen ein, dass Chopin Pole war.

»Wie beurteilen Sie die Sowjetzeit?«

»Wir sind froh, dass sie vorbei ist. Damals hat man Klubs wie unsere nicht erlaubt. Was wir wollten, galt als unmoralisch. Jetzt haben wir die Freiheit, tun und lassen zu können, was wir wollen. Vor allem können wir uns jetzt auch ausländische Maschinen leisten.«

»Was müssen Sie dafür auf den Tisch legen?«

»Gute gebrauchte Maschinen kosten zwischen 100 000 und 300 000 Rubel. Man kann auch Maschinen für 600 000 Rubel bekommen. Das ist nicht unsere Kategorie. Wir kaufen lieber billige Maschinen, die wir dann aufmöbeln.«

Wenn ich richtig rechne, dann variieren die Summen zwischen 2 700, 8 100 und 16 300 Euro. Ganz schöne Beträge für russische Provinz! Um mich herum sehe ich nur japanische Modelle. Honda, Suzuki, Yamaha; von 36 PS bis 175 PS, von 400 ccm bis 1 300 ccm. Deutsche Maschinen hätten sie gerne, sie seien aber zu teuer. Einheimische Motorräder könnten nicht mithalten. »Sie bringen keine Leistung und gehen zu schnell kaputt. Wir haben keine Lust, bei längeren Strecken dreimal liegen zu bleiben und auch noch einen Ersatzmotor mitzuschleppen. Da hört der Patriotismus auf.«

»Wie sieht es mit der Politik aus? Geht es voran?«

»Die Verhältnisse sind bei uns stabiler geworden. Wir können besser planen als früher. Die Zukunft wird berechenbarer. Die Perspektive ist ganz gut, aber es muss noch viel und hart gearbeitet werden.«

Zum Schluss erfüllen sie mir einen Wunsch. Sie nehmen mich ein Stück mit. Ein passender Helm wird für mich ausgesucht. Der Besitzer behauptet, er führe ohnehin lieber ohne Helm, obwohl das in Russland verboten sei. Bei Jurij aus Taganrog darf ich aufsitzen, und dann geht sittsam die Post ab. Vor Nowotscherkassk wird die Kavalkade von Stefan Tolz gestoppt. Unser Regisseur will die Einfahrt in die Stadt triumphal aussehen lassen. Nowotscherkassk ist dafür wie geschaffen. Es geht zunächst ins Tal hinunter, dann durch einen Triumphbogen die Straße hinauf zur Kathedrale, die die Stadt gebieterisch überragt.

Die »Motoziklisty« machen alles richtig. Wir lassen wieder anhalten. Das Team fährt vorweg, um den Motorradschwarm auf der Allee vor der Kathedrale mit der Kamera in Empfang zu nehmen. Auch diese Einstellung sitzt. Wir können uns von ihnen verabschieden und der Stadt zuwenden. In Ruhe betrachte ich die Christi-Himmelfahrt-Kathedrale. Ein Bauwerk von dieser Imposanz und Ausstrahlung hatte ich hier in der Provinz nicht erwartet. »Unter den russisch-orthodoxen Kirchenbauten ist unsere Kathedrale die drittgrößte in der Welt«, sagt mir Leonid Iwanowitsch Schatochin. »Der Bau musste drei Mal begonnen werden, denn zwei Mal stürzte die Kuppel ein. Von 1890 bis 1905 haben die Arbeiten gedauert. Dann war die Kirche endlich fertig.«

»Welche Rolle spielt der christliche Glaube bei den Kosaken?«

»Eine sehr große! Der Glaube macht ihnen klar, dass sie sich für ihre Taten zu verantworten haben und dass es am Ende des Lebens jemanden gibt, der darüber richtet.«

»Wie war das zur Sowjetzeit?«

»Damals war die Kathedrale teils geschlossen, teils geöffnet. Zu den kirchlichen Feiertagen war sie immer proppenvoll. Diese Kirche bietet vielen Menschen Platz. Zu Ostern waren es immer einige Tausend. Gleichzeitig dienten die Kellerräume als Lager für Korn.«

»Kamen die Gottesdienstbesucher nur aus Nowotscherkassk?«

»Sie kamen zum Teil von weither. Wenn in ihren Dörfern die Kirche geschlossen war, fuhren sie hierher, um wenigstens einmal im Jahr einen Gottesdienst zu erleben. Auch heute wird die Kathedrale stark besucht. Ich weiß nicht, ob alle, die am Gottesdienst teilnehmen, gläubig sind, aber sie kommen in großen Mengen.«

»Was sind die Wertvorstellungen der Kosaken?«

»Sie leben in der Furcht des Herrn, dem sie nach dem Tod erklären müssen, was sie im Leben getan haben. Der Kosak war früher ein Krieger, er schaute dem Tod viel mehr ins Antlitz als andere. Deshalb wusste er, dass er sehr schnell vom Allerhöchsten zur Verantwortung gezogen werden konnte.«

»Und wie hält der Kosak es mit der Obrigkeit auf Erden?«

»Das Verhalten der Kosaken war immer gespalten. Im Krieg

war er diszipliniert und dem Vorgesetzten bedingungslos gehorsam. Im Frieden fühlte er sich absolut frei. Der ehemalige Kommandeur war dann wieder sein Nachbar, der ihm gar nichts mehr befehlen konnte und genauso seinen Acker zu bestellen hatte wie er.«

»Funktionierte die enge nachbarschaftliche Beziehung in kritischen Situationen wie im Krieg, wo es um Leben und Tod geht?«

»Das war das Erfolgsgeheimnis der Kosaken. Sie hatten bei aller Tollkühnheit vergleichsweise wenige Verluste. Der Kosakenführer wusste: Wenn er nach Hause kam, musste er sich vor den Familien der ihm anvertrauten Kosaken verantworten. Deshalb missbrauchte er seine Soldaten nicht als Kanonenfutter, sondern sorgte sich um sie. Kameradschaft ging den Kosaken manchmal über die Familie.«

Leonid Schatochin ist seit zwanzig Jahren Regisseur am Don-Theater von Nowotscherkassk. Er wurde im Ural, im Lager, geboren. Seine Eltern waren dahin verbannt worden, weil sich sein Vater als Mitglied einer Kosakenbrigade während des Zweiten Weltkrieges auf die Seite der Deutschen geschlagen hatte. Nach neun Jahren Verbannung durfte die Familie in eine Siedlung bei Nowotscherkassk ziehen. Er selbst wurde nach seinem Theaterstudium Schauspieler, ehe er die künstlerische Leitung des Theaters in Nowotscherkassk übernahm. Er schaffte es, dass sein Haus als Kosakentheater anerkannt wurde, allerdings gegen harten Widerstand von oben. Alles, was mit Kosaken zu tun hatte, galt in Moskau als verdächtig. »Aber es gab damals einen vernünftigen Kulturminister in der Russischen Föderation. Es war Jurij Solomin. Er half uns. Heute ist er künstlerischer Leiter des Malyj-Theaters in Moskau.«

Schatochins Theater ist eine erstklassige Adresse. 183 Jahre ist es alt. Wie ein kaiserliches Theater wurde es vom Zarenhof subventioniert, während alle anderen Schauspielhäuser privat geführt wurden. Nowotscherkassk genoss von Anfang an einen guten Ruf. Namhafte Schauspieler und Regisseure kamen hierher. Gespielt wurden Stücke von Tolstoi und Tschechow, aber auch ausländische Klassik. An Nowotscherkassk orientierte sich das Provinztheater Russlands.

»Was spielen Sie heute?«

»Wir haben russische und ausländische Klassik im Programm, auch Zeitgenössisches und nicht zuletzt Kosakenstücke. Pro Jahr mindestens zwei. In diesem Jahr spielen wir ›Die sieben Kosakengesänge‹ nach Erzählungen von Scholochow. Meine Schauspieler spielen nicht nur gut, sie singen auch prima. Deshalb haben wir mit diesem Stück viele Preise gewonnen, in Russland wie im Ausland, auch in Paris.«

»Welche Kosakenstücke spielen Sie sonst noch?«

»In unserem Programm haben wir noch ›Die Weiberrebellion‹. Davor lief ›Pugatschow‹, ein Stück von Sergej Jessenin. Was haben wir noch? Ach ja, ›Der Ataman‹! Dabei geht es um unseren großen Ataman Matwej Platow.«

»Wie sieht es mit politischen Themen aus?«

»Politik kommt beim Publikum nicht an. Wir haben es mehrfach probiert. Erfolglos! Wir versuchten, Politik unter die klassischen Stoffe zu mischen. Wenig Reaktion. Wir haben es mit Brecht probiert. Die Leute sagen: ein genialer Autor, aber zu tendenziös. Die Menschen sind der Politik einfach müde und überdrüssig.«

»Was läuft denn?«

»Dramen, Melodramen, Komödien. Ein Riesenerfolg war eine Tragödie. ›Antigone‹ von Sophokles. Das Publikum kam in Scharen. Es weinte und genoss es.«

»Sind die Kosaken fleißige Theaterbesucher?«

»Nein! Die Kosaken gehen kaum ins Theater. Aber mit ihrem Freiheitswillen haben sie enorm zur Größe und Stärke der russischen Kultur beigetragen. Diese Leistung wollen wir in unseren Stücken hervorheben.«

»Zeigen die Menschen von Nowotscherkassk noch Interesse am Theater?«

»Erfreulicherweise ja! Gut, es gab eine Phase, wo sie erst einmal ihre Alltagsprobleme zu bewältigen hatten. Danach wollten sie es genießen, dass endlich gutes Essen und gute Kleidung angeboten wurden. Aber jetzt verlangen sie wieder nach geistiger Nahrung.«

»Und was ist mit den jungen Leuten?«

»Für die jungen Menschen ist unser Theater wichtig. Ihnen

ist die Geschichte der Kosaken nicht besonders bewusst. Bei uns lernen sie unsere Vergangenheit auf eine Art kennen, die ihr Interesse erweckt. Nach der Vorstellung wollen alle Kosaken werden.«

»Führt das zur Wiedergeburt des Kosakentums?«

»Daran glaube ich nicht. Das Kosakentum verneint die Macht über sich. Das ist seine Grundvoraussetzung. Es bedeutet Selbstverwaltung. Wenn der Ataman oder Präsident versagt oder etwas Ungutes begangen hat, kann er sofort des Postens enthoben werden. Welche Regierung akzeptiert so etwas? Deshalb ist das Kosakentum unerwünscht. Ihm bleibt nur die große Rolle in der Geschichte Russlands.«

Während unseres Gesprächs sind wir die Promenade zur Kathedrale hinauf- und heruntergewandert. Die Bäume zu beiden Seiten bilden ein langes grünes Gewölbe. Hier ist von der Hitze wenig zu spüren. Die Menschen genießen am Spätnachmittag die angenehme Temperatur. Pärchen flanieren über die Promenade, ältere Semester ruhen sich auf den Bänken aus, junge Mütter fahren ihre Babys spazieren. Die Atmosphäre einer südlichen Stadt! Eine Menge Uniformierter sind zu sehen, die Jacken lässig über die Schulter gehängt. Die Militärschule nebenan hat wohl Feierabend.

Das Militär hat in Nowotscherkassk nicht immer eine rühmliche Rolle gespielt. Am 2. Juni 1962 walzte es eine Demonstration nieder. Ausgangspunkt war eine schwere Versorgungskrise. Der damalige Parteichef Chruschtschow hatte die Preise für Lebensmittel drastisch erhöhen und die Löhne ebenso drastisch senken lassen. Die Menschen waren empört. Die Arbeiter der Lokomotivfabrik gingen in den Ausstand, andere taten es ihnen nach. Die halbe Bevölkerung kam in der Innenstadt zusammen. Milizionäre wurden verprügelt, Polizei- und Parteigebäude gestürmt. Die Menschen wollten nicht viel, sie forderten nur mehr Lebensmittel und mehr Lohn.

Das war der politischen Führung schon zu viel. Sie alarmierte das Militär. Einige Soldaten weigerten sich, in die Menge zu schießen. Ein General wies einen solchen Befehl ebenfalls zurück. Er wurde sofort seines Amtes enthoben. Dann fielen doch Schüsse. Ungefähr 25 Menschen kamen ums Leben. Die genaue

Zahl der Toten ist bis heute nicht ermittelt. Auch Kinder waren darunter. Sie waren auf die Bäume geflüchtet und wurden dort von den umherfliegenden Kugeln getroffen. Ähnliche Unruhen gab es im Kaukasus und in Zentralasien. Die Aufstände kamen erst nach dem Zusammenbruch der Sowjetunion an die Öffentlichkeit. Bis heute werden Dokumente gesammelt und Zeitzeugen befragt. Schauspieler des Don-Theaters spielten in einem Dokudrama mit. So wurde der Bevölkerung bekannt, dass es auch Erschießungen von Bürgern gegeben hat, nur weil sie für Brot und Lohn auf die Straße gegangen waren.

So zynisch es klingen mag, aber Kriege können den Horizont erweitern. Ataman Matwej Platow hat diese Möglichkeit genutzt. Nachdem er mit seinen Kosaken in der Anti-Napoleon-Koalition tatkräftig mitgewirkt hatte, den französischen Kaiser zu vertreiben, schaute er sich aufmerksam in Paris um. Auch wenn die Stadt noch nicht so aussah wie heute, gefiel ihm, was er erblickte. Vor allem die Großzügigkeit der Plätze und Straßen hatte es ihm angetan. So etwas wollte er auch für seine neue Kosakenhauptstadt haben. Für seine hochfliegenden Pläne lernte er den richtigen Mann kennen. Es war der Holländer Franz de Volan. Er diente in der Armee des Zaren als Bauingenieur. Die beiden Männer sprachen nicht nur über Militärisches, sondern auch über Ziviles. Dabei erläuterte der Holländer dem interessierten Kosakenführer, nach welchen Vorstellungen er zwanzig Jahre vorher den Stadtplan und wichtige Bauwerke für Odessa entwickelt hatte. Platow fand Gefallen daran. Da de Volan auch noch sein Faible für Paris teilte, heuerte er ihn für Nowotscherkassk an, was der Stadt nicht schlecht bekommen ist.

Das Stadtbild wird von Boulevards geprägt. Nach dem Vorbild des Place de l'Étoile laufen auf den großen Kathedralenplatz die Straßen sternenförmig zu. An großen Gesten fehlt es Nowotscherkassk auch sonst nicht. Gleich zwei Triumphbögen hat die Stadt aufzubieten. Sie wurden zu Ehren der gegen Napoleons Grande Armée siegreichen Kosaken errichtet. So verlautet es offiziell. Insgeheim hatten die Stadtväter damit gerechnet, dass der Zar zu ihnen kommen würde. Ihm wollten sie mit den Triumphbögen imponieren. Aber Alexander I. kam nicht. Dafür erwiesen Meister der Feder der Kosakenhauptstadt die Ehre. Die Besuche von Alexander Puschkin, Michail Lermontow und Wladimir Majakowski sind auf Tafeln verewigt.

Kraftvoll wirkende Bauwerke aus der russischen Gründerzeit fallen mir ins Auge. So das Don-Theater in angenehmem Beige und das Don-Museum in ebenso angenehmem Grün! Besuche in beiden Häusern sind sehr zu empfehlen. Nun bin ich nicht in der Lage, den Eindruck zu vermitteln, dass Reisende in Nowotscherkassk ein Klein-Paris zu erwarten haben. Es ist eine Stadt mit 180 000 Einwohnern in der russischen Provinz, mit stark sowjetischen Zügen und im Kern mit einigen Pariser Elementen. Wirtschaftlich ist Nowotscherkassk nach dem Urteil von Leonid Schatochin viel besser dran als die meisten Städte in Russland. Die größte Lokomotivenfabrik des Landes ist hier zu Hause, ebenso chemische Industrie. Dazu kommt eine Reihe gesunder mittelständischer Unternehmen. »Die Stadt kann sich über das Steueraufkommen nicht beklagen«, stellt der Regisseur fest.

»Sind neben de Voland noch andere Ausländer zum Aufbau von Nowotscherkassk herangezogen worden?«

»Die Stadt ist allein von den Kosaken gebaut worden. Sie hatten Bauregimenter, die aus Männern bestanden, die nicht kriegsdiensttauglich waren. Nowotscherkassk war eine geschlossene Stadt. Ausländer hatten keinen Zutritt. Einzige Ausnahme war de Volan.«

Der Holländer muss ein eleganter Mann gewesen sein. So sieht er jedenfalls auf dem Denkmal aus, das ihm auf der Promenade zur Christi-Himmelfahrts-Kathedrale errichtet wurde. Mit Recht sind zwei historische Figuren der russischen Geschichte als Denkmäler in Nowotscherkassk noch besser weggekommen als de Volan: die Atamane Jermak Timofejewitsch und Matwej Iwanowitsch Platow. Die beiden allein machen deutlich, welche Rolle die Kosaken für die Entwicklung Russlands zur Großmacht gespielt haben. Während Jermak Ende des 16. Jahrhunderts im Osten die Eroberung Sibiriens einleitete, verbreitete Platow Russlands Glorie im Westen. Die Bolschewiken wussten das nicht so richtig zu schätzen. Sie warfen Platow von seinem Denkmal, das man ihm 1853 gesetzt hatte, und verbannten ihn ins Museum. Dafür wurde ein bronzener Lenin auf das Postament gestellt, das er allerdings 1994 wieder räumen musste. Die Bürger wollten ihren Platow wieder haben. So steht er stolz auf dem Alexandrowskij-Platz, den Blick auf die Kathedrale gerichtet. In der rechten Hand hält er das Schwert und in der hoch erhobenen Linken schwingt er als Zeichen seiner Atamanenwürde eine Bulawa, eine keulenartige Waffe, von der ich nicht getroffen werden möchte.

Während ich das Denkmal betrachte, fragt mich Leonid Schatochin, ob ich das Zitat des Zaren Alexander II. über die Kosaken kenne. Ich muss passen und bitte um Nachhilfe, die er mir gerne erteilt.

»Von Alexander II., einem der größten Staatsmänner, stammt der Satz: ›Die Kosaken haben Russland zu Russland gemacht.‹ Er hat recht. Eigentlich war Russland früher nicht groß. Es bestand nur aus dem Moskauer Fürstentum, umzingelt von türkischsprachigen Stämmen aus der Zeit der mongolisch-tatarischen Horde. Im Süden waren die Krimtataren, im Westen die Litauer, Polen und Deutschen. Eigentlich war Moskau völlig unbedeutend.«

»Aber hat nicht der Moskauer Großfürst Dmitrij Donskoj für den Durchbruch gesorgt?«

»Vorübergehend! Aber Russland begann erst richtig groß zu werden, als Iwan der Schreckliche ein Bündnis mit den Kosaken einging. Das war wie ein Vertrag zwischen zwei Staaten. So konnte Iwan IV. die Stadt Kasan erobern und dem Tatarenkhanat dieses Gebietes ein Ende bereiten. Das war Mitte des 16. Jahrhunderts.«

»Hatten die Kosaken nicht Lust, selbst die Macht zu ergreifen?«

»Es gab Aufstände, wie unter der Führung von Rasin oder Pugatschow, aber voran gingen große Ungerechtigkeiten. Dagegen stehen enorme Leistungen. Es waren Kosaken wie Jermak, Chabarow, Deshnjow, die Russlands Herrschaft bis zum Stillen Ozean ausweiteten. Ebenso haben sie Russlands Macht im Süden, vor allem im Kaukasus, gesichert. Ohne die Kosaken von Terek und Kuban ging da nichts. Das Gleiche gilt für die westlichen Grenzen.«

»Hat sich die russische Obrigkeit dafür erkenntlich gezeigt?«

309

»Die russische Obrigkeit, welche auch immer, hat sich mit den Kosaken über die Jahrhunderte schwergetan. Es war eine Militärmacht aus dem Volk, die der Zeit weit voraus war und mit der keine Regierung zurechtkam. Auch wenn die Kosaken beteuerten, sie wollten nicht mehr als ihr Land zu besitzen und allein dem Zaren dienen, waren sie den jeweiligen Machthabern nicht geheuer. Mit Peter dem Großen begann die schleichende Vernichtung des Kosakentums. Das radikale Ende wurde ihnen von den Bolschewiken Lenin, Trotzki und Swerdlow bereitet.«

»Und Stalin?«

»Stalin war schlauer. Als Kaukasier wusste er, was die Kosaken geleistet hatten und was sie noch leisten konnten. Er hat den Begriff ›Kosaken‹ wieder zugelassen. Zu Beginn des Zweiten Weltkrieges ließ er Kosakenregimenter gründen und führte wieder Kosakenuniformen ein.«

Vielleicht war es seine Schlauheit, die Stalin veanlasste, das Kosakenepos »Der stille Don« von Michail Scholochow gegen die politische Linie durchgehen zu lassen und so den von den Bolschewiken gedemütigten Kosaken wenigstens einen Teil ihrer Ehre wiederzugeben. Er wusste, wozu sie fähig waren, und er brauchte sie ja vielleicht noch einmal. Doch das ist Spekulation. Aber Leonid Schatochin ist sicher ein Mann, mit dem es sich lohnt, über Scholochow und den »Stillen Don« zu sprechen. Für ihn gibt es keinen Zweifel, dass Scholochow der Autor des Romans ist.

»Er war zwar kein Kosak, aber wer von der Geburt bis zum Tod am Don lebt, wird völlig vom Kosakengeist durchdrungen. So war das auch mit Scholochow. Seine Sprache ist Kosakensprache. Ich schätze sein Buch sehr. Er hat viel Mut bewiesen, er ist nicht selten über die damaligen Grenzen hinausgegangen. Von den fünf russischen Nobelpreisträgern steht er für mich hinter Iwan Bunin auf Platz zwei.«

»Und Boris Pasternak?«

»Man hätte ihn nicht verfolgen sollen. Sie hätten ihn in Ruhe seine Gedichte und Geschichten schreiben lassen sollen. Er war begabt, aber nicht übermäßig. Ich habe es trotz aller Mühe nicht geschafft, seinen ›Doktor Schiwago‹ zu Ende zu lesen. Mir drängte sich der Eindruck auf, hier schreibt ein Ausländer über die Russen. Ich weiß, der Westen verehrt Pasternak. Ich sehe ihn anders. Tut mir leid!«

Leonid Schatochin ereifert sich nicht, aber seine Meinung ist fest. Er ist davon überzeugt, dass Pasternak, Solschenizyn und Brodskij als politische Figuren mit dem Nobelpreis ausgezeichnet wurden. Dass ein Mann wie Solschenizyn, der in Rostow am Don seine Kindheit und Jugend verbracht hatte, Scholochow die Autorenschaft am »Stillen Don« abgesprochen hat, macht den Regisseur nicht irre. »Solschenizyn stammt zwar von hier, aber er war ein Städter. Anders als Scholochow kannte er die Sprache der Kosaken nicht. Ich halte seine Argumente für untauglich.«

»Aber konnte ein so junger Mensch, wie es Scholochow damals war, ein solches Riesenwerk schreiben?«, bringe ich den Dauerbrenner der Anti-Scholochow-Argumente vor.

Leonid Schatochin kontert mit Puschkin und Lermontow, die als blutjunge Menschen große Werke vollbracht hätten. Der liebe Gott schenke manchmal nur die Kraft für eine außergewöhnliche Tat. Alexander Gribojedow sei mit seinem berühmten Stück »Verstand schafft Leiden« ein solcher Fall. Nicht jeder sei ein Tolstoi, der sein ganzes Leben großartige Literatur geschrieben habe. »Aber es ist nicht so, als ob es nach dem ›Stillen Don‹ nur noch Stümperhaftes von Scholochow gegeben habe. Sein unvollendeter Roman ›Sie kämpften für ihre Heimat‹ ist keine schlechte Literatur. Wenn man drei Kapitel aus seinem Roman ›Neuland unterm Pflug‹ streichen würde, könnte man es für ein antisowjetisches Buch halten. Wir haben daraus ein Stück gemacht und nennen es ›Die Weiberrebellion‹. Darin gibt es keine einzige Verbeugung vor den damaligen Machthabern. Also, der Propagandaschreiber, als der er gerne dargestellt wird, war er nach meinem Urteil nicht.«

Leonid Schatochin ist Kosak, und die Kosaken lassen auf Scholochow nichts kommen. Sie sehen ihn als den stärksten Anwalt ihrer Sache. Einen wie Scholochow möchten sie heute an ihrer Seite haben, denn sie fühlen sich nach wie vor nicht gebührend anerkannt. Wenn sie in die Geschichte zurückblicken, ist es mit ihnen in der Tat steil bergab gegangen. Zum Ende der Zarenzeit gab es zwölf eigenständige Kosakenheere, sie machten zwei Drittel der russischen Kavallerie aus. Jetzt gibt es in der russischen

Armee, wie uns das Verteidigungsministerium in Moskau mitteilt, keine einzige Kosakeneinheit mehr. Aber so ganz ohne Kosaken kommt die Armee in ihrem zum Teil beklagenswerten Zustand wohl doch nicht aus. So dürfen sie als selbstständige Truppen in enger Absprache mit der Armee bei speziellen Operationen agieren, zum Beispiel im Kaukasus. Den Kosaken ist das aber längst nicht genug. Das Kriegerische bleibt ihnen im Blut. Sie möchten eigene Regimenter für Einsätze in den Bergen, zur Aufklärung, zur Sicherung der Grenzen, zur Unterdrückung von lokalen Unruhen, zur Aufrechterhaltung der inneren Ordnung. Wenn man das liest, versteht man die Zurückhaltung Moskaus.

»Welchen Status haben die Kosaken heute eigentlich?«, frage ich den Regisseur.

»Überhaupt keinen. Der Staat tut alles, um eine Wiedergeburt des Kosakentums zu verhindern.«

»Welche Rolle spielt Nowotscherkassk als Hauptstadt der Kosaken?«

»Eine rein dekorative Rolle! Einfluss auf die Politik gibt es von hier nicht, schon gar nicht auf die große. Von den Kosaken wird Loyalität gegenüber der Regierung erwartet, damit sich die anderen Gruppen ihrem Vorbild anschließen.«

»Wie viele Kosaken gibt es?«

»Im Gebiet Rostow haben sich 600 000 Menschen als Kosaken eintragen lassen. Die Kosaken waren auch in der Zarenzeit nicht besonders zahlreich, aber immer auffallend. So ist das auch heute noch, aber nur noch in der Kultur. Ganz Russland singt Kosakenlieder. Die Hälfte der russischen Folklore stammt von den Kosaken.«

Leonid Schatochin liefert uns das Stichwort. In Starotscherkassk findet ein Folklorefestival statt. An jedem Wochenende treten von Mai bis September ein gutes Dutzend Kosakenchöre auf, jedes Mal neue. Sie kommen aus ganz Russland. Das Reservoir scheint unerschöpflich zu sein. Kein Kamerateam kommt an dem bunten Treiben vorbei. Wir sind also bei Weitem nicht die Ersten, die sich hier umschauen. Aber das soll uns nicht schrecken. Wir wollen der alten Kosakenhauptstadt die Reverenz erweisen. Im Übrigen will ich endlich einen amtierenden Ataman kennenlernen. Welcher Ort könnte dafür besser geeignet sein als Starotscherkassk! Ataman Fjodor Fjodorowitsch hat sich zu einem Gespräch mit dem Autor aus Deutschland bereit erklärt, wie mir feierlich mitgeteilt wird.

Doch bevor wir uns in die vergangene und heutige Kosakenherrlichkeit begeben, machen wir einen Abstecher in die Zukunft. Sie liegt unmittelbar vor Starotscherkassk direkt am Don. Ein schlichtes Schild weist uns den Weg. »Golf- und Country-Club Don« steht dort auf Kyrillisch. Der Schriftzug wird vom Bild der Heeres-Auferstehungskirche von Starotscherkassk mit ihren neun grünen Kuppeln gekrönt. Future meets past, eine attraktivere Verbindung kann es hier nicht geben. Clevere Geschäftsleute sind offensichtlich am Werk.

Beim Filmen von Reisereportagen wird nach zwei Gesetzen gehandelt: entweder Überrumpelung oder sorgfältige Vorbereitung. Hier agieren wir nach Plan zwei. Wir haben uns rechtzeitig angemeldet, was sich auszahlt. Als wir eintreffen, sind auch die Hauptakteure zugegen, die Herren Kusin und Mokinski. Konstantin Kusin, ein Mann in den frühen Vierzigern, ein erfolgreicher Unternehmer aus Rostow, ist Hauptaktionär und Vorsitzender des Direktorenrates des Golf- und Country-Clubs Don. Jürgen Mokinski aus dem westfälischen Rheda-Wiedenbrück darf ebenfalls als erfolgreich bezeichnet werden. Er hat 190 Golfplatzanlagen in aller Welt gebaut. Die Pensionsgrenze liegt hinter ihm. Nun ist er im Auftrag seines Sohns und Nachfolgers unterwegs, um die Arbeiten an den kostspieligen Projekten vor Ort zu überwachen.

Golf in Russland, das ist wieder eine Kombination, die mir unwirklich vorkommt. Mir fällt dazu eine Geschichte aus dem Jahre 1969 ein. Damals gab der Sportminister der Sowjetunion in Moskau eine internationale Pressekonferenz. Er pries die grandiosen Erfolge der Arbeiter- und Bauernklasse auf allen Gebieten der Leibesübungen, ob im Winter oder Sommer. »Auf allen Gebieten?«, meldete sich der damalige ARD-Korrespondent Lothar Loewe skeptisch und schob die Frage nach: »Was gedenkt die Sowjetunion zur Entwicklung des Golfsports zu tun?« Dem Sportminister verschlug es die Sprache. Als er sie wiederfand, verkündete er mit vor Empörung zitternder Stimme: »Den Kapitalistensport Golf wird es in unserem Staat nie geben.« Der Funktionär hat recht behalten, allerdings aus damals unvorhersehbarem Grund. Es gibt den Staat Sowjetunion nicht mehr, dafür aber Golf in Russland.

Das Clubhaus ist brandneu. Die Küche hat Niveau, der Shop auch, was Angebot und Preise angeht. Wir machen eine Tour über die Anlage. Auf der Driving Range wird fleißig geübt. Ein großer Teil des Platzes ist noch im Bau. En passant vermittelt uns der Investor einen Einblick in die Denkweise des neuen Russland. Insgesamt geht es um ein Programm zur Entwicklung des Tourismus in Rostow und Umgebung. Allein in dieses Projekt wird eine Milliarde Dollar investiert. Läuft es gut an, werden weitere Milliarden folgen. Ausgangspunkt ist der Golfplatz am Don. 18 Löcher selbstverständlich, um internationale Meisterschaften abhalten zu können. Am Fluss wird ein Hafen für dreihundert Jachten gebaut. So ist für die Verbindung zum Asowschen und zum Schwarzen Meer gesorgt. Eine neue Straße verkürzt die Fahrzeit zum Flughafen, dessen Ausbau ebenfalls angestrebt wird, auf zwanzig Minuten.

Direkt an der Golfanlage entsteht ein »Le Méridien«-Luxushotel, gebaut vom größten Hotelier der Welt. Ergänzt wird der Traum in der Steppe durch eine weiträumige Parklandschaft, gespickt mit prachtvollen Villen. Sie bilden fünf Kerne, die Amsterdam, Berlin, Madrid, Paris und Wien heißen. Um den großen Namen gerecht zu werden, werden die Straßenzüge wie im Zentrum der jeweiligen Metropole angelegt. Das Ganze wird von tausend weiteren Häusern der gehobenen Klasse umgeben. Wer kulturelle Abwechslung und seelische Erbauung sucht, findet sie in unmittelbarer Nachbarschaft. Das kleine Starotscherkassk hat ein stattliches Angebot an Museen und Kirchen. Die politische und kulturelle Geschichte des russischen Südens lässt sich hier mit all ihren Dramen erkunden.

»Mit welchem Publikum rechnen Sie?«

»In erster Linie mit einheimischem! Aber es haben sich schon eine Reihe von Interessenten aus Österreich, Frankreich, Deutschland und sogar aus den Emiraten gemeldet. Ebenso liegen eine Menge Anfragen aus Moskau vor.«

»Gehen Sie nicht ein gewaltiges Risiko ein? Golf hat doch keine Tradition in Russland.«

»Das ist richtig. Es ist eine neue Kultur, aber wir Russen sind neugierig und an Sport interessiert. Wir Investoren sind professionelle Manager. Wir können Risiken einschätzen. Unser Projekt wird erfolgreich. Die ganze Region wird einen Schub erhalten. Die Bevölkerung steht dahinter. Die Touristen werden kommen. Es erwartet sie ein vielfältiges Angebot. Das wird sich schnell herumsprechen.«

Peter der Große, der Eroberer des russischen Südens, hätte Gefallen an seinen wagemutigen Nachfahren. Bis jetzt gibt es nur wenige Golfanlagen in Russland. Um St. Petersburg und Moskau sind Plätze gebaut worden. Ihre Qualität wird nicht sonderlich hoch eingeschätzt.

Hier will man sich mehr der Landschaft anpassen, sie auf unaufdringliche Art verschönern. Die vorhandenen Bäume und Sträucher werden erhalten, viele sind es in der kahlen Steppe nicht. Zweitausend neue Bäume sind angepflanzt worden.

»Warum arbeiten Sie mit einer deutschen Firma und einem deutschen Architekten zusammen?«

»Weil sie in einem Wettbewerb mit vielen Teilnehmern das beste Angebot abgegeben haben! In der bisherigen Zusammenarbeit fühlen wir uns voll und ganz bestätigt. Wir spüren eine große Nähe in unseren Auffassungen. Sicher, es gibt Mentalitätsunterschiede, aber der Umgang miteinander ist angenehm. Das gute Resultat spricht für sich selbst.«

Konstantin Kusin tritt vor der Kamera zurückhaltend auf. Er gehört nicht zu den lauten Neureichen, so mein Eindruck, auch wenn er sich das Statussymbol eines rassigen Zweisitzers nicht versagt. Die Mitarbeiter sprechen mit Respekt über ihn. Trotz seines Reichtums habe er sich im Wesen nicht verändert. »Er ist gut zu seiner Frau, er betrügt sie nicht und er kümmert sich sehr um seine Kinder.« Wir hören es mit Sympathie. Die Person, der wir die freundliche Bewertung des Investors zu verdanken haben, möchte nicht genannt werden, was ich zu respektieren verspreche.

Jürgen Mokinski gehört zu den Menschen, die, ohne viel Aufhebens zu machen, überall in der Welt zurechtkommen. Er fände selbst in der Wüste Gobi schnell Anschluss. Obwohl er kein Russisch spricht, hat er keine Probleme, allein in Rostow

315

einzukaufen und auszugehen. Mit viel Intuition, ein wenig Deutsch, ein wenig Englisch und ein paar Brocken Russisch schlägt er sich in Geschäften, Restaurants und öffentlichen Verkehrsmitteln locker durch. Er ist gut trainiert. Auf anderen Erdteilen geht er ebenso beherzt auf die Menschen zu. Er wisse, dass er in einem fremden Land zu Gast sei, sagt er mir. Deshalb benehme er sich zuvorkommend. Er wolle lernen und nicht belehren. Das habe ihm auf die Dauer großen Gewinn an Erkenntnissen und Erfahrungen gebracht.

Wir kutschieren über die Anlage. Die fertigen Grünflächen werden fleißig besprengt. Von einem künstlichen Hügel aus blicken wir auf den Don, der nur wenige Meter von uns entfernt in gewohnter Erhabenheit seines Weges zum Schwarzen Meer zieht. »Wir befinden uns in einem Überflutungsgebiet des Don. Für uns ist das kein Problem. Der Steppenboden bereitet uns auch keine besonderen Schwierigkeiten. Die schwarze Erde ist hier drei bis vier Meter dick. Wir bewegen zwar einige Hunderttausend Kubikmeter Boden, zwingen der Landschaft unseren Golfplatz aber nicht auf. Wir passen uns an. Die Landschaft soll ihren Charakter behalten.«

»Was ist mit dem Rasen? Im Winter herrscht hier doch starker Frost.«

»Der Rasen ist weltweit gleich. Der Standard darf nicht variieren, auch wenn die Böden unterschiedlich sind. Bei zwanzig, manchmal sogar dreißig Grad minus im Winter friert natürlich der Rasen ein. Mit der richtigen Mischung passen wir uns den klimatischen Gegebenheiten an, damit der teure Rasen bei extremen Temperaturen nicht kaputtgeht.«

Der Mann aus Rheda-Wiedenbrück hat mehrere Berufe ausprobiert. Dabei entwickelte er beachtliche Risikobereitschaft. Mit 22 Jahren gründete er eine Firma für Tiefbau und Kulturlandschaftsbau. Sein Können als Golfplatzbauer sprach sich herum, nicht nur in Deutschland. In zehn Ländern baute seine Firma nach den Vorgaben des jeweiligen Architekten Anlagen unterschiedlichen Charakters. In China hat er auch Kundschaft. In der Volksrepublik sei Golf natürlich noch eine elitäre Sportart, ebenso wie in Russland. Aber dort wie hier sei dieser Sport im Kommen. In Deutschland habe es ja auch lange gedauert, bis daraus fast schon ein Volkssport geworden sei. Die wenigen Plätze bei Moskau und Petersburg kommen bei Jürgen Mokinski nicht gut weg. Was Architekt Püschel aus dem mittelrheinischen Mettmann für die Anlage von Starotscherkassk entworfen habe, stelle eine weit höhere Klasse dar. Hier werde strikt dem Umweltschutz Rechnung getragen. Seen und Biotope seien angelegt werden. Das Wild habe die veredelte Umgebung bereits angenommen. Jürgen Mokinski bemüht zum Schluss unserer Rundtour auf dem Golfwagen einen märchenhaften Vergleich. Aus dem Aschenputtel in der Steppe sei eine bildschöne Prinzessin geworden. Investor Kusin und seinen Mitaktionären wird es recht sein.

Mit seinen 68 Jahren wirkt der Golfplatzbauer aus Westfalen überhaupt nicht wie ein Rentner. Sein dichtes grau meliertes Haar, seine schlanke Gestalt und sein frisches Denken und Auftreten lassen ihn jünger erscheinen. Er hat noch viel vor. Am Schwarzen Meer baut seine Firma eine weitere hochklassige Anlage. Außerdem möchten sie einen Golfplatz bei Wolgograd bauen. »Wo denn?«, frage ich. »Auf dem östlichen Ufer der Wolga!« Wenn das General Paulus gewusst hätte, dass ein deutscher Golfplatzbauer einmal weiter kommen sollte als seine 6. Armee!

Ataman Fjodor Fjodorowitsch hat seine Kosaken fest im Griff. Wir treffen den schwergewichtigen jungen Mann am Badestrand von Starotscherkassk. Auf den Uferwiesen unter den Bäumen wird der ausklingende Sommertag in vollen Zügen genossen. Ein Dutzend junger Ehepaare hat sich mit ihren Kindern um einen Grill niedergelassen. Wir möchten sie filmen. Sie haben nichts dagegen. Die Männer sind gerne bereit, uns ihre Auffassung vom Kosakenleben zu erzählen. Aber der Ataman macht nicht mit. Er findet, seine Leute hätten schon zu sehr dem Wodka zugesprochen. In dieser Verfassung sollten sie nicht vor die Kamera treten. Seine Entscheidung wird widerspruchslos akzeptiert. Wir verabreden uns für den nächsten Tag.

Die Unterkunft gefällt uns. »Staryj Gorod« heißt das kleine Hotel, zu Deutsch »Alte Stadt«. Der schlichte Charme des kompakten zweistöckigen Holzhauses passt zu dem Namen. In der

Nacht vernehme ich ungewohnte Töne. Mit Blitz und Donner rauscht prasselnder Regen herunter. Seit fast zwei Wochen war nicht ein Tropfen vom Himmel gefallen, aber jetzt scheinen alle Schleusen geöffnet worden zu sein. Wenn das so weitergeht, wird das Festival des Kosakenliedes einiges auszuhalten haben. Es geht aber nicht so weiter. Am Morgen hat es aufgehört zu regnen. Wir gelangen von Niederschlägen unbehelligt in die Heeres-Auferstehungskathedrale. Von außen wirkt sie mit ihren neun kleinen, in kräftigem Grün gestrichenen Zwiebeltürmen ein wenig verwachsen, aber einladend gemütlich.

Rhythmischer Bittgesang klingt uns entgegen, als wir die Kirche betreten. Voller Hingabe erfleht die Gemeinde wieder und wieder Gottes Schutz und Hilfe. Der Innenraum ist nicht besonders groß, aber die Ausstrahlung der Ikonostase, der Ikonenwand, überwältigend. Mächtig wie eine Kathedrale richtet sie sich hinter den vier Priestern auf, die die Gemeinde durch den Gottesdienst führen. Mich fasziniert die Ikonenwand. Ein solches Wunderwerk der Schnitzkunst und Tafelmalerei habe ich noch nicht gesehen. Alle Heiligen scheinen sich hier versammelt zu haben. Hierarchisch geordnet präsentieren sie sich über sechs Etagen. Auf 149 komme ich, als ich die Ikonen durchzähle. Gekrönt werden sie vom Bild des gekreuzigten Jesus Christus.

Die Gemeinde steht dicht gedrängt zusammen, als suche sie gemeinsam die Gunst des Allerhöchsten zu gewinnen. Hier und da ist ein Quadratmeter frei. So kann ich auf einer eisernen Platte im Fußboden nachlesen, dass an dieser Stelle »der große Zar Alexander Pawlowitsch I. am 14. Oktober im Jahre 1825 gebetet hat«. Es hat ihm offenbar nicht viel geholfen, denn sechs Wochen später ist der Napoleon-Bezwinger und Gründer der Heiligen Allianz nebenan im Städtchen Taganrog gestorben. Nur 48 Jahre alt ist er geworden. Wenn ich mich in der Heeres-Auferstehungskirche umschaue, stelle ich fest, dass sich die Kosaken einiges leisten konnten. Der gewaltige Barock-Kronleuchter strahlt ebenso gediegene Wohlhabenheit aus wie die kostbare Malerei auf den Emporen in warmem Rot und Ocker, mit Motiven aus dem Alten und Neuen Testament. Schönere Emporen wird man so leicht nicht finden.

Während das Kamerateam seine Dreharbeiten fortsetzt, wende

ich mich an einen Mönch, der im Vorraum Kerzen, Heiligenbilder und Bücher verkauft. Er hat Zeit und lässt sich gerne befragen. Die Ikonen seien Mitte des 18. Jahrhunderts geschaffen worden, lässt er mich wissen. Allein vierzig stammten vom Ikonenmaler Jegor Iwanow Grek aus Moskau.

»Wann wurde die Kirche gebaut?«

»Am 1. Februar 1719 wurde sie eingeweiht. Zehn Jahre hatte der Bau gedauert. Einige Steine sind von Peter dem Großen persönlich gemauert worden.« Der Zar scheint damals allgegenwärtig gewesen zu sein. Er machte manchmal aber auch absonderliche Gesetze. Ursprünglich war die Heeres-Auferstehungskirche aus Holz gebaut worden. Nachdem sie zweimal abgebrannt war, wurde sie in Stein gebaut. Doch dann kam der Zar auf die Idee, Kirchen aus Stein zu verbieten. Unter heutigen Bedingungen würde man mutmaßen, dass sich die Holzlobby bei Hofe durchgesetzt hatte. Zum Glück ließ der große Peter die Heeres-Auferstehungskirche in Stein vollenden.

Der Glockenturm nebenan sei fünfzig Meter hoch, von dort könne ich den Don entlang bis Rostow schauen, verrät mir der Mönch. Weit komme ich mit dem Tipp nicht. Die Tür zum Glockenturm ist verschlossen. Dafür habe ich nun Zeit, eine schwere Kette zu betrachten, die in die Kirchenwand eingemauert ist. Einer Plakette entnehme ich, dass in diese Kette 1671 der Kosakenführer und Rebell Stenka Rasin gelegt wurde. Doch die Heeres-Auferstehungskirche hat noch mehr zu bieten. So können die Trophäen bewundert werden, die die Kosaken von ihrer erfolgreichen Belagerung der türkischen Festung in Asow mitgehen ließen. Ich kann nur staunen, welche Mühe sie sich dabei machten. 1105 Kilogramm wiegt allein der geklaute eiserne Türflügel. Im Jahr 1642 wird der Transport nicht ganz leicht zu bewerkstelligen gewesen sein, zumal die Kosaken auch noch einen Waagebalken mit dem Leichtgewicht von 880 Kilogramm quasi als Handgepäck mit sich führten.

Verständnisvoll schaut Matwej Iwanowitsch Platow herüber. Er kannte seine Kosaken und ihre Lust am Beutemachen. Unter der Büste des Atamans treffe ich auf einen Mann, der vergeblich versucht, den defekten Regenschirm seiner Frau zu reparieren, dafür aber eine hübsche Geschichte zu erzählen weiß. Am 14. März 1814 seien die Kosaken in Paris eingerückt. Die Bevölkerung fürchtete Schlimmstes. Die Barbaren könnten sich für den Brand von Moskau rächen, war die allgemeine Erwartung. Doch es sei anders gekommen. Zar Alexander I. sei ein weiser Mann gewesen. Er habe gewusst, dass ein armer Soldat leicht zum Marodeur werden könne. Deshalb habe er den Kosaken den Jahressold in dreifacher Höhe auszahlen lassen. Viel wird es dann immer noch nicht gewesen sein.

Aber nicht der Sold des Zaren, sondern der Ukas des Atamans sei ausschlaggebend für das chevareleske Verhalten der Kosaken gewesen sein. »Wir Kosaken des russischen Herrschers bilden ein edles und zivilisiertes Heer«, ließ Matwej Iwanowitsch Platow verkünden. »Den Bewohnern von Paris darf kein Leid zugefügt werden. Insbesondere sind ihre Madames und Mademoiselles nicht zu belästigen. Es sei denn, es besteht gegenseitiges Einverständnis.« Mein Gewährsmann glaubt zu wissen, dass das gegenseitige Einverständnis häufig hergestellt wurde.

Die Russen mit den wilden Bärten seien insgesamt von allen Besatzern die Hauptattraktion in der französischen Hauptstadt gewesen. Ihr Lager hätten sie auf den Champs-Élysées aufgeschlagen. Zum Baden seien sie zum Erstaunen der beeindruckten Anwohner nackt, wie Gott sie erschaffen habe, in die Seine gesprungen. Aber ganz astrein war ihr Auftreten wohl nicht. Die Pariser Geschäftswelt stellte Verluste in Millionenhöhe fest, die der ehrpusselige Graf Michail Woronzow durch Verkauf verschiedener Besitztümer aus der eigenen Tasche beglichen haben soll. Die Großzügigkeit des russischen Grafen mag Grund dafür sein, geht mir durch den Sinn, dass Frankreichs Präsidenten in Krisenzeiten mehr als andere für Moskau Verständnis zeigen, wie gegenwärtig in der Kaukasus-Frage. Aber stimmt die Geschichte überhaupt? Sie habe in der »Komsomolskaja Prawda« gestanden, erfahre ich auf meine Nachfrage. Wer wie die genannte Zeitung mit »prawda« die Wahrheit in ihrem Titel trägt, sollte für seriöse Information stehen, sage ich mir.

Das Festival des Kosakenliedes wird gleich beginnen. Vom Gutshof, den der Ataman Jefremow dankenswerterweise der Nachwelt hinterlassen hat, sind erste Gesänge zu hören. Strammer Wind rauscht durch die Bäume. Es beginnt zu regnen. Wir sprinten an fünf Kosakenchören vorbei, deren Mitglieder verwundert hinter uns herschauen, weil wir vor ein paar Tropfen Reißaus nehmen. In feschen Uniformen und Trachten haben die Kosakinnen und Kosaken am Straßenrand Aufstellung bezogen, um sich warmzusingen. Tapfer schmettern sie ihre Lieder gegen Regen und wachsenden Sturm an. Doch dann regnet es nicht mehr, es schüttet. Nun gibt es auch für die Kosakinnen und Kosaken kein Halten mehr. Sie stürmen hinter uns her, um in Jefremows Hofkirche Zuflucht zu suchen. Ich habe mich im Zeitschriftenkiosk in Sicherheit gebracht. Der große Platz im Hof, wo das Festival jetzt eigentlich starten sollte, ist wie leer gefegt. Auf dem Banner über dem Podium lese ich die stolze Losung »Es gibt nichts Freieres als den stillen Don«. Der Sturm droht es zu zerreißen, aber es hält den Naturgewalten stand.

So blitzartig das Unwetter gekommen ist, so schnell verzieht es sich wieder. Während vom Podium her die ersten Tonproben über den Hof scheppern, begebe ich mich in das Büro der Astapenkos. Vater und Sohn sind promovierte Historiker. Sohn Jewgenij Michajlowitsch nimmt sich meiner an. Er spricht gut Deutsch und probiert es mit Erfolg an mir aus. So bin ich in der Lage, die Geschichte von Starotscherkassk auf der Basis zuverlässiger Informationen eines angesehenen Mitglieds der Petersburger Akademie der Kunst und Wissenschaften zu erzählen.

Wie so vieles in der Welt liegen die Anfänge des Ortes ein wenig im Dunkeln. Wahrscheinlich wurde er von Saporoger Kosaken, die vom Dnjepr herübergekommen waren, in der zweiten Hälfte des 16. Jahrhunderts gegründet. Da sie zu den Tscherkessen zählten, lag es für sie nahe, ihre Neugründung am Unterlauf des Don »Tscherkassk« zu nennen. Die erste schriftliche Erwähnung der Siedlung stammt aus dem Jahre 1593. Das erste große Bravourstück der Tscherkessen aus Tscherkassk fand in den Jahren 1637–1641 statt, als sie trotz zahlenmäßiger Unterlegenheit die türkische Festung Asow im Sturm nahmen und über längere Zeit verteidigten. Aber da der russische Zar sie sitzen ließ, mussten sie sich wieder zurückziehen, unter Mitnahme allerhand beweglichen Gutes. Das Osmanenreich revanchierte sich mit einem Gegenbesuch von ähnlicher verheerender

Qualität. Tscherkassk wurde zerstört, aber umgehend zurückerobert und 1644 zur Hauptstadt aller Don-Kosaken erklärt, an der sich von nun an keiner mehr vergreifen sollte. Tscherkassk wurde zur Festung ausgebaut.

»Warum werden alle wichtigen Einrichtungen mit dem Zusatz ›Heer‹ versehen?«

»Die Militärdemokratie der Kosaken basiert auf dem Heer. An seiner Spitze stand der Heeresataman, der oberste Führer. Das wichtigste Organ war die Heeresversammlung. Alle Kosaken über 17 Jahre hatten das Recht, an ihr teilzunehmen. Wenn sie ›ljubo‹, zu Deutsch ›einverstanden‹ brüllten, war die Entscheidung sofort Gesetz, an das sich jeder Kosak halten musste. ›Ne ljubo‹ bedeutete Ablehnung. So entwickelte sich eine militärische Gesetzgebung, die für das ganze Don-Gebiet gültig war.«

»Wo fand die Heeresversammlung statt?«

»Hier auf dem Platz vor der Heeres-Auferstehungskirche. Weil nichts ohne das Militär ging, wurden auch zivile Einrichtungen entsprechend benannt, wie die Heereskanzlei, die Heereszivilregierung oder das lateinische Heeresseminar.«

Apropos lateinisches Seminar: Die Kosaken waren nicht schlichte Haudraufs, in ihrem Heer wurde Wert auf Bildung gelegt. In Tscherkassk gab es kostenlosen Schulunterricht, ein Gymnasium wurde eingerichtet, eine reich bestückte Bibliothek wurde aufgemacht, und Zeitungen aus Moskau gab es zu lesen. Selbst die »Hamburger Deutschen Nachrichten« konnten abonniert werden. Auch in der Wirtschaft waren die Kosaken keine Hinterwäldler. Einige Kaufleute brachten es zu ordentlichem Reichtum, da durch den Handel über das Schwarze Meer gute Gewinne erzielt werden konnten.

Besonders weit brachten es die Jefremows. Der Begründer der Dynastie am Don, ein gewisser Jefrem Petrow, hatte seinen Lebensmittelpunkt in der zweiten Hälfte des 17. Jahrhunderts von Moskau nach Tscherkassk verlegt, wozu allerhand Schneid gehörte, denn das Kosakenhauptstädtchen war erstens in jener Zeit alles andere als vor äußeren Feinden sicher und zweitens von der Lebensqualität her kaum eine empfehlenswerte Adresse. Dank überdurchschnittlichem Engagement schaffte es die Familie Jefremow sehr bald, eine führende Stellung im Gemeinwesen der Kosaken einzunehmen. Danila Jefremowitsch und sein Sohn Stepan Danilowitsch wurden Mitte des 18. Jahrhunderts zu Heeresatamanen der Don-Kosaken gewählt. Höher hinauf ging es nicht mehr. Beide ließen sich in prächtigen Gewändern porträtieren, was sie besser nicht gemacht hätten. Der Vater gleicht eher einem dicken Pfeffersack als einem kühnen Krieger, sein Sohn posiert wie ein weicher Dandy.

Doch nicht ihr militärischer Ruhm überdauerte die Jahrhunderte, sondern die zivilen Errungenschaften. Die Jefremows bauten unweit der Heeres-Auferstehungskirche einen Atamanpalast, der mit 21 Zimmern und tausend Quadratmetern ausreichend Platz für Familie und Besucher bot. Ferner gehörten zum Anwesen eine Hofkirche, ein Klostergasthaus, ein geräumiges Küchengebäude und eine ansehnliche Steinscheune. Das private Engagement von damals kommt heute der Allgemeinheit zugute. Das gepflegte Ensemble hat in Südrussland nicht seinesgleichen. Es beherbergt nicht nur ein Museum, es bietet darüber hinaus Ausstellungen stilvoll Platz. Auch in dieser Hinsicht setzten die Jefremows Maßstäbe. Sie betrieben die erste Kunstgalerie am Don. Milieugerecht wurden Porträts von Kosaken präsentiert, die sich im 18. Jahrhundert als Kriegshelden einen Namen gemacht hatten.

Tscherkassk verlor im Jahre 1805 seinen Status als Kosakenhauptstadt, weil es zwar den Feinden getrotzt hatte, aber regelmäßig von Überflutungen überrollt wurde. Da die neue Hauptstadt den Namen »Nowotscherkassk« erhielt, bekam Tscherkassk als alte Hauptstadt den Zusatz »Staro«, was die Stadt zum »Alten Tscherkassk« macht. In der Gunst der Touristen ist sie aber noch immer die Nummer eins.

Auf Ataman Fjodor Fjodorowitsch ist Verlass. Wie verabredet trifft er pünktlich um 13 Uhr auf dem Hof des Palastes ein. Begleitet wird er von drei Kosaken in Uniform. Wie er mit einem Blick feststellt, findet das Festival in bester Ordnung statt. Es bedarf seiner Anwesenheit nicht. Wir können uns auf die Veranda des nebenanliegenden Hotels »Staryj Gorod« zum Gespräch beim Mittagessen mit Borschtsch und Beef Stroganow zurückziehen. Als Aperitif ordere ich Wodka, was zu meiner Verwunderung Stirnrunzeln bei den Kosaken hervorruft. Dafür sei es noch ein bisschen früh, meinen sie, weisen das Getränk aber nicht zurück. Mir ist nicht ganz klar, ob das eine Masche ist oder ernst gemeint. Doch das ist jetzt nicht wichtig. Wir reden erst einmal über die Rolle des Atamans früher und heute. Man könne den Begriff mit »Vater« übersetzen, erklärt Fjodor Fjodorowitsch. So wie bei den Kosaken der Vater unumstrittenes Oberhaupt der Familie sei, werde der Ataman von denen, die ihn wählen, als Vater der Gemeinschaft betrachtet. Gewählt werde der Würdigste. Kühn und tapfer müsse er sein, fügt einer der Kosaken hinzu. Das Alter spiele keine Rolle. Er sei mit 25 Jahren gewählt worden, erzählt Fjodor Fjodorowitsch. Seit elf Jahren sei er im Amt, zuständig für anderthalbtausend Menschen im Städtchen Starotscherkassk und der Staniza Starotscherkasskaja.

»Was ist Ihre Aufgabe?«

»Ich habe darauf zu achten, dass es allen gut geht. Wenn es Probleme gibt, lösen wir sie gemeinsam. Dabei arbeite ich eng mit dem Bürgermeister zusammen. In der Regel entspricht er unseren Wünschen.«

Der Ataman von Tscherkass antwortet sehr diplomatisch. Für einen 36-jährigen Kosaken wägt er seine Worte überaus sorgfältig ab. Mir ist immer noch nicht klar, was seine Aufgabe ist. »Zu vermitteln!«, sagt er. In dem Gespräch wird deutlich, dass die Kosaken keinen klaren Status haben. Ihre Vorfahren seien die Stütze der Monarchie gewesen, sie wollten heute auch die Stütze des Staates sein. Sie seien Patrioten, in diesem Sinne pflegten sie ihre Traditionen.

»Sie tragen eine Uniform. Welchen Rang haben Sie?«, frage ich einen der Begleiter.

»Ich bin Wachtmeister der Kosakenarmee.«

»Was macht die Kosakenarmee?«

»Was macht sie? Wir sind dabei, unsere Traditionen wieder aufleben zu lassen.« Die gleiche Unklarheit! Keine eindeutige Antwort, ob sie zum regulären Militär gehören oder nicht. Sie seien ständig zum Einsatz bereit, sagen sie. Aber werden sie gerufen? Keine klare Antwort! Auf alle Fälle halten sie sich durch Militärübungen fit. Als Krieger nicht vollends anerkannt zu werden ist für einen Kosaken eine Schmach, auch heute noch.

Mein Tischnachbar ist Volkswirt. Ich wechsle das Thema und möchte wissen, wie es wirtschaftlich um Starotscherkassk bestellt ist. Der Ataman ist am Tisch für die Kosaken der Chef, also übernimmt er die Antwort.

»Die Perspektive ist vielversprechend. Hier entsteht eine wirtschaftliche Sonderzone. Der Tourismus kommt in Schwung. Alle Welt kennt unsere Lieder. Alle Welt will wissen, wie wir leben. Früher waren wir abgeschnitten. Da gab es nur eine Fähre, heute haben wir eine Autostraße. Starotscherkassk ist leicht zu erreichen.«

»Wie viele Touristen kommen zu Ihnen und woher?«

»Letztes Jahr waren es 130000 aus 61 Ländern. England, Deutschland, USA vorneweg. Wir haben Museen und drei Kirchen. Hier können die Menschen alles über die Kosaken und viel über die Geschichte Südrusslands wie des Schwarzen Meers lernen. Außerdem werden wir durch das Kloster ›Ikone Muttergottes am heiligen Don‹ bald Wallfahrtsort.«

»Was haben Sie sonst noch?«

»Persönlich bin ich dabei, die Landwirtschaft wieder anzukurbeln. Wir haben die Jahre der Stagnation überwunden. Jetzt beginnen wir erneut mit der Zucht von Rassevieh bei den Rindern.«

Arbeitslosigkeit gebe es nicht mehr. Man könne sich wieder Lohnerhöhungen leisten. Dass nebenan ein Golf- und Country-Club entstehe, sei zunächst misstrauisch betrachtet worden.

»Jetzt finden es alle gut.«

»Was ist mit den jungen Menschen? Betrachten sie sich noch als Kosaken?«

»Wir versuchen, ihnen die traditionellen Werte der Kosaken beizubringen«, sagt mein Nachbar zur Linken. »Sie sollen die Gesetze achten, ihre Eltern ehren und den Älteren mit Respekt begegnen. Vor allem sollen sie immer für ihr Land da sein.«

Die Kosaken nicken zu seinen Worten, aber dann wird es ernst. Mein Nachbar startet eine Kampagne gegen Wodka und Zigaretten. »Warum die Sauferei, warum die Qualmerei? Beides macht die jungen Leute kaputt. Wir müssen Vorbilder abgeben. Und was machen die hier? Sie rauchen eine nach der anderen.«

325

Fjodor Fjodorowitsch hält die Stellung, wie es sich für einen Ataman geziemt. Unbeirrt raucht er seine Zigarette zu Ende.

»Wie viel wiegst du?«, wird der Ataman gefragt.

»140 Kilogramm!«

»Mit dem Gewicht kannst du fünfzig werden. Mit deiner Raucherei schaffst du das nicht.«

»Wie viel Gramm Wodka darf ich am Tag trinken?«, möchte ich wissen.

»Hundert Gramm!«

»Vor dem Essen oder nach dem Essen?«

»Das ist egal. Nach dem Mittagessen verspüren Sie nur weniger.«

»Und was ist mit 200 Gramm?«

»Dann sind Sie ein Trinker?«

»Und an Feiertagen?«

»An Feiertagen haben die Kosaken immer Tee getrunken.«

»Was ist mit dem Ataman?«

»Der Ataman sollte überhaupt nicht trinken«, erklärt Fjodor Fjodorowitsch. »Er muss Vorbild für seine Untergebenen sein.«

Bei Scholochow hätte ich im »Stillen Don« von Gelagen der Kosaken gelesen, wende ich ein.

»Das war zu Beginn des 20. Jahrhunderts«, erklärt der Ataman. »Im 16. und 17. Jahrhundert gab es ein Gesetz: Kein Kosak durfte im Krieg Schnaps trinken oder Tabak rauchen. Wer erwischt wurde, musste mit dem Tod rechnen. Der Mann wurde einfach ertränkt.«

»Warum so brutal?«

»Es sollte verhindert werden, dass Kosaken wegen eines einzigen Betrunkenen ums Leben kommen. Deshalb wurde nicht lange gefackelt. Ab in den Sack und in den Fluss!«

Die Kosaken als strikte Antialkoholiker, mit dieser Entdeckung hatte ich nicht gerechnet. Wir reden über die Vergangenheit, über die Verstrickungen der Don-Kosaken im Zweiten Weltkrieg und dass sie von beiden Seiten ausgenutzt worden seien. »Ein krankes Thema!«, meint Fjodor Fjodorowitsch. Ganze Kosakendörfer seien mit den Deutschen gegangen. Tapfere Menschen, die für ein freies Kosakentum kämpfen wollten,

326

seien durch Betrug zu Verrätern gemacht worden. Die antisemitische Haltung, die bei den Kosaken weit verbreitet ist, kann auch Fjodor Fjorowitsch nicht verbergen. Im Bürgerkrieg und danach hätten Juden die Unterdrückung der Kosaken durch das kommunistische Terrorregime entscheidend betrieben. Andererseits bestreitet er nicht, dass Kosaken an Pogromen gegen Juden teilgenommen haben. Dennoch will er keine Juden und keine Moslems in Starotscherkassk. »Wir wollen keine brennenden Autos wie in Paris.« Mit meinen Gegenargumenten habe ich wenig Erfolg.

Was erwartet der Ataman von der Zukunft Russlands?

»Russland wird wieder eine Großmacht, vielleicht sogar eine Supermacht werden. Alle, die jetzt auf uns schimpfen, werden es bald wieder für eine Ehre halten, mit uns befreundet zu sein. Unser Land ist eines der reichsten Länder der Welt. Wer mit uns verbündet ist, ist gut dran. Deutschland sollte unser treuer Freund und Verbündeter in der Zukunft sein. Wir sind zwei Kriegervölker. Wir sollten enge Militärverbündete in der Zukunft sein. Das haben uns die tausend Jahre unserer Beziehungen gelehrt.«

In den tausend Jahren haben wir allerdings auch Erfahrungen gemacht, die uns das Gegenteil gelehrt haben.

327

Rostow – das Tor zum Kaukasus

Auf Rostow bin ich gespannt. »Tor zum Kaukasus« wird die Stadt genannt. Multikulti soll sie sein, sehr lebhaft und gesegnet mit hübschen Mädchen. Bei ihrer Gründung hatte Peter der Große, der am Don ja überall die Hand im Spiel hatte, einmal nicht Pate gestanden. Er hatte zwar die Stelle kurz in Augenschein genommen, war dann aber durch andere Geschäfte abgelenkt worden. Zwei Frauen spielten am Anfang der Stadtgeschichte von Rostow eine entscheidende Rolle. Die Zarin Elisabeth hatte 1749 den Ukas ausgegeben, hier am Don, an der Mündung des Flüsschens Temernik, eine Zollstation einzurichten, um den Kaufleuten das Geld abzunehmen. Die Türken saßen noch oder wieder an der Mündung des Flusses. Mit ihnen hatte sich ein einträglicher Handel entwickelt. Davon wollte der Zarenhof profitieren. Auch aus heutiger Sicht lässt sich sagen, dass die Rechnung der geschäftstüchtigen Elisabeth aufging. Möglicherweise wurde der Ort der Zollstation deshalb »Reiche Quelle« genannt. Um vor unangenehmen Besuchen geschützt zu sein, ließ die Zarin nach den Plänen des deutschen Ingenieurs Riegelmann eine Festung anlegen. Sie wurde nach einem hohen Kirchenmann, der als Metropolit in Rostow Welikij nördlich von Moskau gewirkt hatte, »Dmitrij Rostowskij« genannt.

Katharina die Große hatte sich dann veranlasst gesehen, die Entwicklung des jungen Städtchens zu forcieren. Die Zarin hatte soeben in einem sechsjährigen Krieg den Türken am Schwarzen Meer Gebiete von beträchtlichem Ausmaß abgenommen. Dazu gehörten der Nordkaukasus, die Krim und bis dahin noch nicht eroberte Teile des heutigen Russland. Um ihre Akquisitionen für die Zukunft zu sichern, startete die Zarin eine umfassende Siedlungspolitik. Von den Armeniern und deren Sinn für Kultur und Geschäft hielt sie besonders viel. Sie lockte sie mit einem großzügigen Angebot an. Armenier, die sich im Gebiet des heutigen Rostow niederließen, brauchten nicht in der Armee zu dienen, erhielten Steuervorteile, durften

Kirchen bauen und wurden beim Aufbau von Handelskontoren und Fabriken unterstützt. Der Erlass kam 1779 heraus und zeitigte großen Erfolg. 18 400 Armenier siedelten ins heutige Rostow am Don über. Nach einer heimatlichen Region an der Grenze zur Türkei nannten sie ihre neue Stadt Nor-Nachitschewan.

Hundert Jahre später verlor das neue Nachitschewan seine Privilegien. Die Armenier vergaßen dennoch die Großzügigkeit Katharinas nicht. Zusammen mit ihren russischen Nachbarn setzten sie ihr 1894 ein schönes Denkmal. Nur dreißig Jahre später stellten die Bolschewiken ihre Geschichtslosigkeit unter Beweis, indem sie die große Katharina durch Karl Marx ersetzten, für den sicher auch ein anderer Platz zu finden gewesen wäre.

Rostow am Don hat merkwürdigerweise weder Schriftsteller noch Dichter zu großen Taten herausgefordert. Dabei umgab die Stadt ein Reiz eigener Art. Als Musterbeispiel von Gesetz und Ordnung galt sie nicht, auch nicht in der Sowjetzeit. Deshalb wurde ihr gerne das Etikett »Chicago am Don« angehängt. Abgesehen davon, dass Chicago eine höchst attraktive Stadt ist, war der Beiname auch sonst nicht ganz ehrlos. Als Hafenstadt hatte Rostow Kontakte zur Außenwelt. Deshalb ging dort einfach mehr als in der übrigen abgeschotteten Sowjetunion. Gerne hätte ich das während meiner Korrespondentenzeit überprüft, aber irgendwie kam ich dort nie hin.

In dem neuen Hotel an der Uferpromenade erwartet uns eine unangenehme Überraschung. Die Klimaanlage funktioniert nicht, dafür aber das Thermometer. 33 Grad vermeldet das Gerät, es bleibt auch über Nacht stur bei dieser Anzeige. Das Frühstück hat westlichen Standard bei südrussischen Sommertemperaturen. Um ein bisschen über die Stadt zu erfahren, treffe ich mich mit Sergej Medwedew. Da draußen eine leichte Brise die Hitze wegweht, setzen wir uns vor die Eingangstür des Hotels. Medwedew ist Journalist, Rockbandtexter und Theaterautor. Er hat ein absurdes Horrorstück mit viel Situationskomik geschrieben, das zurzeit mit Erfolg auf drei Bühnen in Russland, in der Ukraine und in Ungarn läuft. Das Deutschlandradio wird es über seinen Kultursender ebenfalls ausstrahlen und hat Medwedew obendrein mit einem Preis ausgezeichnet.

Was erzählt die Geschichte, die offensichtlich nicht nur im eigenen Land ankommt? Eine Friseuse liebt einen Frauenmörder, der ihr aus dem Knast zärtliche Briefe schreibt, aber nach der Freilassung ihr Geld stiehlt und sie bei lebendigem Leib verbrennen will. Dies bringt einen Feuerwehrmann ins Spiel, der seinerseits entbrannt ist, aber in Liebe zur Friseuse. Er rettet seine Angebetete, womit die unglückselige Friseuse nun seiner Liebe ausgesetzt ist.

Sergej Medwedew ist gegenwärtig stellvertretender Chefredakteur der Zeitschrift »Kto glawnyj«, was sich mit »Wer ist der Wichtigste?« übersetzen lässt. Eine eigene Kolumne hat er auch. »Medweshij ugol« heißt sie und könnte »Medwedews Ecke« oder »Bärenhöhle« bedeuten. Aus seiner Ecke versucht er, auf gewöhnliche Verhaltensweisen und Begebenheiten ungewöhnliche Blicke zu werfen. Gelesen werden seine Beiträge mit Vergnügen, wie die Reaktionen zeigen. »Wer ist die Zielgruppe?«, frage ich. »Gebildete Männer!« Davon gibt es laut Auflage in Rostow 7 000.

»Wie lässt sich Rostow beschreiben?«

»Lebensbejahend, ein wenig chaotisch und auch ein bisschen schmutzig. Der Charakter einer Hafenstadt verliert sich schon in der nächsten Straße hinter dem Hafen.«

»Haben hier immer noch viele Nationalitäten ihr Zuhause?«

»Immer noch! Wir haben sogar einen rein türkischen Fußballverein. Traditionell gehören viele Armenier zu unserer Bevölkerung. Das alte Nachitschewan lebt im armenischen Stadtteil weiter. Eigentlich kommen alle Nationalitäten, auch wenn sie oft nebeneinanderleben, gut miteinander aus. Merkwürdig ist allerdings, dass die Armenier ihre Landsleute aus Berg-Karabach, die wegen des Krieges in ihrem Land hierhin geflüchtet sind, nicht mögen.«

»Spielen die Kosaken eine wichtige Rolle?«

»Nein, überhaupt nicht mehr. Wichtig ist hier Gouverneur Wladimir Tschub, und das seit zwanzig Jahren. Er sorgt für Stabilität und Freizügigkeit. Moskau ist dagegen weit. 1 226 Kilometer! Welche Politik Kreml und Regierung verfolgen, geht über die Entfernung verloren.«

»Und wirtschaftlich?«

»Wir haben Industrie in unserer Stadt. Landwirtschaftliche Maschinen und Hubschrauber werden hier gebaut, allerdings nicht mehr so viele wie früher. Aber Rostow ist mehr der Typ einer Handelsstadt. Das wird sich hoffentlich wieder verstärken.«

Wirtschaftlich bekomme Rostow die Macht Moskaus zu spüren, fügt Medwedew hinzu. »Bisnesmeny« aus der Hauptstadt hätten Rostower Unternehmen geschluckt, und eine Gruppe aus dem Dunstkreis des Moskauer Oberbürgermeisters Luschkow baue hier einen Stadtteil für 200 000 Einwohner.

»Sind die Menschen politisch interessiert?«

»Wenig! Die drei etablierten Parteien sind absolut uninteressant. Putins ›Jedinaja Rossija‹ heißt zwar ›Einiges Russland‹, tut aber wenig dafür, sondern sorgt sich als Beamtengruppierung in erster Linie um die Absicherung ihrer eigenen Macht und Geschäfte.«

»Was macht die Presse?«

»Sie ist im Prinzip frei. Zensur verspüre ich nicht. Ich habe bis vor Kurzem für eine Oppositionszeitung gearbeitet, stand deswegen aber nicht unter Druck. Es gibt allerdings Beamte im Machtapparat, die gerne im Sold der Wirtschaft Druck auf lokaler Ebene ausüben.«

»Was ist mit den jungen Leuten?«

»Sie sind unpolitisch, dafür aber weltoffen. Viele machen ihr Praktikum in Westeuropa und in den USA.«

»Woher kommen die vielen schönen Frauen?«

»Von hier! Das liegt an der Mischung. Armenier, Griechen, Russen, Türken, Ukrainer und viele andere mehr. Die Mädchen sind heute alle schlank, ihre Mütter hingegen ziemlich schwergewichtig. Hoffentlich werden ihre Töchter später nicht ebenso.«

»Was ist Ihre Lieblingsstraße?«

»Die Uliza Puschkina! Sie hat Stil, sie lädt mit ihren Bäumen und Bänken zum Spazierengehen ein. Die alten Häuser aus dem 19. Jahrhundert sind zum großen Teil wieder hergerichtet worden. Eine schöne Gegend!«

Wir brechen zu einer Stadttour auf und geben Sergej Medwedew recht. Auf der Puschkina lässt sich in der Tat angenehm

331

flanieren. Leider fehlt uns dafür die Zeit. Wir machen Aufnahmen von der Hauptgeschäftsstraße: der »Bolschaja Sadowaja«, der Großen Gartenstraße. Zur Sowjetzeit soll dies eine trostlose Meile gewesen sein, jetzt bricht das Angebot aus allen Häusern. Die Straße ist breit, trotzdem kommt der Verkehr nur stoßweise voran. Man könnte den Eindruck gewinnen, als hätten sich alle Autos der Stadt zur gleichen Zeit hierher verirrt, wenn man nicht vorher erlebt hätte, dass die anderen Straßen genauso unter dem Ansturm der Pkws und Lkws aller Altersklassen ächzen.

Die Große Gartenstraße spiegelt den Umbruch des Landes im Zustand der Gebäude wider. Verwitterte Häuserfronten wechseln sich mit farbenfrohen Fassaden ab. Dass die Bolschaja Sadowaja nicht überall Gediegenheit und Schick ausstrahlt, hat sicher nicht nur mit dem Sowjetsozialismus, sondern auch mit der brutalen Zerstörung zu tun, die der Stadt im Zweiten Weltkrieg widerfahren ist. Rostow war bereits fünf Monate nach Kriegsbeginn von deutschen Truppen eingenommen worden. Nach acht Tagen wurde die Wehrmacht wieder vertrieben, wobei sie eine Schneise der Verwüstung hinterließ. Zweihundert gefangene Rotarmisten wurden am Bahnhof erschossen. Dreitausend Zivilisten waren bei den Luftangriffen und Straßenkämpfen ums Leben gekommen.

Nach der Rückeroberung durch die Rote Armee begann gleich der Wiederaufbau. Doch im Juli 1942 wurde die Stadt erneut von der deutschen Wehrmacht eingenommen. Diesmal wurde es noch schlimmer. Die in Rostow lebenden Juden wurden zusammengetrieben und in der Schlangenschlucht erschossen. Nach der Niederlage in Stalingrad mussten sich die deutschen Truppen nach heftigen Kämpfen im Februar 1943 auch hier zurückziehen. Rostow lag in Schutt und Asche, darf sich jetzt aber »Stadt des militärischen Ruhmes« nennen, wie ich auf unserer Rundtour auf einem Banner lese, das quer über der Bolschaja Sadowaja hängt.

Der enorme Verkehr sickert auch in die Nebenstraßen ein. Die Beschaffenheit der Fahrbahnen lässt aber nur vorsichtiges Vorantasten zu, als ginge es über ein Minenfeld. Hier sieht Russland romantisch aus, aber die Bewohner wären gerne ein Jahrhundert weiter. Über die »Sozialistitscheskaja« gelangen wir folgerichtig in die »Sowjetskaja«, also von der sozialistischen in die sowjetische Straße, und erblicken den erstaunlichen Einfall aus den dreißiger Jahren, ein Theater in der Form eines Traktors zu bauen. Dass dieses weithin bekannte Beispiel des Konstruktivismus heute exotisch wirkt, liegt vermutlich an unserer Betrachtungsweise.

Wir sind im Stadtteil Nachitschewan angekommen. Die Straßen sind wie auf dem Reißbrett mit dem Lineal gezogen. Als die Armenier ankamen, haben sie ihre neue Umgebung offenbar nach den Prinzipien der Aufklärung klar und eindeutig organisiert. Ähnlich sind die Straßen auf der Wassiljewski-Insel in St. Petersburg geordnet. »Linien« heißen sie hier wie dort. Leider ist ihr Zustand nicht von gleicher Akkuratesse. Wir fallen von einem Schlagloch ins andere. Auch sonst sind wir nicht ganz glücklich. Wir bekommen das armenische Quartier bildlich nicht in den Griff. Die niedrigen Häuser werden völlig von den Bäumen in den Straßen verdeckt.

Am Ende der 10. Linie macht eine nicht mehr ganz frische Kirche auf sich aufmerksam. Es ist die Surab-Karapet-Kirche, was so viel heißt wie »Kirche des Göttlichen Herrn der Sonnenstrahlen«. Sie ist das letzte von ursprünglich sieben Gotteshäusern, das der armenischen Gemeinde von Rostow geblieben ist. Die anderen sechs sind dem Krieg oder der Verfolgung in der Stalinzeit zum Opfer gefallen. Die Kirche des Göttlichen Karapet hatte nicht nur die gesamte Sowjetzeit durchgehalten, sondern war auch nicht von den deutschen Besatzern geschlossen worden. Vater Thadeus freut sich, mir als Besucher aus Deutschland diese Mitteilung machen zu können. Anfänglich war der Priester ein wenig irritiert, als ich mich in seiner kleinen und leeren Kirche umschaute und dabei fleißig Notizen machte. Aber nun ist er von dem Interesse eines deutschen Reporters an der armenischen Gemeinde in Rostow angetan.

Vater Thadeus ist vor acht Jahren aus Armenien hierher gekommen. Eine arg geschrumpfte Gemeinde hatte er vorgefunden. Die Säkularisierung während der Sowjetzeit hatte auch die Reihen der armenischen Kirche im Nachitschewan am Don stark gelichtet. Nun wachse das Interesse wieder. Die Surab-Karapet-

Kirche werde für die Gottesdienste bald zu klein sein. Mit den Verantwortlichen in der Stadt arbeite er gut zusammen. Mit Russland pflege Armenien generell enge Beziehungen, denn Moskau sei die Schutzmacht seines Landes gegen die Türkei. Trotz des vertrauensvollen Miteinanders fehle es an Geld, um die Kirche in Schuss zu halten. Stattdessen werde das Kloster Surab Chatsch gegenwärtig gründlich restauriert. Er lege uns einen Besuch dringend ans Herz. Es gehöre zu den ältesten armenischen Klöstern in Russland. Nun diene es als Museum der armenisch-russischen Freundschaft. In der Glanzzeit des Klosters habe die Bevölkerung hier zu achtzig Prozent aus Armeniern bestanden.

Nichts geblieben ist von der früheren Kathedrale Nachitschewans. Die Apostelkirche war Gregorij Proswjetitel, Gregor dem Aufklärer, geweiht. Ihm war das Bravourstück gelungen, Armeniens Herrscher Tiridates III. zu missionieren, worauf der vorher engagierte Christenverfolger das Christentum zur Staatsreligion seines Landes erklärte. Das soll 301 gewesen sein. Nach dieser Lesart ist die armenische Kirche, woran mich Vater Thadeus erinnert, die älteste christliche Kirche in der Welt.

Dieser Tatbestand hat das kommunistische Regime nicht daran gehindert, in Rostow die Kirche von Gregor dem Aufklärer 1966 wegzusprengen. Ein Stein, den man allerdings erst 2001 aufzustellen wagte, erinnert die Nachwelt an den barbarischen Akt. Dahinter erhebt sich groß und wenig gewinnend das Gebietshaus der Volkskunst. Mich darüber zu mokieren fällt mir an dieser Stelle schwer, denn auch die wenig rühmliche Rolle der Deutschen in der Geschichte dieser Stadt wird hier ins Gedächtnis gerufen. Vor dem Gebietshaus erinnert ein mächtiges Ehrenmal an die vielen Tausend Rotarmisten, die im Kampf um Rostow gegen Hitlers Wehrmacht gefallen sind. Wie überall in der Welt verblasst auch hier mit der Zeit das Leid der Opfer. Auf einer der Gedenktafeln breitet ein Mädchen seine Kosmetika aus, um seine Fingernägel zu lackieren.

Ein Bezug zu Deutschland wird demnächst durch einen anderen ersetzt. Karl Marx aus Trier muss seinen Platz auf dem Postament für eine Frau aus Anhalt-Zerbst hergeben. Katharina die Große, die die Armenier hierhergebracht hatte, wird wieder in Nachitschewan am Don Einzug halten. Dabei wirkt der Begründer der kommunistischen Idee hier in seiner Überlebensgröße als Denkmal wie für die Ewigkeit geschaffen. Wer ihn in eindrucksvoller Darstellung in Mantel und mit der Hand am Revers für sich erwerben will, sollte sich an die Verantwortlichen in Rostow am Don wenden. Nicht mit allen Heroen der sowjetischen Vergangenheit wird rigoros Schluss gemacht. Die roten Marschälle Budjonnyj und Woroschilow halten unerschüttert ihre Stellung als Namensgeber großer Straßen.

Die nächste Aufgabe erfüllt das Kamerateam mit Vergnügen. Wir wollen die Axinjas von heute zeigen. Hermann Schulz hat keine Probleme, sie zu finden. Auf der Uferstraße, der Uliza Beregowaja, laufen sie ihm unbeschwert in die Kamera, mit und ohne männliche Begleitung, in jedem Fall mit dem Mobiltelefon am Ohr. Ihr Typ ist inzwischen durch Mode und Tennis international bekannt, schlank und langbeinig. Die stattliche Erscheinung der Roman-Axinja ist hier unter den Mädchen und jungen Frauen nicht vertreten, aber sie sind eindeutig Kosakengeschöpfe, ein hinreißendes Gemisch aus europäischem, kaukasischem und asiatischem Blut.

Denis Nikolajewitsch Guzko ist von Beruf Geologe, aber seit einigen Jahren als Schriftsteller tätig. Weil es sich beim Gespräch mit seinem Kollegen Medwedew bewährt hat, treffe ich mich auch mit ihm in der leichten Brise auf den zierlichen Stühlen vor unserem Hotel. Denis Guzko hat die ersten siebzehn Jahre in Tbilissi gelebt, wohin es seinen Großvater verschlagen hatte. Sein erster Roman spielt denn auch in vertrautem Milieu. Er handelt von den Konflikten im Kaukasus vor der Perestroika. Das Buch kam nicht nur beim Publikum, sondern auch bei der Kritik gut an. Guzko wurde mit dem Literaturpreis »Booker – Offenes Russland« ausgezeichnet. Von seinem neuen Roman, »Pokemon-Tag«, erhofft er sich gleichen Erfolg.

Die georgische Hauptstadt hat Guzko in angenehmster Erinnerung. Abneigung gegen Russen hat er damals nie zu spüren bekommen. Eine heitere, offene Atmosphäre habe dort geherrscht, die der Konflikt mit Russland, so hofft er, nicht auf Dauer zerstören sollte. Als er Ende der achtziger Jahre nach Rostow umgezogen sei, habe es ihm die Stadt schwergemacht. Der Toleranz von Tbilissi sei er hier in der Stadt am Don nicht begegnet.

»Was unterscheidet denn die beiden Städte?«

»In Tbilissi ist die Mischung der Nationalitäten bunter. Hier in Rostow gibt es auch viele Nationalitäten, aber es dominieren die Russen und die Armenier. Es herrscht keine Feindschaft zwischen ihnen, aber es sind zwei geschlossene Welten.«

»Was bestimmt den Charakter von Rostow?«

»Dies ist eine junge Handelsstadt. Hier herrscht Wettbewerb. Du musst immer bereit sein, die Vorstöße anderer zu parieren, deine Ellbogen einzusetzen.«

»Wie ist es um das Kosakentum bestellt?«

»Mein Großvater war Kosak. Aus seinem Mund habe ich nie einen üblen Fluch gehört. Er hat in Tbilissi wie andere seinen Wein getrunken, aber ich habe ihn nie betrunken erlebt. Er arbeitete für zwei und klagte nie. Das heutige Kosakentum betrachte ich wie einen zweiten Versuch, der bislang keine Linie gefunden hat. Wie auch? Die Tradition ist unterbrochen. Es ist ein Wanken hin und her. Mal wird der Anti-Bolschewik Krasnow verteidigt, mal weiß man nicht mit Stalin umzugehen. Die Vergangenheit wird wie in ganz Russland bei uns nicht aufgearbeitet. Solange wir nicht eindeutig klären, ob die Stalin-Ära gut oder schlecht war, werden wir keinen Durchbruch erzielen. In dieser Hinsicht ist uns Deutschland voraus.«

Von der Politik erwartet er nicht viel. Die Nachrichten im Fernsehen schaue er sich nicht mehr an. Er könne sich die schamlosen Unwahrheiten nicht mehr antun. Der Mehrheit der Bevölkerung gehe es vermutlich genauso. Politisch relevant sei der wachsende Patriotismus. Man fühle sich durch den Westen immer stärker unter Druck gesetzt. Das patriotische Pathos mache ihm Sorge.

»Was ist Ihre Meinung zu Europa?«

»Ich habe viel für Europa übrig. Es ist der richtige Weg, die Grenzen zu öffnen und die Menschen selbst entscheiden zu lassen, wo sie leben möchten. Das wird ihren Patriotismus nicht verschwinden lassen, aber im für alle erträglichen Rahmen halten. Ich glaube, von Europa können wir einiges lernen.«

»Und Deutschland?«

»Weil die Deutschen ihre Vergangenheit aufgearbeitet haben, haben wir keine Probleme, mit ihnen gute Beziehungen zu pflegen. Wie ich höre, wird die deutsche Sprache bei uns wieder mehr gelernt.«

Was Amerika angeht, bestätigt Guzko, was wir auf dieser Reise immer wieder gehört haben. Die frühere große Achtung vor den USA ist weitgehend verschwunden. Die Mehrheit schaue mit negativen Gefühlen und zum Teil belustigt auf Amerika wie auf einen Rambo, der zwar stark, aber im Kopf nicht besonders helle ist. »Mit Bush junior hatten die Amerikaner wirklich Pech.«

Unserem Hotel gegenüber zieht ein kräftiger Rundbau die Blicke auf sich. Es beherbergt das Restaurant »Jewrasia«. Vor dem Haus parken schon seit einigen Stunden schwarze Limousinen mit der dezenten Aufschrift »Staatsanwaltschaft«. Plötzlich sind sie verschwunden. Mich interessiert, was »Eurasien« zu bieten hat. Kein Mensch steht am Empfang. Ich steige hoch. Das Restaurant ist nicht verschlossen. Das neue und sicher nicht billige Interieur wirkt einladend. Aber weder Personal noch Publikum ist zu sehen. Auch auf der fein möblierten Terrasse im zweiten Stock finde ich niemanden. Einen schönen Ausblick habe ich von hier über den Don flussauf- und flussabwärts. Kein Mensch stört mich dabei. Auch die Insel gegenüber kann ich ausdauernd betrachten. Als ich das Haus verlasse, präsentiert sich mir das Restaurant unverändert leer. Nur am Eingang steht jetzt eine junge Frau. Sie solle nicht erschrecken, sage ich ihr, ich habe mir nur das Restaurant ansehen wollen. Sie zeigt sich keineswegs durch mein plötzliches Auftauchen beunruhigt. Unangemeldeten Besuch gebe es öfter.

Am Abend geht es auf der Uferstraße unter unserem Hotel hoch her. Die kleinen Restaurants scheinen aus den Nähten zu platzen. Über die Promenade ergießt sich laute Fröhlichkeit. Die Kirmesbuden mit ihren Attraktionen sind dicht umlagert. Vom Fluss dröhnen die Ansagen der Passagierschiffe herüber, die zum sofortigen Ein- oder Aussteigen auffordern. Lange Strecken scheinen sie auf ihren Touren entlang der Stadt nicht zurückzulegen. Der Dampfer »Tanais«, so hieß der Don bekanntlich bei den Griechen, passiert meinen Ausguck am Kai alle halbe Stunde. Weil wir wissen, welche Temperaturen uns in den Gemächern unseres Hotels erwarten, genießen wir die laue Luft am Don ausdauernd und voller Hingabe.

337

Rostow hat 1,2 Millionen Einwohner. Wo finden wir die vielen Nationalitäten, die für die Stadt charakteristisch sind? Klare Antwort: auf dem Markt! Um acht Uhr sind wir an Ort und Stelle. Obwohl wir nicht angemeldet sind, besorgt Igor Nedoresow dank seiner Überredungskünste die Drehgenehmigung im Schnellverfahren. Tatsächlich finden wir sie alle, die das bunte Völkchen von Rostow ausmachen: Russen, Armenier, Ukrainer, Türken, Tschetschenen, Osseten, Georgier, Abchasen, Tscherkessen, Tadschiken und Kasachen. Viele von ihnen bezeichnen sich als Nachfahren von Kosaken.

Den Markt gibt es seit 1820. Früher hieß er »Staryj Basar«, der »Alte Basar«. Heute trägt er den langweiligen Namen »Zentralnyj Rynok«, zu Deutsch »Zentralmarkt«. »Wie viele Besucher haben Sie am Tag?«, frage ich nach. »Über hunderttausend!« Nach meinem Eindruck sind die Hunderttausend jetzt schon auf dem Markt, so dicht ist das Gedränge. Engagiert notiere ich die Preise, bis ich von einer resoluten Bäuerin angepfiffen werde. Ich solle lieber kaufen, als Preise vergleichen. Als ich ihr mein Tun erkläre, will sie mir gleich Äpfel und Tomaten schenken. Sie sei Kosakin, lässt sie mich wissen. Gäste seien ihr heilig. Sie habe auch nichts dagegen, dass ich meine Preisermittlungen in Deutschland veröffentliche.

Nach dieser Freigabe fühle ich mich ermächtigt, meine unvollständige Liste hiermit zu publizieren. Dabei gehe ich von einem Kurs aus, der an diesem Tag bei 36 Rubel für einen Euro liegt! Zwölf braune Eier kosten demnach auf dem Zentralmarkt in Rostow am Don 80 Cent. Die weiteren Angaben gelten für ein Kilogramm: Kartoffeln 25 bis 40 Cent, Tomaten 40 bis 80 Cent, Pfirsiche 1,90 Euro, Pflaumen 1,40 Euro, Wassermelone 80 Cent, Honigmelone 1,20 Euro.

Auf den drei Hektar des Marktes gibt es alles. Haushaltswaren, Kleidung, Spielzeug, Elektronik, Fisch, Fleisch und jede Menge Typen. Der Kameramann braucht sich um Motive nicht zu sorgen. Ein Mönch hat sich in einem kleinen Unterstand eingerichtet. Er legt beim Allerhöchsten, wie er mir sagt, ein gutes Wort für jene ein, die ihn beleidigt oder ihm sonst etwas Böses angetan haben. Er solle sie nicht bestrafen, sondern sie segnen. Ich werde mir sein Gebet durch den Kopf gehen lassen, verspreche ich dem Gottesmann. Mit diesen Worten verlasse ich den Zentralmarkt und begebe mich in die Auferstehungskathedrale, in deren Schatten sich der Markt ausbreitet.

Am Kiosk erstehe ich eine Broschüre, um mich über die Kirche zu informieren. Die Nonne reagiert etwas enttäuscht, sie hatte mir mehr Kaufbereitschaft zugetraut. Die Broschüre hält indes, was ich mir von ihr versprochen habe. So lese ich, dass die Auferstehungskathedrale 1883 eingeweiht und im neobyzantinischen Stil vom Petersburger Architekten Konstantin Thon erbaut wurde. Jetzt wird mir klar, warum die Kirche so klotzig ausgefallen ist. Thon liebte die gewaltigen Dimensionen. Mit der Erlöserkirche in Moskau hatte er einen noch größeren Kaventsmann hingestellt, den Stalin wegsprengen ließ, der aber nach dem Dahinscheiden der Sowjetunion wieder aufgebaut wurde.

Die Auferstehungskathedrale hat ebenfalls eine bewegte Geschichte hinter sich. Die Kommunisten machten aus ihr ein Warenlager. Während der deutschen Besatzungszeit konnte sie wieder als Gotteshaus genutzt werden. Während der Schlacht um Rostow gehörte die hoch aufragende Kirche zu den wenigen Gebäuden in der Stadt, die nicht zerstört wurden. Ein ähnliches Wunder hatte den Kölner Dom die Bombenangriffe der westlichen Alliierten überstehen lassen.

Mich drängt es, nun dem Mann die Aufwartung zu machen, nach dem die Stadt benannt worden ist: Dmitrij von Rostow. Er lebte von 1651 bis 1709. Als junger Mensch ging er ins Kloster. Seine Arbeiten über Heilige der orthodoxen Kirche machten ihn zu einem weithin bekannten Gelehrten. Von Peter dem Großen wurde er daraufhin zum Metropoliten von Rostow Welikij ernannt. Als Dmitrij fünfzig Jahre nach seinem Tod heiliggesprochen wurde, suchte die Zarin Elisabeth gerade einen Namen für die Festung, die sie am Don errichten ließ. Was lag da näher, als den Namen des eben ernannten Heiligen zu wählen? So hieß die Festung zunächst »Dmitrij Rostowskij«, woraus im Laufe der Zeit Rostow wurde. Da es immer wieder zu Verwechslungen mit Rostow Welikij nördlich von Moskau kam, sorgte Zar Alexander I. für Klarheit. Er gab einen Erlass heraus, wonach die Stadt im Süden Russlands seit 1807 Rostow am Don heißt.

339

Mit der Festung verbinden sich berühmte Namen der russischen Militärgeschichte. Der spätere Admiral Uschakow, der die türkische Flotte versenkte, startete hier seine Karriere. Die Festung am Don stand ebenfalls am Anfang der Laufbahn von Alexander Suworow, einem der brillantesten Köpfe der russischen Armee. Als fantasievoller Taktiker hat er spektakuläre Siege gegen Preußen, Polen, Türken und Franzosen errungen. Während es mit den früheren Kommandeuren bergauf ging, ging es mit der Festung schnell bergab. Da unter Katharina der Großen das Zarenreich beträchtlich nach Süden ausgeweitet wurde, gab es am Don nichts mehr zu verteidigen. Die Garnison wurde nach Anapa ans Schwarze Meer verlegt, die Festung verfiel, geblieben ist der Name. Vor dem heiligen Dmitrij stehe ich nun. Zu meinem Erstaunen stelle ich fest, dass ihm erst 2003 zum 250-jährigen Bestehen Rostows auf dem Platz vor der Kathedrale ein Denkmal gesetzt wurde. Allerdings ein sehr großes!

Sehr groß ist auch das Elend, das sich am Zaun der Kathedrale wie Strandgut angesammelt hat. Bettlerinnen und Bettler haben sich zusammengeschart. Sie liegen unter zerschlissenen Kleidungsstücken, Decken und Zeitungen. Bein- und Armstümpfe ragen hier und da heraus. Wer nicht schläft, starrt stumpf vor sich hin. Spenden scheinen gar nicht mehr wahrgenommen zu werden. Ein Mädchen schreitet glücklich durch das Elend. Es küsst wieder und wieder ein kleines Kätzchen, das es soeben von einer Bäuerin nebenan erworben hat. Ein junger Mann in abgerissener Militäruniform steht an Krücken vor dem Eingangstor zum Markt. Ein Bein hat er verloren. Bei einem Arbeitsunfall auf der Militärschule sei das passiert, sagt er mir. Ein Stromschlag von 5000 Volt habe ihn getroffen. Schwere Verbrennungen und andere Verletzungen habe er erlitten, das linke Bein sei ihm bis oben abgenommen worden. Er werde für keine Arbeit mehr genommen, habe aber eine Familie mit zwei Kindern und müsse nun betteln. Sein Schicksal scheint den Marktbesuchern nahezugehen. In seinem Hut sammeln sich viele Scheine.

Der Hafen von Rostow hat die Stadt groß gemacht, aber seine Bedeutung ist seit dem Zusammenbruch des roten Imperiums stark zurückgegangen. Jetzt wird von Anzeichen eines Aufwärtstrends gesprochen. Der Hafen von Rostow ist kein Militärstützpunkt, aber er liegt im Grenzgebiet zur Ukraine und nicht weit entfernt von der Konfliktzone im Kaukasus. Wer Zutritt haben will, muss um Genehmigung bitten. Wir haben das getan. Unser Producer Igor Nedoresow hat Briefe an die Grenztruppen und den Geheimdienst FSB geschrieben. Das Kürzel steht für »Federalnaja Slushba Bjesopasnosti«, zu Deutsch »Bundessicherheitsdienst«, zuständig für Spionage und Spionageabwehr. Um zu klären, wer nicht nur Zutritt zum Hafen begehrt, sondern auch noch Filmaufnahmen machen möchte, mussten Wochen vorher Kopien unserer Reisepässe eingereicht werden. Die Überprüfungen zogen sich hin, ergaben aber keine Beanstandungen. Wir können kommen.

Ilja Borissowitsch Sturow, Chef der Marketing- und Logistikabteilung der Hafengesellschaft OAO »Meshdunarodnyj Rostowskij Port«, was so viel wie »Internationaler Hafen von Rostow« heißt, zeigt sich bestens vorbereitet. Erst bekommen wir Helme, danach eine Sicherheitsbelehrung verpasst. Im Raum der Ochrana Truda, der zur Aufklärung über die Sicherheit bei der Arbeit dient, können wir auf Schautafeln ablesen, was wir zu tun und was zu lassen haben: nicht selbstständig handeln, nichts anfassen, nicht rauchen, Gleise nur an den vorgeschriebenen Stellen überqueren und niemals den Helm ablegen. Zum Schluss müssen wir alle unterschreiben.

Als wir ins Freie treten, schauen wir auf eine Batterie von Kränen, die in dichter Reihe das Hafenufer säumen. Vierzig Meter hoch recken sie ihre gelb gestrichenen Hälse. Zu ihren Füßen warten Eisenbahnwaggons auf die Be- und Entladung. Davor bilden Frachtgüter eine weitere Linie: Kohle, Eisenerz, Sodasäcke, aufgerollte Bleche. Wladimir Nikolajewitsch Gonssejskij wird uns vorgestellt. Unter seinem Hütchen sieht er viel verschmitzter aus als auf der »doska potschota«, der Ehrentafel des Betriebes, von der er, als Bestarbeiter mit Orden behangen, würdevoll auf mich herunterschaute. Er ist Kranführer. Wir wollen ihn bei der Arbeit beobachten. Wie lange er diese Arbeit schon mache, frage ich ihn. Seine Antwort verblüfft mich. 48 Jahre sei er Kranführer, inzwischen habe er seinen 70. Geburtstag hinter sich.

341

»Warum arbeiten Sie noch?«

»Die Arbeit macht mir weiter Spaß. Ich bin gesund. Den jungen Kollegen kann ich viel Erfahrung vermitteln. Als Pensionär warte ich doch nur auf die Kiste, die mich ins ewige Leben befördert.«

Still liegen die Schiffe. Still, so scheint mir, liegt auch der Don, im Sonnenlicht grünlich schimmernd. Eine Bewegung in irgendeine Richtung gibt er nicht zu erkennen. In Bewegung sind hingegen die Kräne. Ihre Greifer beißen sich in die Schiffsladungen hinein, lassen sich hochziehen und herumschwenken, um ihre Beute mit viel Krach und Staub in die Waggons zu spucken. Seine Gesellschaft sei die größte und älteste unter den zwanzig Unternehmen, die sich kilometerweit über das Hafengelände verteilen, erklärt mir Marketingchef Sturow, als ich die Umgebung betrachte. Nach schwierigen Jahren gehe es jetzt bergauf. Letztes Jahr habe man 1,6 Millionen Tonnen umgeschlagen. Nun rechne man mit deutlich über zwei Millionen.

»Ruhm der Arbeit« lese ich auf einem verrosteten Schild. Zur verwitterten Losung passt die Ausrüstung. Die Kräne stammen noch aus der sozialistischen Zeit. Sie wurden in der längst untergegangenen Volksrepublik Ungarn und in der DDR produziert. Auch die Deutsche Demokratische Republik ist längst Geschichte, aber mit seinen Erzeugnissen legt der erste Arbeiter- und Bauernstaat auf deutschem Boden weiter viel Ehre ein. Inzwischen ist Wladimir Nikolajewitsch die zwanzig Meter zur Kanzel seines Krans hinaufgewieselt. Für unsere Kamera macht er die Tour über die steilen Leitern noch mehrere Male. Seine Kondition ist beeindruckend. Dennoch versteckt er sich hinter seinem Alter. Als ich an den Wänden seines Führerhauses eine Reihe von Pin-up-Girls entdecke, die eine »heiße Zeit« versprechen, meint er bedauernd, mit siebzig schaue er nicht mehr auf die Fotos. Seine jungen Kollegen hätten für den Wandschmuck gesorgt.

Während Hermann Schulz dem Kranführer bei der Arbeit mit der Kamera über die Schulter schaut, ziehe ich mich in den Motorenraum zurück. Unter lautem Getöse rollt eine Trommel, von zwei dicken Seilen gezogen, vor und zurück. Bei jeder dröhnenden Drehung riecht es nach verschmortem Eisen. Ich putze den Rost vom Schild und entdecke, dass die deutsche Wertarbeit 1973 vom »Volkseigenen Betrieb Elektrotechnische Geräte Görlitz-Ehrenberg« geleistet wurde.

Von hier oben ist gut zu beobachten, wie Schiff auf Schiff einläuft: die Orenburg, die Kalitwa, die Wolgo-Balt 224 und die Wolgo-Balt 227, die interessanterweise unter kambodschanischer Flagge läuft. »Wir sind kein Binnenhafen, wir sind ein Seehafen, obwohl wir am Fluss fünfzig Kilometer von der Mündung entfernt liegen«, erklärt mir Wladimir Nikolajewitsch. »Die Schiffe fahren von der Ostsee über den Wolga-Don-Kanal zu uns und weiter bis in die Türkei und sogar bis Spanien.«

Auf einer Karte der Hafengesellschaft hatte ich das stolze Verbindungsschema der Hafengesellschaft bereits studieren können. Danach sitzt Rostow wie eine Spinne im Netz. Im Norden gibt es die Anlaufstellen St. Petersburg und Nischnij Nowgorod, im Osten Astrachan und Baku, im Süden und Westen Alexandria, Haifa, Zypern, Valencia, Marseille, Verona, Piräus, Istanbul und Poti. Doch Poti dürfte wegen des Kaukasus-Konflikts vorerst ausfallen, aber Suchumi in Abchasien steht ja noch bereit. Ein imposantes Aufgebot, allein es fehlt der Umschlag! Doch der soll sich ja noch steigern, hat Marketingchef Sturow angekündigt. Deshalb sind er und die übrige Geschäftswelt in Rostow – Patriotismus hin oder her – an guten Beziehungen zum Westen interessiert.

»Wie war der Umschlag zur Sowjetzeit?«

»Weit höher!«, sagt Wladimir Nikolajewitsch, während er den Greifer seines Krans in den Frachtraum der Wolgo-Balt 224 dirigiert. »Damals haben wir vor allem viel Holz in die Ukraine, nach Georgien und Armenien geliefert. In den sechziger Jahren haben wir 850 000 Tonnen Baumstämme verladen. Davon kann heute keine Rede mehr sein.«

»Wie hat sich der Lohn für Sie entwickelt, im Vergleich zum Sozialismus?«

»Früher habe ich 500 Rubel bekommen. Das war mehr als die 24 000 Rubel, die ich heute netto im Monat verdiene. Das liegt an den Preisen, die heute ein Mehrfaches höher sind als damals. Außerdem gibt man mehr Geld aus, weil es viel mehr zu kaufen gibt.«

Bei meiner Inspektion habe ich festgestellt, dass der Kran 1972 vom »Volkseigenen Betrieb Kranbau Eberswalde« gebaut wurde, worauf ich Wladimir Nikolajewitsch aufmerksam mache. Wie er selbst arbeite auch der Kran im hohen Alter äußerst zuverlässig, meint der Kranführer lakonisch. Er komme jedenfalls mit dem Gerät aus der DDR gut zurecht. Für ihn sei der alte Kran wie ein vertrauter Kumpel. Er kenne seine Stärken und seine Schwächen. Wenn etwas kaputt gehe, repariere er es selbst. Als Kranführer 1. Klasse müsse er moderne Kräne ebenso beherrschen wie betagte Modelle. Mit Schüttgut zu arbeiten, wie er das jetzt gerade mache, sei leicht. Schwieriger werde es mit einzeln verpacktem Frachtgut.

»Wie lange wollen Sie noch als Kranführer arbeiten?«

»Mindestens so lange, bis wir die alten Umschlagzahlen erreicht haben«, lacht er.

Als wir vom Kran herunterkommen, erreicht uns ein Angebot. Ob wir das Schiff kaufen wollten, fragt ein Matrose der Wolgo-Balt 227.

»Wie viel?«, wollen wir wissen.

»400 000 Dollar ohne Papiere!«, kommt die prompte Antwort.

»Faires Angebot«, rufen wir zurück. »Wir sind aber leider selbst abgebrannt.«

»Verstehe«, sagt der Matrose.

Krebse und Öltanker – an der Mündung des Don

Meine Erwartungen für heute sind nicht sehr hoch gespannt. Zwei Absagen habe ich am frühen Morgen kassiert. Zuerst teilte mir das Flugunternehmen »Rostvertol Avia« mit, dass aus dem Hubschraubertrip über die Don-Mündung nichts werde. Es gebe von den zuständigen Behörden, vermutlich Grenztruppen und Geheimdienst, keine Genehmigung für Luftaufnahmen. Das hatte zunächst viel hoffnungsvoller ausgesehen, aber die verkrampfte Lage in dieser Region wegen des Konflikts im Kaukasus scheint sich auch auf unser harmloses Vorhaben auszuwirken.

Die nächste Abfuhr lässt nicht lange auf sich warten oder, wie es im Russischen heißt, »beda bedu rodit«, ein Unglück gebiert ein neues. Unsere fest versprochene Bootstour in die Naturschutzgebiete hinter Asow wurde gestrichen, weil einer hochgestellten Delegation ausgerechnet an unserem geplanten Drehort ein vergnügliches Wochenende bereitet werden soll. Im Übrigen stehe das für unsere Expedition vorgesehene Schiff auch aus anderen Gründen nicht zur Verfügung. Weiß der Teufel, was hier gespielt wird! Bislang konnten wir uns nicht beschweren. Als ausländisches Fernsehteam haben wir viel Entgegenkommen erfahren. Ärgerlich, dass zum Schluss zwei schöne Geschichten flöten gehen.

Was tun mit dem angebrochenen Tag? Stefan Tolz behauptet, er habe noch einen Trumpf im Ärmel. »Was soll das sein?«, frage ich missmutig. »Krebsfang im Don!« Die Idee gefällt mir. Wir brauchen nicht weit zu fahren. Der Spaß spielt sich vor den Toren von Rostow ab. Stefan Tolz ist auf seiner Recherchereise darauf gestoßen, als er auf der Landstraße kleine Verkaufsstellen entdeckte, in denen Krebse aus dem Don angeboten wurden. Für den Fall der Fälle notierte sich unser Regisseur eine Telefonnummer, die sich heute schon beim ersten Anruf als nützlich erweist. »Kommt vorbei«, lautet die knappe Auskunft.

Wer Rostow am rechten Don-Ufer Richtung Westen verlässt,

gerät schnell in eine Landschaft mit viel Schilf und Niedrigwald. Dicht am Fluss ist das keine verwunderliche Entdeckung. Dagegen erstaunt mich, wie schnell der soeben noch aufdringliche Autoverkehr verebbt ist. Die Hauptstadt hat sich abrupt verabschiedet. Wer über die Stadtgrenze hinausstößt, wird von Schildern ermahnt, sich gegenüber der Natur sittsam zu benehmen. »Schütze den Wald!« steht da geschrieben. »Zigaretten, Streichhölzer, Alkohol sind gefährlich für den Wald.« Von Müll ist nicht die Rede. Wäre aber nötig! Mit Abfall wird hier leider kurzer Prozess gemacht, nach dem Motto »Ab in den Wald«.

Wir sind mit einem Schlag auf dem flachen Land, das seine Attraktionen nicht versteckt. Am Straßenrand werden saftig und gesund aussehendes Obst und Gemüse angeboten. Dazwischen tauchen Pappschilder mit dem verlockenden Hinweis »Raki« auf. Krebse werden hier verkauft. Als wir anhalten und unsere Kamera hervorholen, lösen wir keine Freude aus. Freundlich werden wir gebeten, von Aufnahmen Abstand zu nehmen. Ob der Verkauf von Krebsen illegal sei, möchten wir wissen. »Verboten ist der Verkauf nicht, aber Sie kennen ja die Behörden.« Wir glauben sie zu kennen und fahren weiter.

Das Dörfchen Kolusajewo wird angezeigt. In der Leninstraße Nr. 60 werden wir alles andere als freundlich empfangen. Tarzan, ein kräftiger brauner Hofhund, ist außer sich, als wir uns dem Holzhaus nähern. Dass er sich nicht auf uns stürzen kann, weil ihn seine Kette zurückhält, steigert nur seinen Zorn. Die Familie Krikuschenko teilt die Aversion ihres Hundes gegen uns nicht. Leonid, Irina und ihre drei erwachsenen Söhne Nikolaj, Grigorij und Andrej begrüßen uns wie alte Bekannte. Wir kommen gerade richtig. Nikolaj und Grigorij wollen soeben zum Krebsfang abfahren. Der ganze Tross schließt sich an. Nach wenigen Hundert Metern stehen wir am Don. Frachter gleiten geräuschlos an uns vorbei, als wollten sie die Stille des Flusses nicht stören. Ein Stück flussaufwärts kühlen Kühe ihre Beine im Wasser. Neben uns springen Kinder mit bewundernswerter Ausdauer von einer drei Meter hohen Rampe in den geduldigen Don.

Während Nikolaj und Grigorij ihr Boot klarmachen, klärt mich ihre Mutter über die Verhältnisse im Dorf auf. Die neuen zweistöckigen Häuser gehörten »Datschniki«. Das seien vermögende Städter, die sich hierher am Wochenende zurückziehen. »Schöne Grundstücke haben sie sich ausgesucht«, sagt Irina Andrejewna ohne Häme. »Wer hier wohnt, braucht nicht in Urlaub zu fahren.« Auf der anderen Seite ist hinter den Bäumen ein Dach zu sehen. Dort sei ein elegantes Gästehaus gebaut worden. Selbst Wladimir Putin, als er noch Präsident war, sei dort abgestiegen.

Nikolaj und Grigorij haben inzwischen abgelegt, in einem zweiten Boot bleiben wir mit dem Kamerateam auf Tuchfühlung. Wieder und wieder tauchen die beiden Krebsfänger. Fast jedes Mal mit Erfolg. Sie meiden die Fahrrinne. Das Wasser reicht ihnen bis zur Brust. Sie wissen, wo sie die Krebse finden. In kleinen Höhlen am Flussboden haben sich die Tierchen verschanzt. Mit bloßen Händen fassen Nikolaj und Grigorij in die Verstecke. Widerstandslos ergeben sich die Krebse nicht. Sie zwacken kräftig zu, wenn sie gepackt werden. Die Finger der Fänger sind von vielen kleinen Narben gezeichnet.

»Ist das nicht unangenehm, wenn der Krebs zupackt?«

»So schlimm ist es nicht. Unsere Hände haben sich längst daran gewöhnt. Wenn wir im Frühjahr mit dem Krebsfangen beginnen, sind die Finger noch empfindlich. Dann sticht es schon ein bisschen. Aber wenn die Finger vernarbt sind, spürt man es kaum auch, wenn der Krebs zubeißt.«

»Gehen hier viele auf Krebsfang?«

»Nicht sehr viele! Es sind nur ein paar junge Männer, die das machen. Frauen haben daran keinen Spaß.«

»Wie holen Sie den Krebs aus seinem Loch?«

»Am besten packt man ihn am Panzer oder an beiden Scheren gleichzeitig. An den Fühlern sollte man ihn nicht packen, das ist seine empfindlichste Stelle. Fasst man ihn nur an einer Schere, dann kann die leicht abreißen. Aber sie wächst schnell nach.«

»Gibt es noch andere Fangmethoden?«

»Sicher! Erlaubt ist hier nur ein kleines kreisförmiges Netz. Darauf liegt ein Köder. Wenn der Krebs daraufklettert, zieht man das Netz zusammen und nach oben.«

»In welcher Tiefe halten sich die Krebse auf?«

»Einen halben Meter tief, aber auch tiefer. Er kann bis zwanzig Meter tief gehen.«

»Bis zu welcher Tiefe suchen Sie?«

»Maximum vier Meter. Tiefer sehen wir kaum noch etwas.«

Nach zwei Stunden ist ein ordentlicher Fang zusammenge-kommen. Wir können uns auf ein gutes Mahl freuen. Irina Andrejewna demonstriert uns die Zubereitung. Die Krebse werden sauber gespült. Auf den Boden des Kochtopfs wird klein gehackter Dill gelegt, dann folgt eine Schicht Krebse, danach wieder Dill und darauf wieder Krebse. Auf das Ganze wird Wasser gegossen, in diesem Fall sechs Liter. Drei Esslöffel Salz gehören auch dazu. Dill kommt noch obendrauf. Unbedingt sei darauf zu achten, keine Krebse zu kochen, die vorher schon tot waren. Das könne üble Vergiftungen geben.

»Wie stelle ich das fest?«

»Tote Krebse haben einen geraden Schwanz. Bei lebendigen Krebsen ist der Schwanz zusammengerollt, auch beim Kochen.«

Irina Andrejewna gibt in der Familie den Ton an. Braun gebrannt sieht sie in ihrem ärmellosen, gelb geblümten blauen Kleid wie eine starke Kosakenfrau aus. Vater Leonid, ein zurückhaltender Mann mit feinem Humor, nimmt eine geachtete Position ein. Die hierarchischen Verhältnisse in der Familie sind klar. Sie entsprechen alter Kosakentradition. Die Söhne sind gestandene Männer, aber sie bringen ihren Eltern weiter Respekt entgegen.

Die Krebse sind zubereitet. Wir können zulangen. Die Söhne halten sich zurück. »Wir haben schon genug Krebse gegessen«, sagen sie.

Früher habe es mehr Krebse als heute im Fluss gegeben, meint Vater Leonid und schiebt dabei seine Schlägermütze in den Nacken. Aber im Durcheinander der Jelzin-Zeit sei viel Dreck in den Don gekippt worden. Das sei den Fischen und dem Krebs schlecht bekommen. Es würde allmählich wieder besser mit der Wasserqualität, aber immer noch werde von den Schiffen verbrauchtes Öl abgelassen.

Wir wenden uns allgemeinen Themen zu. Ob es heute besser oder schlechter sei als früher, wird hier am Tisch unterschiedlich beurteilt. Die Eltern fanden es zur Sowjetzeit sicherer und geordneter, die Söhne sehen heute mehr Möglichkeiten, aber auch viele Risiken.

Gibt es genug Arbeit? Nein, meint die Mutter kategorisch. Doch, sagen die Söhne, aber die Löhne seien elend niedrig.

»Wie hoch ist der Mindestlohn bei euch?«, werde ich gefragt.

»Haben wir nicht, könnte aber bei sieben Euro die Stunde liegen«, teile ich mit.

»Sehen Sie! Bei uns musst du dafür den ganzen Tag schuften.«

»In Deutschland sind aber die Preise viel höher«, werfe ich ein.

»Unterschätzen Sie uns nicht! Lebensmittel kosten bei uns häufig fünfzigmal so viel wie früher. Für eine einfache Wohnung zahlst du 3 000 Rubel Miete. Wenn du aber nur 4 000 Rubel Rente oder ein bisschen mehr an Lohn erhältst, wird es jeden Monat eng.«

»Wie kommen Sie über die Runden?«

»Wir verkaufen Obst und Gemüse aus unserem Garten«, schaltet sich Irina Andrejewna ein. »Pfirsiche, Erdbeeren, Tomaten, Kartoffeln, Petersilie, Zucchini. Was wir haben, verkaufen wir. Arbeit bekomme ich keine. Die wollen nur noch junge und 1,80 Meter große Frauen haben, mit Beinen bis an die Ohren. Wenn man Arbeit als Putzfrau bekommt, dann kriegt man nicht mehr als 1 800 Rubel. Davon gehen 800 Rubel für die Fahrerei drauf. Wie viel Euro bekomme ich für 1 800 Rubel?«

»Fünfzig Euro!«

»Kann man davon leben? Nein!«

»Was erwarten Sie von der Politik in Moskau?«

»Gar nichts!«, sind sich alle einig und äußern den üblichen Ekel, der von den Bürgern vieler Länder über ihre Hauptstädte geäußert wird. »Moskau ist weit. Moskau lebt dick und fett von den anderen Regionen. Moskau ist für uns ein anderes Land. Andererseits rückt uns Moskau gefährlich nahe, wenn die Investoren von dort kommen, unsere besten Grundstücke aufkaufen und alles zubauen, wie ein Ungeheuer mit vielen Beinen und Armen.«

»Betrachten Sie sich als Kosaken?«

»Sicher, aber vom Kosakentum ist wenig geblieben«, meint Mutter Irina. »Unsere Werte werden nicht mehr hochgehalten.

Es ist viel Gesindel auf der Straße. Man traut sich nachts nicht mehr hinaus.«

»Heute ist sich jeder selbst der Nächste«, sagt einer der Söhne. »Wie die Kosaken früher verhalten sich heute die wenigsten.«

»Und was machen die Atamanen?«

»Nichts Vernünftiges! Sie sitzen herum und verwalten«, spottet der Jüngste.

»Halt den Mund«, weist ihn der Vater zurecht. »Die Atamanen kämpfen um die Anerkennung des Kosakenstatus. Das erfordert Geduld, das kann nicht erzwungen werden. Die alten Verhältnisse, wo der Kosak immer genügend Land hatte, das er an seine Söhne vererben konnte, werden nicht wiederkehren.«

Auch Asow wird nicht mehr die Bedeutung früherer Jahrhunderte zurückerlangen. Wir wollen dennoch der alten Festung zum Abschluss unserer Reise die Ehre geben. Wir überqueren die große Autobrücke am Westrand von Rostow. Auf der anderen Seite parken wir unsere Autos und laufen auf die Mitte der Brücke zurück, um ein ausdrucksstarkes Bild einzufangen. Im Gegenlicht rückt eine Armada von Frachtern und Tankern heran. Vielleicht habe ich zu viel über die Schlachten um Asow gelesen, denn mir kommen gleich Bilder vom Einlaugen der türkischen und russischen Flotten früherer Jahrhunderte in den Sinn. Die Schiffe hier sind allerdings um ein Mehrfaches größer, aber auch friedfertiger.

Wir stehen bei den Aufnahmen auf schwankendem Boden. Die schweren Lkws versetzen die Brücke in Schwingungen von beträchtlichem Ausmaß. Wie Daueralarm scheppern die defekten Straßenlaternen. In Amerika pflegen Brücken dieser Art einzustürzen, schießt mir durch den Kopf. Hier nicht! Russische Brückenbauer übertreiben es nicht mit dem Design, ihre Bauwerke halten aber härtesten Belastungen stand. In diesem Augenblick fliegen von einem offenen Lieferwagen Bretter auf die Straße. Russische Automobilisten sind gut trainiert, mit solchen Verkehrshindernissen fertig zu werden. Mit fahrerischer Meisterschaft bringen sie es fertig, ihre Last- oder Personenwagen an den Brettern vorbeizusteuern, oft in letzter Sekunde. Der Fahrer des Lieferwagens scheint den Teilverlust seiner Ladung bemerkt zu haben. Er hat sein Gefährt hinter der Brücke geparkt und kommt nun am Rande der Fahrbahn zurückgelaufen, um seine Bretter zu bergen. Es gelingt ihm, aber seines Lebens sicher war er bei dieser Aktion nicht.

Igor Nedoresow übermittelt gute Nachricht. Ihm ist es gelungen, ein Schiff für die Fahrt in die Flussmündung zu mieten. Es sei stabil genug, um ruhige Aufnahmen zu machen. Vorbei sind die dunklen Gedanken von heute Morgen. Das Wetter spielt auch mit. War es vorher ein wenig diesig, präsentiert sich der Himmel jetzt am späten Nachmittag in strahlendem Blau. Perfekt für unsere Ausfahrt in den Abendsonnenschein!

Das kleine Asow kann mit seinen 83 000 Einwohnern auf eine Geschichte zurückblicken, von der Emporkömmlinge wie Moskau, St. Petersburg, aber auch Berlin und Washington nur träumen können. Die Wurzeln der Stadt reichen bis tief in die Antike. Griechische Siedler ließen sich hier nieder. Sie trieben, wie der griechische Geschichtsschreiber Strabon schon vor gut zweitausend Jahren zu berichten wusste, Handel mit asiatischen Nomaden. Aus der Siedlung wurde ein boomendes Hafenstädtchen, bis es im 3. Jahrhundert von den Goten zerstört wurde.

Seinen heutigen Namen erhielt Asow im 11. Jahrhundert von den Kyptschaken. Das Turkvolk hatte sich von Zentralasien aus auf den Weg gemacht, um den Westen zu erobern. Dabei ist es bis nach Ungarn gekommen. Unterwegs hatte es auch im Don-Delta Station gemacht und von der ehemals griechischen Siedlung Besitz ergriffen, der es den Namen »Asak« gab, woraus später »Asow« wurde. Die Stadt erlebte eine Blütezeit ausgerechnet unter der Herrschaft der als barbarisch verschrienen Goldenen Horde im 13. und 14. Jahrhundert.

Bei dieser Gelegenheit ist darauf hinzuweisen, dass die Mongolen und Tataren zu Recht gefürchtet wurden. Bei ihren Raubzügen gingen sie nicht besonders schonungsvoll mit den Menschen um. Wenn sie aber eine Stadt oder ein Gebiet erobert hatten, dann ließen sie dort eine für damalige Verhältnisse ungewöhnliche Toleranz walten.

1471 erlebte Asow einen erneuten Machtwechsel. Die Stadt wurde von den Türken erobert und zur Festung ausgebaut. Das Osmanenreich galt damals als der starke Mann vom Bosporus, der über weite Regionen am Schwarzen Meer das Sagen hatte, bis

Russland immer näher rückte. Insbesondere die Kosaken als Vorauskommando des Zaren hatten ihre Probleme mit den Türken. Mit der Festung Asow versperrten sie ihnen den Weg zu Raubzügen in das Schwarze Meer und auf die Krim. Die Kosaken sahen sich in ihrer Berufsausübung als Piraten gehindert und stürmten schließlich die stark gesicherte türkische Festung. Das war 1637. Selbst von einem gewaltigen Janytscharenheer des Sultans ließen sie sich anschließend nicht vertreiben. Trotz des Sieges ahnten sie, dass sie auf Dauer der türkischen Überlegenheit nicht gewachsen sein würden. Schlau, wie sie waren, machten sie die Stadt 1642 dem Zaren zum Geschenk. Doch der verweigerte die Annahme, weil er es mit den Osmanen nicht verderben wollte. Die Kosaken zogen verdrossen ab und die Türken hocherfreut ein.

Doch das Wechselspiel ging weiter. Peter der Große kreuzte 1696 vor Asow mit einer Flotte auf, die er eigens für diesen Zweck in Woronesch am Oberlauf des Don hatte bauen lassen. Dank der Unterstützung durch ein schlagkräftiges Kosakenheer gelang es ihm, die eigentlich uneinnehmbare Festung zu erobern. 1711 musste er die Stadt wieder herausrücken, nachdem er am Pruth eine fürchterliche Niederlage eingesteckt hatte. Da es mit den Kriegen in jener Zeit nicht aufhören wollte, bekam das Zarenreich schnell eine Chance zur Revanche. Seit 1739 gehört Asow nun zu Russland. Und weil um die Stadt so gerungen werden musste, wurde ihr eine besondere Bedeutung zugeschrieben. In Schulbüchern wurde den russischen Kindern die Erkenntnis vermittelt: »Wenn St. Petersburg das Fenster zum Westen ist, dann ist Asow das Fenster zum Süden.«

Wir nähern uns dem Fenster zum Süden aus dem Osten. Auf beiden Seiten der Straße begleiten uns auf der Fahrt in die Stadt einstöckige Holz- und Steinhäuser, die sich hinter den Straßenbäumen und Zäunen verbergen. Im alten Stadtteil halten wir an und klettern auf die restaurierten und mit Kanonenrohren bestückten Reste der Festungsmauern. Der Hafen liegt gleich vor uns. Wir sehen das Schiff, das uns an die Mündung bringen soll, und wir sehen einen glücklichen Igor Nedoresow, der uns stolz wie ein Besitzer an Bord geleitet.

»Jaroslawez« heißt unser Schiff, ist etwa zwanzig Meter lang und kann für touristische oder dienstliche Exkursionen gemietet werden. Kapitän Sergej Wladimirowitsch Schtscherbakow gibt gerne über sich, das Schiff und den Don Auskunft. Er stammt aus Rostow, ist 38 Jahre alt und seit sechs Jahren Kapitän. Mit seinem Schiff fährt er den Don ständig hinauf und hinunter. Die Distanz ist mit 50 Kilometer nicht groß. Dennoch wird ihm nicht langweilig. Die Ufer seien nahe. Er erlebe jeden Tag Neues. Bis zur Mündung seien es von Asow etwa dreißig Kilometer. Die Strecke sei bei einem Tiefgang von sechs bis acht Metern und einer gehörigen Breite ziemlich unproblematisch. Schwieriger würde es im Winter. Dann friere der Fluss zu. 25 und 30 Grad minus seien hier keine Seltenheit. Schifffahrt sei unter diesen Bedingungen nur hinter Eisbrechern möglich.

Wir sitzen erst einmal hinter dem Tanker »Susdal« fest. Durch einen kleinen Zwischenspurt können wir uns an dem langen Kasten vorbeischieben. Der Don zerfasert vor der Mündung in viele kleine Flüsschen und zwei starke Nebenarme zu einem großen Delta, in dem sich kleine Siedlungen eingenistet haben. Zu unserem Glück hat Igor auch noch unseren Umweltexperten von der Pferdeinsel, Alexander Lipkowitsch, zu unserem letzten Trip eingeladen. Er setzt uns gleich ins Bild. Die vielen Hundert Durchflüsse und Bäche hätten Dutzende mit Bäumen und Schilf bewachsene Inselchen geschaffen. Ein Eldorado für die Vogelwelt! Das ganze Gebiet stünde unter dem Schutz einer internationalen Konvention über Feuchtgebiete.

»Wodurch wird der Don gefährdet?«

»Wie alle großen Flüsse ist auch der Don verwundbar. Dies ist ein sensibles Ökosystem. Wir haben gerade einen Tanker passiert. Vor uns und hinter uns sind weitere. Die Nutzung des Don als Korridor für den Öltransport stellt eine ständige Gefahr für den Fluss dar.«

»Ist denn schon Ernsthaftes passiert?«

»Hier zum Glück noch nicht. Aber in der Meerenge von Kertsch sind im letzten Winter zwei Tanker zu Bruch gegangen. Eine große Menge Öl hat sich in das Asowsche Meer ergossen. Zum Glück ist es nicht bis an die Mündung des Don gekommen. Würde hier so etwas passieren, wäre das eine Riesenkatastrophe.«

»Gibt es auch kleinere Bedrohungen?«

»Jeden Tag, wenn Schiffe Öl ablassen. Liegt ein Ölfilm auf dem Wasser, kommt der Fisch um. Wenn der Fisch stirbt, ziehen die Vögel weg. Die Natur reagiert sehr schnell.«

»Wie ist die Wasserqualität?«

»Hier nicht gut! Rostow ist eine Millionenstadt. Trotz aller Kläranlagen belastet sie den Don sehr stark. Für die Bewohner der Stanizen auf den Inseln ist das sehr unangenehm. Sie holen das Wasser direkt aus dem Fluss.«

Wohl fühlen sich offensichtlich die Wildschweine. Als gute Schwimmer haben sie unter den Inseln eine reiche Auswahl. Uns gegenüber halten sie sich bedeckt. Dafür zeigen sich ohne Scheu Kormorane sowie weiße und graue Reiher in großer Zahl. Gut bestellt ist es immer noch um den Fisch, auch wenn die Bestände gegenüber früher zurückgehen.

Dazu zitiert Alexander Lipkowitsch den Schriftsteller Anton Tschechow: »In jedem Kabak, in jeder Spelunke, wird Störfisch mit Meerrettich gereicht.« Diese Zeiten, so unser Umweltexperte, seien leider längst vorbei. Doch das muss nicht für immer sein. Lipkowitsch zeigt auf das linke Ufer. »Dort drüben in der Kosakensiedlung Kagalnik befindet sich eine Forschungsstation der Russischen Akademie der Wissenschaften. Sie arbeitet an der Aufzucht des Störs im Don.«

Der Name Kagalnik lässt mich aufhorchen. Hatte nicht hier der Rebell Stenka Rasin mit seinem Bruder eine Kosakensiedlung gegründet? War er nicht hierher geflüchtet, als seine Heerscharen von der Zarenarmee geschlagen worden waren? Hier im Don-Delta war er tatsächlich von einem Kosakentrupp gefangen genommen worden, bevor er nach Moskau gebracht wurde, wo man ihn mit seinem Bruder Frol hinrichtete.

Viele Gedanken kann ich mir nicht mehr darüber machen. Unser Schiff nähert sich der Mündung. Am rechten Ufer arbeitet sich eine Pferdeherde durch das Schilf. Der Fluss behält bis zum Schluss seine Fasson, er läuft nicht auseinander. Am Ende seiner langen Reise bilden die beiden Ufer ein Tor, durch das Väterchen Don in aller Würde und Erhabenheit in das Asowsche Meer gleitet. Wir verabschieden uns von ihm mit einem lang anhaltenden Sirenenton und einer Ehrenrunde.

Epilog

Wieder stehen wir am Zoll. Zu unserem Bedauern haben wir es mit einem anderen Team als bei der Ankunft zu tun. Unsere Bitte um freies Geleit für unser Gepäck wird mit Skepsis aufgenommen. Die Zöllnerin schaut auf das Gebirge von Koffern und Kisten und ruft nach dem Chef. Er lässt sich unsere Akkreditierungen zeigen, hört sich an, was wir gefilmt haben, und lässt uns ziehen. »Wir wünschen, dass unsere deutschen Freunde einen guten Film über unseren Don sehen«, sagt er zum Abschied.

Bei der Sicherheitskontrolle werde ich gestoppt. Die Durchleuchtung zeigt eine Flasche in meinem Handgepäck. »Puschkins Wein, ein Geschenk für meine Frau!«, gebe ich als Erklärung ab.

»Im Handgepäck dürfen Sie nur hundert Milliliter mitführen. Internationale Vorschrift«, belehrt mich die Offizierin, ihr Mitgefühl nicht verbergend.

»Was nun?«, frage ich.

»Sie können die Flasche in der Abfalltonne entsorgen.« Mir bricht es das Herz. Ich schaue die Flasche an. Elegant sieht sie aus. Ich schaffe es nicht, das Geschenk für meine Frau in den Müll zu werfen. Der Offizierin wird es nicht entgangen sein. Sie wendet mir den Rücken zu und lässt mich passieren.

Im Warteraum fällt mir die Zeitung »Nasche Wremja« in die Hände. Die Krise im Kaukasus spitze sich zu, weiß »Unsere Zeit« mitzuteilen. Der georgische Präsident wolle Abchasen und Osseten zwingen, ihre Selbstbestimmung aufzugeben. Statt ihn zu mäßigen, unterstütze ihn der Westen. Das sei üble Heuchelei, schimpft die Zeitung. Im Kosovo habe der Westen das Recht auf Selbstbestimmung der Albaner anerkannt und der Abtrennung des Gebietes von Serbien zugestimmt. Von Osseten und Abchasen verlange er hingegen Unterwerfung.

Wird es doch noch ernst im Kaukasus? So ein Abschluss unserer Reise an den Don will mir nicht gefallen. Gut dreißig Jahre hat es gedauert, bis wir uns einen lang gehegten Wunsch erfüllen konnten. Nach all den Kämpfen, die er erlebt hat, haben wir im Winter wie im Sommer einen friedfertigen Fluss erlebt. Nachdenklich, beschaulich und ohne Eile war uns Väterchen Don erschienen, so wie ihn Viktor Jerofejew zu Beginn unserer Reise beschrieben hatte. Längst mischte sich nicht mehr das Wasser mit dem Blut, das an seinen Ufern vergossen worden war. Und nun steigt uns beim Abschied der üble Geruch eines drohenden Krieges in die Nase! Ich spreche einen russischen Passagier auf den Zeitungsbericht an. Er will zu Geschäften nach Deutschland reisen.

»Es wird mit zweierlei Maß gemessen, und immer sind wir Russen schuld«, ärgert sich der Mann. »Was hat die Nato im Kaukasus zu suchen? In die Ukraine will sie auch. Dann steht sie vor den Toren Rostows.« Wie friedlich die Nato sei, habe man bei den Bombardements auf Jugoslawien erlebt, spottet der Geschäftsmann. Als Drahtzieher hat er die Amerikaner in Verdacht. »Warum haben sie Militärberater in Georgien? Wir haben doch auch keine auf Kuba.«

Das Argument habe ich auf unserer Reise öfter zu hören bekommen. Es müsse doch einen Grund haben, warum in Georgien, in der Ukraine, im Baltikum Schutz vor Russland durch die Nato gesucht wird, frage ich immer wieder. Eine schlüssige Antwort erhalte ich darauf nicht. Stattdessen wird an die Geschichte erinnert. Tataren, Türken, Perser, Polen, Litauer, Schweden, Franzosen, Engländer und Deutsche werden aufgezählt, die sich über Russland hermachen wollten. Und nun die Amerikaner!

Eine Woche nachdem wir Südrussland verlassen haben, bricht der Krieg im Kaukasus aus. Der Westen zeigt sich über das Vorgehen Russlands empört. Die Moskauer Führung schlägt verbal zurück und findet in der eigenen Bevölkerung Rückhalt, besonders am Don. Sofort nach Kriegsbeginn melden sich 15 000 Kosaken zum Fronteinsatz. Zu ihrem Leidwesen werden sie nicht benötigt. Die Kampfhandlungen sind schnell vorbei. Für die Kosaken wieder eine Chance dahin, sich als Krieger unentbehrlich zu machen.

Was meint ein kluger Mann wie der Theaterregisseur Leonid Schatochin aus Nowotscherkassk zum Konflikt mit Georgien?

Ich nehme Kontakt zu ihm auf und erhalte eine Kosakenantwort. Die Georgier hätten sich wie Schufte benommen und dafür die gerechte Abfuhr bekommen. Die Osseten seien große Kämpfer, die Georgier seien es nicht. Früher wäre Russland ihre Futterkrippe gewesen. Nun hätten sie sich den Amerikanern in die Arme geworfen. Darüber sei bei ihnen in Vergessenheit geraten, dass Georgien über Jahrhunderte von Russland beschützt worden sei. Was im Kaukasus vorgehe, sei den Kosaken nicht gleichgültig, denn sie seien es gewesen, die Georgien von den Persern und Türken befreit hätten. Die »brüderliche Hilfe« Russlands kostete Georgien allerdings für 190 Jahre die Unabhängigkeit, was Schatochin jetzt nicht der Erwähnung wert ist.

Das Gefühl, vom Westen auf bösartige Weise missverstanden und verleumdet zu werden, ist nichts Neues in Russland. In Zarenzeiten war das nicht anders. Selbst Feingeister wie Alexander Puschkin fühlten sich zu groben Zurechtweisungen des Westens aufgerufen. Als 1831 russische Truppen in Warschau rabiat gegen den Aufstand polnischer Offiziere und Studenten vorgingen und deswegen entschiedene Proteste, insbesondere in der französischen Deputiertenkammer, auslösten, schrieb der größte aller russischen Dichter »An die Verleumder Russlands«. Das Gedicht verdient es, nachgelesen zu werden, um die generelle russische Sicht der Dinge kennenzulernen. Hier zwei Auszüge:

»Warum regt Ihr Euch auf und haltet wilde Reden?
Was flucht Ihr uns und droht, die Russen zu befehden?
Sagt, was empört Euch so? Weil Polen frei sein möchte?
Das geht nur Slawen an, mischt Euch da nur nicht ein!
Das renkt sich ein, das sind Familienzwistigkeiten.
Die Frage löst Ihr nicht! Hört auf, mit uns zu streiten.

Die Ihr mit Worten droht, versucht's nur nicht mit Taten!
Der alte Recke ist nicht auf dem Bett erschlafft.
Greift er zum Bajonett, dann zeigt er seine Kraft.
Reizt Russlands Zaren nicht! Ihr wäret schlecht beraten!
Mag ganz Europa uns bekriegen,
der Russe weiß, wie stets, zu siegen.
Von Perm bis Taurien stehn Millionen Männer auf,
von Finnlands Felsen bis zum heißen Kolchis-Strande.«

Das war starkrussisch. Polens großer Dichter Adam Mickiewicz war empört. Mit dem Respekt, den sich Puschkin wegen seiner Freundschaft mit den Dekabristen, die gegen Zaren aufstanden, bei Mickiewicz erworben hatte, war es vorbei. Zum Glück war die Medienwelt Anfang des 19. Jahrhunderts noch nicht so entwickelt wie heute. Sonst hätten die Dichterworte einen Sturm der Entrüstung im Westen und wer weiß welche politischen Reaktionen ausgelöst. Da Puschkin der Kaukasus sehr am Herzen lag, wäre er beim gegenwärtigen Konflikt um Abchasien und Südossetien sicher nicht zu bremsen gewesen. Man stelle sich vor, Russlands heutige Führung hätte Puschkins Philippika in ihre Politprosa übersetzt. Dann wäre das Ost-West-Verhältnis auf der Stelle eingefroren.

Was der Politszene im Kaukasuskonflikt fehlt, ist eine moralische Instanz vom Range eines Lew Tolstoi. Der Weise aus Jasnaja Poljana verstand es, sich in die Lage der anderen zu versetzen, ihre Vorstellungen zu artikulieren. Aus eigenem Erleben verabscheute er den Krieg. In »Anna Karenina« ist zu lesen: »Wer den Krieg predigt, soll in der vordersten Linie marschieren und als Erster in die Attacke ziehen.« In der »Auferstehung« lässt Tolstoi seinen Helden Nechljudow sagen: »Der Krieg wurde von den Menschen ausgedacht, also müssen sie ihn auch ›wegdenken‹ können.« In »Krieg und Frieden« heißt es: »Der Krieg ist ein Zeichen dafür, dass die Menschen Gott vergessen haben.« Tolstois Meinung fand zu seinen Lebzeiten große Beachtung. Sein Urteil würde auch heute guttun, nicht nur den Russen und den Völkern des Kaukasus, sondern auch uns im Westen, die wir wenig verstehen, aber alles besser wissen.

Dank und Ausblick

Schreiben macht Spaß, bereitet allerdings Arbeit und gelegentlich auch Stress, wenn der Verleger auf den Abgabetermin pocht. Ich kann nicht leugnen, dass mir alle diese Erlebnisse widerfahren sind. Obwohl ich unter großem Zeitdruck stand – meine Geschäfte für die Kulturhauptstadt Europas 2010 und die Europäische Rundfunkunion ruhten ja nicht –, kam ich nie in schwere Not. Erstens ließ sich der Zeitdruck mildern, weil sich Nächte sehr gut zur Entwicklung und Formulierung von Gedanken eignen. Zweitens standen für Fragen Tina Bauermeister und Stefan Tolz bereit. Drittens konnte ich mich zu jeder Tages- und auch Nachtzeit per Mail oder Telefon an Maria Klassen wenden. Sie hat nicht nur meine stundenlangen Gespräche übersetzt, die ich vor der Kamera oder mit dem Diktafon aufgezeichnet hatte, sondern wie eine gute Fee immer Rat gewusst, selbst bei kniffligsten Fragen. Viertens fand ich mit Lutz Dursthoff einen Lektor, der meine Manuskripte freundlich, wie das Asowsche Meer den stillen Don, in Empfang nahm und dem Buch mit seiner intimen Russlandkenntnis den letzten Schliff verlieh. Wie sehr mir meine Frau geholfen hat, lässt sich gar nicht beschreiben. Ihnen allen danke ich mit Freude.

Ausgeträumt habe ich noch nicht. Ich möchte mich in absehbarer Zeit auf die Spuren von Vitus Bering begeben. Der große Entdecker aus Dänemark ist vor knapp dreihundert Jahren im Auftrag Zar Peters des Großen zu Fuß und zu Pferde über 10000 Kilometer durch das europäische Russland und Sibirien gezogen, um von Kamtschatka aus die Verbindung zwischen Asien und Amerika zu erkunden. Er hat es geschafft, aber nicht bemerkt. Doch bevor ich mich an dieses Abenteuer heranmache, muss ich erst mit der RUHR.2010 die Aufgabe erfüllen, Essen mit dem Ruhrgebiet als Kulturhauptstadt Europas zu präsentieren. Bis dahin hat also das Fernseh- und Lesepublikum Ruhe vor mir.

Zeittafel

9. Jahrhundert
Vor dem 9. Jahrhundert gibt es kaum Kunde von den früheren Einwohnern des zu Europa gehörenden Teils Russlands.
Unter Großfürst Wladimir (978–1015) Christianisierung der Rus. Kiew wird zum Zentrum des gleichnamigen Reiches. Die Mönche Kyrill und Methodios bringen als Missionare den orthodoxen Glauben in die Kiewer Rus, sie stellten ein kyrillisches Alphabet zusammen; erste Übersetzung der Heiligen Schrift ins Kirchenslawische.

10. Jahrhundert
Nach dem Tod Wladimirs bestimmen Erbfolgestreitigkeiten die Geschichte, die Fürstensöhne Boris und Gleb werden von den eigenen Brüdern erschlagen, später werden sie als die ersten Heiligen der russischen Orthodoxie verehrt.

11. Jahrhundert
Die Kiewer Rus erlebt unter Großfürst Jaroslaw dem Weisen politisch und kulturell ihren Höhepunkt. Kiew hat den Quellen zufolge an die 80000 Einwohner. Zahlreiche Klöster werden gegründet. Die Stadt Jaroslawl betont ihre Unabhängigkeit von Byzanz durch das Einsetzen eines eigenen Geistlichen.

12. Jahrhundert
Nowgorod befreit sich von der Kiewer Vormachtstellung.
Fürst Jurij Dolgorukij (»Langhand«) gründet 1147 Moskau. Erbitterte Kämpfe unter den slawischen Fürstentümern.

13. Jahrhundert
Das Jahrhundert wird geprägt von dem Einfall der Mongolen, der »Goldenen Horde« unter Dschingis Khan. Sein Enkel Batu Khan erobert 1240 Kiew und sämtliche slawischen Fürstentümer mit Ausnahme von Nowgorod (das sich selbst »Herr Groß-Nowgorod« nennt). 1275 sind fast alle Slawen (an die zehn Millionen) den Mongolen tributpflichtig.
1240 besiegt Alexander Newskij aus Nowgorod die Schweden, die

an der Mündung der Newa den Nowgorodern den Zugang zum Meer streitig machen wollten, und 1242 am Peipussee die Deutschordensritter, die die Rus dem Papst in Rom unterwerfen wollten.

14. Jahrhundert

Moskowiens Aufstieg wird durch Iwan I. eingeleitet, der eng mit den Mongolen zusammenarbeitet und für sie Steuern eintreibt, weshalb er den Beinamen »Kalita« (»Geldsack«) erhält. Mit seinen riesigen Landerwerbungen leitet er die »Sammlung der russischen Erde« ein.

Moskau wird zur Residenz des Metropoliten; Niedergang der Kiewer Rus.

Der Moskauer Großfürst Dmitrij Donskoj besiegt 1380 auf dem Kulikowo Polje (»Schnepfenfeld«) am oberen Don erstmalig die Mongolen, die aber nach zwei Jahren zurückkehren und Moskau zerstören. Dennoch ist der Mythos von der Unbesiegbarkeit der Tataro-Mongolen gebrochen, das Ende des über 250 Jahre anhaltenden »Tatarenjochs« ist eingeleitet.

15. Jahrhundert

Unter Iwan III. gewinnt Moskau riesige Gebiete im Norden Russlands hinzu, er sieht sich als den »Selbstherrscher von ganz Russland« und stellt die Tributzahlungen an die Tataro-Mongolen ein.

16. Jahrhundert

Moskau versteht sich als »das dritte Rom«, als die Hauptstadt des wahrhaft christlichen Glaubens, nachdem das erste Rom der Ketzerei anheimgefallen sei, das zweite – Byzanz – den Führungsanspruch des römischen Papstes anerkannt hatte und 1453 von den Türken erobert worden war.

Der russische Herrscher war mit einer Machtfülle »ähnlich wie Gott im Himmel« ausgestattet, die in der Folgezeit von der orthodoxen Kirche anerkannt und legitimiert wurde.

1547 wird Iwan IV., genannt der Schreckliche, zum Zaren gekrönt. Er gründet die »Opritschniki«, eine Leibgarde. Mit dieser Elitetruppe unterdrückt er Rebellionen innerhalb der Aristokratie. Er belegt die Oberschicht, aber auch die unteren Klassen mit hohen Abgaben. Er erlässt ein Gesetz, das die Bauern zu Leibeigenen degradiert. Viele verschuldete Bauern fliehen und suchen als Kosaken Freiheit in den Randgebieten des Reiches, auf dem »wilden Feld«, an Don und Dnjepr.

17. Jahrhundert

Da Iwan IV. keinen geeigneten Thronfolger hinterlässt, folgt die »Zeit der Wirren«. Der von der Reichsversammlung zum Zaren gewählte Boris Godunow stirbt 1605 unerwartet, das Land wird von Hungersnöten heimgesucht, Polen und Schweden erobern russische Gebiete und belagern Moskau. Erst 1613 gelingt es dem jungen Michail Romanow, der vom russischen Heer zum Zaren gewählt wurde, dem Land wieder Frieden zu bringen. Das Geschlecht der Romanows wird 300 Jahre in Russland herrschen.

Der kosakische Rebell Stenka Rasin sammelt unzufriedene Bauern um sich. Mit 200000 Anhängern nähert er sich 1670 Moskau, wird aber gefangen genommen und in Moskau hingerichtet.

Peter der Große reist 1697 inkognito nach Westeuropa und studiert in Holland und England das Kriegs- und Marinewesen. Er will das alte Moskauer Reich in ein modernes Russland umformen. Peter lässt 1698 in Woronesch und später Pawlowsk die erste russische Flotte bauen, mit der er 1699 die türkische Festung Asow einnimmt.

18. Jahrhundert

Beginn der sogenannten Petrinischen Reformen, die das öffentliche Leben reformieren sollen. Der zwanzig Jahre währende Nordische Krieg gegen Schweden um den Zugang Russlands zur Ostsee führt zu einem Sieg unter Peter in der Schlacht bei Poltawa (in der heutigen Ukraine). Im Frieden von Nystad 1721 muss Schweden die Territorien östlich und südlich des Finnischen Meerbusens abtreten.

1712 wird die Hauptstadt in das neu gegründete »steinerne« St. Petersburg verlegt. Der Zar stirbt 1725 bei der Rettung von Ertrinkenden im Alter von 53 Jahren.

Nach der zwanzigjährigen Regierungszeit der Zarin Elisabeth, einer Tochter Peters des Großen, setzt Zarin Katharina II. (ehemalige Prinzessin Sophie-Auguste von Anhalt-Zerbst) die Reformen und Modernisierungsbestrebungen Zar Peters fort, sie korrespondiert mit Voltaire und Leibniz und führt das Land zu kultureller Blüte im Sinne des aufgeklärten Absolutismus.

Der ganz Russland erfassende Aufstand der Bauern unter dem Kosaken Jemeljan Pugatschow 1773/74 veranlasst die Zarin, ihre liberalen Reformen wieder zurückzunehmen. Zwei Türkenkriege enden mit dem Sieg Russlands und bringen dem Reich territorialen Gewinn: die Nordküste des Schwarzen Meeres und die Krim und somit Zugang zum Mittelmeer.

19. Jahrhundert

Unter Alexander I. siegt Russland im Großen Vaterländischen Krieg gegen Napoleon, der Wiener Kongress feiert Alexander als »Retter Europas«.

Junge Offiziere, die während der Feldzüge in Westeuropa gekämpft haben, beginnen an der politischen und sozialen Verfassung Russlands zu zweifeln, 1825 versuchen sie, die Dynastie zu stürzen. Der »Dekabristenaufstand« (abgeleitet von »dekabr«, Dezember) scheitert, die Aufständischen werden zum Tode verurteilt oder nach Sibirien verbannt.

Unter Nikolaus I. nimmt das Reich polizeistaatliche Züge an, Zensur ist an der Tagesordnung. 1853–56 Krimkrieg gegen das Osmanische Reich, Großbritannien und Frankreich, der mit der Niederlage Russlands endet. Alexander II. muss sich 1856 dem »Pariser Frieden« beugen.

1861 wird nach langem Zögern die Bauernbefreiung verkündet. Die Aufhebung der Leibeigenschaft lässt verarmte Bauern zu Millionen in die Städte strömen. Beginn der revolutionären Bewegung besonders unter Studenten und Intellektuellen, die die Kluft zu den Bauern überwinden wollten. Der terroristischen Vereinigung Narodnaja Wolja (»Volkswille« oder »Volksfreiheit«) gelingt 1881 ein Attentat auf Zar Alexander II.

Unter Alexander III. (1881–1894) Einschränkung liberaler Ansätze. 1891 große Hungersnot im ganzen Land; ungenügende Maßnahmen der Regierung beklagt u.a. auch Lew Tolstoi. Die neu gegründete sozialrevolutionäre Partei stellt in den neunziger Jahren Forderungen nach einer Enteignung des Großgrundbesitzes, nach dem Aufbau einer sozialistischen Bauernwirtschaft und der Befreiung der Arbeiterklasse.

Der letzte russische Zar, Nikolaus II., hält am reaktionären Kurs seines Vaters fest, im Lande nehmen revolutionäre Unruhen zu.

20. Jahrhundert

Am »Blutsonntag«, dem 9. Januar 1905, ziehen Tausende St. Petersburger Arbeiter in friedlicher Demonstration zum Winterpalais, die Truppen des Zaren eröffnen das Feuer und töten Hunderte Demonstranten.

Zu Beginn des Ersten Weltkriegs wird St. Petersburg in Petrograd umbenannt. Militärische Misserfolge, schlechte Kriegsführung und ungenügende Ausrüstung stärken die revolutionäre Gesinnung unter den Soldaten.

Die Februarrevolution 1917 zwingt den Zaren zur Abdankung, eine provisorische Regierung übernimmt die Regierungsgeschäfte. Im April kehrt Lenin über Deutschland aus seinem Schweizer Exil zurück und verkündet sein bolschewistisches Programm: sofortiges Ende des Krieges, alles Land den Bauern, Anerkennung der Sowjets.

Besetzung des Winterpalais am 7. November 1917.

1918 wird der Regierungssitz wieder nach Moskau verlegt und die Russische Sozialistische Föderative Sowjetrepublik (RSFSR) ausgerufen. Der Zar und seine Familie werden in Jekaterinburg ermordet. Der Bürgerkrieg tobt zwischen Militärverbänden der Weißen Armee und der von Leo Trotzki aufgebauten Roten Armee. Am Don bekämpfen sich weiße und rote Kosakenverbände.

Nach Lenins Tod 1924 baut Stalin seine Macht als Generalsekretär aus, es folgen Anfang der dreißiger Jahre Zwangskollektivierung und verschärfte Industrialisierung, Ende der dreißiger Jahre lassen Millionen von Menschen in zahlreichen Lagern (Gulag) ihr Leben, unter ihnen der Dichter Ossip Mandelstam.

Trotz des Nichtangriffspakts zwischen Hitler und Stalin (1939) überfällt die deutsche Wehrmacht 1941 ohne Kriegserklärung die Sowjetunion. Dem »Unternehmen Barbarossa« gelingt es, in kürzester Zeit bis vor die Tore Moskaus und an den Don vorzudringen, Leningrad wird belagert und kann erst nach 900 Tagen von der Roten Armee wieder befreit werden. 1942 setzt eine sowjetische Gegenoffensive ein und stoppt mit dem Sieg bei Stalingrad 1943 den deutschen Vormarsch.

Deutschland kapituliert im Mai 1945, die Sowjetunion beklagt an die zwanzig Millionen Tote.

Stalin stirbt 1953. 1956 wird mit dem XX. Parteitag unter Nikita Chruschtschow eine zaghafte Entstalinisierung eingeleitet.

Der erste Sputnik wird 1957 von den Russen ins All geschossen, Juri Gagarin ist 1961 der erste Mensch im Weltall. Beginn eines erbitterten Wettrüstens mit den USA.

In den siebziger Jahren unter Leonid Breschnjew die Zeit des »Sastoj«, der Stagnation. Erst Michail Gorbatschow, ab 1985 Generalsekretär der KPdSU, durchbricht den strikten Restaurationskurs seiner Vorgänger mit seinen Forderungen nach »Glasnost« (Transparenz) und »Perestroika« (Umgestaltung).

Im Kernkraftwerk von Tschernobyl ereignet sich 1986 der bislang schwerste Reaktorunfall.

Gorbatschow gelingt es nicht, trotz hoher Wertschätzung im Westen, einen Rückhalt in der Bevölkerung zu erlangen, die unter Engpässen besonders in der Lebensmittelversorgung leidet.

Der russische Präsident Boris Jelzin schlägt mit breiter Unterstützung der Bevölkerung den August-Putsch 1991 nieder, den Teile der Armee angezettelt hatten, und gründet nach Auflösung der Sowjetunion die Gemeinschaft unabhängiger Staaten (GUS).

In den neunziger Jahren findet eine wilde Privatisierung von Staatseigentum statt; zugleich leben viele Menschen unter dem Existenzminimum und leiden unter hoher Arbeitslosigkeit und gestiegener Kriminalität. Eine drastische Abwertung des Rubels führt im August 1998 zu einer Staatskrise. Der Einmarsch in Tschetschenien, der abtrünnigen Kaukasusrepublik, ist im In-und Ausland höchst umstritten.

Jelzins Favorit Wladimir Putin geht 2000 als Sieger aus den Präsidentschaftswahlen hervor. Die russische Wirtschaft erlebt in den kommenden Jahren einen Aufschwung. Kritische Stimmen im In- und Ausland warnen vor einem Demokratieabbau im Land. Nach seiner zweiten Amtszeit als Präsident übergibt Putin 2008 sein Amt an Dmitri Medwedew, bleibt dem Land aber als Ministerpräsident erhalten.

Im August 2008 Ausbruch eines bewaffneten Konflikts zwischen Russland und Georgien.Vorläufige Beilegung des Krieges auf der Basis eines zwischen Medwedjew und dem französischen Präsidenten Nicolas Sarkozy ausgehandelten Sechspunkteplans. Russland erklärt sich zu Gesprächen über die Ersetzung seiner Truppen in den »Sicherheitszonen« durch internationale Kräfte bereit.

Christiane Bauermeister

Begleitende Literatur

Antony Beevor, Ein Schriftsteller im Krieg. Wassili Grossman und die Rote Armee 1941–1945, München 2007

Iwan Bunin, Der Sonnenstich, Stuttgart 1995

Anton Čechov, Steppe. Die Geschichte einer Reise, Berlin 1997

Efim Etkind (Hrsg.), Russische Lyrik. Gedichte aus drei Jahrhunderten, München 1981

Orlando Figes: Nataschas Tanz. Eine Kulturgeschichte Russlands, Berlin 2003

Ders., Die Flüsterer. Leben in Stalins Russland, Berlin 2008

Nikolai Gogol, Die toten Seelen, Zürich 1977

Knut Hamsun, Reisebilder aus Russland und dem Orient, München 1982

Felix Philipp Ingold, Russische Wege. Geschichte – Kultur – Weltbild, München, 2007

Viktor Jerofejew, Die Moskauer Schönheit, Berlin 2006

Ders., Der gute Stalin, Berlin 2006

Nadeschda Mandelstam, Das Jahrhundert der Wölfe. Eine Autobiographie, Frankfurt 1982

Ossip Mandelstam, Die Woronescher Hefte. Letzte Gedichte 1935–1937, Zürich 1996

Wladislaw Otroschenko, Existenz ohne Nachweis, Reutlingen 2008

Andrej Platonov, Unterwegs nach Tschevengur, Darmstadt 1973

Ders., Juligewitter, Leipzig 1974

Alexander Puschkin, Die Hauptmannstochter, Frankfurt 2003

Michail Scholochow, Der stille Don, München 1977

Alexander Solschenizyn, Die großen Erzählungen, München 2005

Sofja Andrejewna Tolstaja, Tagebücher I. 1862–1897, Königstein 1982

Leo Tolstoi, Krieg und Frieden, München 2002

Tolstois Flucht und Tod, geschildert von seiner Tochter Alexandra, Zürich 2007

Bodo Zelinsky (Hrsg.), Der russische Roman, Köln 2007

Annette Dittert/Fritz F. Pleitgen. Der stille Bug. Reise durch ein zerrissenes Land. Gebunden

Annette Dittert, ehemalige Polen-Korrespondentin der ARD, und Fritz Pleitgen, als langjähriger Auslandskorrespondent ebenfalls mit dem Osten Europas vertraut, haben den Bug auf seiner ganzen Länge bereist: von den Resten des habsburgischen Galizien mit der Stadt Lemberg, einer Wiege der ostjüdischen Kultur, die heute in der Ukraine liegt, bis nach Brest, von wo aus die Nazis ihren Angriff auf die Sowjetunion gestartet haben.

Kiepenheuer & Witsch

www.kiwi-verlag.de